職業衛生管理甲級
技術士技能檢定精析

洪銀忠　編著

全華圖書股份有限公司

全華 COLA 題庫系統 - 讀者使用說明

步驟一：

　　登入網址：http://52.68.126.252/CHWA_COLA/reader.html

步驟二：

若您還沒有帳號，請點選「申請帳號」，您的 e-mail 將會是您的帳號，請確認輸入正確。送出申請後系統將會寄一封確認信至您的信箱，點選確認網址後，即可登入題庫系統。

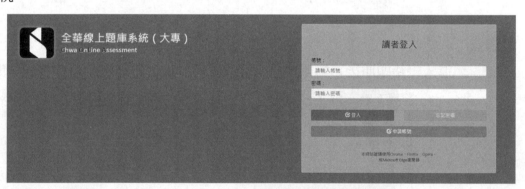

題庫注意事項：

1. 請刮開封面內刮刮卡，已取得書籍序號。

2. 附贈線上題庫且持續更新

3. 題庫使用期限；從讀者登錄書籍序號的日期起算兩年。

步驟三：

登入後，畫面分為「加入書籤」與「我的書籍」兩個區塊，若您購買的書籍沒有出現在「我的書籍」中。請將書上序號輸入「加入書籤」的文字框，點選「加入」，系統確認序號有效後，此書將會顯示於「我的書籍」中。請注意，一本書的序號只能對應一個帳號。

步驟四：

在「我的書籤」區塊中的表格，有「完成度」與「錯誤率」分析，點選右側的「練習」欄的鉛筆按鈕，即可進入該書的題庫。

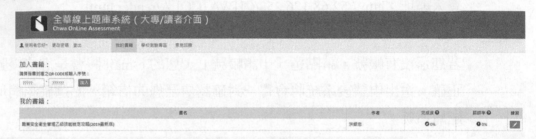

步驟五：

進入書籍題庫後，點選加號可攤開章節目錄，勾選您想要練習的章節。

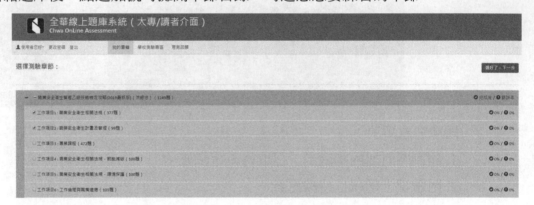

步驟六：

選擇您想練習的測驗形式，共有四種形式，點選後可見詳細說明。

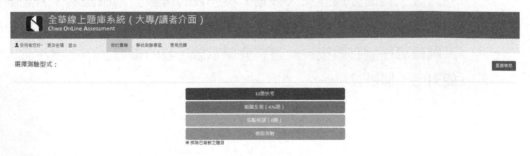

步驟七：

進入測驗的畫面，左側是題目，直接點選選項即可作答，右側是快速選擇題號的捷徑，作答完成後，請按右側的「交卷按鈕」，即可看到評分的結果。

步驟八：

交卷後可立即看到結果，藍底色為您作答時點選的選項，綠色框線標示的是正確答案。

步驟九：

右側顯示您的答對率，可點選「再來一次」繼續練習，或點選上排的「我的書籤」回到首頁。

序　言

　　歷經數年的醞釀以及幾個月的籌備及著手整理，本書終告完稿了，也算是對頻頻詢問、不時「催稿」的讀者有了交代。

　　市面上輔導有關勞工安全衛生管理技能檢定之書籍大部分都是針對勞工安全衛生管理乙級技術士而寫的，勞工安全管理甲級技術士的考試用書雖有數本，但不是失之過於片段、缺乏系統性的整理，便是內容過於繁瑣，讓有心準備勞工安全管理甲級技術士檢定之考生不知如何準備是好，筆者有感於此，乃有編寫此一題材之構想。勞工安全衛生界人才濟濟，說甚麼也輪不到我這個出身機械工程的人來班門弄斧，但因為一股使命感的關係，驅使我即使再忙碌還是儘量抽出時間來著手此類資料之蒐集，並犧牲了無數個夜晚的睡眠才完成拙著。厚顏如此，無非只是希望對這個大家視為作功德、積陰德的領域盡一己棉薄之力而已。

　　本書主要由幾個單元構成─技能檢定相關資料、學科重點整理、術科重點整理、學科考題暨題解、術科考題索引，在篇幅上比起市面上此類型之考試用書算是精簡許多了，但卻是筆者認為通過技能檢定的最佳方程式，因為這不是寫字典─是要用來 K 的，不是用來查閱的，所以「效率」無疑是我們編寫此書的最高指導原則。

　　有志於從事勞工安全衛生管理工作的同學應該有所認知，甲級技術士已是大家普遍認為進入此一領域的門檻，乙級技術士已不敷所需，最多只能當作升學加分保送的手段而已，因此若有心於此，應於在校時就及早準備。然而，也就因為取得甲級技術士只是進入此一領域的門檻而已，不代表就此登堂入室、可以高枕無憂了，畢竟職業安全衛生學海浩瀚，值得吾輩懷著活到老、學到老的心態來面對，才足以跟上科技日新月異的腳步。

　　筆者才疏學淺、匆忙之間或有疏漏，尚請各方先進不吝指教。

洪銀忠

於 國立聯合大學 環安衛系　2010.04.25

序 言

　　「職業安全管理甲級技能檢定精析」一書從民國一○○年出版迄今，已幫助了無數的考生順利取得職業（勞工）安全管理甲級技術士的證照。在筆者所收到的眾多讀者分享喜悅的來信中，有上完職業安全衛生管理員、職業安全管理師抵充時數班訓練，接觸此領域尚不及一年就考上者；也有歷經無數戰役，屢敗屢戰，因本書之加持而脫離苦海者。

　　為因應考題之最新趨勢，本書之改版除延續前版內容之精簡架構外，特別將各單元之最新資料，尤其是牽涉到新職安法的部分，一一加入，並修訂前版錯誤疏漏之處；在歷屆試題單元部分，更加入了最新的技能檢定考題，俾利考生能熟悉最新的題型與趨勢並增強考試實戰能力。

　　此次改版承襲了上一版的優點，將最即時的術科考試趨勢納進重點整理，並將勞動部勞動力發展署技能檢定中心公佈之學科試題題庫在勘誤訂正後整合近來，方便考生節省準備學科部分的時間。

　　時值本書改版之際，筆者在此要感謝廣大讀者對本書的厚愛，也冀望您能將本書的「優點告訴大家，缺點告訴我們」，透過您的不吝指正，使本書更臻完善。除此之外，更要勉勵各位莘莘學子：不經一番寒徹骨，焉得梅花撲鼻香？

洪銀忠　謹識於

聯合大學環安衛系　2018.09.28

目　錄

第 1 單元

職業衛生管理甲級技術士技能檢定報考須知

壹、職業安全衛生管理人員之任用資格

一、職業安全管理師：

(一) 高等考試工業安全類科錄取或具有工業安全技師資格者。

(二) 領有職業安全管理甲級技術士證照者。

(三) 曾任勞動檢查員，具有勞工安全檢查工作經驗滿三年以上者。

(四) 具有國內外大學院校工業安全碩士學位，或工業安全相關類科碩士以上學位，並曾修畢工業安全相關科目十八學分以上者。

二、職業衛生管理師：

(一) 高等考試工業衛生類科錄取或具有工礦衛生技師資格者。

(二) 領有職業衛生管理甲級技術士證照者。

(三) 曾任勞動檢查員，具有勞工衛生檢查工作經驗滿三年以上者。

(四) 具有國內外大學院校工業衛生碩士學位，或工業衛生相關類科碩士以上學位，並曾修畢工業衛生相關科目十八學分以上者。

三、職業安全衛生管理員：

(一) 具有職業安全管理師或職業衛生管理師資格者。

(二) 國內外大專院校工業安全衛生專門類科畢業，或工業安全衛生相關科系畢業，並曾修畢工業安全衛生相關科目十八學分以上者。

(三) 領有職業安全衛生管理乙級技術士證照者。

(四) 曾任勞動檢查員，具有勞動檢查工作經驗滿二年以上者。

貳、職業安全衛生等 3 職類報檢資格

一、具有下列資格之一者，得參加職業安全管理甲級技術士技能檢定：

(一)國內外專科以上學校工業安全專門類科畢業者(工業安全與衛生、職業安全與衛生)。

(二)國內外專科以上學校畢業，修畢工業安全相關科目十八學分以上者。

(三)具有現場經驗五年以上，取得職業安全衛生管理乙級技術士技能檢定證照，並經中央主管機關指定之訓練結業者。

(四)高等考試或相當高等考試之特種考試考試及格，具現場經驗一年以上，並經中央主管機關指定之訓練結業者。

(五)於中華民國八十一年六月二十九日前經中央主管機關指定之訓練結業(勞工安全衛生管理員)後，具有現場經驗十五年以上者。

二、具有下列資格之一者，得參加職業衛生管理甲級技術士技能檢定：

(一)國內外專科以上學校工業衛生專門類科畢業者(工業安全與衛生、職業安全與衛生)。

(二)國內外專科以上學校畢業，修畢工業衛生相關科目十八學分以上者。

(三)具有現場經驗五年以上，取得職業安全衛生管理乙級技術士技能檢定證照，並經中央主管機關指定之訓練結業者。

(四)高等考試或相當高等考試之特種考試考試及格，具現場經驗一年以上，並經中央主管機關指定之訓練結業者。

(五)於中華民國八十一年六月二十九日前經中央主管機關指定之訓練結業(勞工安全衛生管理員)後，具有現場經驗十五年以上者。

三、具有下列資格之一者，得參加職業安全衛生管理乙級技術士技能檢定：

(一)國內外專科以上學校畢業，修畢工業安全、工業衛生相關科目九學分以上者(附表一、二)。

(二)高級中學、高級職業學校以上畢業，具有現場經驗一年以上，並經中央主管機關指定之訓練(指職業安全衛生管理員訓練，結業者。

(三)普通考試及格，具現場經驗一年以上，並經中央主管機關指定之訓練(指職業安全衛生管理員訓練)結業者。

符合所列資格之一者，同一資格各項條件須同時具備，例如職業安全管理甲級資格 4：① + ② + ③)

職業安全管理（甲級）	資格 1	國內外專科以上學校工業安全專門類科畢業或同等學力者 (限工業安全與衛生、職業安全與衛生)。 ■畢業證書影本或同等學力證書影本		
	資格 2	國內外專科以上學校畢業，修畢工業安全相關科目 18 學分以上者。 ■畢業證書影本與學分證書或成績單影本		
	資格 3	①具有現場經驗 5 年以上 ■工作證明書或勞保投保明細影本	②職業 (勞工) 安全衛生管理乙級技術士技能檢定證照 ■技術士證照影本	③經中央主管機關指定之訓練結業者 (勞工衛生管理師) ■結訓證書影本
	資格 4	①具現場經驗 1 年以上 ■工作證明書或勞保投保明細影本	②高等考試或相當高等考試之特種考試考試及格 ■及格證書影本	③經中央主管機關指定之訓練結業者 (勞工衛生管理師) ■結訓證書影本
	資格 5	81 年 6 月 29 日前經中央主管機關指定之訓練結業 (勞工安全衛生管理員) ■結訓證書影本與工作證明書或勞保投保明細影本		
職業衛生管理（甲級）	資格 1	國內外專科以上學校工業安全專門類科畢業或同等學力者 (限工業安全與衛生、職業安全與衛生)。 ■畢業證書影本		
	資格 2	國內外專科以上學校肄業修畢工業安全、工業衛生相關科目 9 學分以上者。 ■學分證書或成績單影本		
	資格 3	①具有現場經驗 5 年以上 ■工作證明書或勞保投保明細影本	②職業 (勞工) 安全衛生管理乙級技術士技能檢定證照 ■技術士證照影本	③經中央主管機關指定之訓練結業者 (勞工衛生管理師) ■結訓證書影本
	資格 4	①具現場經驗 1 年以上 ■工作證明書或勞保投保明細影本	②高等考試或相當高等考試之特種考試考試及格 ■及格證書影本	③經中央主管機關指定之訓練結業者 (勞工衛生管理師) ■結訓證書影本
	資格 5	81 年 6 月 29 日前經中央主管機關指定之訓練結業 (勞工安全衛生管理員)，具有現場經驗 15 年以上 ■結訓證書影本與工作證明書或勞保投保明細影本		
職業安全衛生管理（乙級）：	資格 1	國內外專科以上學校工業安全專門類科畢業或同等學力者 (限工業安全與衛生、職業安全與衛生)。 ■畢業證書影本		
	資格 2	國內外專科以上學校肄業修畢工業安全、工業衛生相關科目 9 學分以上者。 ■學分證書或成績單影本		
	資格 3	①具有現場經驗 1 年以上 ■工作證明書或勞保投保明細影本	②高級中學、高級職業學校以上畢業 ■畢業證書影本	③中央主管機關指定之訓練結業者 (職業安全衛生管理員、勞工安全衛生管理員) ■結訓證書影本
	資格 4	①具有現場經驗 1 年以上 ■工作證明書或勞保投保明細影本	②普通考試及格 ■及格證書影本	③中央主管機關指定之訓練結業者 (職業安全衛生管理員、勞工安全衛生管理員) ■結訓證書影本

表 1 工業安全相關科目及學分認定一覽表

(若科目名稱相近經審查修習課程與該科目相關者，得視爲修習該科目)

項目	科 目 名 稱	最高認定學分	
1	工業安全衛生法規、職業安全衛生法規、或職業安全衛生法規	2	項目 1 ～ 10 爲核心科目，每科目最高認定 2 學分，職業安全管理甲級至少應修畢 10 學分。職業安全衛生管理乙級之工業安全及工業衛生核心科目合計至少須有 5 學分。
2	風險評估、系統安全、風險管理、風險管理及可靠度分析、損害防阻、系統安全設計與危害分析、可靠度工程、系統安全與風險管理、或製程安全評估	2	
3	工業安全工程或安全工程、安全工學、製程安全設計、或製程安全	2	
4	工業 (職業) 安全管理 (實務)(含應用統計)、工業安全衛生管理 (實務)、或製程安全管理	2	
5	工業衛生概論或工業衛生或職業衛生、勞工衛生 (概論)、或職業衛生特論	2	
6	人因工程、人體工學、人因工程學 (及其應用)、或生物力學	2	
7	機電防護或電氣安全	2	
8	防火防爆、防火與防爆工程、火災學、消防工程、消防化學、或失控反應與爆炸控制	2	
9	工業 (職業) 安全或工業 (職業) 安全概論	2	
10	營建 (造) 安全、施工安全、或營建災害事故分析與管理	2	
11	機械製造	不限	項目 11 ～ 20 每科目以實修學分數認定，配合核心科目學分數達規定之學分數即符合報檢資格。
12	工程材料或機械材料	不限	
13	電工學	不限	
14	化學工程	不限	
15	熱工學或熱力學	不限	
16	工程力學、應用力學、或材料力學	不限	
17	自動控制	不限	
18	工業管理	不限	
19	設施規劃或工廠佈置	不限	
20	統計學、工業統計、工程統計、或生物統計	不限	

表2 工業衛生相關科目及學分認定一覽表

(若科目名稱相近經審查修習課程與該科目相關者，得視為修習該科目)

項目	科 目 名 稱	最高認定學分	
1	工業安全衛生法規、職業安全衛生法規、或職業安全衛生法規	2	項目1～10為核心科目，每科目最高認定2學分，職業衛生管理甲級至少應修畢10學分。職業安全衛生管理乙級之工業安全及工業衛生核心科目合計至少須有5學分。
2	工業 (職業) 安全或工業 (職業) 安全概論	2	
3	工業衛生概論、工業衛生、職業衛生、勞工衛生 (概論)、或職業衛生特論	2	
4	衛生管理實務、工業衛生管理、工業 (職業) 衛生管理 (實務)、或工業安全衛生管理 (實務)	2	
5	作業環境控制工程、工業通風、或局部排氣系統設計	2	
6	作業環境監測 (實驗)	2	
7	勞動生理學 (實驗)	2	
8	工業毒物 (理) 學或工業與環境毒物	2	
9	人因工程、人體工學、人因工程學 (及其應用)、或生物力學	2	
10	職業病概論、環境病概論、職業病防治與介紹、環境流行病學、職業病防治、(職業) 流行病學、或職業醫學	2	
11	採礦學	不限	項目 11～36 每項目以實修學分數認定，配合核心科目學分數達規定之學分數即符合報檢資格。
12	礦業法學	不限	
13	礦場衛生	不限	
14	工業心理學或行為心理學	不限	
15	環境衛生學	不限	
16	礦場災變與救護或職業災變與救護	不限	
17	工業衛生法規、勞工衛生法規、或職業衛生法規	不限	
18	工業工程或工程原理	不限	
19	工業安全管理或安全管理實務	不限	
20	工廠實務檢查或勞動檢查實務	不限	
21	急救法	不限	
22	噪音與振動	不限	
23	公共衛生法規	不限	
24	輻射安全	不限	
25	粉塵監測與控制	不限	
26	工業衛生書報討論、工業安全書報討論、或安全衛生書報討論	不限	

表 2　工業衛生相關科目及學分認定一覽表 (續)

(若科目名稱相近經審查修習課程與該科目相關者，得視為修習該科目)

項目	科 目 名 稱	最高認定學分	
27	風險評估或危害評估	不限	
28	生物性危害評估	不限	
29	暴露評估	不限	
30	半導體職業衛生或半導體製程安全	不限	
31	氣膠學、工業衛生氣膠學、或氣膠技術學	不限	項目 11 ～ 36 每項目以實修學分數認定，配合核心科目學分數達規定之學分數即符合報檢資格。
32	氣膠儀器分析	不限	
33	呼吸系統沉積物特論	不限	
34	醫院職業安全衛生	不限	
35	有害物質管理策略或有害廢棄物管理		
36	國際標準認證		

請至 http://skill.tcte.edu.tw/ 下載專區「報檢人修習職安衛相關科目及學分對照表」填寫後併同報名表一併寄出

參、技術士技能檢定職業衛生管理職類規範

級別：甲級

工作範圍：適用從事「職業安全衛生法施行細則」及「職業安全衛生管理辦法」中「職業衛生管理師」工作。

應具知能：應具備下列各項知識及技能。

工作項目	技能種類	技能標準	相關知識
一、職業安全衛生相關法規	職業安全衛生相關法規之認識與應用，包含： (一) 勞動法簡介 (含勞動檢查法規) (二) 職業安全衛生法規 (三) 職業安全衛生設施規則 (四) 職業安全衛生管理辦法 (五) 職業安全衛生教育訓練規則 (六) 勞工健康相關法規 (含勞工健康保護規則、女性勞工母性健康保護實施辦法、辦理勞工體格與健康檢查醫療機構認可及管理辦法等) (七) 危險性工作場所安全管理相關法規 (含危險性工作場所審查及檢查辦法、製程安全評估定期實施辦法等) (八) 營造安全衛生相關法規 (九) 有機溶劑中毒預防規則 (十) 鉛中毒預防規則 (十一) 特定化學物質危害預防標準 (十二) 粉塵危害預防標準 (十三) 勞工作業場所容許暴露標準 (十四) 缺氧症預防規則 (含局限空間危害預防) (十五) 危害性化學品標示及通識規則 (十六) 勞工作業環境監測實施辦法	能正確應用職業安全衛生法規。	職業安全衛生及其他相關法規規定。

1

工作項目	技能種類	技能標準	相關知識
	(十七) 危害性化學品管理相關法規 (含危害性化學品評估及分級管理辦法、新化學物質登記管理辦法、管制性化學品之指定及運作許可管理辦法、優先管理化學品之指定及運作管理辦法等)		
	(十八) 具有特殊危害之作業相關法規 (含高溫作業勞工作息時間標準、重體力勞動作業勞工保護措施標準、精密作業勞工視機能保護設施標準、高架作業勞工保護措施標準及異常氣壓危害預防標準等) (十九) 具有危險性之機械及設備安全相關法規簡介 (含高壓氣體勞工安全規則、起重升降機具安全規則、鍋爐及壓力容器安全規則等)		
二、職業安全衛生計畫及管理	(一) 職業安全衛生管理系統	能規劃、建立及辦理職業安全衛生管理系統。	相關法規規定及實務。
	(二) 職業安全衛生管理計畫之製作	能規劃、建立及辦理職業安全衛生管理計畫。	相關法規規定及實務。
	(三) 安全衛生管理規章及安全衛生工作守則之製作	1. 能製作職業安全衛生管理規章。 2. 能製作安全衛生工作守則。	相關法規規定及實務。
	(四) 工作安全分析與安全作業標準之製作	能規劃辦理工作安全分析、安全觀察,以建立標準作業程序,改進作業方法。	相關法規規定及實務。
三、專業課程	(一) 職業安全概論	1. 能應用職業安全理論。 2. 能瞭解事故之種類、原因及損失。 3. 能應用防止事故之基本方法。	職業安全概念及原理。

工作項目	技能種類	技能標準	相關知識
三、專業課程	(二) 職業衛生與職業病預防概論	1. 能瞭解職業病之意義。 2. 能瞭解生物性之危害。 3. 能瞭解異常氣壓之危害。 4. 能正確認知、評估及管制危害。	職業衛生概念及原理。
	(三) 危害性化學品危害評估及管理	能有效推動危害性化學品危害評估管理制度。	相關法規規定及實務。
	(四) 健康風險評估	能評估健康風險。	健康風險評估相關知識。
	(五) 個人防護具	能正確選擇、使用及保管防護具。	(1) 相關法規規定。 (2) 防護具種類及使用知識。
	(六) 人因工程學及骨骼肌肉傷害預防	1. 能瞭解及應用人因工程及其危害預防。 2. 能瞭解骨骼肌肉傷害及其預防對策。	(1) 相關法規規定。 (2) 人因工程學及其相關知識。 (3) 骨骼肌肉傷害及其預防相關知識。
	(七) 勞動生理	1. 能瞭解勞動生理及其與工作之關係。 2. 能正確預防勞動引起之危害。	勞動生理相關知識。
	(八) 職場健康管理 (含菸害防制、愛滋病防治)	1. 能瞭解辦理推動勞工身心健康保護措施。 2. 能瞭解辦理健康危害之虞之工作，採取危害評估、控制及分級管理措施。	(1) 相關法規規定。 (2) 職業健康管理相關知識。
	(九) 急救	能應用急救基本原理及注意事項。	各種急救概念及方法。
	(十) 作業環境監測概論	1. 能應用作業環境危害因子之監測方法。 2. 能應用作業環境測定儀器之基本原理及校正方法。 3. 能擬定作業環境監測採樣策略。 4. 能正確評估作業環境監測結果及如何進行作業環境改善及管理。	(1) 相關法規規定。 (2) 化學性因子作業環境監測之採樣分析原理及實務。 (3) 物理性因子作業環境監測基本原理及實務。 (4) 儀器分析。 (5) 儀器設備之校正。 (6) 作業環境監測採樣策略。
	(十一) 物理性因子環境監測	1. 能應用噪音及熱環境暴露之監測方法。 2. 能正確評估噪音及熱環境監測結果及如何進行作業環境改善及管理。	(1) 相關法規規定。 (2) 噪音及熱環境之原理及監測方法。 (3) 噪音及熱環境改善技術。

工作項目	技能種類	技能標準	相關知識
三、專業課程	(十二) 化學性因子環境監測	1. 能瞭解製程可能暴露之危害因子及其暴露途徑。 2. 能依化學品健康危害及暴露評估結果，評定風險等級並分級採取對應之控制或管理措施。 3. 能正確訂定空氣中有害物之採樣策略並實施監測。 4. 能正確評估作業環境監測結果及改善作業環境。	(1) 相關法規規定。 (2) 勞動部公告之採樣分析建議方法。 (3) 有害物監之原理及方法。 (4) 有害物作業環境改善技術。
	(十三) 工業毒物學概論	1. 能熟悉工業毒物學概念。 2. 能應用毒物劑量與效應之關係及容許暴露標準之訂定原理。 3. 能瞭解各種化學性因子對人體健康之影響。 4. 能應用毒物學管理方法及危害控制方法。	(1) 相關法規規定。 (2) 工業毒物學、職業醫學、環境毒理學及其相關知識。 (3) 各種化學物質管理相關知識。
	(十四) 噪音振動	1. 能瞭解及應用噪音之特性、危害及其控制方法。 2. 能瞭解及應用振動之特性、危害及控制方法。	(1) 相關法規規定。 (2) 噪音及其控制之相關知識。 (3) 振動及其控制相關知識。
	(十五) 溫濕環境	1. 能瞭解人體體溫調節機轉及其障礙。 2. 能瞭解及應用熱危害及其控制方法。	(1) 相關法規規定。 (2) 溫濕環境及其控制之相關知識。
	(十六) 採光與照明	能瞭解及應用採光及照明之原理、設計及評估方法。	(1) 相關法規規定。 (2) 採光照明及其設計相關知識。
	(十七) 非游離輻射與游離輻射	1. 能瞭解及應用非游離輻射之特性、危害及防護方法。 2. 能瞭解游離輻射之特性、危害及防護方法。	(1) 相關法規規定。 (2) 非游離輻射相關知識。 (3) 游離輻射之應用及防護相關知識。
	(十八) 職場暴力預防 (含肢體暴力、語言暴力、心理暴力與性騷擾等預防)	能預防職場暴力。	(1) 相關法規規定。 (2) 職場暴力預防相關知識。

工作項目	技能種類	技能標準	相關知識
三、專業課程	(十九) 作業環境控制工程	1. 能應用作業環境危害因子之控制方法。 2. 能應用作業環境測定儀器之基本原理及校正方法。 3. 能擬定作業環境控制採樣策略。 4. 能正確評估作業環境控制結果及如何進行作業環境改善及管理。	(1) 相關法規規定。 (2) 化學性因子作業環境控制之探樣分析原理及實務。 (3) 物理性因子作業環境控制基本原理及實務。 (4) 儀器分析。 (5) 儀器設備之校正。 (6) 作業環境控制探樣策略。
	(二十) 組織協調與溝通	能應用組織協調與溝通,並指導有關部門實施。	相關法規規定及實務。
	(二十一) 職業災害調查處理與統計	1. 能瞭解職業災害之定義及其發生之緣由。 2. 能應用職業災害發生時之緊急應變措施。 3. 能進行職業災害原因調查、分析及報告。 4. 能正確應用職業災害統計分析方法。	(1) 相關法規規定。 (2) 職業災害原因調查、對策、統計等事項。
	(二十二) 通風與換氣	1. 能正確選用通風與換氣裝置。 2. 能正確實施維護及監測。 3. 能訂定局限空間危害防止計畫。	(1) 相關法規規定。 (2) 工業通風原理及其應用。
	(二十三) 局部排氣控制與設計	1. 能應用工業通風之原理。 2. 能設計符合需要之局部排氣裝置及平衡。 3. 能瞭解如何使局部排氣裝置保持有效運轉、維護及保養。	(1) 相關法規規定。 (2) 工業通風原理。 (3) 局部排氣裝置設計、維護及監測。 (4) 空氣清淨裝置及排氣機相關技術。

肆、歷年職業安全衛生各職類級別合格發證人數統計

項次	年 度	職業安全衛生管理乙級	職業安全管理甲級	職業衛生管理甲級
1	81	46	1	2
2	82	1,692	49	3
3	83	1,570	29	22
4	84	1,757	152	12
5	85	1,645	110	42
6	86	1,975	100	49
7	87	2,609	89	59
8	88	2,207	182	76
9	89	3,500	190	143
10	90	3,521	257	217
11	91	2,827	374	254
12	92	1,879	370	235
13	93	2,319	342	170
14	94	1,213	286	92
15	95	1,756	317	72
16	96	1,673	347	81
17	97	1,267	317	212
18	98	1,132	280	195
19	99	1,306	124	131
20	100	1,597	375	171
21	101	1,279	550	161
22	102	1,330	332	274
23	103	1,227	277	242
24	104	2,110	279	266
25	105	1,408	346	433
26	106	1,529	514	443
27	107	495	207	204
28	108	432	105	195
	各年度合計	48,211	7,183	4,648

伍、職業衛生管理甲級技術士技能檢定各梯次及格

梯次	日期	報考人數	及格人數	累計人數	及格率
86	108.3.17	1,047	195	4,648	18.62%
85	107.11.04	1137	118	4453	10.38%
84	107.07.15	1,005	106	4,335	10.55%
83	107.03.18	1,042	98	4,229	9.40%
82	106.11.05	1,078	153	4,131	14.19%
81	106.07.16	998	180	3,978	18.04%
80	106.03.19	976	110	3,798	11.27%
79	105.11.09	1,016	208	3,688	20.47%
78	105.07.17	908	135	3,480	14.87%
77	105.03.20	880	90	3,345	10.23%
76	104.11.08	950	147	3,255	15.47%
75	104.07.19	771	28	3,108	3.63%
74	104.03.22	727	91	3,080	12.52%
73	103.11.09	878	93	2,989	10.59%
72	103.07.20	653	125	2,896	19.14%
71	103.03.23	546	24	2,771	4.40%
70	102.11.10	643	96	2,747	14.93%
69	102.07.21	599	134	2,651	22.37%
68	102.03.24	572	44	2,517	7.69%
67	101.11.11	623	28	2,473	4.49%
66	101.07.22	598	126	2,445	21.07%
65	101.03.25	532	7	2,319	1.32%
64	100.11.13	657	91	2,312	13.85%
63	100.07.24	594	41	2,221	6.90%
62	100.03.27	563	39	2,180	6.93%
61	99.11.25	620	41	2,141	6.61%
60	99.07.25	609	77	2,100	12.64%
59	99.03.29	558	54	2,023	9.68%
58	98.11.18	661	98	1,969	14.83%
57	98.07.26	537	43	1,871	8.01%
56	98.03.29	501	54	1,828	10.78%

梯次	日期	報考人數	及格人數	累計人數	及格率
55	97.11.16	596	118	1,774	19.80%
54	97.07.27	520	44	1,656	8.46%
53	97.03.30	496	50	1,612	10.08%
52	96.11.18	575	14	1,562	2.43%
51	96.08.05	497	46	1,548	9.26%
50	96.04.22	605	21	1,502	3.47%
49	95.11.26	718	8	1,481	1.11%
48	95.07.23	697	34	1,473	4.88%
47	95.03.26	663	30	1,439	4.52%

第2單元

學科考試重點整理

第 1 章
勞動法簡介

一、依勞動檢查法規定，事業單位對勞動檢查機構所發檢查結果通知書有異議時，應於通知書送達之次日起 10 日內，以書面敘明理由向勞動檢查機構提出。

二、依勞動檢查法規定，經勞動檢查機構以書面通知之檢查結果，事業單位應於該違規場所顯明易見處公告 7 日以上。

三、依勞動檢查法規定，甲類危險性工作場所應於使勞工作業 30 日前，向當地勞動檢查機構申請審查合格；乙類危險性工作場所應於使勞工作業 45 日前，向當地勞動檢查機構申請審查及檢查；丙類危險性工作場所應於使勞工作業 45 日前，向當地勞動檢查機構申請審查及檢查；丁類危險性工作場所應於使勞工作業 30 日前，向當地勞動檢查機構申請審查合格。

四、依勞動檢查法規定，從事以化學物質製造爆炸性物品之火藥類製造工作場所屬乙類危險性工作場所。

五、依勞動檢查法規定，蒸汽鍋爐之傳熱面積在 500 平方公尺以上之工作場所屬丙類危險性工作場所。

六、建築物高度在 80 公尺以上之建築工程屬丁類危險性工作場所。

七、下列依危險性工作場所審查及檢查辦法規定設立之危險性工作場所：①製造、處置、使用危險物、有害物之數量達中央主管機關規定數量之工作場所；②設置高壓氣體類壓力容器一日氧氣、有毒性及可燃性高壓氣體處理能力在 1,000 立方公尺以上之工作場所；③農藥原體合成工作場所；④設置高壓氣體類壓力容器一日冷凍能力在 150 公噸以上之工作場所，當逾期不辦理申請審查、檢查合格時，不得使勞工在該場所作業。

八、依勞動檢查法規定，危險性工作場所未經申請審查或檢查合格，事業單位不得使勞工在該場所作業，違反者可能遭受 3 年以下有期徒刑、拘役或科或併科新台幣 15 萬元以下罰金之處分。

九、使勞工在未經審查或檢查合格之危險性工作場所作業，依勞動檢查法可能遭受處分者為行為人、法人或自然人。

十、將系統分成不同的分析節點 (node)，選擇分析節點，使用引導字，利用腦力激盪討論是否具危害操作問題，及對原因後果提出建議改善對策的方法為危害及可操作性分析。

十一、參與甲類、乙類、丙類工作場所安全評估人員應接受製程安全評估訓練合格。

十二、針對一特殊事故 (accident) 找出不同設備缺失、人員失誤之原因，再據以找出最基本之原因，讓安全工程師能針對此等基本原因找出可行之預防對策，以減少事故發生之可能率，此舉屬 FTA(故障樹分析)。

第 2 章
職業安全衛生法規

一、職業安全衛生法於民國 <u>103</u> 年由<u>總統</u>公布、開始施行。

二、職業災害之定義為「因勞動場所之建築物、機械、設備、原料、材料、化學品、氣體、蒸氣、粉塵等或作業活動及其他職業上原因引起之工作者疾病、傷害、失能或死亡。」

 例：1. 機械切割致勞工大量出血

   2. 麵粉搬運致勞工跌倒骨折

   3. 工廠內宿舍設施不良致勞工摔倒死亡皆屬職業災害。

   4. 工廠火災搶救致雇主中毒則非屬職業災害。

三、

 (一) 工作者：指勞工、自營作業者及其他受工作場所負責人指揮或監督從事勞動之人員職業安全衛生法所稱之<u>勞工</u>，謂受僱從事工作獲致工資者。

 (二) 職業安全衛生法規所稱之<u>雇主</u>，謂事業主或事業之經營負責人，與勞動基準法所稱之雇主 (謂事業主、事業之負責人或代表事業主處理有關勞工事務之人) 有別。

四、依職業安全衛生法規定，雇主對於具有危害性之化學品，應依<u>健康危害</u>、<u>散布狀況</u>、<u>使用量</u>等條件，評估風險等級，並採取分級管理措施。

五、依職業安全衛生法規定，<u>從事石油裂解之石化工業</u>、<u>從事製造、處置或使用危害性之化學品數量達中央主管機關規定量以上</u>之工作場所，事業單位應依中央主管機關規定之期限，定期實施製程安全評估，並製作製程安全評估報告及採取必要之預防措施。

六、依職業安全衛生法規定，雇主不得使妊娠中之女性勞工從事：鉛及其化合物散布場所之工作、一定重量以上之重物處理工作、起重機、人字臂起重桿之運轉工作危險性或有害性工作。

七、依職業安全衛生法規定，雇主為預防勞工於執行職務，因他人行為致遭受身體或精神上不法侵害，應採取下列之暴力預防措施：①依工作適性適當調整人力②辨識及評估高風險群③建構行為規範④建立事件之處理程序。

八、

(一)危險性機械、設備，包括：

1. 危險性機械：

(1)固定式起重機

(2)移動式起重機

(3)人字臂起重桿

(4)營建用升降機

(5)營建用提昇機

(6)吊籠

(7)其他經中央主管機關指定者

2. 危險性設備：

(1)鍋爐

(2)壓力容器

(3)高壓氣體特定設備

(4)高壓氣體容器

(5)其他經中央主管機關指定者

(二)自動檢查不屬於職業安全衛生法危險性機械設備為取得合格證之檢查。

(三)事業單位工作場所之高壓氣體容器未經檢查合格使用，致發生勞工 3 人以上受傷之職業災害時，依職業安全衛生法規定，雇主可能遭受 1 年以下有期徒刑之處分。

九、高溫作業可能導致熱中暑、熱衰竭、熱痙攣，異常氣壓作業可能導致潛涵症或潛水伕病，高架作業造成昏眩導致墜落危害，精密作業可能導致視覺疲勞、重體力勞動導致虛脫等，因此具有特殊危害之作業，應減少工作時間，並在工作時間中給予適當之休息，以避免危害之發生。

十、特別危害健康作業包括：

(一)高溫作業勞工休息時間標準所稱之高溫作業。

(二)噪音在八十五分貝以上之作業。

(三) 中央原子能主管機關指定之游離輻射線作業。

(四) 異常氣壓危害預防標準所稱之異常氣壓作業。

(五) 鉛中毒預防規則所稱之鉛作業。

(六) 四烷基鉛中毒預防規則所稱之四烷基鉛作業。

(七) 粉塵危害預防標準所稱之粉塵作業。

(八) 從事有機溶劑中毒預防規則所稱之下列有機溶劑作業：

    1. 1，1，2，2，－四氯乙烷

    2. 四氯化碳

    3. 二硫化碳

    4. 三氯乙烯

    5. 四氯乙烯

    6. 二甲基甲醯胺

    7. 正己烷

(九) 從事製造、處置下列特定化學物質或其重量比超過百分之一 (鈹合金者，以含鈹佔其重量比超過百分之三者爲限) 之製劑及其他物之作業：

    1. 聯苯胺及其鹽類

    2. 4－胺基聯苯及其鹽類

    3. 4－硝基聯苯及其鹽類

    4. β－萘胺及其鹽類

    5. 二氯聯苯胺及其鹽類

    6. α－萘胺及其鹽類

    7. 鈹及其化合物

    8. 氯乙烯

    9. 苯

    10. 二異氰酸甲苯

    11. 4，4－二異氰酸二苯甲烷

    12. 二異氰酸異佛爾酮

    13. 石綿 (以處置作業爲限)

    14. 砷及其化合物

    15. 錳及其化合物

(十) 黃磷之製造或處置作業。

(十一) 聯吡啶或巴拉刈之製造作業。

(十二) 其他經中央主管機關指定之作業。

十一、製造者、輸入者、供應者或雇主，對於中央主管機關指定之機械、設備或器具，其構造、性能及防護非符合安全標準者，不得產製運出廠場、輸入、租賃、供應或設置。所稱中央主管機關指定之機械、設備或器具，包括<u>動力衝剪機械、手推刨床、木材加工用圓盤鋸、動力堆高機、研磨機、研磨輪、防爆電氣設備、動力衝剪機械之光電式安全裝置、手推刨床之刃部接觸預防裝置、木材加工用圓盤鋸之反撥預防裝置及鋸齒接觸預防裝置</u>及其他經中央主管機關指定者。

十二、①勞動部中區職業安全衛生中心；②台北市政府勞工局勞動檢查處③中部科學園區管理局皆屬職業安全衛生法所稱之勞動檢查機構。

十三、依職業安全衛生法規定，事業單位以其事業招人承攬時，應於事前告知承攬人之相關事項，包括：①工作場所可能之危害；②職業安全衛生法應採取之措施；③有關安全衛生規定應採取之措施。

十四、具有危險性之機械設備：①經檢查機構檢查合格後即可使用；②經勞動部指定之代行檢查機構檢查合格後即可使用；③超過使用有效期限者，應經再檢查合格後才可使用。

十五、<u>220 伏特以上電力線之銜接工作</u>非屬妊娠中之女性勞工不得從事之危險性或有害性工作。

十六、依職業安全衛生法規定，事業單位未設置安全衛生人員經通知限期改善而不如期改善時，可能遭受新台幣三萬元以上十五萬元以下罰鍰之處分。

十七、依職業安全衛生法規定，勞工年滿 18 歲者，方可從事坑內工作。噪音作業場所之工作<u>非屬</u>雇主不得使未滿 18 歲者從事之危險性或有害性工作。

十八、硫酸<u>非屬於</u>未滿十八歲及妊娠或分娩後未滿一年女性勞工具危害性指定之優先管理化學品。

十九、工作者發現下列情形之一者，得向雇主、主管機關或勞動檢查機構申訴：①事業單位違反本法或有關安全衛生之規定；②疑似罹患職業病；③身體或精神遭受侵害。

二十、勞工應盡之義務

　　(一)遵守雇主所訂定之安全衛生工作守則。

　　(二)接受雇主提供之從事工作及預防災變所必要之安全衛生教育訓練。

　　(三)接受必要之體格檢查、健康檢查。

二十一、使用符合國家標準 CNS 15030 化學品分類，具有健康危害，且定有容許暴露標準之化學品，而事業單位從事特別危害健康作業之勞工人數在一百人以上，或總勞工人數五百人以上者，雇主應依有科學根據之之採樣分析方法或運用定量推估模式，實施暴露評估。雇主應就前項暴露評估結果，依下列規定，定期實施評估：(1) 暴露濃度低於容許暴露標準二分之一之者，至少每三年評估一次。(2) 暴露濃度低於容許暴露標準但高於或等於其二分之一者，至少每年評估一次。(3) 暴露濃度高於或等於容許暴露標準者，至少每三個月評估一次。

第 3 章
職業安全衛生設施規則

一、雇主對於建築物之工作室,其樓地板至天花板淨高應在 2.1 公尺以上。

二、雇主對於室內工作場所,應依下列規定設置足夠勞工使用之通道:

　　(一) 應有適應其用途之寬度,其主要人行道不得小於 1 公尺。

　　(二) 各機械間或其他設備間通道不得小於 80 公分。

　　(三) 自路面起算 2 公尺高度之範圍內,不得有障礙物。但因工作之必要,
　　　　經採防護措施者,不在此限。

　　(四) 主要人行道及有關安全門、安全梯應有明顯標示。

三、雇主架設之通道應依下列規定:

　　(一) 傾斜超過 15 度以上者應設置踏條。

　　(二) 有墜落之虞之場所應置備 75 公分以上之堅固扶手。

　　(三) 傾斜應保持在 30 度以下。

　　(四) 如用鏤空格條製成,其縫間隙不超過 30 公厘,超過時應置鐵絲網防護。

四、依職業安全衛生設施規則規定,雇主架設之通道下列敘述何者錯誤?①傾斜
　　超過 15 度以上者應設置踏條②有墜落之虞之場所應置備 75 公分以上之堅
　　固扶手③傾斜應保持在 30 度以下④如用漏空格條製成,其縫間隙不超過 30
　　公厘,超過時應置鐵絲網防護。

五、依職業安全衛生設施規則規定,對於雇主設置之固定梯子 (非於沉箱內):
　　①應等間隔設置踏條;②應有防止梯子移位之措施;③梯子之頂端依規定應
　　突出板面 60 公分;④不得有妨礙工作人員通行之障礙物。

六、廚房及餐廳通風面積不得少於總面積 12%。

七、雇主對於有害物、生物病原體或受其污染之物品,應妥為儲存,並加警告標
　　示。為避免發生污染物品洩漏或遭尖銳物品穿刺,前項生物病原體或受其污
　　染物品,應使用防止洩漏或不易穿透材質之容器盛裝儲存,且其盛裝材料應
　　有足夠強度。

八、勞工工作日暴露二種以上之連續性、間歇性噪音

$$Dose = \frac{t_1}{T_1} + \frac{t_2}{T_2} + \cdots + \frac{t_n}{T_n}$$ 其和大於 1 時，即屬超出容許暴露劑量

八小時日時量平均音壓級 $TWA = 16.61 \log_{10}(\frac{D}{100}) + 90$

$t_1 \cdot t_2 \cdot t_n \cdots$：某音壓級之暴露時間 (小時)

$T_1 \cdot T_2 \cdot T_n \cdots$：某音壓級之容許暴露時間 (小時)

D 為噪音暴露劑量 (化為百分比時，取其分子部份)

若工作日非八小時，則求其相當八小時日時量平均音壓級：

$$TWA = 16.61 \log_{10}(\frac{D}{12.5 \times t}) + 90$$

九、實施人工濕潤時，應使用清潔之水源噴霧，避免噴霧氣及其過濾裝置受污染。濕球溫度超過 27°C 或乾濕溫差在 1.4°C 以下時停止人工濕潤。

十、依規定雇主對於車輛通行道寬度，應為最大車輛寬度之二倍再加一公尺，如係單行道則至少為最大車輛之寬度加一公尺。

十一、潮濕之金屬儲槽內使用之電氣工具電壓，依規定應為 24 伏特以下較適當。

十二、雇主對不經常使用之緊急避難用出口或通道之門應為外開式，以方便管理。

十三、雇主對於高壓氣體容器之搬運與儲存，應採取：

(一) 場內移動盡量使用專用手推車

(二) 溫度保持在攝氏 40 度以下

(三) 盛裝容器之載運車輛應有警戒標誌。

(四) 容器吊起搬運不得直接用電磁鐵、吊鏈、繩子等直接吊運。

十四、雇主對於使用動力運轉之機械具有顯著危險者，應於適當位置設置有明顯標誌之緊急制動裝置，立即遮斷動力並與制動系統連動，能於緊急時快速停止機械之運轉。

十五、主對於勞工經常作業之室內作業場所，除設備及自地面算起高度超過四公尺以上之空間不計外，每一勞工原則上應有十立方公尺以上之空間。室內作業場所對於開口面積應為地板面積之 1/20 以上，即應為通風充分之場

所，否則應有適當的機械通風設備。氣溫在 <u>10°C以下換氣時，勞工不得暴露 1 m/s 以上氣流中</u>。

範例：

依職業安全衛生設施規則規定，有一室內作業場所 20 公尺長、10 公尺寬、5 公尺高，機械設備占有 5 公尺長、2 公尺寬、1 公尺高共 4 座，請問該場所最多能有幾位作業員？

答　$20 \times 10 \times 4 = 800 \ m^3$，$800 - 5 \times 2 \times 1 \times 4 = 760 \ m^3$

$\dfrac{760}{10} = 76$ 人

十六、雇主設置之安全門及安全梯於勞工工作時間內不得上鎖，其通道不得堆置物品。

十七、使用乙炔熔接裝置從事金屬熔接作業應注意：

（一）應先決定作業方法

（二）發生器修繕前應完全除去乙炔

（三）發生器有電石殘存時，不可進行修繕

（四）應由合格人員操作

十八、雇主使勞工從事輪班、夜間工作、長時間工作等作業，為避免勞工因異常工作負荷促發疾病，應採取下列疾病預防措施：

（一）辨識及評估高風險群。

（二）安排醫師面談及健康指導。

（三）調整或縮短工作時間及更換工作內容之措施。

（四）實施健康檢查、管理及促進。

（五）執行成效之評估及改善。

十九、雇主使勞工進入供儲存大量物料之槽桶時，應依下列規定：

（一）應事先測定並確認無爆炸、中毒及缺氧等危險。

（二）應使勞工佩掛安全帶及安全索等防護具。

（三）應於進口處派人監視，以備發生危險時營救。

（四）規定工作人員以由槽桶上方進入為原則。

二十、雇主不得以下列任何一種情況之吊鏈作為起重升降機具之吊掛用具：

　　(一) 延伸長度超過 5% 以上者。

　　(二) 斷面直徑減少 10% 以上者。

　　(三) 有龜裂者。

二十一、雇主不得以下列任何一種情況之吊掛之鋼索作為起重升降機具之吊掛用具：

　　(一) 鋼索一撚間有 10% 以上素線截斷者。

　　(二) 直徑減少達公稱直徑 7% 以上者。

　　(三) 有顯著變形或腐蝕者。

　　(四) 已扭結者。

二十二、依職業安全衛生設施規則規定，為使勞工作業場所空氣充分流通，一個佔有 5 立方公尺空間工作的勞工，以機械通風設備換氣，每分鐘所需之新鮮空氣，應為 0.6 立方公尺以上。

二十三、雇主對於研磨機之使用：①應採用經速率試驗合格且有明確記載最高使用周速度者；②規定研磨機之使用不得超過規定最高使用周速度；③除該研磨輪為側用外，不得使用側面；④研磨輪更換時應先檢驗有無裂痕，並在防護罩下試轉 3 分鐘。

二十四、設置衝剪機械 5 台以上時，雇主應指定作業管理人員負責執行管理。

二十五、勞工在高差超過 1.5 公尺以上之場所作業時，應設置能使勞工安全上下之設備。

二十六、雇主對坑內之溫度在攝氏 37 度以上時，依規定應使勞工停止作業。

二十七、依職業安全衛生設施規則規定，禁水性物質屬於著火性物質。

二十八、對於雇主供應勞工飲用水：①盛水容器須予加蓋②飲用水之水質應符合衛生標準③水源非自來水者應定期檢驗合格。

二十九、勞工噪音曝露採五分貝規則，工作日八小時日時量平均音壓級計算，切斷音壓級為 80 分貝，其值超過 85 分貝或劑量超過 50% 應使勞工戴用聽力防護具。衝擊性噪音曝露峰值不得超過 140 分貝，連續性噪音暴露不得超過 115 分貝。另規定工程控制包括隔離、消音、密閉、振動隔離、緩衝阻尼、慣性塊、吸音等。超過 90 分貝之工作場所應公告噪音危害之預防事項，使勞工周知。

三十、雇主使勞工從事輪班、夜間工作、長時間工作等作業，為避免勞工因異常工作負荷促發疾病，應採取下列疾病預防措施，作成執行紀錄並留存 3 年：

(一) 辨識及評估高風險群。

(二) 安排醫師面談及健康指導。

(三) 調整或縮短工作時間及更換工作內容之措施。

(四) 實施健康檢查、管理及促進。

(五) 執行成效之評估及改善。

範例：

依職業安全衛生設施規則規定，下列何者非雇主為避免勞工因異常工作負荷促發疾病應採取之預防措施？　①辨識及評估高風險群　②增加輪班頻率　③調整或縮短工作時間　④實施健康檢查、管理及促進。

 ②

三十一、雇主為預防勞工於執行職務，因他人行為致遭受身體或精神上不法侵害，應採取下列暴力預防措施，作成執行紀錄並留存 3 年：

(一) 辨識及評估危害。

(二) 適當配置作業場所。

(三) 依工作適性適當調整人力。

(四) 建構行為規範。

(五) 辦理危害預防及溝通技巧訓練。

(六) 建立事件之處理程序。

(七) 執行成效之評估及改善。

範例：

依職業安全衛生設施規則規定，下列何者非雇主為預防勞工於執行職務，因他人行為致遭受身體或精神上不法侵害應採取之預防措施？　①辨識及評估危害　②適當配置作業場所　③強制調整人力　④辦理危害預防及溝通技巧訓練。

 ③

第 4 章
職業安全衛生管理辦法

一、職業安全衛生委員會的組織成員，依照職業安全衛生管理辦法規定：

委員會置委員七人以上，除第六款規定者外，由雇主視該事業單位之實際需要指定左列人員組成：

(一) 事業經營負責人或其代理人。

(二) 職業安全衛生人員。

(三) 事業內各部門之主管、監督、指揮人員。

(四) 與職業安全衛生有關之工程技術人員。

(五) 醫護人員。

(六) 工會或勞工選舉之代表。

工會或勞工選舉之代表應佔委員人數之 1/3 以上。委員任期為 2 年，並以雇主為主任委員，綜理會務。委員會由主任委員指定一人為秘書，輔助其綜理會務。

委員會應每 3 個月開會一次。

二、僱用勞工人數在 30 人以上的事業單位，依法令規定設管理單位或置職業安全衛生人員時，應填具職業安全衛生管理單位 (人員) 設置 (變更) 報備書，向當地勞動檢查機構陳報備查。職業安全衛生人員離職時，亦應向當地勞動檢查機構陳報。

三、自動檢查紀錄應保存三年，並記錄下列事項：

(一) 檢查年月日。

(二) 檢查方法。

(三) 檢查部分。

(四) 檢查結果。

(五) 實施檢查者之姓名。

(六) 依檢查結果應採取改善措施之內容。

四、依職業安全衛生管理辦法規定，電氣機車等機械，雇主應<u>每 3 年</u>就其整體定期實施自動檢查 1 次。捲揚裝置<u>每 3 年</u>就整體定期實施自動檢查一次。

五、特定化學設備及其附屬設備雇主應<u>每 2 年</u>定期實施自動檢查一次。反應器或蒸餾器及其附屬設備依規定應<u>每 2 年</u>實施定期檢查一次。

六、堆高機應<u>每年</u>實施整體定期自動檢查一次。應每月就下列規定定期實施檢查一次：

（一）<u>制動裝置</u>、離合器及方向裝置。

（二）積載裝置及油壓裝置。

（三）頂蓬及桅桿。

　　不包括後視鏡在內。

七、

（一）升降機，應<u>每年</u>就該機械之整體定期實施檢查 1 次。

（二）以動力驅動之衝剪機械，其制動裝置定期自動檢查<u>每年</u>實施 1 次。

（三）一般車輛，應<u>每 3 個月</u>就車輛各項安全性能定期實施檢查 1 次。

（四）移動式起重機過捲預防裝置、警報裝置等應<u>每月</u>定期實施檢查 1 次。

（五）營建用提升機，應<u>每月</u>依規定定期實施檢查一次。

（六）吊籠應<u>每月</u>依規定定期實施檢查一次。

八、事業單位應依照職業安全衛生管理辦法之規定，設置職業安全衛生組織及人員，負起規劃、督導的責任。第一類事業之事業單位，勞工人數在 <u>100 人</u>以上者，應設直接隸屬雇主之<u>專責一級管理單位</u>。

九、職業安全衛生管理辦法所稱之自動檢查，其屬性為<u>強制性</u>。自動檢查之種類有巡視、定期檢查、重點檢查和作業檢點。<u>職業災害檢查</u>不屬於職業安全衛生管理辦法之自動檢查作法

十、落實自動檢查也可藉以建立安全衛生作業標準。

十一、事業單位以其事業之全部或部分交付承攬或再承攬時，如使用之設施係由原事業單位提供者，原則上該設施應由<u>原事業單位</u>實施定期檢查、重點檢查。

十二、雇主對高壓氣體儲存能力在<u>一公噸</u>以上之儲槽，應每年定期測定其沉陷狀況一次。

十三、局部排氣裝置依規定應每年定期實施自動檢查 1 次；局部排氣設備之空氣清淨裝置應每年實施定期檢查一次。

十四、依職業安全衛生管理辦法規定，對於下列機械、設備須實施重點檢查：

（一）第二種壓力容器。

（二）捲揚裝置。

（三）局部排氣裝置或除塵裝置。

（四）異常氣壓之輸氣設備。

（五）特定化學設備或其附屬設備。

十五、下列事業單位，應參照中央主管機關所定之職業安全衛生管理系統指引，建置適合該事業單位之職業安全衛生管理系統：

（一）第一類事業勞工人數在 200 人以上者。

（二）第二類事業勞工人數在 500 人以上者。

（三）有從事石油裂解之石化工業工作場所者。

（四）有從事製造、處置或使用危害性之化學品，數量達中央主管機關規定量以上之工作場所者。

十六、在安全管理的 4E 中，工作場所之監督及檢點屬於執行 (Enforcement)。

十七、職業安全衛生管理單位及人員之設置規定 (參考表一、表二)：

（一）第一類事業之事業單位勞工人數在一百人以上者，應設直接隸屬雇主之專責一級管理單位；第二類事業之事業單位之事業單位勞工人數在三百人以上者，應設直接隸屬雇主之一級管理單位。

（二）第一類事業之事業單位僱用勞工人數在一百人以上者，所置管理人員應為專職；第二類事業之事業單位僱用勞工人數在三百人以上者，所置管理人員應至少一人為專職。所置專職管理人員，應常駐廠場執行業務，不得兼任其他與勞工安全衛生無關之工作。

（三）事業設有總機構者，除各該地區事業單位之管理單位及管理人員外，應依下列規定另於總機構或其地區事業單位設綜理全事業之職業安全衛生事務之管理單位，及依規模置管理人員，並依規定辦理安全衛生管理事項：

　　1. 第一類事業勞工人數在五百人以上者，應設直接隸屬雇主之專責一級管理單位。

2. 第二類事業勞工人數在五百人以上者，應設直接隸屬雇主之一級管理單位。

3. 第三類事業勞工人數在三千人以上者，應設管理單位。

前項規定所置管理人員，應為專職。但第二類及第三類事業之職業安全衛生業務主管，不在此限。

(四) 第一類事業之事業單位所屬從事製造之一級單位，勞工人數在一百人以上未滿三百人者，應另置甲種職業安全衛生業務主管一人，勞工人數超過三百人者，應增置專職職業安全衛生管理員一人。

(五) 對於橋樑、道路、隧道、輸配電等距離較長之工程，應於每十公里內增置至少一名丙種職業安全衛生業務主管。

(六) 營造業之事業單位僱用之職業安全衛生業務主管，應由接受營造業職業安全衛生業務主管教育訓練者選任之。

(七) 事業單位勞工人數之計算，包含原事業單位及其承攬人、再承攬人之勞工及其他受工作場所負責人指揮或監督從事勞動之人員，於同一期間、同一工作場所作業時之總人數。

(八) 事業設有總機構者，其勞工人數之計算，包含所屬各地區事業單位作業勞工之人數。

範例：

僱用勞工人數 350 人之化學品製造業，設置之安全衛生人員，除職業安全衛生業務主管外，應再增設職業安全管理師或職業衛生管理師 1 人及職業安全衛生管理員 2 人。

表 1　依風險等級之分類設置管理單位

事業分類	管理單位 (勞工人數)		備註
第一類事業	事業單位	專責一級單位 (100 人以上)	實施職業安全衛生管理系統相關管理制度，管理績效經勞動部或委託之機構認可者，所設管理單位得免受應為專責之限制。
	總機構	專責一級單位 (500 人以上)	
第二類事業	事業單位	一級單位 (300 人以上)	
	總機構	一級單位 (500 人以上)	
第三類事業	事業單位	—	
	總機構	管理單位 (3,000 人以上)	

表 2　不同事業單位應設置之職業安全衛生人員

事業分類		勞工人數	管理人員	專/兼職	備註	
第一類事業	營造業	29 以下	丙種主管 (1)	─	橋樑道路隧道輸配電等距離較長之工程，應於每 10 公里內增置丙種主管 (1)	
		30-99	乙種主管 (1)+ 管理員 (1)	─		
		100-299	甲種主管 (1)+ 管理員 (1)	專職		
		300-499	甲種主管 (1)+安(衛)師(1)+管理員(2)	專職		
		500 以上	甲種主管 (1)+安(衛)師(2)+管理員(2)	專職		
	營造業以外之事業單位	29 以下	丙種主管 (1)	─		
		30-99	乙種主管 (1)	─		
		100-299	甲種主管 (1)+ 管理員 (1)	專職	所屬從事製造之一級單位	另置甲主管區 1)
		300-499	甲種主管 (1)+安(衛)師(1)+管理員(1)	專職		另置甲主管區 1)+ 增置專職管理員 (1)
		500-999	甲種主管 (1)+安(衛)師(1)+管理員(2)	專職		
		1000 以上	甲種主管 (1)+安(衛)師(2)+管理員(2)	專職		
	總機構	500-999	甲種主管 (1)+ 管理員 (1)	專職		
		1000 以上	甲種主管 (1)+安(衛)師(1)+管理員(1)	專職		
第二類事業	事業單位	29 以下	丙種主管 (1)	─		
		30-99	乙種主管 (1)	─		
		100-299	甲種主管 (1)	─		
		300-499	甲種主管 (1)+ 管理員 (1)	至少1人專職		
		500 以上	甲種主管 (1)+安(衛)師(1)+管理員(1)			
	總機構	500-999	甲種主管 (1)+ 管理員 (1)	專職		
		1000 以上	甲種主管 (1)+安(衛)師(1)+管理員(1)	專職		
第三類事業	事業單位	29 以下	丙種主管 (1)	─		
		30-99	乙種主管 (1)	─		
		100-299	甲種主管 (1)	─		
		500 以上	甲種主管 (1)+ 管理員 (1)	─		
	總機構	3000 以上	甲種主管 (1)	專職		

第 5 章
職業安全衛生教育訓練規則

一、職業安全衛生業務主管：

(一) 雇主僱用勞工人數在一百人以上者，應使擔任職業安全衛生業務主管者接受甲種職業安全衛生業務主管安全衛生教育訓練。

(二) 雇主僱用勞工人數在三十人以上未滿一百人者，應使職業安全衛生業務主管者接受乙種職業安全衛生業務主管安全衛生教育訓練。

(三) 雇主僱用勞工人數未滿三十人者，應使擔任職業安全衛生業務主管者，接受丙種職業安全衛生業務主管安全衛生教育訓練。

例：　營造業之事業單位僱用勞工人數 45 人時，應使擔任職業安全衛生業務主管者接受乙種營造業職業安全衛生主管安全衛生教育訓練。

二、第二種壓力容器操作人員未規定雇主需使其接受危險性設備操作人員安全衛生教育訓練。

三、依職業安全衛生教育訓練規則規定，施工架組配作業人員或操作人員，雇主不需使其接受特殊作業安全衛生教育訓練。

四、大專院校辦理特殊作業勞工安全衛生教育訓練，應於 15 日前檢附相關資料報請當地主管機關單位備查。

五、①高壓氣體製造安全主管②高壓氣體製造安全作業主管③高壓氣體供應及消費作業主管均需接受高壓氣體作業主管安全衛生教育訓練。高壓室內作業主管需接受有害作業主管安全衛生教育訓練。

六、事業單位辦理有害作業主管人員安全衛生教育訓練結束後 30 日內應檢送必要文件報請主管機關核備，所稱必要文件不包括教育訓練課程表。

七、有害作業主管，依職業安全衛生教育訓練規則規定，應接受 18 小時之安全衛生教育訓練課程。

八、一般安全衛生教育訓練，新僱勞工或在職勞工於變更工作前依實際需要排定時數，不得少於 3 小時。但從事使用生產性機械或設備、車輛系營建機械、

高空工作車、捲揚機等之操作及營造作業、缺氧作業、電焊作業等應各增列 3 小時；對製造、處置或使用危害性化學品者應增列 3 小時。

> 例： 某營造業之新僱勞工於裝設瓦斯管之地下溝渠內從事環氧樹脂之塗布以防止漏水，應使其接受 12 小時之安全衛生教育訓練。

九、依職業安全衛生教育訓練規則規定，高壓室內作業主管安全衛生教育訓練課程內容有：①異常氣壓危害預防標準；②壓氣施工法；③減壓表演練實習等，不包括潛水疾病的預防。

十、依職業安全衛生教育訓練規則規定，缺氧作業主管安全衛生教育訓練課程內容有：①缺氧危險作業及局限空間作業勞工安全衛生相關法規；②缺氧症預防規則；③缺氧危險場所危害預防及安全衛生防護具缺氧危險場所之環境測定；④缺氧危險場所之環境測定；⑤缺氧事故處理及急救；⑥缺氧危險作業安全衛生管理與執行。

第 6 章
勞工健康保護規則

一、勞工定期健康檢查：

（一）年滿六十五歲以上者，每年檢查一次。

（二）年滿四十歲以上未滿六十五歲者，每三年檢查一次。

（三）未滿四十歲者，每五年檢查一次。

二、依癌症防治法規定，對於符合癌症篩檢條件之勞工，於事業單位實施勞工健康檢查時，得經勞工同意，一併進行口腔癌、大腸癌、女性子宮頸癌及女性乳癌之篩檢。

三、依勞工健康保護規則規定，異常氣壓作業、巴拉刈製造作業皆屬於特別危害健康之作業。

四、某一食品製造業，其員工總人數為 350 人，特別危害健康作業勞工人數 50 人，應僱用專任健康服務護理人員至少 1 人。

五、依勞工健康保護規則規定，勞工特殊健康檢查之 X 光照片，有明顯的圓形或不規則陰影，且有大陰影者屬於第 4 型。

六、從事高溫作業勞工作息時間標準所稱高溫作業之勞工，依勞工健康保護規則之規定，胸部 X 光攝影檢查非屬應實施特殊健康檢查項目之一。

七、依勞工健康保護規則規定，勞工一般或特殊體格檢查、健康檢查均應實施作業經歷調查。

八、雇主僱用勞工時，應實施之一般體格檢查，不包括肺功能檢查。

九、一般體格檢查、健康檢查紀錄至少保存七年以上。特別危害健康作業，於其受僱或變更作業時所實施之特殊體格檢查；在職勞工所接受之特殊健康檢查應保存十年以上。但游離輻射、粉塵、三氯乙烯、四氯乙烯作業之勞工及特定化學物質作業之勞工（如氯乙烯、苯、鉻酸及其鹽類、砷及其化合物等之製造、處置或使用及石綿之處置或使用），其特殊健康檢查紀錄應保存 30 年。

十、急救人員，每一輪班次應至少置一人；其每一輪班次勞工總人數超過 50 人者，每增加 50 人，應再置一人。

範例：

依勞工健康保護規則規定，事業單位同一場所之勞工，常日班有 105 人，另早、晚班各有 10 人輪班作業，應置幾位合格之急救人員？　① 3　② 4　③ 5　④ 6。

　答 ②

十一、健康管理，屬於第二級管理以上者，應由醫師註明其不適宜從事之作業與其他應處理及注意事項；屬於第三級管理或第四級管理者，並應由醫師註明臨床診斷。

雇主對於屬於第二級管理者，應提供勞工個人健康指導；第三級管理以上者，應請職業醫學科專科醫師實施健康追蹤檢查，必要時應實施疑似工作相關疾病之現場評估，且應依評估結果重新分級，並將分級結果及採行措施依中央主管機關公告之方式通報；屬於第四級管理者，經醫師評估現場仍有工作危害因子之暴露者，應採取危害控制及相關管理措施。

十二、雇主使勞工從事特別危害健康作業時，應建立健康管理資料，並依下列規定分級實施健康管理：

(一) 第一級管理：特殊健康檢查或健康追蹤檢查結果，全部項目正常，或部分項目異常，而經醫師綜合判定為無異常者。

(二) 第二級管理：特殊健康檢查或健康追蹤檢查結果，部分或全部項目異常，經醫師綜合判定為異常，而與工作無關者。

(三) 第三級管理：特殊健康檢查或健康追蹤檢查結果，部分或全部項目異常，經醫師綜合判定為異常，而無法確定此異常與工作之相關性，應進一步請職業醫學科專科醫師評估者。

(四) 第四級管理：特殊健康檢查或健康追蹤檢查結果，部分或全部項目異常，經醫師綜合判定為異常，且與工作有關者。

十三、從事勞工健康服務之醫師人力配置及臨廠服務頻率：

事業性質分類	勞工人數	人力配置或臨廠服務頻率	備註
第一類	300-999 人	1 次 / 月	勞工人數超過 6,000 人者，其人力配置或服務頻率，應符合下列之一之規定： 一、每增 6,000 人者，增專任從事勞工健康服務醫師 1 人。 二、每增勞工 1,000 人，依下列標準增加其從事勞工健康服務之醫師臨廠服務頻率： （一）第一類事業： 　　3 次 / 月 （二）第二類事業： 　　2 次 / 月 （三）第三類事業： 　　1 次 / 月
第一類	1,000-1,999 人	3 次 / 月	
第一類	2,000-2,999 人	6 次 / 月	
第一類	3,000-3,999 人	9 次 / 月	
第一類	4,000-4,999 人	12 次 / 月	
第一類	5,000-5,999 人	15 次 / 月	
第一類	6,000 人以上	專任職業醫學科專科醫師一人	
第二類	300-999 人	1 次 /2 個月	
第二類	1,000-1,999 人	1 次 / 月	
第二類	2,000-2,999 人	3 次 / 月	
第二類	3,000-3,999 人	5 次 / 月	
第二類	4,000-4,999 人	7 次 / 月	
第二類	5,000-5,999 人	9 次 / 月	
第二類	6,000 人以上	12 次 / 月	
第三類	300-999 人	1 次 /3 個月	
第三類	1,000-1,999 人	1 次 /2 個月	
第三類	2,000-2,999 人	1 次 / 月	
第三類	3,000-3,999 人	2 次 / 月	
第三類	4,000-4,999 人	3 次 / 月	
第三類	5,000-5,999 人	4 次 / 月	
第三類	6,000 人以上	6 次 / 月	

範例：

有一半導體工廠僱用勞工 5,000 人，其健康服務醫師臨廠服務頻率每月應至少多少次？　①1　②3　③6　④15。

 ④

範例：

某化學品製造業，其員工總人數為 350 人，依勞工健康保護規則規定，應至少僱用或特約醫師臨廠服務每月幾次？　①1　②2　③3　④4。

 ①

十四、屬於職場健康促進項目者如：①壓力紓解；②戒菸計畫；③下背痛預防。

第 7 章
職業安全相關法規

壹、危險性工作場所審查暨檢查辦法

一、依勞動檢查法規定，製程安全評估 (甲、乙、丙類)，應由下列人員組成評估小組實施之：

　　(一) 工作場所負責人。

　　(二) 製程安全評估人員 (或相關執業技師)。

　　(三) 職業安全衛生人員。

　　(四) 工作場所作業主管。

　　(五) 熟悉該場所作業之勞工。

二、依勞動檢查法規定，丁類危險性工作場所申請審查，事前應依實際需要組成評估小組實施評估，組成人員包括：

　　(一) 工作場所負責人。

　　(二) 施工安全評估人員。

　　(三) 專任工程人員。

　　(四) 職業安全衛生人員。

　　(五) 工作場所作業主管 (含承攬人之人員)。

三、危險性工作場所應建立稽核管理制度，稽核計畫包括：

　　(一) 製程安全評估。

　　(二) 正常操作程序。

　　(三) 緊急操作程序。

　　(四) 製程修改安全計畫。

　　(五) 勞工教育訓練計畫。

　　(六) 自動檢查計畫。

　　(七) 承攬管理計畫。

　　(八) 緊急應變計畫。

四、危險性工作場所審查及檢查辦法規定，甲、乙、丙類工作場所安全評估可採用之評估方法，包括下列：

（一）檢核表 (Checklist)。

（二）如果 - 結果分析 (WhatIf)。

（三）如果－結果分析 / 檢核表 (What If/Checklist)。

（四）危害及可操作性分析 (HazOp)。

（五）故障樹分析 (FTA)。

（六）失誤模式與影響分析 (FMEA)。

貳、危險性機械及設備安全檢查規則

一、

（一）吊升荷重在 3 公噸以上之固定式起重機。

（二）營建用升降機。

（三）高度在 20 公尺之營建用提升機。

（四）載人用吊籠。

均屬危險性機械及設備安全檢查規則所稱之危險性機械。

二、

（一）最高使用表壓力超過每平方公分 1 公斤之蒸汽鍋爐。

（二）傳熱面積超過 1 平方公尺之蒸汽鍋爐。

（三）以「每平方公分之公斤數」單位所表示之最高使用壓力數值與以「立方公尺」單位所表示之內容積數值之積，超過 0.2 之第一種壓力容器。

（四）指供灌裝高壓氣體之容器中，相對於地面可移動，其內容積在 500 公升以上者，均屬危險性機械及設備安全檢查規則所稱之危險性設備。

三、高壓氣體特定設備指其容器以「每平方公分之公斤數」單位所表示之設計壓力數值與以「立方公尺」單位所表示之內容積數值之積，超過 0.04 者。

參、高壓氣體勞工安全規則

一、高壓氣體勞工安全規則中所稱之特定高壓氣體：壓縮氫氣、壓縮天然氣、液氧、液氨及液氯、液化石油氣。

二、有關高壓氣體類壓力容器處理能力指 0℃、一大氣壓下 24 小時全速運轉可處理氣體體積。

三、甲類製造事業單位應於製造開始之日就製造事業單位指派實際負責人為高壓氣體製造安全負責人，綜理高壓氣體之製造安全業務，並向勞動檢查機構報備。

四、甲類製造事業單位係指使用壓縮、液化或其他方法處理之氣體容積 1 日在 30 立方公尺以上之設備從事高壓氣體之製造者。

五、依高壓氣體勞工安全規則規定，甲類製造事業單位之固定式製造設備其導管應經以常用壓力 1.5 倍以上壓力實施之耐壓試驗。

六、依高壓氣體勞工安全規則規定，甲類製造事業單位之固定式製造設備其導管厚度應具備以常用壓力 2 倍以上壓力加壓時不致引起導管之降伏變形。

七、依高壓氣體勞工安全規則規定：

(一) 儲存能力 1 公噸以上之儲槽，應隨時注意有無沈陷現象

(二) 可燃性氣體製造設備，應採取可除卻該設備產生之靜電之措施

(三) 儲存氨氣之高壓氣體設備使用之電氣設備，應具有防爆性能構造

(四) 毒性氣體之製造設備中，有氣體漏洩致積滯之虞之場所，應設可探測該漏洩氣體，且自動發出警報之氣體漏洩檢知警報設備。

第 8 章
有機溶劑中毒預防規則

一、有機溶劑混存物係指有機溶劑與其他物質混合時，所含之有機溶劑佔其<u>重量百分之五</u>以上者。

二、三氯乙烯為有機溶劑中毒預防規則所列管之第<u>一</u>種有機溶劑。

三、丙酮、異丙醇、氯苯、四氯乙烯皆為有機溶劑中毒預防規則所列管之第<u>二</u>種有機溶劑。

四、礦油精為有機溶劑中毒預防規則所列管之第<u>三</u>種有機溶劑。

五、依有機溶劑中毒預防規則規定，第二種有機溶劑或其混存物的容許消費量為該作業場所之氣積乘以 <u>2/5</u>。

六、有機溶劑作業採取控制設施，如不計算成本，應優先考量<u>密閉設備</u>。

七、設置之局部排氣裝置依有機溶劑中毒預防規則或職業安全衛生管理辦法之規定，應實施之自動檢查有：

（一）每年之定期自動檢查

（二）開始使用、拆卸、改裝或修理時之重點檢查

（三）作業勞工就其作業有關事項實施之作業檢點；<u>不包括</u>輸液設備之作業檢點。

八、依有機溶劑中毒預防規則規定，整體換氣裝置之換氣能力以 <u>Q(m³/min)</u> 表示。

九、有機溶劑作業設置之局部排氣裝置控制設施，氣罩之型式以<u>包圍式</u>控制效果較佳。

十、依有機溶劑中毒預防規則規定，使勞工每日從事有害物作業時間在 1 小時之內之作業為<u>作業時間短暫</u>。

十一、單位轉換：

$$C_{mg/m^3} = C_{ppm} \times \frac{氣體分子量}{24.45}$$

範例：

C_7H_8 標準氣體 100 ppm (25℃，1 atm) 於一密閉實驗室 (100 × 10 × 3 m³)，請問需要多少公克的甲苯液體？

答 1,129g

解析：

$$C_{mg/m^3} = C_{ppm} \times \frac{氣體分子量}{24.45} = 100 \times \frac{92}{24.45} = 376.3 \ mg/m^3$$

$$376.3(mg/m^3) = \frac{x \times 1,000(mg)}{100 \times 10 \times 3(m^3)} \quad \therefore x = 1,129 \ g$$

十二、容許消費量之計算方式：

有機溶劑或其混存物之總類	有機溶劑或其混存物之容許消費量 (公克)
第一種有機溶劑或其混存物	1/15× 作業場所之氣積 (立方公尺)
第二種有機溶劑或其混存物	2/5× 作業場所之氣積 (立方公尺)
第三種有機溶劑或其混存物	3/2× 作業場所之氣積 (立方公尺)

1. 於室內作業場所 (通風不充分之室內作業場所除外)，從事有機溶劑或其混存物之業時，一小時作業時間內有機溶劑或其混存物之消費量不超越容許消費量者。

2. 於儲槽等之作業場所或通風不充分之室內作業場所，從事有機溶劑或其混存物之作業時，一日間有機溶劑或其混存物之消費量不超越容許消費量者。

3. 計算氣積時，不含超過地面 4 公尺以上高度之空間。

4. 氣積超過 150 立方公尺者，概以 150 立方公尺計算。

範例：

某公司有作業員工 300 人，廠房長 30 公尺，寬 15 公尺，高 5 公尺，每日需使用第一種有機溶劑三氯甲烷，依有機溶劑中毒預防規則規定，其容許消費量為每小時多少公克？

答 10 g

解析：

廠房氣積 = 30 × 15 × 5 = 2,250 m³ > 150 m³，以 150 m³ 計

∴ 每日容許消費量 = (1/15) × 150 = 10 g

十三、整體換氣裝置之換氣能力及其計算方式：

種類	換氣量 (m³/min)
第一種有機溶劑或其混存物	每小時公克數 × 0.3
第二種有機溶劑或其混存物	每小時公克數 × 0.04
第三種有機溶劑或其混存物	每小時公克數 × 0.01

範例：

某公司廠房長 20 公尺，寬 10 公尺，高 6 公尺，每日每小時平均使用第三種有機溶劑石油醚 30 公克，依有機溶劑中毒預防規則規定，其每小時需提供多少立方公尺之換氣量？

答 $18 \ m^3/hr$

解析：

　　石油醚為第三種有機溶劑

　　∴ 換氣量 = $30 \times 0.01 = 0.3 \ (m^3/min) = 18 \ (m^3/hr)$

十四、整體換氣裝置之換氣量計算方式：

$$Q = \frac{24.45 \times 1000 \times W}{60 \times C_{ppm} \times M} \ (m^3/min)$$

範例：

一乾燥爐內有丙酮在蒸發，每小時蒸發量為 1 kg，經過理論計算則需要每分鐘 0.9 立方公尺之新鮮空氣稀釋丙酮蒸氣才安全 (其爆炸範圍 2.6-12.8%)；若乾燥爐內操作物改為苯 (其爆炸範圍 1.4-7.1%)，每小時蒸發量也為 1 kg，依職業安全衛生設施規則規定，需要每分鐘多少立方公尺之新鮮空氣稀釋苯蒸氣才安全？

答 $1.2 \ m^3/min$

解析：

由換氣量計算公式知，換氣量與 LEL 和 M 的乘積成反比：

$$Q = \frac{24.45 \times 1000 \times W}{60 \times (0.3LEL) \times M} \ (m^3/min)$$

丙酮與苯的分子量分別為 58、78

　　$Q_1 \times LEL_1 \times M_1 = Q_2 \times LEL_2 \times M_2$

　　$0.9 \times 2.6 \times 58 = Q_2 \times 1.4 \times 78 \rightarrow Q_2 = 1.2 \ m^3/min$

第 9 章
鉛中毒預防規則

一、依鉛中毒預防規則規定，鉛合金係指鉛與鉛以外金屬之合金中，鉛占該合金重量百分之 10 以上者。

二、依鉛中毒預防規則規定，含鉛、鉛塵設備內部之作業應設置淋浴及更衣設備，以供勞工使用。

三、依鉛中毒預防規則規定，於通風不充分之場所從事鉛合金軟焊之作業設置整體換氣裝置之換氣量，應為每一從事鉛作業勞工平均每分鐘 1.67 立方公尺以上。

四、雇主使勞工戴用輸氣管面罩從事鉛作業之連續作業時間，依鉛中毒預防規則規定，每次不得超過 1 小時。

五、非以濕式作業方法從事鉛、鉛混存物等之研磨、混合或篩選之室內作業場所設置之局部排氣裝置，其氣罩應採用包圍型。

六、依鉛中毒預防規則規定，從事鉛熔融或鑄造作業而該熔爐或坩鍋等之容量依規定未滿 50 公升者得免設集塵裝置。

七、體換氣裝置、濕式作業等危害預防設施中，以整體換氣裝置效果最差。

八、為防止鉛、鉛混存物或燒結礦混存物之污染，依鉛中毒預防規則規定應每日以真空除塵機或水沖洗作業場所、休息室、餐廳等一次以上。

九、亞鉛鐵皮器皿之製造作業不屬於鉛中毒預防規則所稱之鉛作業。

十、鉛會造成多發性神經病變、貧血、不孕症或精子缺少。

十一、有關鉛作業休息室之規定：

　　(一) 出入口設置充分濕潤墊蓆

　　(二) 入口處設置清潔衣服用毛刷

　　(三) 進入休息室前附著於工作衣上之鉛塵應適當清除；不可設置於鉛作業場所內。

十二、依鉛中毒預防規則規定，軟焊作業、熔融鑄造作業、鉛蓄電池加工組配作業等鉛作業未要求設置淋浴及更衣設備，以供勞工使用。

第 10 章
特定化學物質危害預防標準

一、特定化學物質分成四種類，依據毒性、化性、物性，分為甲類、乙類、丙類及丁類特定化學物質等共六十二種，甲類特定化學物質除黃磷外是係屬致癌性物質，共七種；乙類特定化學物質共七種，是致癌性物質或疑似致癌性物質；丙類特定化學物質共三十九種，分為丙類第一種物質係屬致癌性物質、疑似致癌性物質，高毒性之液態或氣態化學物質共二十二種，丙類第二種包含奧黃及苯胺紅的固態染料，屬致癌性物質，丙類第三種物質係屬致癌性物質、疑似致癌性物質、高毒性之固態或液態化學物質，共十五種；丁類特定化學物質係屬液態或氣態腐蝕性高毒性化學物質，共九種。

二、特定管理設備，係指特定化學設備中進行放熱反應之反應槽等，且有因異常化學反應等，致洩漏丙類第一種物質或丁類物質之虞者。
雇主對特定化學管理設備，為早期掌握其異常化學反應等之發生，應設適當之溫度計、流量計及壓力計等計測裝置。

三、雇主不得使勞工從事製造或使用甲類物質。但供試驗或研究時，雇主應填具格式一之申請書，報請勞動檢查機構審查，轉報中央主管機關核定。

四、使勞工從事製造乙類物質時，應填具製造乙類物質許可申請書請當地勞動檢查機構許可。

五、所謂特定化學設備，係指製造或處置丙類第一種物質、丁類物質等特定化學物質之固定式設備。

六、對排水系統、坑或槽桶內等，因含有鹽酸、硝酸或硫酸之廢液與含有氰化鉀、硫化鈉或多硫化鈉之廢液混合，致生成氰化氫或硫化氫之虞，引起勞工中毒死亡，故不得使此等廢液混合。簡而言之，氰化鉀、硫化物之廢液，不得與含酸之廢液混合。

七、丁類特定化學物質具腐蝕特性，容易因設備或管線腐蝕產生漏洩，應特別注意防蝕、防漏設施。

八、丁類特定化學物質之作業場所應設置緊急沖淋設備

九、依特定化學物質危害預防標準規定，從事硫化氫作業（丙類第一種物質）時，雇主應指定現場主管擔任特定化學物質作業主管。

十、鈹及其化合物屬特定化學物質危害預防標準中所稱之乙類特定化學物質。

十一、使勞工處置丙類第一種或丁類特定化學物質合計在 100 公升以上時，應置備該物質等漏洩時能迅速告知有關人員之警報用器具及除卻危害必要藥劑、器具等設施。

十二、丁類特定化學物質之作業場所應設置緊急沖淋設備。

十三、石綿（不含青石綿、褐石綿）、二氯聯苯胺及其鹽類、鈹及其化合物、三氯甲苯為特定化學物質危害預防標準所稱之特定管理物質。

十四、依特定化學物質危害預防標準規定，雇主使勞工從事製造鈹等以外之乙類特定化學物質時，應辦理事項：①製造設備應為密閉設備；②為預防異常反應引起原料、材料或反應物質之溢出，應在冷凝器內充分注入冷卻水。

第 11 章
粉塵危害預防標準

一、可免除工程控制設施，但應供給勞工適用有效用防護具之作業：

　　(一)臨時性作業：係指正常作業以外之作業，其作業期間不超過三個月且不重複者。

　　(二)作業時間短暫：係指同一特定粉塵發生源之特定粉塵作業，其每日作業不超過一小時者。

　　(三)作業期間短暫：係指一特定粉塵發生源之特定粉塵作業，其作業期間不超過一個月，且確知自該作業終了六個月以內，不再實施該作業者。

　　　　例如：同一特定粉塵發生源之特定粉塵作業，其每日作業時間為 50 分鐘屬作業時間短暫。

二、一般礦物性粉塵之濃度，以 mg/m^3 表示。

三、室內粉塵作業場所至少每日應清掃乙次以上；至少每月應定期使用真空吸塵器或水沖式等不致發生粉塵之方法，清除室內作業場所之地面、設備。若使用不致發生粉塵飛揚之清掃方法顯有些困難時，應供給勞工使用有效之呼吸用防護具。

四、從事臨時性之特定粉塵作業，如供給勞工使用適當之呼吸防護具，得免設置密閉設備、局部排氣裝置等控制設備或維持濕潤狀態之設備。

五、依粉塵危害預防標準規定，屬從事特定粉塵作業之室內作業場所，應設置之設施：①密閉設備②局部排氣裝置③維持濕潤之設備。

六、依粉塵危害預防標準規定，雇主使勞工戴用輸氣管面罩之連續作業時間，每次不得超過 60 分鐘。

七、依粉塵危害預防標準規定，對於粉塵作業場所應隨時確認實施通風設備運轉狀況、勞工作業情形、空氣流通效果及粉塵狀況等，並採取必要措施。

八、室內粉塵作業場所依規定至少每日應清掃一次以上。

九、於室內非以手提式熔射機熔射金屬之作業屬粉塵危害預防標準所稱之特定粉塵發生源。

十、藉動力強制吸引並排出已發散粉塵之設備為局部排氣裝置。

十一、使用直徑小於 30 公分之研磨輪從事作業，雇主除於室內作業場所設置整體換氣外，應使勞工使用適當之呼吸防護具作為必要之控制設施。

十二、依粉塵危害預防標準規定，有關粉塵作業之控制設施：①整體換氣裝置應置於使排氣或換氣不受阻礙之處，使之有效運轉②設置之濕式衝擊式鑿岩機於實施特定粉塵作業時，應使之有效給水③局部排氣裝置依規定每年定期檢查一次④維持濕潤狀態之設備於粉塵作業時，對該粉塵發生處所應保持濕潤狀態。

十三、依粉塵危害預防標準規定，雇主應至少每月定期使用真空除塵器或以水沖洗等不致發生粉塵飛揚之方法，清除室內作業場所之地面。

十四、依粉塵危害預防標準規定，使勞工於室內混合粉狀之礦物等、碳原料及含有此等物質之混入或散布之處所，整體換氣裝置不符合規定。

以下皆屬粉塵危害預防標準規定所稱之粉塵作業：

十五、

  (一) 岩石或礦物之切斷作業

  (二) 岩石或礦物之切斷篩選土石作業

  (三) 鑄件過程中拆除砂模作業，木材裁切加工作業則非。

十六、依粉塵危害預防標準規定，雇主為防止特定粉塵發生源之粉塵之發散，應依規定對每一特定粉塵發生源，分別設置規定設備，於室內以研磨材研磨礦物之作業、室內碳原料袋裝之作業皆屬特定粉塵發生源。

十七、依粉塵危害預防標準規定，屬從事特定粉塵作業之室內作業場所應設置之設施：①密閉設備；②局部排氣裝置；③維持濕潤之設備。

第 12 章
勞工作業場所容許暴露標準

一、容許濃度之種類如下：

(一) 八小時日時量平均容許濃度 (PEL–TWA)

為勞工每天工作八小時，一般勞工重複暴露此濃度以下，不致有不良反應者。

(二) 短時間時量平均容許濃度 (PEL–STEL)

為一般勞工連續暴露在此濃度以下任何十五分鐘，不致有不可忍受之刺激，或慢性或不可逆之組織病變，或麻醉昏暈作用，事故增加之傾向或工作效率之降低者。

(三) 最高容許濃度 (PEL– Ceiling)

為不得使一般勞工有任何時間超過此濃度之暴露，以防勞工不可忍受之刺激或生理病變者。

勞工有害物暴露不得超過八小時日時量平均容許濃度、短時間時量平均容許濃度或最高容許濃度，超過時應採取保護措施。

二、PEL–STEL 為 PEL–TWA 乘以變量係數所得：

容許濃度 (ppm or mg/m³)	變量係數
0~ 未滿 1	3
1~ 未滿 10	2
10~ 未滿 100	1.5
100~ 未滿 1,000	1.25
1,000 以上	1

三、勞工暴露於二種以上有害物，應視不同有害物屬獨立效應或相加效應，予以評估。如二種有害物對人體危害目的器官不同時視為獨立效應，如危害目的相同則視為相加效應。

四、鉻酸在勞工作業環境空氣中之濃度以 ppm 表示。

五、ppm 之意義為標準狀態下 (25℃，1atm)，每立方公尺空氣中氣狀有害物之立方公分數。

六、勞工暴露於有害氣體、蒸氣、粉塵等之作業時，其空氣中濃度超過八小時日時量平均容許濃度者；應改善其作業方法、縮短工作時間或採取其他保護措施。

七、空氣中粒狀物之濃度可用 mg/m^3、f/cc 表示。

八、勞工作業場所容許暴露標準所稱的容許濃度係指溫度在攝氏 25 度、一大氣壓條件下之容許濃度。

九、氧化鈣之容許濃度在勞工作業場所容許暴露標準附表一規定值為 6 mg/m^3，備註欄亦未加註，則測定時應測定總粉塵之粉塵量。

十、可呼吸性粉塵係指能通過人體氣管而到達氣體之交換區域者，其 50% 截取粒徑為 4 微米。

十一、評估是否會進入肺泡而且沈積於肺泡造成塵肺症之粉塵量時，應測定可呼吸性粉塵。

十二、勞工作業場所容許暴露標準不適用於以下之判斷：

(一) 以二種不同有害物之容許濃度比作為毒性之相關指標；

(二) 工作場所以外之空氣污染指標；

(三) 職業疾病鑑定之唯一依據。

十三、勞工作業場所容許暴露標準中之空氣中有害物容許濃度表，"瘤"表示該物質經證實或疑似對人類會引發腫瘤。

十四、二氯甲烷之 8 小時日時量平均容許濃度為 50 ppm 或 174 mg/m^3，則其短時間時量平均容許濃度為 75 ppm 或 261 mg/m^3。

解析：時量平均容許濃度為 10 ppm 以上未滿 100 ppm 時，變量係數 1.5。

十五、TiO_2 在勞工作業環境空氣中有害物容許濃度表中備註欄未加註可呼吸性粉塵，則其容許濃度係指總粉塵。

十六、三氯乙烷之 8 小時日時量平均容許濃度為 100 ppm，勞工 1 日作業之時間為 1 小時，若該時段之暴露濃度為 140 ppm，則該勞工之暴露不符規定。

解析：時量平均容許濃度為 100 ppm 以上未滿 1,000 ppm 時，變量係數 1.25，故短時間時量平均容許濃度為 125 ppm。

第 13 章
安全衛生管理規章及工作守則之製作

一、依職業安全衛生管理辦法規定，僱用勞工人數在 100 人以上者，雇主應訂定職業安全衛生管理規章。

二、未經修改，完全使用同業建立之安全衛生工作守則，較不宜作為事業單位安全衛生工作守則製作時之資料來源。事業單位經職業災害統計分析並提出之預防對策，可列入安全衛生工作守則中落實。

三、以下均屬安全衛生工作守則製作時應注意事項：

　　(一) 列明各項作業名稱

　　(二) 具有修訂守則之程序

　　(三) 各項工作守則間應不互相矛盾

　　(四) 不應將雇主責任轉嫁給勞工。

四、安全衛生工作守則：

　　(一) 雇主應依職業安全衛生法之規定訂定

　　(二) 雇主應會同勞工代表訂定

　　(三) 應報經勞動檢查機構備查

　　(四) 應公告實施。

五、安全衛生工作守則中對於各級人員權責之規定，一般勞工之權責：

　　(一) 有接受安全衛生教育訓練之義務

　　(二) 遵守標準作業程序作業

　　(三) 有接受勞工健康檢查之義務。

六、對於職業安全衛生管理規章與安全衛生工作守則一經公布實施：

　　(一) 雇主應使主管與勞工共同遵守

　　(二) 即使沒發生職業災害也要適時檢討修訂

　　(三) 作好追蹤查核，可達到防止職業災害的目標

（四）作業有所變動時，即應修訂。

七、對於職業安全衛生管理規章與安全衛生工作守則：

（一）可印發勞工每人一冊。

（二）主管人員皆應以身作則樹立典範。

（三）訂定後安全衛生工作守則應報經勞動檢查機構備查，安全衛生管理規章則不需要。

（四）可依個人經驗建議修訂。

八、依職業安全衛生管理辦法規定，職業安全衛生管理規章之內容係關於要求其各級主管及管理、指揮、監督人員執行規定之職業安全衛生事項。

九、安全衛生工作守則中對於各級人員職責之規定，下列何者非屬各級主管、指揮、監督有關人員負責執行事項？①職業災害防止事項②安全衛生管理執行事項③提供改善工作方法④定期或不定期實施巡視⑤定期檢查、重點檢查、檢點及其他有關檢查督導事項⑥擬定安全作業標準⑦教導及督導所屬依安全作業標準方法實施。

十、法定安全衛生工作守則之內容應包含下列事項：

（一）急救及搶救

（二）事業之安全衛生管理及各級之權責

（三）機械、設備或器具之維護及檢查

（四）工作安全及衛生標準

（五）事故通報及報告

（六）健康指導及管理措施

（七）防護設備之準備、維持及使用

（八）教育及訓練。

第 14 章
職業安全衛生管理計畫之製作

一、職業安全衛生管理規章及計畫之內容仍應依各事業單位規模、性質訂定，並宜充分運用規劃 (Plan)、實施 (Do)、查核 (Check) 及改進 (Action) 等管理手法，實現職業安全衛生管理目標，並藉由持續不斷的稽核制度發現問題，即時採取矯正及預防措施，以提昇職業安全衛生管理績效，有效防止職業災害，促進勞工安全與健康。事業單位之職業安全衛生管理計畫需能持續改善，此觀念係管理改善循環 P-D-C-A 中 A 之精神。

二、事業單位釐訂職業安全衛生管理計畫應考慮之事項如：

（一）作業現場實態

（二）生產部門意見

（三）勞工抱怨。

三、職業安全衛生管理計畫包括虛驚事故的調查。

四、檢討上年度職業安全衛生管理計畫的目的：

（一）了解那些工作要繼續進行

（二）所完成之工作獲得什麼效果

（三）要增加那些新工作。

五、有關職業安全衛生管理計畫：

（一）事業單位應掌握安全衛生之具體問題重點

（二）事業單位宜於新年度開始前訂定該年度計畫重點

（三）應經主管與員工代表會商定案後，公布實施之

（四）應向全體員工做有效的溝通。

六、擬訂職業安全衛生管理計畫時，在計畫中有實際安全衛生問題之處所應優先開始檢討。

七、職業安全衛生管理計畫的基本方針如：

　　(一) 促使安全衛生活動現場化

　　(二) 消除職業災害，促進勞工健康

　　(三) 全員參加零災害運動。

八、目標宜具體明確，不宜太空洞，如能予以量化則為佳。例如以災害件數或頻率、無災害紀錄達成之時數或日數、虛驚事故報告件數、安全作業標準訂定件數、傷病損失日數等作為目標。範例：①保持 1,000 萬工時無災害紀錄②保持 10 年無災害紀錄③全年達成通勤事故為零。

九、職業安全衛生管理計畫無需報請主管機關備查。

十、職業安全衛生管理計畫一般以安全衛生管理系統、組織管理經驗 (如職災統計)、法令規定、風險評估結果、文獻資料及專家指導等作為計畫內容的資料來源。

十一、

　　(一) 事業單位之職業安全衛生管理計畫並無一定的格式，且應逐年檢討修正並公告實施

　　(二) 職業災害發生的基本原因多在於安全衛生管理缺失所致

　　(三) 職業安全衛生管理計畫的目的之一是要防止職業災害

　　(四) 職業安全衛生管理計畫可以是長期計畫。

十二、工廠緊急應變計畫應包含：

　　(一) 疏散時機與應變指揮系統架構；

　　(二) 中央監控系統

　　(三) 應變裝備器材與擺放區域。

十三、工廠緊急應變器材包含：

　　(一) 化學防護衣；

　　(二) 自給式空氣呼吸器

　　(三) 消防滅火器材等。

第 15 章
工作安全分析與安全觀察

一、工作安全分析，可以說是「工作分析」與「預知危險」的結合。工作安全分析屬危害因子之辨識方法。

二、工作安全分析之目的如：

　　(一)發現並杜絕工作危害；

　　(二)確立工作安全所需的工具與設備；

　　(三)做為員工在職訓練的方法；

　　(四)作為安全觀察的參考資料。而不在懲罰犯錯的員工。

三、一般需要先選擇作分析的工作列舉如下：

　　(一)傷害頻率高的工作

　　(二)傷害嚴重率高的工作

　　(三)具潛在嚴重危害性的工作

　　(四)臨時性或非經常性的工作

　　(五)新工作

　　(六)經常性但非生產性的工作

四、工作安全分析的實施：

　　(一)分析者：領班

　　(二)審核者：職業安全衛生管理人員

　　(三)批准者：高級主管

五、應受安全觀察的人員與作業

　　(一)應受安全觀察的人員

　　　　1. 無經驗的人；

　　　　2. 累遭意外的人；

　　　　3. 以不安全出名的人；

4. 在身體或心智上不能安全地工作的人；

5. 其他需要安全觀察的人。

    (1) 長期生病或長期未工作恢復工作的人；

    (2) 似曾情緒擾亂，或經他人報告有怪異行動的人；

    (3) 因種種原因調到多年未再擔任的職位的人。

(二) 應受安全觀察的作業

1. 傷害頻率高的；

2. 傷害嚴重率高的；

3. 曾發生事故的；

4. 有潛在危險的；

5. 臨時的或非經常的；

6. 新設備或新製程的；

7. 經常性的。

六、安全觀察主要是為防止勞工因為不安全行為導致傷害。安全觀察所需最少次數通常與預期精確程度成平方反比關係：

$$N = \frac{4(1-P)}{Y^2 P}$$

其中：N = 隨機觀察最少需要次數

     P = 不安全動作發生率

     Y = 預期精確程度

假定預備觀察 200 次中有 50 次不安全動作，則

$$P = 50/200 = 0.25 = 25\%$$

預期精確程度由安全衛生管理部門決定，通常為 ± 5% 或 10%

茲設 Y = ±10%

則 $N = \frac{4(1-P)}{Y^2 P} = \frac{4(1-0.25)}{(0.10)^2 (0.25)} = 1,200$ 次

七、缺少安全知識可能是造成不安全行為之重要原因之一。

八、從工作安全分析表中，可看出該項工作所需之工具、設備、器材或個人防護具等。

九、工作安全分析與安全觀察的重點包括：①是否有不清楚或被誤解的期望②是否有獎勵冒險行為及懲罰安全行為③是否有以行為為基準的回饋機制。不包括是否有行為偏差的責任。

十、有關安全觀察：

　　（一）安全觀察人員應熟悉安全作業標準

　　（二）安全觀察人員應熟悉安全衛生工作守則

　　（三）安全觀察不能取代工作安全分析

　　（四）安全觀察人員對危險的敏感性要高。

十一、工作安全分析表的內容一般不包括作業人員。工作安全分析的優先順序：

　　（一）決定要分析的工作

　　（二）將工作分成幾個步驟

　　（三）發現潛在危險及可能的危害

　　（四）決定安全的工作方法。

十二、製作安全作業標準表時應按下列順序說明探討此五要素：

　　（一）.工作步驟；

　　（二）工作方法；

　　（三）不安全因素；

　　（四）安全措施；

　　（五）事故處理。

十三、製作安全作業標準時，其內容項目順序為：作業各步驟→各作業步驟條件→不安全因素→安全措施→風險或事故處理，其中各作業步驟條件可包含人員、物料、設備與環境。

第 16 章
營造安全衛生設施標準

一、依營造安全衛生設施標準規定，雇主使勞工從事於易踏穿材料構築之屋頂作業時，應先規劃安全通道，於屋架上設置適當強度，且寬度在 40 公分以上之踏板。

二、依營造安全衛生設施標準規定，雇主依規定設置之護欄，應具有高度 90 公分以上之上欄杆、高度在 35 公分以上，55 公分以下之中間欄杆。

三、依營造安全衛生設施標準規定，雇主對於高度 2 公尺以上之工作場所，勞工作業有墜落之虞者，應訂定墜落災害防止計畫，依風險控制之先後順序規劃，並採取適當墜落災害防止設施，其風險控制先後順序為：經由設計或工法之選擇，儘量使勞工於地面完成作業，減少高處作業項目→經由施工程序之變更，優先施作永久構造物之上下設備或防墜設施→設置護欄、護蓋→張掛安全網→使勞工佩掛安全帶。

四、依營造安全衛生設施標準規定，雇主設置之安全網其延伸適當之距離：

(一) 攔截高度在 1.5 公尺以下者，至少應延伸 2.5 公尺；

(二) 攔截高度超過 1.5 公尺，且在 3 公尺以下者，至少應延伸 3 公尺；

(三) 攔截高度超過 3 公尺者，至少應延伸 4 公尺。

五、依營造安全衛生設施標準規定，雇主對於鋼構之組立、架設、爬升、拆除、解體或變更等作業，應指派鋼構組配作業主管於作業現場辦理相關事項，以下皆屬所稱鋼構：

(一) 高度在 5 公尺以上之鋼構建築物；

(二) 塔式起重機或伸臂伸高起重機；

(三) 橋樑跨距在 30 公尺以上，以金屬構材組成之橋樑上部結構；

(四) 高度在 5 公尺以上之鐵塔。

六、依營造安全衛生設施標準規定，雇主僱用勞工從事露天開挖作業，其垂直開挖最大深度應妥為設計，如其深度在 1.5 公尺以上者，應設擋土支撐。

七、依營造安全衛生設施標準規定，雇主設置之任何型式之護欄，其杆柱及任何杆件之強度及錨錠，應使整個護欄具有抵抗於上欄杆之任何一點，於任何方向加以 75 公斤之荷重，而無顯著變形之強度。

八、依營造安全衛生設施標準規定，雇主設置之安全網其工作面至安全網架設平面之攔截高度，不得超過 7 公尺。

九、依營造安全衛生設施標準規定，勞工於高度 2 公尺以上施工架上從事作業時，應供給足夠強度之工作臺，且工作臺應以寬度 40 公分以上並舖滿密接之踏板。

十、依營造安全衛生設施標準規定，下列那些規定是雇主使勞工從事屋頂作業時，應指派專人督導辦理下列事項：

(一) 於斜度大於高底比為 2/3，應設置適當之護欄；

(二) 支承穩妥且寬度在 40 公分以上之適當工作臺；

(三) 設置護欄有困難者，應提供背負式安全帶使勞工佩掛；

(四) 於屋架上設置適當強度，且寬度在 30 公分以上之踏板。

十一、依營造安全衛生設施標準規定，下列依那些規定是雇主使勞工於高度 2 公尺以上施工架上從事作業時，應辦理下列事項：

(一) 工作臺寬度應在 40 公分以上並舖滿密接之踏板；

(二) 工作臺應低於施工架立柱頂點 1 公尺以上；

(三) 應供給足夠強度之工作臺；

(四) 工作臺其支撐點至少 2 處。

第 17 章
組織協調與溝通

一、有效溝通的基本原則：

（一）設身處地原則。

（二）尊重對方原則。

（三）心胸開放原則。

（四）就事論事原則。

（五）組織目標原則。

（六）合法合理原則。

（七）公開公正原則。

二、組織中身份差異會影響溝通效果，兩者身份愈接近，越容易溝通。

三、組織協調與溝通之目的為建立共識、傳達觀念與分享意見。

四、溝通、協調時個人心理上之安全需求為存在、關係和成長。

五、組織協調之訊息流通較重要的媒介為溝通管道。

六、職業安全衛生管理系統相關資訊的溝通對象：

（一）組織不同階層與部門間之內部溝通；

（二）與在工作場所之承攬商和其它訪客之溝通；

（三）接受、文件化及回應有關來自外部利害相關者之溝通。

包括：1. 公司內清潔人員

2. 到工作場所的承攬人和訪客

3. 事業單位內部不同的階層和功能單位

4. 事業單位大門警衛。

七、事業部方式、利潤中心方式、組織扁平化方式，減少層級，有利於大型組織之上下溝通。

八、組織間的衝突，導火線往往是<u>協調與溝通不良</u>。

九、溝通過程中影響最大的是<u>過濾作用</u>，層層組織往往使訊息傳遞透過過濾作用，而扭曲了正確性。

十、安全溝通的特色：(1) 強制性；(2) 權威性；(3) 專業性；(4) 一致性；(5) 一致性。雇主使員工參與職業安全衛生教育訓練，此舉屬協調與溝通的強制性特色。

十一、為促進有效的溝通，在語意方面宜：語句簡單化、問題具體化、態度親和化，善用肢體語言。

十二、有效的安全衛生協調與溝通應避免使用誇大性之專業術語。

十三、協調與溝通的目的：提供安全資訊、達成安全共識、激勵安全紀律、建立安全行為、提高安全績效。

十四、距離太遠、工具不靈、環境干擾等都會影響訊息的溝通。

十五、人的三種自我狀態如下：權威 (P)、成熟 (A) 和幼稚 (C)，其中以 A 對 A 雙向式人際間的溝通方式較有效。

十六、安全衛生協調與溝通的方式：

　　(一) 安全協談

　　(二) 安全會議

　　(三) 安全行為教導。

十七、事業單位推動職業安全衛生管理工作，未作決策前徵詢勞工意見的程序，係屬於<u>諮商</u>。

第 18 章
職業安全衛生管理系統

一、CNS 15506 相關條文規章對職業安全衛生管理系統的建立與推動最有助益。

二、TOSHMS 為臺灣職業安全衛生管理系統之簡稱。

三、職業安全衛生管理系統績效量測與監督工作包括於檢核 (評估) 要求事項中。

四、職業安全衛生管理績效的

　　(一) 主動式指標包含：

　　　　1. 安全衛生提案改善件數。

　　　　2. 安全衛生活動員工參與率。

　　　　3. 虛驚事件提報率。

　　　　4. 變更管理執行率。

　　(二) 被動式指標包含：

　　　　1. 職災千人率。

　　　　2. 失能傷害嚴重率。

　　　　3. 傷病員工缺勤時數率。

五、事業單位之職業安全衛生管理計畫需能持續改善，此觀念係管理改善循環 PDCA 中 A 之精神。

六、職業安全衛生管理系統相關資訊的溝通對象，包括：

　　(一) 公司內的所有員工 (包含清潔人員、事業單位大門警衛)；

　　(二) 到工作場所的承攬人和訪客；

　　(三) 事業單位內部不同的階層和功能單位。

七、職業安全衛生管理為避免不符合事項或事件原因再度發生，所實施的消除作為，可稱為矯正措施。

八、風險管理：

(一) 風險包含危害發生的可能性及後果的嚴重度；

(二) 應確認採取控制措施後的殘餘風險；

(三) 辨識各項作業之風險時應包含臨時性作業與承攬作業；

(四) 不可接受風險應使用工程控制方式加以控制。

九、以下為假設性情境：「在地下室作業，當通風換氣不足時，每 2 次就會發生 1 次需送醫急救的一氧化碳中毒或缺氧危害」。其中「每 2 次就會發生 1 次」係此「一氧化碳中毒或缺氧危害」之發生機率描述。

十、職業安全衛生管理系統的關鍵要素包含：

(一) 高階主管的領導和承諾；

(二) 溝通和諮商的程序；

(三) 瞭解適用的法令及其他要求；

(四) 員工參與。

十一、高階主管對於職業安全衛生管理系統的領導和承諾包含：

(一) 擔負保護員工健康安全整體的責任；

(二) 確保職安衛管理已整合納入事業單位的經營；

(三) 提供落實職安衛管理系統所需要的資源；

(四) 引導組織內部支持職安衛管理系統的文化。

十二、風險評估之作業清查須涵蓋組織控制下所有可能出現在公司及所屬工地 / 工廠的「人員」所執行的相關作業，所謂之人員包含：

(一) 承攬人；

(二) 供應商；

(三) 外包人員；

(四) 高階主管。

十三、風險評估所辨識作業條件包含：

(一) 機械、設備、器具；

(二) 人員資格；

(三) 能源、化學物質；

(四)作業暴露週期。

十四、事業單位鼓勵員工參與職業安全衛生管理系統之作法，不包含：

(一)障礙、阻礙、不回應員工的看法或建議；

(二)報復行為或威脅；

(三)懲罰員工參與的條款或慣例。

第 19 章
職業安全與職業傷害預防概論

一、職業災害之損失包括人員傷亡及經濟損失。職業災害損失分為直接損失及間接損失；直接損失：係指依據法令規定支付罹災害勞工之醫療費及補償費。間接損失：又稱隱藏損失，包括：

（一）建築物、機器設備、產品物料之損壞。

（二）工資損失。

（三）生產面損失。

（四）關聯損失。

（五）其他損失。間接損失推估約為直接損失之<u>四倍至五倍</u>。

二、職業傷害之原因，可分為下列三種：

（一）直接原因：能量或危險物、有害物等。

（二）間接原因：不安全狀況及不安全行為。兩者乃是不良管理之徵候。

（三）基本原因：雇主之<u>安全政策</u>及<u>決心</u>、<u>個人因素</u>及<u>環境因素</u>等管理缺陷。所有的職業災害，只有一個共同的起點，即「不良的管理」。

三、<u>直接原因</u>：職業災害之所以導致人體受到傷害，不外乎接觸<u>能量</u>或<u>危害物</u>等，此乃災害之直接原因。

（一）能量來源：

　　1. 機械性：如機械、工具、運動中物件、壓縮氣體或液化氣體、爆炸物、人體運動等。

　　2. 電氣：如未經絕緣之導體、高壓電等。

　　3. 化學性：如酸、鹼、燃料、反應物質等。

　　4. 重力：如物體之飛落、人體之墜落等。

　　5. 熱：如易燃物、可燃物、高熱物體等。

　　6. 輻射：如雷射、微波、X 光、放射性物質等。

（二）危害物：如壓縮或液化氣體、腐蝕性物質、易燃性物質、氧化性物質、毒性物質、放射性物質、<u>致病劑</u>、粉塵、爆炸物等。

四、間接原因：不安全行為及不安全狀況。事業單位對職業災害應綜合檢討不安全狀態或不安全動作，並找出在職業災害防止上應予改善之重要的問題點。

(一) 不安全行為或動作

例如：①未使用個人防護具；②不正確的提舉；③未遵守動火作業程序規定作業；④作業中飲用含酒精性飲料；⑤勞工不依標準作業程序作業；⑥電器修理人員未具電氣技術人員資格；⑦使用不當的工具作業，皆屬不安全的動作。

(二) 不安全狀況 (設備、環境)

例如：①機械有缺陷；②工作場所不整潔；③工作場所擁擠；④輻射暴露；⑤機械設備的防護因維修保養拆除；⑥進入未確認是否有缺氧、火災爆炸之虞之槽體內作業；⑦開挖未作必要之擋土支撐；⑧設置之機械不符人體工學要求，皆屬不安全的環境。

五、所謂 4E，即工程 (Engineering)：以工程方法改善環境。教育 (Education)：以職業安全衛生教育訓練來消除人為錯誤、認識危害。執行 (Enforcement)：依規定步驟、程序、方法去做。熱忱 (Enthusiasm)：即從事安全工作必須具有愛心、熱心，否則從事此工作必定無恆心，認為事不關己，不會認真去做，則安全工作當然做不好。

六、關於「本質安全」：

(一) 系統設備一旦人為失誤時，仍可保持其安全性。

(二) 適用於機械、裝置可設置安全防護之領域。

(三) 在防止人體電擊時，漏電斷路器是本質安全的設計

(四) 防護具之使用、安全作業標準訂定非為本質安全。

(五) 防愚 (呆) 設計、加裝防護設備、設置緊急處理設備皆屬本質安全化之作法。

七、人係職業傷害發生之最主要因素。

八、勞工參與之安全衛生管理活動包含：

(一) 零災害運動。

(二) 安全衛生競賽。

(三) 安全衛生提案制度。

(四) 安全衛生委員會議。

(五) 其他安全衛生活動：如廠場整潔 (5S 運動)、交通安全運動、報告虛驚事故運動。

九、下列紀錄可協助事業單位了解現場危害因素：

(一) 工作安全分析單。

(二) 勞動檢查機構監督檢查結果通知書。

(三) 安全觀察紀錄表。

十、事業單位內員工於高架作業時有甚多人員未配掛安全帶，其可能的原因有：

(一) 缺乏對墜落之危險意識。

(二) 許多處所未有掛置安全帶之裝置。

(三) 主管未嚴格執行墜落災害防止計畫。

第 20 章
職業災害調查處理與統計

一、災害：係指財物損失 (物的事故) 或人身傷害 (人的事故)。狹義的災害是由於人與物體、物質或其他人接觸，或是人暴露於物體或作業條件下，或人之作業行動，引起人體傷害的事件。

二、職業災害統計為提供擬定災害防止對策所需資訊而製作之統計資料，由災害統計掌握職業災害之災害要因之分布狀態，以量化說明頻發災害要因的趨勢與性質。

三、①發生災害時間；②勞工從事何種作業皆屬職業災害調查範圍；職業災害調查紀錄應就事故發生之時間、場所、作業狀態加以檢討，找出應予改善之重要問題點。

四、危害分析方法包括特性要因圖、失誤樹分析法、QA 流程圖和災害個案分析法等多種定性方法。將災害發生要素有系統的以一定之順序、型態分析各要素間之關係方法稱為失誤樹分析法。

五、失能傷害包括下列四種：

(一) 死亡。其職業傷害之損失日數以 6,000 天計。

(二) 永久全失能：永久全失能係指除死亡外之任何足使罹災者造成永久全失能，在一次事故中損失下列各項，或失去其機能者：

   1. 雙目

   2. 一隻眼睛及一隻手，或手臂或腿或足。

   3. 不同肢中之任何下列兩種：手、臂、足或腿。

   其損失日數之計算，以 6,000 日計。

(三) 永久部分失能：永久部分失能指除死亡及永久全失能之外之任何足以造成肢體之任何一部分完全失去，或失去其機能者。

(四) 暫時全失能：不能繼續其正常工作，必須休班離開工作場所，損失時間在一日以上 (包括星期日、休假日或事業單位停工日)，暫時不能恢復工作者。暫時全失能損失日數之計算，按受傷所經過之總損失日數計，但不包括受傷當日及恢復工作當日。

六、<u>非失能傷害</u>：損失工作日<u>不超過一日</u>者；通常稱為輕傷害。受傷未住院不屬
　　於失能傷害。

七、依規定填載職業災害內容及統計，失能傷害頻率及嚴重率之計算，均以每百
　　萬經歷工時為計算之基礎。

（一）失能傷害頻率 (Frequency Rate，FR)：係指每百萬經歷工時中，所有<u>失
　　　能傷害之人次數</u>。失能傷害頻率係按該時期內之死亡、永久全失能、
　　　永久部份失能及暫時全失能之總計次數計算。失能傷害頻率 (FR) 係計
　　　算至小數點第 2 位。

$$失能傷害頻率 (FR) = \frac{失能傷害人次數 \times 1,000,000}{總歷經工時}$$

（二）失能傷害嚴重率 (Severity Rate，SR)：係指每百萬經歷工時中，所有<u>失
　　　能傷害總損失日數</u>。失能傷害嚴重率，係按該時期內之死亡、永久全
　　　失能、永久部份失能及暫時全失能等按規定所計出之總計傷害損失日
　　　數計算之。失能傷害嚴重率 (SR) 係計算至個位數，亦即不計小數點。

$$失能傷害嚴重率 (SR) = \frac{總計傷害損失日數 \times 1,000,000}{總歷經工時}$$

八、死亡年千人率：勞工每千人中，一年發生之死亡人數，其公式如下。

$$死亡年千人率 = \frac{年間死亡人數 \times 1,000}{平均勞動人數}$$

$$= FR \times 2.1 \ (以年工作時間 2,100 小時計)$$

九、失能傷害平均損失日數：係指總損失日數除已失能傷害次數之關係。

$$失能傷害平均損失日數 = \frac{總損失日數}{失能傷害次數} = \frac{SR}{FR}$$

十、職業災害之類型

（一）職業災害之類型如下：

　　　1. 墜落、滾落

　　　2. 跌倒

　　　3. 衝撞

　　　4. 物體飛落

　　　5. 物體倒塌、崩塌

6. 被撞

7. 被夾、被捲

8. 被切、割、擦傷

9. 踩踏

10. 溺斃

11. 與高溫、低溫之接觸

12. 與有害物等之接觸

13. 感電

14. 爆炸

15. 物體破裂

16. 火災

17. 不當動作

18. 其他

19. 不能歸類

20. 交通事故

(二) 職業災害類型分類範例：

1. 從施工架高處掉落歸類於墜落

2. 某事業單位 A 勞工於 5 公尺高處從事電氣相關作業時，感電墜落地面死亡，其災害類型為感電。

3. 研磨機砂輪破裂撞擊頭部致死，歸類於物體飛落。

4. 因豎立物倒下被壓死亡，歸類於倒塌、崩塌。

5. 除飛來、落下、崩塌、倒塌外，以物體為主碰撞人體之職業災害類型為被撞。

十一、下列項目可列入事業單位職業災害調查分析之主要項目：

(一) 歷年職業災害率；

(二) 各部門職業災害率；

(三) 職業災害類型。

第 21 章
急救

一、急救的主要目的為<u>維持生命</u>。

二、對成年人實施口對口人工呼吸法，每分鐘約需重複做 <u>12</u> 次，直到患者保持
　　穩定的呼吸率每分鐘 12~15 次，即可保持仰臥姿勢盡快送醫。

三、心肺復甦術 (C.P.R)：以人工呼吸法與胸外壓心法的交替操作，用於呼吸與
　　脈搏均消失的昏迷患者。

四、胸外壓心法要正確壓迫胸骨，使其下陷 <u>4~5</u> 公分，才能有效影響心臟血流，
　　壓胸速率每分鐘約 <u>80</u> 次。

五、休克的患者，如無骨折，應使患者平躺；如果有嘔吐，應將頭部側放，同時
　　兩腳墊高約 30 度。發現有面部潮紅時，急救時對患者應採<u>抬高頭部姿勢</u>為
　　宜。

六、對於切斷、壓傷嚴重，或其他方法無法止血的肢體，才可使用<u>止血帶</u>。

七、體外出血時，一般都優先採用直接壓迫法止血。對於大出血的急救，如手頭
　　沒有任何敷料或繃帶，則可用手或手指直接壓在傷口上。

八、做人工呼吸之前，必須要確使患者保持呼吸道通暢姿勢。

九、體外心臟按摩時，雙手應放在胸骨<u>下半部</u>。

十、施行心肺復甦術，一人施救時，心臟壓迫和肺臟充氣次數之比為 <u>15：2</u>。

十一、施行心肺復甦術，應先檢查<u>頸動脈</u>之脈搏。

十二、災害發生時，有人昏迷，急救員的責任：

　　(一) 評估整個現場情況。

　　(二) 檢查傷情。

　　(三) 急救處理並送醫。

十三、傷患意識喪失的程度，以昏迷最嚴重。

十四、哈姆立克急救法為利用瞬間壓力使呼吸道內異物噴出。

十五、當溺水患者被救起時已無呼吸，頸動脈跳動可摸到但微弱，此時應施行人工呼吸急救較為正確。

十六、發生於左大腿前、內側面深度灼傷之描述及處理為：

(一) 傷到皮下組織。

(二) 灼傷面積占 4.5% 體表面積。

(三) 皮膚會變色。

十七、二級 (中層) 灼傷通常會起水泡。

十八、實施體外心臟按摩術：

(一) 手掌根置於劍突上方二指幅處。

(二) 二手手指交叉相扣。

(三) 按壓深度 4-5 公分。

(四) 按壓時手肘要打直。

十九、小面積燒傷發生在背部時影響較不嚴重。

二十、眼內進入化學物或異物，最好能立即用乾淨的清水沖洗眼睛。

二十一、固定用的護木，其長度必須超過骨折部位的上、下兩端關節。

二十二、對於中暑之急救步驟：

(一) 立即將患者移到陰涼處。

(二) 使勞工仰臥，若有嘔吐之狀況或癲癇發作，則使其側臥。

(三) 除去衣物覆以床單或大浴巾。

(四) 以水沖濕儘快降低體溫至 38℃ 以下。

第 22 章
個人防護具

一、防止皮膚老化不是工作時佩戴手套的目的。

二、通風式護目鏡不具氣密性。防護眼鏡側護片主要作用為預防異物從側面飛
　　來。眼部臉部防護具使用玻璃材質鏡片之優點為可防護化學物質。眼部臉部
　　防護具可防止熱、化學品、輻射的危害但不包括針扎。

三、有關防護衣物：①未有一種材質可以防護所有的化學物質及混合化學物質，
　　且現行之材質中亦未有有效的防護層可防護長時間的化學暴露；②防護衣塗
　　佈層又稱為阻隔層 (barrier)，為防護衣之主要部分，防止有害物之功能端賴
　　阻隔層，其材質、厚度及層數與防護功能息息相關；③美國環保署把危害 B
　　級定義為：當氧氣濃度低於 19.5% 或存有之物質會對人體呼吸系統造成立
　　即性傷害；④醫用手套多為乳膠手套，使用時應選擇無粉與低蛋白質的乳膠
　　手套以減低過敏的危險性。

四、一般而言，耳罩對勞工受高頻率噪音暴露危害的防護能力較佳。

五、防毒面罩乃是以肺力型方式提供空氣給配戴者之個人防護具。防毒面罩在氧
　　氣濃度 18% 以下時，不得使用。

六、正壓式呼吸防護具的保護效果較負壓式呼吸防護具好。

七、進入含氯氣 3% 之室內作業場所，應配戴供氣式呼吸防護具。

八、呼吸防護具密合度測試時機，包含：①佩戴者裝置假牙或失去牙齒；②重新
　　選用呼吸防護具後；③每一年至少進行一次。

九、佩戴輸氣管面罩之勞工，每一次連續工作時間不得超過一小時。

十、呼吸防護具構造中，濾毒罐能夠捕集氣狀污染物；不織布濾材能夠捕集粒狀
　　污染物。

十一、呼吸防護具通常使用之時機包括：①為工業危害防護最後一道防線；②緊
　　　急搶救事件；③無其他工程控制方法可資使用；④短期維護。

十二、使用防護係數 PF = 50 之防毒面具，防護對象為甲苯 (TLV = 100 ppm) 則可適用之工作環境濃度上限為 5,000 ppm。

十三、簡易型拋棄式為負壓式呼吸防護具。

十四、呼吸防護具主要選擇標準，除了考慮通過認證、舒適度之外，還要考慮密合度。

十五、缺氧環境下，不建議使用拋棄式半面口罩。

十六、關於防護係數：①正壓式呼吸防護具之防護係數一般較負壓式來的高；②當防護係數越大時，其所能提供的防護等級就越高；③全面體呼吸防護具的防護係數會高於半面體；④防護係數的定義為佩戴呼吸防護具時，防護具內、外污染物的平均濃度之比值。

十七、關於可拋棄式呼吸防護具：①價格低廉、重量輕，設計較為簡單；②此種呼吸防護具並無所謂的面體，直接以濾材當作面體；③濾材直接接觸佩戴者臉部，但較容易產生洩漏；④與他種呼吸防護具相比，此種面體的防護效果最低。

十八、呼吸防護具之面體中，包含四分之一面罩、半面罩、全面罩，前項敘述中半面罩面體之包覆範圍係指穿戴者臉型範圍從鼻根到下顎處。

十九、關於呼吸防護具之美國 NIOSH 標準：100 等級之最低過濾效率係指 ≧ 99.97%；N 系列代表可用來防護非油性懸浮粒。

二十、進行油漆塗裝時，因有機溶劑揮發，可以佩戴以下：①全面罩＋活性碳濾罐；②自攜式呼吸防護具。

二十一、關於動力濾淨式呼吸防護具：①無呼吸阻力問題，佩戴者的舒適度較佳；②使用全面體與寬鬆面體時，有較大量的空氣流經頭部，在高溫作業下具冷卻效果。

第 23 章
通風與換氣

一、有關工業通風主要有以下功能與目的：①提供工作場所勞工足夠的新鮮空氣；②稀釋或抽取作業環境空氣中所含的有害物，並藉空氣的流動將其排出，降低作業環境空氣中有害物或危險物的濃度；③藉由通風以控制及減少勞工暴露。

二、預防危害物進入人體的種種措施中，危害源包圍、局部排氣、危害物替換是針對<u>發生源</u>所進行的措施。

三、室內作業環境空氣中二氧化碳最大容許濃度為 5,000 ppm，而室外空氣中二氧化碳濃度平均為 350 ppm，有 100 名員工進行輕工作作業，其每人二氧化碳呼出量為 0.028 m^3 CO_2 /hr，若以室外空氣進行稀釋通風，試問其 2 每分鐘所需之必要換氣量 Q_1？同理，若用不含二氧化碳之空氣進行稀釋通風，請問其每分鐘所需之必要換氣量 Q_2？

解析：$Q_1 = \dfrac{G_{m^3/hr}}{C - C_0} = \dfrac{100 \times 0.028(m^3/hr)}{(5,000 - 350) \times 10^{-6}} = 602(m^3/hr) = 10(m^3/min)$

$\qquad Q_2 = \dfrac{G_{m^3/hr}}{C - C_0} = \dfrac{100 \times 0.028(m^3/hr)}{5,000 \times 10^{-6}} = 560(m^3/hr) = 9.3(m^3/min)$

四、某作業場所有 30 人，每人平均 CO_2 排放量為 0.03m^3/hr，若 CO_2 之容許濃度為 5,000 ppm，而新鮮空氣中之 CO_2 之濃度為 435 ppm，則作業場所每分鐘共需提供 <u>3.29</u> 立方公尺之新鮮空氣才符合勞工作業場所容許暴露標準。

解析：$Q_{req} = \dfrac{G_{m^3/hr}}{C - C_0} = \dfrac{30 \times 0.03(m^3/hr)}{(5,000 - 435) \times 10^{-6}} = 197.2(m^3/hr) = 3.29(m^3/min)$

五、利用廠內熱空氣上升，並由屋頂排出，同時新鮮冷空氣會由門窗等開口補充進入廠房中，如此可達到排除熱有害空氣及補充新鮮空氣之換氣目的，此為<u>溫度差換氣法</u>。

六、整體換氣中，關於安全係數 K：①實際換氣量 Q'(m^3/s)=K× 理論換氣量 Q(m^3/s)；②在供、排氣位置及混合效率良好時，可設定 K 為 1~2；③考量工作場所可燃性氣體濃度維持在其爆炸下限的 30% 以下，可設定 K 為 3；④如果位置及混合效率不良時，K 值需設定為 5~10，以確保整體換氣效果。

七、整體換氣設置原則：①整體換氣通常用於低危害性物質，且用量少之環境；②局部較具毒性或高污染性作業場所時，最好與其他作業環境隔離，或併用局部排氣裝置；③有害物發生源遠離勞工呼吸區，且有害物濃度及排放量需較低，使勞工不致暴露在有害物之八小時日時量平均容許濃度值之上。

八、理想之整體換氣裝置設計方式包括：①在最短的時間內稀釋污染物濃度；②污染物以最短的時間或最短的路徑排出；③污染物排出路徑不經過人員活動區域；④已排出的污染物應設計不使其重回進氣口。

九、整體換氣裝置通常不用在粉塵或燻煙之作業場所，其原因為：①粉塵或燻煙產生速度及量大，不易稀釋排除②粉塵或燻煙危害大，且容許濃度低；③粉塵或燻煙產生率及產生量皆難以估計；④整體換氣裝置較適合於使用在污染物毒性小之氣體或蒸氣產生場所。

十、有關管道內之壓力，其特性如下：①動壓：由於空氣移動所造成，僅受氣流方向影響且一定為正值；②靜壓：方向是四面八方均勻分佈，若是負壓則管道會有凹陷的趨勢，若是正壓則會有管道膨脹的趨勢；③靜壓和動壓之總和為定值(大氣密度過小而忽略)，是根據伯努利定律所推導而得；④全壓有可能為正值，也有可能為負值。

十一、氣罩開口設置凸緣(Flange)，最多可增加 25% 之抽氣效率。

十二、在一管徑 20cm 的通風管道內，量測到風速為 30 cm/s，在 20℃時，標準大氣情況下，經計算 Re 約為 3,960，此時為過渡區流場。

> 解析：雷諾數低於 2,300，流場為層流；當雷諾數大於 2,300 時，流場變為過渡區，當雷諾數大於約 4,000 時流場變為完全之紊流。

十三、包圍型氣罩捕捉風速係指氣罩開口面之最低風速。

十四、關於氣罩：①包圍污染物發生源設置之圍壁，使其產生吸氣氣流引導污染物流入其內部之局部排氣裝置之入口部份；②外裝型氣罩(包括狹縫型氣罩)可以裝設凸緣(Flange)以增加抽氣風速；③某些氣罩設計具有長而狹窄的狹縫；④即使是平面的管道開口也可稱為氣罩。

十五、關於導管：①包括污染空氣自氣罩、空氣清淨裝置至排氣機之運輸管路(吸氣管路)；②可包括自排氣機至排氣口之搬運管路(排氣導管)；③設置導管時應同時考慮排氣量及污染物流經導管時所產生之壓力損失；④截面積較小時壓損較高，流速會因而增加。

十六、關於排氣機：①是局部排氣裝置之動力來源；②其功能在使導管內外產生不同壓力以帶動氣流；③軸心式排氣機之排氣量大、靜壓低、形體較小，可置於導管內，適於低靜壓局部排氣裝置；④排氣機出口處緊鄰彎管 (elbow)，容易因出口處的紊流而降低排氣性能。

十七、關於局部排氣裝置之設計與使用時機：①從有害物發生源附近即可移除有害物，其所需要的排氣量及排氣機動力會比整體換氣小；②在使用局部排氣裝置前，應優先考慮能減少有害物發散量的方法；③作業環境監測或員工抱怨顯示空氣中存在有害物，其濃度會危害健康、有爆炸之虞；④法規有規定需設置，例如四烷基鉛中毒預防規則。

十八、有關局部排氣裝置之設計與使用時機：①有害物發生源很小、有害物容易四處逸散；②有害物發生源接近勞工呼吸區 (breathing zone)；③有害物發生量不穩定，會隨時間改變；④預期可見改善之成效，包括產能及員工士氣之提昇、廠房整潔等。

十九、雇主對局部排氣裝置或除塵裝置，於開始使用、拆卸、改裝或修理時，依職業安全衛生管理辦法規定實施重點檢查：①檢查導管或排氣機粉塵之積聚狀況；②檢查導管接合部分之狀況；③檢查吸氣及排氣之能力。

二十、關於包圍式氣罩：①將汙染源密閉防止氣流干擾污染源擴散，觀察口及檢修點越小越好；②氣罩內應保持一定均勻之負壓，以避免污染物外洩；③氣罩吸氣氣流不宜鄰近物料集中地點或飛濺區內；④對於毒性大或放射物質應將排氣機設於室外。

二十一、關於外裝式氣罩：①氣罩口加裝凸緣以提高控制效果；②頂蓬式氣罩可在罩口四周加裝檔板，以減少橫向氣流干擾；③頂蓬式氣罩擴張角度應小於 60°，以確保吸氣速度均勻；④在使用上及操作上，較包圍式氣罩更易於被員工接受。

二十二、適合使用在生產設備本身散發熱氣流，如爐頂熱煙，或高溫表面對流散熱之情況的氣罩：①高吊式氣罩；②接收式氣罩；③低吊式氣罩。

二十三、有一酸洗槽上有懸吊式氣罩，酸洗槽作業面周長 18 公尺，其與氣罩間垂直高度差為 3 公尺，若氣罩寬 3.75 公尺，長 6 公尺，捕捉風速平均為 7.5m/s，其理論排氣量為 X。若其為加強捕集效果，在氣罩下多加三片塑膠版，圍住三面，僅餘一長面操作，則理論排氣量為 Y。則：

解析：$Y = A \times V = (6 \times 3) \times 7.5 = 135 m^3/s$

$X = 135 \times 4 = 540 \ m^3/s$。

二十四、關於空氣清淨裝置：①在污染物質排出於室外前，以物理或化學方法自氣流中予以清除之裝置；②裝置應考慮運行成本，污染物收集效率，以及可正常維護和清潔；③氣狀有害物處理裝置有充填塔 (吸收塔)、洗滌塔、焚燒爐等；④除塵裝置有重力沈降室、慣性集塵機、離心分離機、濕式集塵機、靜電集塵機及袋式集塵機等。

第 24 章
勞工作業環境監測概論

一、依勞工作業環境監測實施辦法第十八條，計有二氧化碳、二硫化碳、二氯聯苯銨及其鹽類、次乙亞胺、二異氰酸甲苯、硫化氫、汞及其無機化合物等七種化合物，得以檢知管來監測空氣中之濃度。

二、認可實驗室之認證類別有五種：

（一）有機化合物分析；

（二）無機化合物分析；

（三）石綿等礦物性纖維分析；

（四）游離二氧化矽等礦物性粉塵分析；

（五）重量分析。

三、有時因事業單位中所存在之危害因子僅為極短時間，此時如實施環境監測有其困難性，甚至有時並無必要，故法規中增列但書之規定，於下列情形得不實施環境監測：

（一）臨時性作業；

（二）作業時間短暫；

（三）作業期間短暫。

四、法規規定高溫作業場所每日工作時間不得超過六小時。溫濕環境監測時以乾濕球溫度計以及黑球溫度計算之。黑球溫度超過 50℃者則需提供熱防護設備。

五、短時間時量平均容許濃度，該值係以八小時日時量平均容許濃度乘以變量係數而得，任何一次連續 15 分鐘內之時量平均濃度不得超過該值。

六、空氣中容許濃度標準無法作為安全與危險之界限，環境監測結果未超過容許濃度並不表示安全。因各成分容許濃度標準之訂定基礎並不相同，故不適宜以容許濃度間之比值作為判斷毒性之相關指標。也不宜作為非工作場所暴露之空氣污染指標。而職業疾病之鑑定需由各項流行病學、毒理學以及環境監測資料判定，故本標準也不宜作為職業疾病鑑定之唯一依據。

七、石綿纖維之定義為長度 5 微米以上且長寬比在 3：1 以上者。

八、石綿之測定結果須與法令容許濃度相比較，其八小時日時量平均容許濃度為 0.15 根 / 立方公分。

九、測定紀錄之保存：屬致癌性物質之二氯聯苯胺及其鹽類、α - 萘胺及其鹽類、鄰 – 二甲基聯苯胺及其鹽類、二甲氧基聯苯胺及其鹽類、鈹及其化合物、次乙亞胺、氯乙烯、苯、石綿、煤焦油及三氧化二砷等特定管理物質，因發病潛伏期很長，其測定紀錄應保存三十年；粉塵測定紀錄應保存五年、其他之測定紀錄則應保存三年。

十、依勞工作業環境監測實施辦法規定，作業環境監測涵蓋下列行為：①規劃；②採樣；③分析。

十一、依勞工作業環境監測實施辦法規定，作業環境監測計畫涵蓋：①危害辨識及資料收集；②採樣策略之規劃及執行；③數據分析及評估。

十二、作業環境監測品質的最終責任應由雇主來負責。

十三、依勞工作業環境監測實施辦法規定，雇主不得擔任作業環境監測評估小組之成員。

十四、雇主應於採樣或測定後 45 日內完成監測結果報告，通報至中央主管機關指定之資訊系統。

十五、雇主於實施監測 15 日前，應將監測計畫依中央主管機關公告之網路登錄系統及格式，實施通報。

十六、雇主實施作業環境監測之項目若是屬於物理性因子時，得僱用下列人員辦理：①甲級監測人員②乙級監測人員③執業之工礦衛生技師。

十七、有關作業環境監測計畫：①受委託之執業工礦衛生技師不可以擔任監測機構之人員；②計劃書應使監測評估小組成員共同簽名；③計劃書須作成紀錄，留存備查；④紀錄保存三年。

十八、第一種粉塵中含游離二氧化矽的百分比愈大者，其作業環境空氣中容許濃度值的變化愈小。

十九、依勞工作業環境監測實施辦法規定，具有物理性危害及化學性危害的作業場所應實施作業環境監測。(生物性危害目前未規定)

二十、所謂相似暴露族群 (Similar Exposure Group, SEG) 係指工作型態、危害種類、暴露時間及暴露濃度大致相同,具有類似暴露狀況之一群勞工。

二十一、對作業環境監測結果之紀錄應公告、公開揭示並通報中央主管機關。

二十二、有關活塞式音響校正器之特性:①易受大氣壓力變化影響;②僅能產生單一頻率音源;③利用往復壓縮空氣產生音源。

二十三、噪音作業場所進行噪音監測時應考慮之因素:①量測儀器放置位置;②測定條件 (如天氣、風速等);③量測時間。

二十四、有關自然濕球溫度:①要以蒸餾水潤濕;②要使紗布保持清潔;③不可以阿斯曼之濕球溫度代替 (溫度計球部周圍之風速保持在 2.5 m/sec)。

二十五、測定對象音源以外之所有噪音為背景噪音。依據噪音能量加疊原理,監測音壓級比背景音量高出 10 分貝時,背景噪音可忽略。工作場所測得之噪音為 93 分貝,如果將音源關掉時測得的背景噪音為 90 分貝,則音源噪音為 90 分貝。

二十六、A 權衡所量測出來的結果較能與人的主觀感受一致,因此最常被使用在評估勞工暴露情形時,以 dB(A) 或 dBA 或分貝表示。而做為噪音控制改善或頻率分析時,則以 C 權衡或平坦特性 F 為宜,以 dBC 或 dBF 為單位。噪音計監測結果為 65dBA、83dBB、90dBC,則該噪音頻率範圍是在 20~600 Hz。

二十七、一般噪音計均有快、慢及衝擊特性。快 Fast(F) 特性,即規定指針的動特性,換算為電氣回路的時間常數大約 0.125 秒,可以量測到變動性噪音。而對於穩定性的噪音,可以用慢 Slow(S) 特性,其時間常數為 1 秒。另外,有些噪音計還有一種衝擊回應特性 (Impulse, I),其時間常數為 0.035 秒。量測衝擊噪音時,噪音計使用時間特性 (time constant) 為衝擊特性 (impulse) 時所量到的音壓級數據最大。

二十八、正常人耳可聽範圍內,最低頻率與最高頻率間大約有 10 個八音符頻帶。

二十九、戶外無日曬下計算高溫作業綜合溫度熱指數時,自然濕球之權數為 70%。

三十、當高溫作業環境之休息室與作業位置之 WBGT 差異大時,應分別作量測,而該時段之 WBGT 應以兩者之時量平均為代表。

三十一、綜合溫度熱指數 (WBGT) 其測量儀器主要為乾球溫度計、自然濕球溫度計及黑球溫度計，自然濕球溫度計 (T_{nwb}) 受氣動、溼度、氣溫之影響；而黑球溫度 (T_g) 受氣動、輻射、氣溫影響。黑球溫度計之測量範圍為 $-5°C \sim 100°C$。測定綜合溫度熱指數時，溫度計之架設高度，及溫度計球部之高度並非固定不變，而是隨著作業勞工之身高及作業姿勢而異。一般以勞工腹部高度為原則，但若環境之溫度隨著離地面高度而異時，即在依熱部均勻的高溫場所時，則應分別測頭部、腹部及足踝等三個高度之溫度再依 1：2：1 之比重，以四分法求出具代表性之綜合溫度熱指數。

三十二、相對濕度可由通風濕度表中得知。

三十三、測量綜合溫度熱指數 (WBGT) 時，濕球溫度計、黑球溫度計與乾球溫度計所架設之高度要一致。

三十四、黑球溫度計架設時要面向熱源，不使輻射熱受到陰影干擾，傳統黑球溫度計 (黑球直徑 15 公分) 架設後約需等 25 分鐘達熱平衡後，才可讀取溫度。

三十五、自然濕球溫度計於測定前半小時要以注水器注入蒸餾水使溫度計球部周圍之棉紗充分濕潤。

三十六、黑球溫度測定時感溫元件 (溫度計球部) 應置於黑球之中心。

三十七、噪音計在風速 10 m/s 下使用時須加裝防風罩。

第 25 章
化學性因子環境監測

一、就採樣介質捕集能力而言，需考慮其：①濕度；②採樣流率；③氣溫。

二、紅外線吸收光譜儀，僅適用於分析氣態物質。紅外線光譜儀 (IR) 易受水及二氧化碳之干擾。

三、當光線之頻率等於分子中鏈結原子之振動頻率時，便為分子所吸收，紅外線光譜儀 (Infrared Absorption Spectroscope) 利用此原理獲取物質的吸收圖譜，可定性物質，亦可定量。

四、在一大氣壓、25℃下，一克摩爾空氣體積約為 24.45 公升。

五、以擴散管法動態方式製備標準氣體時，若擴散管在 3 小時的重量損失是 3 克而系統的空氣流率是每小時 100 公升，則此系統製備的氣體濃度約為 10 mg/l。

六、檢知管法之測定原理係利用其反應呈色長度或顏色定量。

七、使用直讀式檢知管測量空氣中有害物之濃度時，唧筒式之抽氣設備，其抽氣量一般為 100 c.c. 係為定值。

八、被動式 (吸附式) 劑量計所捕集空氣中的有害物的質量和劑量計的開口面積成正比。

九、X 光繞射分析，主要應用在結晶形物質之分析。游離二氧化矽之含量可用 X 光繞射分析儀分析。

十、採樣後以精密儀器分析法來分析空氣中混存有害物的準確性較高。

十一、勞工作業環境空氣中，正己烷之採樣以使用活性碳管為宜。

十二、採集有機溶劑蒸氣時，矽膠吸附劑受環境中水蒸氣的影響最大。

十三、被動式 (吸附式) 劑量計係依據 Fick's Law 原理捕集空氣中有害物。

十四、樣品之安全性及回收效率

　　(一) 一般捕集之樣品中之分析對象物質，無法完全回收用於分析，有時會因漏失或未立即分析而變質。

　　(二) 樣品之高蒸氣壓、暴露於高溫、樣品成份之相互反應，均會使測定結果不準確。

十五、採樣時，現場空白樣本至少應為採集樣本數的 10% 或至少為 2 個。

十六、空氣中石綿纖維濃度測定，大都採取薄膜過濾法，其濾紙之材質為纖維素酯 (MCE)。

十七、採集可呼吸性粉塵，其前置粒徑選擇器 (preselector) 若採用 10mm 尼龍旋風器 (nylon cyclone) 時，採集之流率每分鐘應為 1.7 公升。

十八、氯乙烯使用活性碳管 (100/50) 兩管串聯為採集介質組合。

十九、某旋風分徑器 d_{50} 為 4.5μm，則粒徑為 4.5μm 之粉塵約有 50% 被分徑器所分離。

二十、實施作業環境監測時，採樣泵之最初及最後流率分別為 F1 及 F2，如 F2 = 0.7F1，則計算濃度時的流率無法據以計算。

二十一、金屬燻煙採樣後欲以原子吸收光譜儀分析，應以過濾捕集法採樣。

二十二、採樣人員所製備之空白樣本為現場空白。

二十三、具浮子流量計之採樣組合系列流率校準，校準點的數目以 4 點較佳。

二十四、某活性碳管樣本採樣體積為50 L，經實驗室分析結果，某有害物之量為：前段 0.05000 mg、後段為 0.00001 mg，則該樣本有害物在空氣中的濃度為 1.0mg/m^3。

二十五、某有害物採樣方法之最大採樣體積為 20 L，若以 200 mL/min 的採樣流率連續進行 8 小時採樣時，樣本數最少應有 5 個。

二十六、泵流率校正不正確屬於系統誤差。

二十七、一組濃度數據分別為 105ppm、110ppm、115ppm，則其標準偏差為 5ppm。

二十八、將個別測定值減其算術平均值所得結果之平方加總後，除以測定個數減1，所得值再開平方，最終所得值稱為標準差。

二十九、以活性碳管作為採樣介質之採樣過程中，①活性碳管阻塞；②採樣泵出氣端阻塞；③連接管受壓迫可能是造成採樣泵停頓的原因。

三十、　有關硫化氫之採樣分析：①使用低流量採樣泵採樣；②以分光光譜儀分析；③使用內盛吸收液之衝擊瓶採樣。

三十一、有關石綿：①石綿有不同的顏色；②石綿為含結晶水的矽酸鹽類；③石綿可以經由 X 光繞射而確認；④經長時間暴露，石綿可能造成石綿肺症。

三十二、在常溫下，將 10 atm，10 ppm 之 1 cc 的苯蒸氣注入 1 atm 含 1 公升乾淨空氣的容器中，則苯蒸氣均勻混合後的濃度約為 <u>100 ppb</u>。

　　　解析：10 atm、1 cc 的苯蒸氣注入 1 atm 的容器中，體積膨脹為 10 cc 此時濃度變為 10 ppm × (10 cc /1L) = 0.1ppm = 100 ppb。

第 26 章
危害性化學品評估及分級管理

一、雇主使勞工製造、處置、使用非屬有容許暴露標準之有健康危害化學品時：
①可參照先進國家標準或專業團體建議，自行設定暴露標準；②須辦理健康
危害風險評估；③須針對健康危害進行分級管理；④需進行作業場所暴露評
估及分級管理。

二、具有健康危害之化學品需進行危害評估及分級管理。

三、對於訂有容許暴露標準之化學品經評估結果屬於第一級管理者，雇主應至少
3 年實施暴露評估 1 次。

四、對作業場所實施暴露評估的方式有：①作業環境採樣分析；②直讀式儀器監
測；③定量暴露推估模式。

五、化學品分級管理 (chemical control banding, CCB) 在劃分危害群組時將符
合 GHS 健康危害分類為急毒性物質，任何暴露途徑第 1、2 級之物質多歸
屬於 D 群組。

六、雇主將相似暴露族群依暴露實態之第九十五百分位值，與該化學品之容許暴
露標準 (PEL) 比對後，結果發現超過容許暴露標準，則該場所應歸屬於第 3
級管理 (如下表)。

範圍	評估結果分級
$X_{95} < 0.5PEL$	第一級
$0.5PEL \leq X_{95} < PEL$	第二級
$X_{95} \geq PEL$	第三級

第 27 章
勞動生理

一、正常下心臟跳動每分鐘 75 次，每一心收縮週期 0.8 秒。休息時常人心臟的排血量每分鐘只有 4~6 公升，但在劇烈運動時排血量可能要增加到 5 倍，心臟調節心臟幫浦功用的兩個基本方法是藉自主神經對於心臟的反射控制，以及對於回心血量變動的自主調節，即 Frank-Starling 定律：舒張期內心臟的充血愈多則推送到主動脈的血量隨著增加。每分鐘心跳次數愈多，心臟的排血量就越多。

二、常人每分鐘約呼吸 16 次 (女性約 17~18 次)，每次約吸入或呼出空氣 500 毫升，每分鐘換氣量約 8 公升，每分鐘氧氣消耗量可達 250 毫升，而二氧化碳的製造量則約 200 毫升。運動時一分鐘之換氣量可以增加 10 倍以上。

三、肺動脈血中含二氧化碳濃度比肺靜脈高。

四、肌肉收縮受運動神經之控制，每一神經纖維和其支配的肌纖維構成運動單位，一個神經肌肉單位，常含有 100 條以上的肌纖維。

五、一般分類中，心搏速率在 110 次 / 分以上屬重工作 (heavy work)。勞工之新陳代謝熱小於 200 kcal/h，為輕工作。

六、肌肉收縮最初的能量來源主要來自無氧產能 (anaerobic energy yield)。

七、一個人的肌肉纖維數目出生後就固定，肌力訓練只能增加最大肌肉強度，無法增加肌纖維數。

八、用以測定熱對人體的壓力最好的指標的是肛溫。

九、人體組織器官中，肺泡的總表面積最大；肺泡是人體中氣體交換最快速之處。

十、正常健康男性最大心跳率之安全限值每分鐘約不超過 200 下。

十一、有氧產能作用 (aerobic energy yield) 平均每分子的葡萄糖可產生 37~39 分子的 ATP。

十二、維持腦組織細胞活動之血液中氧氣分壓最低限度為 60 mmHg。人類腦部需要的氧氣量，約為全身所需氧氣量的 1/4。

十三、左心室內之血液是充滿最多氧氣的血管腔。

十四、無氧產能作用 (anaerobic energy yield) 每分子葡萄糖能產生 2 分子的三磷酸腺酸 (adenosinetriphosphate, ATP)；有氧產能作用 (aerobic energy yield) 平均每分子的葡萄可產生 37~39 分子的 ATP。

十五、分解乳酸所需的氧所造成的氧債 (oxygen debt) 恢復最慢。

十六、負責人體視覺、語言的中樞神經系統是大腦。

十七、生物力學剖析圖 (biomechanical profile) 是由肌動圖及肌力資料來源所組成。

十八、動力元素 (kinetic element) 是指某關節對其一軸作簡單的動作所需的所有相關組織的功能組合，關節、肌肉、神經及血管皆屬於動力元素的組成。

十九、Framingham Risk Score 佛萊明漢危險預估評分表較易評估勞工個人未來 10 年內發生缺血性心臟病的機會有多高。

二十、當工作壓力長期增大時，胰島素不增反減。

二十一、生命現象變化過程中，同化和異化作用的過程為新陳代謝。

二十二、決定人體血壓的主要因素：①心輸出量 (cardiac output)；②周圍血管阻抗力 (peripheral vessel resistence)；③心搏速率。

二十三、下列因素會使一個人想喝水：①大量流汗；②體溫升高；③吃了鹹食物；④連續大量腹瀉。

二十四、肌肉收縮主要能源來自醣、脂肪。

二十五、體質指數 (body mass index, BMI) 是指體重除以身高的平方。

二十六、兩性差異：在生理學部份，女性與男性相較，一般而言有身材體型較小、肌力及肺活量較差、體內循環血液量及紅血球數較少、循環凝血因子量較少、白血球及淋巴球數較多 (連帶有較高的循環抗體濃度)、體表面積較小且排汗率較低、體脂肪比例較高、下半身之軀幹肢體比例不同、皮膚較薄及皮脂分泌較少但痛覺神經受體較多、嗅覺較敏感、及內分泌

濃度差異等身體或生理學差異，從而影響職場危害因子健康效應之發生與嚴重度。

二十七、勞工若面臨長期工作負荷壓力及工作疲勞累積，如果沒有獲得適當休息及充足睡眠，便可能影響體能及精神狀態，甚而易促發<u>腦心血管疾病</u>。

二十八、流行病學實證研究顯示，輪班、夜間及長時間工作與心肌梗塞、高血壓、睡眠障礙、憂鬱等的罹病風險為<u>正相關</u>。

二十九、關於氧利用率：①氧攝取量大者適合耐力競賽；②長跑選手會因耐力訓練而進步；③氧債大者適合於短跑；④訓練對最大氧債無一定的效果。

三十、　下列何種功能屬肝臟的功能：①將溶劑解毒；②製造白蛋白；③貯存維生素 A、D 及 K。

三十一、空氣中氧氣含量，若低於 16%，工作人員即會感到頭暈、心跳加速、頭痛。

三十二、呼吸帶 (Breathing zone)：亦稱呼吸區，一般以口、鼻為中心點，10 英吋為半徑之範圍內。

三十三、所謂評估，是指測量各種環境因素大小，根據國內、外建議之暴露劑量建議標準，判斷是否有危害之情況存在。

三十四、生物檢體由於成分相當複雜，容易產生所謂基質效應 (matrix effect) 而使偵測結果誤差較高。

第 28 章
工業毒物學概論

一、LD_{50}：在毒性試驗中，毒性化學物質能造成百分之 50 試驗動物死亡的劑量，此現象為 Lethal dose 50(LD_{50})。

LC_{50}：由呼吸暴露，在某一時間內使受試動物產生 50% 死亡率所須之濃度 (ppm)。在工業衛生上，以 LC_{50} 較有應用價值。

二、兩物質間毒性大小，除比較 LC_{50} 外，亦應比較其劑量反應曲線之斜率。

三、有害污染物進入人體的途徑，包含：①呼吸 (inhalation)；②皮膚吸收 (skin absorption)；③食入、攝取 (ingestion)。

毒性化學物質進入人體的途徑：①皮膚；②呼吸道；③腸胃道。

四、毒物的作用模式：

由於有些毒物在高劑量下對生物器官的功能具有阻礙或破壞的作用，但在低微劑量下卻可刺激器官的活性，所以有人認為毒物對器官的危害作用主要是經由它對器官正常代謝機能之抑制或刺激作用所引起的。依據 Stokinger 博士的研究，其作用方式可歸納為三大類，即物理作用、非酵素性的化學作用及酵素性的化學作用。

有些化學物質本身毒性很低，但經由體內酵素反應代謝後，其毒性反而增加，此現象為代謝活化。

五、職業暴露造成血鉛過高，會造成下列危害：①貧血；②肌肉無力如腕垂症；③神經行為異常。

小孩的智商容易受到鉛吸收增加的影響而減低智商。經吸收進入人體內之鉛，大部分會沉積在人體的骨骼。

六、物理性吸附體或蒸氣於固態或液態粒子 (即微粒，aerosols) 上，經吸入後有時會有相乘 (synergism) 或拮抗 (antagonism) 作用。

(一) 在相乘作用方面有：氫氟酸與硫酸銨；過氧化氫與臭氧；二氧化硫與懸浮微粒「如硫酸霧滴 (mist) 與二氧化硫共存時，對生長阻滯及肺部危害之作用有相乘作用；又當二氧化硫被吸附在氯化鈉微粒時，亦有相乘作用，此乃因二氧化硫在此時可被帶入肺部之更深處，同時也在肺部之單一面積上的二氧作硫之濃度增高」。

(二) 在相拮抗作用方面有：一氧化氮與二氧化鐵；臭氧與油霧滴 (oil mist)。

七、流行病學資料的度量，有 3 種基本的形式來測量疾病的發生比率，其中之一為發生率 (incidence rate)，其定義為單位人口，在某段時間內發生的新病例數。

八、影響毒物毒性之因素，可歸納為毒物本身因素、暴露情況、暴露者之內在因素以及暴露者之外在因素等四類：

(一) 在遺傳因素方面：如缺乏 G-6-P-D(goucose-6-phosphate dehydrogenase) 的人，較易發生溶血性中毒的現象，且對苯及蒽之感度較大。

(二) 在免疫情形方面：如脂肪 (芳香) 二異氰酸鹽類所致類似枯草熱的過敏反應，其發生率、嚴重率及症狀的型態和免疫機轉有關。

(三) 在營養、膳食狀況方面：酒精可加大四氯化碳的毒性高脂肪食物可使氯仿毒性加大。卡路里的減少可增加老鼠對 DDT 及咖啡鹼的毒性。低蛋白飲食可增加對殺蟲劑的毒性反應。高低蛋白飲食可能和肝之 microsmal enzyme 的可利用差異有關。維他命 A 缺乏與 PCB's 及氯系殺蟲劑毒性及某些癌症之發生有關。維他命 B3 缺乏可增加多芳香碳氫化合物之致癌性。維他命 C 攝取足夠時可減少某些有害物之毒性，如：(1) 降低砷之毒；(2) 減少鎘所引起之貧血及生長抑制作用；(3) 使六價鉻變為三價鉻，而降低其毒性；(4) 降低鉛及汞之毒性；(5) 可使變異血紅素轉化為血紅素，因而降低硝酸鹽及亞硝酸鹽致毒性；(6) 可治鹽酸之中毒；(7) 可與組織胺作用，而降低臭氧所致之危害；(8) 治療一氧化氮中毒等。

九、在毒性測試結果中，可以得到 LOAELs(lowest-observed adverse-effect levels) 數值，其代表意義為引起不良反應之最低劑量。
毒化物劑量增加而其造成生物體危害亦隨之增加，此現象為劑量效應關係。

十、一氧化碳與硫化氫皆為化學窒息性物質。

十一、硝基苯胺會經由皮膚吸收導致急性血紅素變性。

十二、流行病學研究，對進入研究對象之擇定常採用配對 (matching) 方法：① 配對乃是非實驗性研究中，用以防止混淆或干擾 (confounding) 所常用的方法；②被配對的因素在暴露與疾病間串演因果途徑的一部分；③配對可以確保暴露組及非暴露組兩組間的可比性，即被配對因素不會成為混淆因素；④某因素被配對後，該因素在那次研究即不能被評估。

十三、紫外線會增加瀝青產品暴露之嚴重性。

十四、毒性化學物質對生物體所產生的危害效應包括急性、慢性、致癌性,不包括病原性。

十五、職業暴露造成血鉛過高,會造成下列危害:①貧血;②肌肉無力如腕垂症;③神經行為異常。

十六、砷屬於化學性致癌物質。

十七、依國家標準 CNS 15030,針對引起致癌、生殖細胞、致突變和生殖毒性化學品 (carcinogenic, mutagenic, or toxic for reproduction, CMR) 等第一級的化學品較可能具有生殖毒性物質第一級危害。

十八、有機磷殺蟲劑中毒會抑制乙醯膽鹼酵素 (choline esterase) 之分解,進而產生持續神經刺激的症狀。

十九、化學性危害嚴重程度的主要影響因子包括:①接觸方式②毒性物質的濃度③毒性物質本身的毒性。

二十、毒性物質在生物體內產生毒性作用最明顯,而引起最大傷害的器官為標的器官。

二十一、有關氫氧化四甲基銨:①具強鹼性且會腐蝕皮膚;②可致人於死;③具神經毒性;④具有四級銨結構。

二十二、燻煙非為由物理性力量,如機械方法所產生而懸浮於空氣中的固體微粒。

二十三、關於空氣中粉塵之容許濃度:①含結晶型游離二氧化矽 10% 以上之礦物性粉塵,SiO_2 含量愈多,容許濃度愈低;②未滿 10% 結晶型游離二氧化矽之礦物性粉塵,其容許濃度值與 SiO_2 含量無關;③總粉塵係未使用分粒 (徑) 裝置所測得之粒徑者;④石綿粉塵係指纖維長度在五微米以上且長寬比在三以上之粉塵。

二十四、關於『粉塵』:①所謂可吸入性粉塵係指能由口、鼻進入呼吸系統的所有粉塵;②可呼吸性粉塵係指能通過人體氣管而到達氣體交換區域者;③石綿粉塵係指纖維長度在 5 微米以上且長寬比在 3 以上之粉塵;④可呼吸性粉塵其特性為在氣動直徑為 4μm 大小的粒狀污染物,約有 50% 的粉塵量可達氣體交換區域。

二十五、『短時間暴露容許濃度 (short-term exposure limit,STEL)』的定義與精神：① 15 分鐘內連續暴露之最高暴露值；②在符合 STEL 下，工作人員仍不會有不能忍受之刺激；③在符合 STEL 下，工作人員仍不會有嚴重頭暈以至於降低工作效率或增高發生意外事故的可能性。

二十六、勞工作業場所容許暴露標準所稱容許濃度包括：①最高容許濃度；②短時間時量平均容許濃度；③八小時日時量平均容許濃度。

二十七、『恕限值 (threshold limit value,TLV)』的定義與精神：①空氣中的物質濃度，在此情況下認為大多數人員每天重複暴露，不致有不良效應；②因每人體質感受性差異很大，因此，有時即使低於 TLV 之濃度亦可能導致某些人之不舒服、生病或使原有情況加劇；③在低於恕限值的濃度之下，一個工作人員可連續暴露亦不會受到危害。

二十八、關於化學品：①化學品防護裝備之資訊，可在安全資料表內找到；②將濃硫酸與水混合時，應將酸加入水中；③從事化學品之實驗，不可戴隱形眼鏡；④安全資料表有十六項規定內容。

二十九、化學品管理措施包括：①有效清查化學品之存量、位置及使用人是否接受安全訓練；②提供安全資料表；③容器標示；④對新進員工依法實施 6 小時危害通識訓練。

三十、　濾材對粒狀物之收集機制，包含以下機制：①擴散 (diffusion)；②攔截 (interception)；③慣性衝擊 (inertial impaction)；④靜電吸引。

三十一、油性物質產生之微粒，懸浮於空氣中形成油性氣膠 (Oil Aerosol)，包含：①油煙；②機械用油形成之氣膠；③煉焦爐之空氣逸散物。

三十二、健康風險評估第一步驟為危害辨識。

三十三、會引起多發性神經病變的有機溶劑為正己烷。

第 29 章
職業衛生與職業病預防概論

一、紅外線易導致白內障；紫外線會引起角膜炎，皮膚暴露過久會導致紅斑甚至皮膚癌。微波對水分之熱效應極強，對眼睛亦可造成白內障。雷射具高度熱效應，被高能雷射照射會產生類似燒傷之結果。

二、危害控制應優先考慮由危害源著手。

三、二異氰酸甲苯 (TDI) 會造成過敏性氣喘。

四、苯暴露可能會引起白血病。

五、聚氯乙烯合成槽清洗工人容易暴露於氯乙烯單體，且可能發生肝血管肉瘤 (Angiosarcoma of liver)。

六、屬針扎所致之傳染性疾病：① B 型肝炎②梅毒③愛滋病。接吻非愛滋病之主要傳染途徑。

七、吸菸者致肺癌危險性是一般人 10 倍，石綿暴露者致肺癌之危險性是一般人 5 倍，則吸菸的石綿工人其肺癌的危險性約一般人的 50 倍。

八、職業病之認定，對發病及有害因子暴露期間應合乎時序性。

九、不當抬舉導致肌肉骨骼傷害，或工作臺 / 椅高度不適導致肌肉疲勞之現象，可稱之為不當動作。

十、腕道症候群是屬於周邊神經系統疾病。

十一、錫銲不易產生銲接工眼。

十二、下列物質吸入後會造成肺部損傷：①石綿；②甲醛；③臭氧；④氯氣。

十三、熔接及軟焊時，勞工較易暴露於金屬燻煙之危害。吸入金屬燻煙易發生忽冷忽熱之發燒症狀；例如鋅的金屬燻煙。
下列因子或疾病也會引起如一般感冒類似的症狀：①鐵弗龍 (Teflon) 的聚合物高溫加熱後之燻煙；②清洗水塔工人的退伍軍人症。

十四、當油漆工在密閉地下室作業一段時間後，會發生頭昏頭痛、心情興奮之症狀。

十五、石綿可能引起間皮瘤。

十六、Framingham Risk Score 佛萊明漢危險預估評分表可評估勞工個人未來 10 年內發生缺血性心臟病的機會有多高。

十七、與職場母性健康保護相關之法規有、①職業安全衛生法；②妊娠與分娩後女性及未滿十八歲勞工禁止從事危險性或有害性工作認定標準；③性別工作平等法。

十八、關於孕婦：①孕婦對壓力的耐受性降低；②孕婦易有噁心感且可能無法忍受強烈氣味；③孕婦不可輪班工作；④孕婦吸收之重金屬或戴奧辛等毒性物質可能進入胎盤臍帶血或乳汁。

十九、妊娠期間暴露到具細胞毒性、致突變性或致畸胎性因子時可能造成早產、畸型或死產，也可能影響子代之心智發育，特別是受精後第 3-8 週間之重要器官發育期的暴露，更可能造成嚴重畸型。

二十、有關孕婦嚴重的孕吐：①可能影響胎兒的體重；②可能造成早產或有較低的新生兒健康評分；③會合併產生憂鬱等心理精神症狀；④劇吐時可能造成超過 5% 之體重減輕、脫水及營養失調，嚴重時可能導致死亡。

二十一、有流產病史之孕婦，宜避免相關作業：①避免砷或鉛的暴露；②避免每班站立 7 小時以上之作業；③避免提舉 8 公斤以上重物的職務；④避免重體力勞動的職務。

二十二、勞工服務對象若屬特殊高風險族群，如酗酒、藥癮、心理疾患或家暴者，則此勞工易遭受身體或心理不法侵害之危害。

二十三、若勞工工作性質需與陌生人接觸、工作中需處理不可預期的突發事件或工作場所治安狀況較差，容易遭遇組織外部不法侵害之危害。

二十四、排班保有規律性可避免工作單調重複或負荷過重。

二十五、對於有害物工程控制：①將製造區隔離，以減少暴露人數；②使用濕潤法 (濕式作業) 以減少粉塵逸散；③改變製程以減少操作人員與危害因素之接觸；④使用區域排氣 (通風)，以排出危害氣懸物質。

二十六、對於『飛沫傳染』：①飛沫是指接觸到上呼吸道具傳染性的分泌物；②結核桿菌、葡萄球菌及鏈球菌除由飛沫傳染之外，亦可透過空氣傳染；③當宿主吸入這些飛沫，其粘膜接觸到這些粒子時，才會引起感染；④呼吸道飛沫傳染必須兩人在三呎內，在飛沫還未降落之前接觸才會被傳染。

二十七、暴露於生物體所產生之細菌內毒素、細菌外毒素、真菌毒素，可能產生發燒、發冷、肺功能受損等症狀，此種現象稱為中毒。

二十八、對於病原體『空氣傳染』：①空氣傳染為以飛沫核進行傳染；②是指直徑小於五微米，它們能在空氣中懸浮相當長的一段時間；③第一線防疫人員需佩戴 N95 口罩以杜絕傳染；④不須經由直接或間接接觸即可經空氣由一個人傳給另一個人。

二十九、負壓隔離病房的設置特性，包含：①醫院收容傳染病患者時，設計以控制病患身體產生的生物氣膠污染；②設計使病房內之氣壓恆低於病房外之氣壓；③設計迫使病房外之空氣透過各種結構縫隙 (門縫、平衡風門開口等) 單向流入病房內部空間，造成病房內空氣之單向隔絕；④醫護人員在病房內照護病患時，應站在氣流流入之上風處，避免受到空氣傳播感染。

三十、　對於生物危害管理：①標準微生物操作程序禁止飲食、抽煙、處理隱形眼鏡、化妝，在實驗室內不可以喝水；②生物危害管理二級防範措施，包含保護實驗室外環境 (含社區環境)，工作人員需免疫接種與定期檢驗，但無關動物管制；③生物安全第三級：臨床診斷教學研究生產等單位使用本土或外來物質時，可造成嚴重或致命疾病者，如漢他病毒；④生物安全操作櫃 III 級：為人員、外界環境與操作物的最高保護，適用生物安全第三、四級。

三十一、對於微生物之特性：①節肢動物之疾病傳播方式為叮咬或吸入排泄物，常以哺乳類動物為宿主 (如鼠)；②病毒 (Virus) 為絕對寄生，大小 20-300 nm，無完整細胞結構，僅有核酸、蛋白質外殼；③真菌 (Fungi) 似植物體、缺乏葉綠素、多以本身酵素分解有機物，單細胞或多細胞結構；④細菌外毒素 (exotoxins) 為在寄主體內生長代謝過程中即可產生，造成寄主神經性、胃腸性、免疫性或血液方面的疾病。

三十二、高等動物如鼠、兔、貓、狗、猴等，其對人造成風險的途徑與方式，包含：①動物咬傷；②透過其身上之皮屑造成傳染；③寄生於寵物身上的節肢動物傳染。

三十三、對於生物危害之人員管理：①加強個人衛生 (例如洗手)；②注意個人健康管理 (例如施打疫苗)；③不管操作哪一種生物安全等級，皆應遵守標準微生物操作守則；④使用個人防護設備 (最後一道預防管道)。

三十四、標準脫除手套步驟及注意事項：①第一步驟為以戴手套的右手抓住近手腕處左手手套的外面，將手套翻轉脫下；②用脫下手套的左手插入右手套內，以外翻的方式脫下右手手套；③整個過程中以不碰觸手套外側為原則，即手套對手套、皮膚對皮膚的方式進行；④脫除的手套須置於生物廢棄物處理桶 (袋) 中。

三十五、關於消毒或滅菌：① 75% 酒精可使病原體蛋白質凝固，達到殺菌效果；95% 酒精會使菌體外層產生一層保護莢膜，而影響消毒效果；②酒精消毒法對內孢子無效，對無外套膜病毒 (如：腸病毒) 效果不穩；③氯液消毒法之消毒原理主要為使菌體產生氧化作用；④紫外線的穿透度極低，無法消毒到物品的背面或內側。

三十六、關於生物安全櫃 (Biological Safety Cabinet, BSC)：①利用乾淨之負壓層流空氣來隔絕其內部空氣外洩；② Class III 之 BSC 適用於操作生物安全等級第四級；③不在操作台面上使用明火為原則，因為會影響層流氣流；④開 UV 燈時要拉下玻璃窗，此玻璃窗可屏蔽 UV，避免 UV 暴露。

三十七、生物醫療廢棄物 (Biomedical waste) 包括基因毒性廢棄物、廢尖銳器具、生物科技工廠及製藥工廠，於研究、藥品或生物材料製造過程中產生的廢棄物。不包括研究機構生物安全等級第一級實驗室製造過程中產生的廢棄物。

三十八、生物性危害物是指所有會造成健康影響的生物 (或其產生不具活性的產物)，這些危害物質包括：①節肢動物；②鼠類；③真菌；④過敏原。

第 30 章
噪音與振動

一、音壓 (sound pressure)，單位為 Pa 或 N/m²，以 P 表示。1 Pa 相當於每平方公尺的面積上有一牛頓的作用力，即 1 Pa = 1 N/m² = 10^6 μPa。

$$L_p = SPL = 10 \log (P/P_o)^2 = 20 \log P/P_o \tag{1}$$

其中 $P_o = 20$μPa = $\underline{2 \times 10^{-5} \text{ Pa}}$，稱為基準音量，為正常年輕人人耳所能聽到的最微小聲音。

若音壓減半，則音壓級將減少 6 分貝。

二、音功率級

$$L_w = 10 \log W/W_o \tag{2}$$

其中 $W_o = 10^{-12}$ 瓦特為基準音功率。

三、音強級

$$I = P^2/\rho c \tag{3}$$
$$L_I = 10 \log I/I_o = 20 \log P/P_o = SPL \tag{4}$$

其中 $I_o = 10^{-12}$ W/m²，稱為基準音強。

四、音壓級 (L_p)、音強級 (L_I) 與音功率級 (L_w) 之關係：

1. 音壓級 (L_p) = 20 log P/P_o　　　　　$P_o = 2 \times 10^{-5}$ Pa(基準音壓)　　(1)

2. 音功率級 (L_w) = 10 log W/W_o　$W_o = 10^{-12}$ W(基準音功率)　(2)

3. 音強級 (L_I) = 10 log I/I_o　　　　　　$I_o = 10^{-12}$ W/m²　　　　(3)

(一) 點音源時

1. 於自由音場中：$L_I \fallingdotseq L_P = L_w - 20 \log r - 11$　　(4)

2. 於半自由音場中：$L_I \fallingdotseq L_P = L_w - 20 \log r - 8$　　(5)

（二）線音源時

　　1. 於自由音場中：$L_I \fallingdotseq L_P = L_w - 10 \log r - 8$ 　　　　　　　　(6)

　　2. 於半自由音場中：$L_I \fallingdotseq L_P = L_w - 10 \log r - 5$ 　　　　　　(7)

五、噪音傳播之距離衰減

（一）點音源

當在自由音場時，由 (6) 式得距音源 r_1、$r_2(r_1 > r_2)$ 位置的音壓級

$$L_{P1} - L_{P2} = 20 \log (r_1 / r_2) \tag{9}$$

當 $r_1 = 2r_2$（亦即，距離每增加一倍）時，點音源之音壓級衰減 6 分貝。而在半自由音場下之點音源衰減情形與自由音場結果相同。故點音源隨距離加倍而音壓級衰減 6 分貝。

（二）線音源

$$L_{P1} - L_{P2} = 10 \log (r_2 / r_1) \tag{10}$$

故距離每增加一倍，線音源之音壓級衰減 3 分貝。在半自由音場下線音源衰減情形亦同。

六、聲音合成、加減

（一）合成音壓級 L 之計算

$$L = 10 \log (10^{L_1/10} + 10^{L_2/10} + \cdots\cdots + 10^{L_n/10}) \tag{11}$$

（二）設背景噪音音壓級 L_2，含特定音源及背景噪音音壓級為 L_1，則特定音源音壓級計算為：

$$L = 10 \log (10^{L_1/10} - 10^{L_2/10}) \tag{12}$$

七、感音性聽力損失分為暫時性聽力損失與永久性聽力損失。

（一）暫時性聽力損失 (Temporary Threshold Shift，TTS)：

暴露於噪音後，聽力損失現象於暴露環境一段時間後發生，此種可經過休息後自行恢復，稱為暫時性聽力損失。

（二）永久性聽力損失 (Permanent Threshold Shift，PTS)：

將年齡老化所引起的聽力衰減校正後，由於長期暴露於噪音環境下，使內耳基底膜內的毛細胞受損而對聲音無反應，聽力閾值升高，且雖經休息也無法恢復者，為永久性聽力損失。造成聽力損失嚴重程度的因素有：

1. 噪音量之大小：一般噪音暴露音壓級越大，造成聽力損失越大。

2. 暴露時間的長短：噪音暴露時間越長，影響越嚴重。

3. 噪音的頻率特性：一般頻率越高之噪音，危害性越大。

4. 個人差異性：由於個人對於噪音的敏感度不一，對相同噪音所引起的反應亦有差異。

八、振動的特性

(一) 振動的單位

振動為一個固態系統的振盪性運動，振動量的表示有三種，位移為物體受到振動所離開平衡位置的距離 (振幅大小)；速度則為單位時間內位移的變化；另一種為國際間經常使用的振動強度大小指標，表示單位時間內速度的變化，即為加速度，單位為 m/s^2。

振動級 (Vibration level)：

$20 \log (a/a_0)$　　其中 $\underline{a_0 = 2 \times 10^{-6}\ m/s^2}$

(二) 振動的種類

1. 全身振動：暴露於振動的種類及對外來振動反應隨姿勢及振動量施予人體部位而定。

2. 手－手臂振動：又稱為局部振動，主要的頻率範圍在 8~1,000 Hz，使用手持式動力手工具 (研磨器、鑽孔機、鏈鋸、破壞機)，致振動經由工具之把手傳到手臂甚至全身。

九、振動對人的影響，振動手工具造成最明顯的職業性傷害包含下列的障礙：

(一) 末梢循環機能障礙：手部皮膚溫下降、經冷刺激後的皮膚溫度不易恢復，引致手指血管痙攣、手指指尖或全部手指發白 (稱為白指症)。

(二) 中樞及末梢神經機能障礙：中樞神經機能異常而有失眠、易怒或不安；末梢神經傳導速度減慢，末梢感覺神經機能障礙，引致手指麻木或刺痛，嚴重時導致手指協調及靈巧度喪失、笨拙而無法從事複雜的工作。

(三) 肌肉骨骼障礙：長期使用重量大且高振動量的手工具如鏈鋸、砸道機等，亦可能引起手臂骨骼及關節韌帶的病變，導致手的握力、捏力、及輕敲能力逐漸降低。

十、職業安全衛生設施規則第 302 條規定，雇主僱用勞工從事局部振動作業，應使勞工使用防振把手等之防振設備外，並應使勞工每日振動暴露時間不超過下表規定之時間：

局部振動每日容許暴露時間表

每日容許暴露時間	水平及垂直各方向局部振動最大加速度值公尺 / 平方秒 (m/s²)
四小時以上，未滿八小時	4
二小時以上，未滿四小時	6
一小時以上，未滿二小時	8
未滿一小時	12

十、　在測量手臂振動量時，檢波器的安裝位置應置於第三掌骨。

十一、長期與振動過大之機械 / 設備 / 工具接觸，可能會危及人體脊椎骨和末梢神經系統。

十二、響度級 (loudness level) 之單位：Phon(唪)

十三、空氣中因物體振動而產生者為空氣疏密波。

十四、通常在音源四周最大邊的 4 倍距離以上才會形成遠音場。

十五、勞工左右兩耳聽力不同，建議應以聽力較佳之耳朵先實施聽力監測。

十六、當左右耳都正確地戴用耳塞，在說話時對自己說話聲音的感覺較大。

十七、消音器對空氣傳送聲音有效。

十八、有關老化所致的聽力影響，高頻音較顯著。

十九、某勞工每日工作 8 小時並暴露於衝擊性噪音，使用噪音計量測得勞工時量平均音壓級為 90 分貝 (暴露時間 6 小時) 及 95 分貝 (暴露時間 2 小時)，測得峰值為 115 分貝。該勞工工作日暴露劑量為 125%。

二十、遮音材料使用阻尼材料接著或塗布，可以改善符合效應 (coincidence effect)。

二十一、空氣彈簧所組成之系統，自然共振頻率於 3 Hz 以下，能顯示其最佳之減振效果。

二十二、1/1 八音度頻帶，各頻帶音壓級均相同者為粉紅噪音。

二十三、遮音材料會產生符合效應 (coincidence effect) 主要是由於共鳴作用。

二十四、對於吸音材料之吸音率 (a)：① a 介於 0~1；② a = 0 表示全反射；③ a 值與音源入射角有關。

第 31 章
溫濕環境

一、環境熱主要受空氣溫度、濕度、氣動及輻射熱等影響，亦極為常見之溫濕要素。

二、人體內之代謝熱可藉由傳導、對流、蒸發和輻射與環境進行熱交換。

（一）對流之熱交換：

正常穿著者：$C = 7.0V_a^{0.6}(t_a - t_{sk})$

半　裸　者：$C = (7.0 / 0.6)V_a^{0.6}(t_a - t_{sk})$

C：傳導對流熱交換率 (kcal/hr)

V_a：空氣流動速度 (m/s)

t_a：空氣溫度

t_{sk}：皮膚平均溫度

（二）蒸發之熱交換：

正常穿著者：$E_{max} = 14V_a^{0.6}(P_{sk} - P_a)$

半　裸　者：$E_{max} = (14 / 0.6)V_a^{0.6}(P_{sk} - P_a)$

E_{max}：最大蒸發熱交換率 (kcal/hr)

V_a：空氣流動速度 (m/s)

P_{sk}：濕潤皮膚飽和水蒸氣壓 (Hg)

P_a：大氣水蒸氣壓

（三）輻射熱交換率：

正常穿著者：$R = 6.6(t_r - t_{sk})$

半　裸　者：$R = (6.6/0.6)(t_r - t_{sk})$

R：輻射熱交換率 (kcal/hr)

t_r：周圍輻射溫度 (℃)

三、有效溫度 (ET)

有效溫度 (effective temperature，ET) 主要是將空氣溫度、溼度及風速三者結合考量，提供提供特定環境下之熱暴露感覺指標。定義為於某氣溫、濕度、氣動條件下，勞工穿著長襯衫、長褲、坐姿，且為輕工作時之熱感覺，與氣動為零、相對溼度為 100% 狀況下對應溫度相同，即為該環境之有效溫度。有效溫度未考慮輻射熱。

四、修正有效溫度 (CET)

修正有效溫度 (CET) 係將有效溫度加上輻射熱之考慮修正，以黑球溫度替代乾球溫度，以虛擬濕球溫度代替濕球溫度而得之修正有效溫度。

此方法無法考慮衣著條件與代謝率，對高濕場所之溼度影響有高估之傾向，對低氣動場所則有低估之傾向。整體而言，該指標對熱危害是高估的。

五、綜合溫度熱指數 (WBGT)：WBGT 的單位以℃表示。

(一) 在有日曬情形：$WBGT = 0.7T_{nwb} + 0.2T_g + 0.1T_a$

(二) 在無日曬情形：$WBGT = 0.7T_{nwb} + 0.3T_g$

六、熱衰竭而休克之患者，待其清醒時，應給予淡鹽水。

七、高溫灼熱物體所傳遞出之輻射熱與其物體表面之絕對溫度四次方成正比。

正常穿著的勞工，其人體與環境間之傳導對流熱交換率與風速的 0.6 次方成正比。

八、供給高溫作業勞工之飲用水以含 0.1% 食鹽約 15℃之涼飲用水為最佳；高溫作業勞工休息區之溫度，建議不宜低於 24℃。

九、熱痙攣主要原因為出汗過多致電解質不足。

十、風寒指數係用以評估冷環境危害之指數。血管收縮屬人體受冷時，正常體溫調節動作。

十一、低溫的危害會使感覺遲鈍而導致災害，引起凍瘡及體溫過低而死亡。

十二、依 ISO 7243 建議，休息時之代謝率為 100 kcal/hr 以下。

十三、當空氣溫度大於體表溫度時，如果要進行熱危害工程改善，控制傳導對流熱交換率 (C) 之有效對策有：①降低流經皮膚之風速；②降低空氣溫度；③局部冷卻；減少衣著量不是控制傳導對流熱交換率的有效對策。

十四、染整作業場所係屬於濕熱作業場所。

十五、對於熱衰竭危害：①與血液供輸量有關；②好發於末適量補充鹽分者；③好發於末補充適量水分者；④好發於末適應者。

十六、熱危害改善工程對策中，控制輻射熱 (R) 之有效對策有：①設置熱屏障；②設置隔熱牆；③設置反射簾幕。

十七、估算身體產生熱量多寡時，綜合溫度熱指數不予考量。

十八、高溫作業勞工特殊體格檢查項目與特殊健康檢查項目完全相同。

十九、①材料之反射輻射熱能力；②材料絕熱之性能；③內部散熱之能力，為熱防護衣應考慮具備之特性。

二十、有效溫度 (Effective Temperature, ET) 可作為空調設計，衡量空調舒適程度之指標。

二十一、乾球溫度為 30.0℃，濕球溫度為 27.0℃及風速為 1.0m/s 與乾、濕球溫度均為 27.0℃，風速為 0.0m/s 之皮膚熱感覺相同。

第 32 章
具有特殊危害作業相關法規

一、異常氣壓作業包括高壓室內作業及於水深超過 10 公尺之水中實施之作業。

二、高壓室內作業：指沉箱施工法或壓氣潛盾施工法及其他壓氣施工法中，於表壓力超過大氣壓之作業室或豎管內部實施之作業；常見種類包括捷運或污水下水道壓氣潛盾工法及營造壓氣工法等作業。

三、依法令規定，為因應急救之需要及避免氧氣中毒，異常氣壓作業勞工應接受耐氧試驗，該試驗係針對該勞工在壓力為每平方公分 1.8 公斤以上，使其呼吸純氧 30 分鐘。

四、雇主實施潛水作業所需供氣，不得使用純氧。潛水伕病 (潛涵症) 是由於溶解於血液之氮氣被釋放出來所造成。對於潛水人員，(空氣瓶中) 多以氦氣代替氮氣作為氧氣之稀釋劑的原因是由於氦氣比氮氣不易在血液中形成氣泡造成危害。

五、依法令規定，雇主在氣閘室對高壓室內作業勞工實施加壓或減壓時，其加壓或減壓速率均應維持每分鐘在每平方公分 0.8 公斤以下。

六、使用水面供氣之潛水作業，其緊急備用儲氣槽內空氣壓力應經常維持在最深潛水深度時壓力之 1.5 倍以上。

七、依異常氣壓危害預防標準規定，雇主使勞工從事高壓室內作業，勞工於氣閘室接受加、減壓時，每一勞工占有之氣積應在 0.6 立方公尺以上。雇主使勞工於高壓室內作業時，其每一勞工占有之氣積應在 4 立方公尺以上。

八、異常氣壓之輸氣設備為法令規定應實施重點檢查之設備；異常氣壓之再壓室應每月定期自動檢查一次；異常氣壓之輸氣設備停用一個月以上，擬再度使用時，應實施重點檢查。

九、使用水面供氣之潛水作業，其緊急備用儲氣槽內空氣壓力，應經常維持在最深潛水深度時壓力之 1.5 倍以上。

十、依異常氣壓危害預防標準規定，潛水作業是指對使用潛水器具之水肺或水面供氣設備等，於水深超過 10 公尺之水中實施之作業。

十一、依高架作業勞工保護措施標準規定，所稱高架作業，係指雇主使勞工從事之作業，已依規定設置平台、護欄等設備，並採取防止墜落之必要安全措施，其高度在 5 公尺以上。

十二、依高架作業勞工保護措施標準規定，雇主使勞工從事高度在 4 公尺之高架作業時，每連續作業 2 小時，應給予作業勞工 20 分鐘休息時間。

十三、依高架作業勞工保護措施標準規定，雇主使勞工從事高架作業時，應減少工作時間。高架作業高度在 30 公尺者每連續作業 2 小時，應給予作業勞工 35 分鐘休息時間。

十四、依高架作業勞工保護措施標準規定，所稱高架作業，係指露天作業場所，自勞工站立位置，半徑 3 公尺範圍內最低點之地面或水面起至勞工立足點平面間之垂直距離。

十五、依高溫作業勞工作息時間標準規定，於走動中提舉或推動一般重量物體者，係屬中度工作。

十六、用以計算 WBGT(室外有日曬) 的公式為：

$$WBGT = 0.7(WBT) + 0.2(GBT) + 0.1(DBT)$$

(WBT：自然濕球溫度，GBT：黑球溫度，DBT：乾球溫度)。

十七、依高溫作業勞工作息時間標準規定，黑球溫度代表輻射熱之效應。

十八、依高溫作業勞工作息時間標準規定，勞工於工作時須接近黑球溫度達多少 50 ℃以上高溫灼熱物體者，雇主應供給身體熱防護設備並使勞工確實使用。

十九、依高溫作業勞工作息時間標準規定，暴露時量平均綜合溫度熱指數值達 32℃，則其分配作業及休息時間為：25% 休息、75% 作業。

二十、依精密作業勞工視機能保護設施標準規定，所稱精密作業係指勞工從事特殊凝視作業，且每日凝視作業時間合計在 2 小時以上者。

二十一、依精密作業勞工視機能保護設施標準規定，雇主使勞工從事精密作業時，其工作台面照明與其半徑 1 公尺以內接鄰地區照明之比率不得低於 1/5。

二十二、依精密作業勞工視機能保護設施標準規定，雇主使勞工從事精密作業時，應縮短工作時間，於連續作業 2 小時，給予作業勞工至少 <u>15</u> 分鐘之休息。

二十三、依重體力勞動作業勞工保護措施標準規定，所定重體力勞動作業，指以人力搬運或揹負重量在 <u>40</u> 公斤以上物體之作業。

二十四、依高架作業勞工保護措施標準規定，勞工有下列情事之一者，雇主不得使其從事高架作業：①酒醉或有酒醉之虞者；②身體虛弱，經醫師診斷認為身體狀況不良者；③情緒不穩定，有安全顧慮者；④勞工自覺不適從事工作者；⑤其他經主管人員認定者。

二十五、依高溫作業勞工作息時間標準，有下列重要規定：①勞工於操作中須接近黑球溫度 50 度以上高溫灼熱物體者，應供給身體熱防護設備；②重工作，指鏟、推等全身運動之工作者；③依該標準降低工作時間之勞工，其原有工資不得減少；④戶外有日曬情形者，綜合溫度熱指數 = 0.7 ×（自然濕球溫度）+ 0.3 ×（黑球溫度）。

二十六、下列作業係屬高溫作業勞工作息時間標準規定之作業：①鑄造間處理熔融鋼鐵或其他金屬之作業；②灼熱鋼鐵或其他金屬塊壓軋及鍛造之作業；③於蒸汽火車、輪船機房從事之作業；而烈陽下營造工程作業則非屬高溫作業。

二十七、下列作業係屬重體力勞動作業勞工保護措施標準規定之重體力勞動作業：①以動力手工具從事鑽岩作業；②以 <u>4.5</u> 公斤之鎚從事敲擊作業；③人力搬運重量在 <u>40</u> 公斤物體之作業；④站立以金屬棒從事熔融金屬熔液之攪拌作業。

二十八、下列作業係屬精密作業勞工視機能保護設施標準規定之精密作業：①電腦或電視影像顯示器之調整；②紡織之穿針；③以放大鏡或顯微鏡從事組織培養；而於終端機螢幕上檢查晶圓良劣則非屬精密作業。

二十九、閉氣潛水中較可能面臨到的問題：①低血氧；②二氧化碳滯積；③腔室及肺部受擠壓。

三十、　下列因子可能增加潛涵症的發生率：①睡眠不足；②潛水前多喝酒；③肥胖。

第 33 章
缺氧危害預防

一、依缺氧症預防規則規定，缺氧係指空氣中氧氣含量未滿 18%。

二、嗅覺之麻痺：硫化氫濃度在 20~30ppm 時，會引起鼻腔內嗅覺神經的疲勞，故濃度增大時也無法感覺其增加程度；當濃度增至 100~200ppm 時，嗅覺神經會麻痺，硫化氫不快的味道反而減輕，人體無法經由嗅覺警覺而逃避。

三、隧道開挖作業時，除應注意瓦斯突出外，亦應預防缺氧事故及硫化氫中毒之發生。

　　進行液態氮鋼瓶充填作業之地下室，若外洩之氮氣充滿地下室，當勞工進入時易發生缺氧窒息災害。

四、雇主使勞工從事缺氧危險作業時，不可用純氧實施換氣。

五、進入局限空間作業前，必須確認氧濃度在 18%以上及硫化氫濃度在多少 10 ppm 以下，才可使勞工進入工作。

六、空氣中氧氣低於 6% 時，其氧氣的分壓即在 60mmHg 以下處於此狀況時，勞工在 5~7 分鐘內即可能因缺氧而死亡。

七、缺氧危險場所之氧氣濃度測定紀錄，應保存 3 年。

八、硫化氫為可燃性氣體、無色，具有腐卵臭味。

九、依缺氧症預防規則規定，有關缺氧作業主管應監督事項包括：①決定作業方法並指揮勞工作業；②確認作業場所空氣中氧氣、硫化氫濃度；③監督勞工對防護器具之使用狀況。

十、職業安全衛生設施規則所稱局限空間認定之條件：①非供勞工在其內部從事經常性作業；②勞工進出方法受限制；③無法以自然通風來維持充分、清淨空氣之空間。

十一、職業安全衛生設施規則規定，局限空間從事作業應公告之事項包括：①作業有可能引起缺氧等危害時，應經許可始得進入之重要性；②進入該場所時應採取之措施；③事故發生時之緊急措施及緊急聯絡方式。

十二、進入缺氧危險場所，因作業性質上不能實施換氣時，宜使勞工確實戴用供氣式呼吸防護具。

十三、缺氧作業主管應隨時確認有缺氧危險作業場所空氣中氧氣之濃度，包括：①當日作業開始前；②所有勞工離開作業場所再次開始作業前；③勞工身體或換氣裝置有異常時。

十四、有關缺氧危險作業場所之防護具不可使用防毒口罩為呼吸防護具。

十五、空間狹小之缺氧危險作業場所，不宜使用自攜式呼吸防護具。

十六、攪拌大型醬料醃製槽時，易發生缺氧、墜落等危害。

十七、①使用乾冰從事冷凍、冷藏之冷凍庫、冷凍貨櫃內部；②紙漿廢液儲槽內部；③穀物、麵粉儲存槽內部等場所可能有缺氧危險。

十八、進行液態氮鋼瓶充填作業之地下室，若外洩之氮氣充滿地下室，當勞工進入時易發生缺氧窒息之災害。

十九、入槽作業前應採取之措施，常包含：①採取適當之機械通風；②測定氧氣濃度；③測定危害物之濃度並瞭解爆炸上下限。

第 34 章
採光與照明

一、在照明對作業的影響探討中，事實上幫助視覺的是亮度。

二、作業環境照明的設計要點，包含：①適當的照度；②減少眩光；③均勻的輝度分布。

三、光通量 (或稱光束) 定義為某一光源所發出的總光量，其單位為流明 (lumen)，簡稱 Lm。

四、室內照明：①房間全般的照度分布，應以地板上 80 公分左右桌面高度之水平面為準；②維護係數 (Maintenance Factor) 為時間衰減及積塵減光之比率；③光體老化為光源在使用中逐漸降低光束；④減光補償率之倒數為維護係數。

五、關於照明率 (Utilization Factor)：①到達工作面的流明數與燈具所發出的流明數之比值；②與燈具形式、透光率、配光等因素有關；③包含室指數及各表面反射率之變異；④可稱為利用係數。

六、對於採光與照明：①若兩光源的光度相同，則其發光面積大者輝度小；②求照度之均勻，在燈具下方之最大照度與兩燈具間之最低照度的比以 3：1 最為理想；③眩光是視野內任何具有引起不適、討厭、疲倦或干擾視覺的輝度；④常用於工廠的精密作業或光學實驗光源，且具有透過濃霧的能力，而用於街道、高速公路者為鈉氣燈。

七、對於作業環境照明設計：①儘可能減少眩光、均勻的輝度分布；②適度的陰影、適當的光色；③輝度與發光面積成反比，與光源之光度成正比；④具有適當且符合作業場所需求之照度。

八、對於採光與照明：①明視力時人眼最敏感波長為 550nm (綠光)；暗視力時最敏感波長為 500nm (藍綠光)；②視線附近有高輝度光源，使眼睛暈眩看不到東西稱失能眩光；③受光面上單位面積所接受的光通量稱為照度；④若兩光源的光度相同，則其發光面積大者輝度小。

九、雇主對於勞工工作場所之採光照明：①燈盞裝置應採用玻璃燈罩及日光燈為原則；②對於高度 2 公尺以上之勞工作業場所，照明設備應保持其適當照明，遇有損壞，應即修復；③僱用勞工從事精密作業時，其作業檯面局部照度不得低於 1,000 米燭光；④各工作場所之窗面面積比率不得小於室內地面面積的 1/10。

十、有關色溫：①以物體的溫度表示光色；②愈高的色溫帶愈多藍色；③單位為絕對溫度 (K)；④愈低的色溫帶愈多紅色。

十一、有關採光與照明：①被照面所反射的亮度與照射在被照面上的照度之比為反射比；②亮度單位為 cd/m^2；③發光面、反射面、透過面皆可定義為某面上某點光束發散度；④輝度單位為 cd/m^2 或 Nit。

第 35 章
非游離輻射

一、輻射 (radiation) 是能量的一種形式，它可分成游離輻射及非游離輻射兩大類。輻射的能量高至足以使物質起游離作用者稱之為游離輻射，不能引發游離作用的輻射則稱之為非游離輻射，其界限為 10 電子伏特 (eV)。

二、非游離輻射為電磁波 (Electromagnetic Wave) 型的輻射，包括有紫外線、可見光、紅外線、微波、無線電波和雷射 (Laser) 等。

三、非游離輻射的防護
就防範來自身體外面的電磁輻射來說，通常採取的措施是善用「時間、距離、和屏蔽」三個原則。在時間方面，接觸輻射的時間越短，所受的輻射劑量也越少。在距離方面，輻射強度是和離射源 (Source) 之距離的平方成反比。至於屏蔽是在射源與工作人身體之間，選用適當的材料，來遮擋或吸收部份放射線，讓照到我們身體放射線的能量和數量都能減少。

四、光游離偵檢器激發分子的能量範圍是在紫外光之波長範圍。

五、微波爐的使用頻率常為 2,450MHz。

六、紅外線會導致白內障、中暑、溫熱性紅斑。如吹玻璃工人白內障通常係因工人暴露於紅外線所導致。

七、紫外線會導致結膜炎、角膜炎、雪眼炎、電氣性眼炎、紫外線紅斑。

八、對雷射光線不可使用普通的遮光防護具，應使用雷射光線用防護眼鏡，以防眼睛受到傷害。

九、波長介於 760~1,400 nm 間之射頻波 IRA(又稱近紅外線)。

十、波長 440~500(nm) 之射頻波較易引起視網膜傷害。

十一、對於『非游離輻射』：①非游離輻射包括紫外線、紅外線、可見光；②非游離輻射不會造成受暴露物質的組成原子產生游離效應；③非游離輻射不包含 X 射線；④非游離輻射包括非常低頻電磁場。

十二、對於『輻射』：①非游離輻射包括紫外線、紅外線、可見光、非常低頻及極低頻電磁場；②紫外線由波長範圍大小，區分為三種紫外線，其中 UVB(中紫外線波長範圍為 280 nm~315 nm，可穿透空氣和石英，但無法穿透玻璃；③據估計，當臭氧減少 10% 時，將使波長小於 300 nm 的紫外線到達地球的量增加一倍，但對於 UVA 波段的紫外線，並沒有顯著影響；④國際輻射保護協會 (IRPA) 認為日光燈照明不是黑色素皮膚癌 (melanoma skin cancer) 的成因。

十三、對於『紫外線』：①紫外線測量單位：光度 (irradiance)，依國際標準單位 (SI units) 為瓦特 / 平方公尺 (W/m^2) 或微瓦特 / 平方公分 (mW/cm^2)；②大多數的物質並不反射 UV，人為的 UV 反射面包含不光亮的鋁、淺色的水泥人行道等；③在 UVB 產生日曬灼傷的有效性研究上發現，波長 300 nm 的紫外線在上午 9 時和下午 3 時的太陽光度，相對於正午而言減低 10 倍；④使用 UVA 燈泡進行人工日照曬黑，可能使全身性紅斑性狼瘡惡化及造成皮膚炎。

十四、對於『非游離輻射』：①等級 IIIA 的雷射會造成急性或慢性視覺危害，其危害程度依光度而定通常指可見光雷射功率小於 5mW；②當紅外線造成皮膚溫度升高至 45℃ 時，會到達皮膚疼痛閾值；③在可見光和紅外光範圍的雷射 (波長 400~1,400 nm 進入眼睛後會聚焦在視網膜上，會導致視網膜熱燒傷；④紅外線對眼睛的穿透和波長有關係，在 800~1,200 nm 波長的紅外線大約有 50% 穿透到眼睛的深層組織。

十五、對於『非游離輻射』：①最大容許暴露值 (maximum permissible limit, MPE)，為對於雷射暴露者的眼睛和或皮膚不會造成任何危害或生物效應和變化的最大容許雷射光度；②等級 IV 為高功率雷射 (連續波：500 mW，脈衝式：$10 J/cm^2$)，具有潛在性火災危害；③電場很容易被金屬的外殼、鋼筋混凝土的建築物隔絕；④三相輸電的電力線較單相電力線產生的磁場會小得多。

十六、磁場暴露的相關因素，包含：①磁場強度；②暴露時間；③時間點；④頻率；⑤間歇；⑥強度變化；⑦平均強度。

十七、對於『電磁場』：①暴露於電磁場之結果為在人體產生弱電流，但遠低於腦、神經及心臟所產生；②靜止的電荷產生電場，移動的電荷產生磁場；③電磁場源於電的流動，最常見的電磁場來源是電線；④電力場 (Electric Field) 主要由電壓產生，單位為 V/m。

第 36 章
游離輻射

一、依其型態的不同可區分為微粒子型的游離輻射及電磁波型的游離輻射兩大類。

二、微粒子型的游離輻射主要有 α 粒子、β 粒子以及中子等三種：

（一）α 粒子相當於氦元素的原子核，具有很強的游離能力，體內受污染時，它可在局部區域造成極大的傷害。雖然如此，它對物質的穿透能力卻極差，一張厚紙即可將之擋住。

（二）β 粒子其實就是電子，只不過它是由原子核衰變所產生。運動速度較 α 粒子快，穿透力較佳，但使物質游離的能力則較差。

（三）中子 (neutron) 為不帶電的微粒子，中子具有很強的穿透力，但使物質直接游離的作用並不高，它對物質的作用主要是靠二次游離，即中子可與物質作用使之產生游離輻射繼續再與物質起作用。

三、電磁波型的游離輻射包括 X 射線及 γ 射線兩種，此兩種射線均具有光的性質，都是短波長高能量的電磁波，而且都具有對物質的高穿透力。

四、游離輻射中以 γ 射線之穿透力最強。

五、β 粒子帶有一單位的負電荷，質量輕、運動速度較 α 粒子快，穿透力也較佳。

六、鍶若進入循環系統，最終會蓄積於人體之骨骼。

七、游離輻射度量使用的單位

（一）活度

一放射性核種於每單位時間內發生自發性蛻變的次數，稱為活度，單位『貝克，Bq』。活度的舊制單位是居里 (Curie, Ci)，新的國際單位則為 3.7×10^{10} 貝克 (Bq)，即 1 居里 ＝ 3.7×10^{10} 貝克。

（二）吸收劑量 (absorbed dose)

吸收劑量的舊制單位為雷得，一雷得是指每克的物質吸收了 100 爾格的能量。吸收劑量新的國際單位為格雷；一格雷是指一公斤的物質吸收了一焦耳的能量。

（三）等效劑量：為人體組織的吸收劑量和射質因數的乘積，含有輻射對組織器官傷害的意義，單位為『西弗』

（四）等價劑量：指器官劑量與對應輻射加權因數乘積之和，其單位為西弗。

（五）有效劑量：指人體中受曝露之各組織或器官之等價劑量與各該組織或器官之組織加權因數乘積之和，其單位為西弗。

八、通常一工人，若不知其過去之輻射暴露，其全身一年暴露於游離輻射最高容許之劑量為 5 侖目 (rems)。

九、較低能量射線光子撞擊物質原子並被吸收致該物質電子脫離原子軌道而成游離電子稱為光電效應。

十、光子 / 電子的能量大於 34 eV，可將中性原子游離成離子對，此種輻射稱為游離輻射，對生物體有直接的危害。(使空氣游離產生一對離子，約需 34 eV 能量)

十一、對於『輻射』：①屏蔽游離輻射物質的密度愈大，屏蔽效果愈好；②等效劑量為人體組織的吸收劑量和射質因數的乘積，含有輻射對組織器官傷害的意義單位『西弗』；③阿伐粒子就是氦核，含 2 個質子和 2 個中子；④一放射性核種於每單位時間內發生自發性蛻變的次數，稱為活度單位『貝克，Bq』。

十二、對於『輻射防護』：①接受曝露的時間要儘可能縮短，所以事先要瞭解狀況並做好準備，熟練操作程序；②要遠離射源，輻射的強度與距離的平方成正比關係，距離加倍，輻射強度減低四倍；③利用鉛板、鋼板或水泥牆可擋住輻射或減低輻射強度，保護人員的安全；④避免食入、減少吸入、加強除污的工作、避免在污染地區逗留。

十三、對於『光子屏蔽』：①鉛的密度比水大，故光子能夠穿透鉛的數目遠比水少，因此鉛的屏蔽效果比水好②鉛、鐵、混凝土等是良好的屏蔽材料；③屏蔽物質的原子序愈大，屏蔽效果愈好。

十四、下列為常見的天然輻射源：①太空的宇宙射線為天然存在的輻射；②地殼土壤及建築材料中含天然放射性核種鈾 238、釷 232；③食物中所含的鉀 40；④空氣中的氡 222 和它的子核種。

十五、對於『輻射』：①輻射是一種能量，以波動或高速粒子的形態傳送；②游離輻射為指能量高能使物質產生游離作用的輻射；③非游離輻射是指能量低無法產生游離的輻射，例如太陽光、燈光、紅外線、微波、無線電波、雷達波等；④一般所謂輻射或放射線，都指游離輻射而言。

十六、對於『X 射線』：①高能軌道電子跳回低能軌道時會產生特性 X 射線；②當高速電子撞擊重原子核時 (例如鎢元素) 就會產生連續 X 射線；③可應用在金屬元素的定性、定量分析工作；④含有質量數相同，但具有不同的中子數目，皆為該元素產生 X 光之方法。

十七、下列皆為放射性同位素：①氚 (^{3}H)；②碳 14(^{14}C)；③鈷 60(^{60}Co)；④鉀 40(^{40}K)。

第 37 章
人因工程學

一、人體計測常用術語中，表示身體或四肢矢狀面前後測定點之間直線距離之量度，稱之為深 (depth)。圍度指環繞身體部位之封閉環狀圈曲線之距離。

二、當物體之位置不在雙眼所形成 60 度之錐體時，就需要用到頸部之肌肉以轉動頭部。

三、當人們必須維持其施力一段不短的時間，其大小應遠低於其最大肌力以下。

四、假設 26 個英文字母出現的機率相同，依據資訊理論，每一個英文字母所傳輸的訊息量為 $\log_2 26$。

五、依據資訊理論，當所有的刺激 (資訊) 出現的機率均相等時，所傳送的訊息量最大。

六、人類對於暗適應 (dark adaptation) 所需時間較亮適應 (light adaptation) 的時間來得長許多。

七、扳機指 (trigger finger) 主要是反覆過度使用具有類似扳機開關的手工具，食指呈現不自主屈曲，無法主動伸展。

八、設計之參考原則有極端設計、可調設計和平均設計。

九、假若某一族群的男性身高在第 5 百分位數為 158.8 公分，那麼有 5%的男士其身高矮於 158.8 公分。

十、人類接收外界訊息時，使用最多的知覺輸入為視覺。

十一、肌電圖所測量的為肌肉活動產生之化學電位差。身體局部肌肉活動之量度採肌電圖 (EMG) 的方式衡量最精確。

十二、決定抬舉作業的重要屬性有：物件的重心、抬舉前物件的高度、抬舉的垂直位移等；與物件之材質無關。

十三、人工搬運時，對於既重且小的物品應採蹲踞式，如此對於背部的壓迫較小。

十四、在自動系統中，<u>維護工作</u>所需人力最多。

十五、人工抬舉設定二風險水準、活動極限 (AL) 及最大容許極限 (MPL)，AL 與 MPL 之關係為 <u>MPL = 3AL</u>。

十六、演奏者純靠直覺游動手指彈奏樂器，這是屬於人類感覺系統中的<u>運動覺</u>。

十七、電腦主機後端之各類型插座均以不同型式設計，係屬防誤 (防呆) 設計之防止人為失誤的措施。

十八、某員工使用新機器，出於此機器之控制裝置與舊機器之控制裝置未有標準化設計，致發生錯誤，可歸因於人為失誤中之<u>取代失誤</u>。

十九、<u>提供適當的休息時間</u>可提高持續性注意作業績效。

二十、有關「遲延寬放」：①政策寬放 (policy allowance) <u>不適用</u>於每位員工；②工人更換工具或設備等應列入；③填寫工作表單造成之遲延應列入；④可避免之遲延不應列入。

二十一、人機溝通時，常常需要使用到手部或指尖的觸覺來接收回饋的訊息：①測量觸覺敏銳度的常用方法是度量「兩點閾值」；②兩點閾值是指能夠判別兩個觸壓點為分離狀態的最小距離；③指尖的觸覺敏銳度比手掌高；④觸覺敏銳度隨著溫度下降而減弱。

二十二、使用手指環繞放在桌上的原子筆是屬於<u>握取</u>的動作。

二十三、身體局部肌肉活動之量度採<u>肌電圖 (EMG)</u> 的方式衡量最精確。

二十四、<u>聽覺</u>警示訊號是無方向性的，且人對於此種訊號的反應時間最短。

二十五、在方法時間衡量 (MTM) 系統中，影響搬運時間的因素除了搬運距離和重量等條件外，還應考慮<u>動作之形態</u>因素。

二十六、顏色管理常被運用於倉儲檢貨作業中，不同分類貨品會使用不同顏色，讓作業人員在挑貨時反應較快，目的是在提高符碼 (codes) 的<u>可分辨度</u>特性。

二十七、某廠牌手機控制音量的裝置，是設計在手機左方的兩個小按鈕。當使用者想要音量增大時，就按手機左方有▲符號的按鈕；想要音量降低時則按手機左方有▼符號的按鈕。設計該款手機的人並沒有運用到<u>模式相容 (modality compatibility)</u> 的概念。

二十八、因為工作設計不良所造成的重複性傷害：①會造成骨骼肌肉系統的不適；②主要影響因素為姿勢、施力、作業頻率、休息時間；③常由輕微傷害慢慢累積而形成；④高溫及低溫環境亦有影響。

二十九、視覺顯示器相對於聽覺顯示器較具優勢的場合為：①訊息內容比較抽象或與空間、位置、方向有關；②不需要口頭的反應時。

第 38 章
危害性化學品標示及通識規則

一、危害通識之理念為雇主有告知之責任，勞工有知的權利，因此在危害性化學品與勞工之間建立一套制度，使物質之危害資訊有被勞工認識的機會，而可以提高其安全操作性，預防職業災害之發生。使勞工認知危險物及有害物之標示與必要安全衛生注意事項，以促使其遵守安全衛生操作程序，預防職業災害之發生，通稱為危害通識制度。

二、下列物品不適用危害性化學品標示及通識規則：

(一) 有害事業廢棄物。

(二) 菸草或菸草製品。

(三) 食品、飲料、藥物、化粧品。

(四) 製成品。

(五) 非工業用途之一般民生消費商品。

(六) 滅火器。

(七) 在反應槽或製程中正進行化學反應之中間產物。

範例：

下列何者適用危害性化學品標示及通識規則之規定？①有害事業廢棄物②裝有危害性化學品之輸送裝置③菸草或菸草製品④製成品。

答 ②

製成品係指在製造過程中，已形成特定形狀之物品或依特定設計之物品，其最終用途全部或部分決定於該特定形狀或設計，且在正常使用狀況下不會釋出危險物質。

(一) 有關危害性化學品容器標示，其內容應包含名稱、危害成分、警示語、危害警告訊息及危害防範措施。

(二) 裝有同一種危害性化學品之數個容器，置放於同一處所，雇主得以公告板代替容器標示。

(三) 容器容積在一百毫升以下者，得僅標示危害性化學品名稱及圖示。

三、裝有危害性化學品之容器應標示主要成分，如為混合物者，係指所含之危害性化學品成分濃度重量百分比在<u>百分之一</u>以上，且佔前三位者。

四、標示之圖示形狀為<u>直立四十五度角之正方形</u>，其最小尺寸為邊長十公分，但於小型容器上標示時，得依比例縮小至能辨識清楚為度；標示之文字以中文為主，必要時輔以外文。

五、雇主對裝危害性化學品之容器，應依規定之分類及危害圖式，明顯標示；所謂容器：指任何袋、筒、瓶、箱、罐、桶、反應器、儲槽、管路及其他可盛裝危害性化學品者。但不包含交通工具內之引擎、燃料槽或其他操作系統。

　範例：

　下列裝有危害性化學品之容器，何者不適用危害性化學品標示及通識規則之規定？　①袋　②筒　③汽機車燃料箱　④化學儲槽。

　 ③

六、雇主為維護國家安全或商業機密之必要可保留危害性化學品成分之名稱、含量或製造商、供應商名稱，<u>惟應經勞動檢查機構轉報中央主管機關核定</u>。

七、製造者、輸入者、供應者或雇主，應依實際狀況檢討安全資料表內容之正確性，<u>適時更新</u>，並<u>至少每三年檢討一次</u>。安全資料表 (SDS) 依規定應由<u>運作者</u>製備。

八、事業單位應對危害性化學品之製造、處置或使用之勞工，於實施一般安全衛生教育訓練 3 小時外，<u>應增加危害性化學品通識教育訓練至少 3</u> 小時。

九、依危害性化學品標示及通識規則規定，安全資料表應包含 16 大項；安全資料表中，混合物之成份辨識資料，不涵蓋容許濃度。

十、違反危害性化學品標示及通識規則之規定，經通知限期改善而不如期改善者，可能遭受新台幣三萬元以上三十萬元以下罰鍰。

十一、危害通識制度之五大工作包括：危害通識計畫書、危害性化學品清單、標示、安全資料表及勞工教育訓練。

十二、含有二種危害性化學品之混合物，如其主成分、用途及危害性相同而濃度不同時，可使用同一份安全資料表。

十三、製備危害性化學品清單之目的為瞭解事業單位危害性化學品之種類、場所、數量、使用及<u>貯存</u>資料。

十四、裝有危害性化學品之反應槽、儲槽等，得以公告板代替容器標示，但有安全資料表者，得免標示製造廠商或供應商之名稱、地址及電話號碼。

十五、危害性化學品為混合物時，(1) 危害性化學品主要成分濃度重量百分比在百分之一以上者，應列出其化學名稱；(2) 混合物已作整體測試者，依整體測試結果，判定危害性；(3) 混合物未作整體測試者，其健康危害性，除具有科學資料佐證外，視同具各該成分之健康危害性。

十六、雇主對裝有危害性化學品之內部容器已設標示者，其外部容器得僅依運輸相關法規標示。

十七、

(一) 所謂危險物，係指爆炸性物質、著火性物質、氧化性物質、易燃液體、可燃性氣體等。

範例：

下列何種物質是危害性化學品標示及通識規則中指定之危險物？ ①致癌物質 ②毒性物質 ③氧化性物質 ④腐蝕性物質。

答 ③

(二) 所謂有害物，係指致癌物、毒性物質、劇毒物質、生殖系統致毒物、刺激物、腐蝕性物質、致敏感物、肝臟致毒物、神經系統致毒物、腎臟致毒物、造血系統致毒物及其他造成肺部、皮膚、眼、黏膜危害之物質，經中央主管機關指定者。例：一氧化碳為危害性化學品標示及通識規則中所稱之有害物。

十八、危害性化學品之危害圖式 (GHS)

氣體鋼瓶	火焰	炸彈爆炸
加壓氣體	易燃氣體；易燃氣膠 易燃液體；易燃固體 自反應物質；發火性液體 發火性固體；自熱物質 禁水性物質；有機過氧化物	爆炸物 自反應物質 A 型及 B 型 有機過氧化物 A 型及 B 型
圓圈上一團火焰	健康危害	驚嘆號
氧化性氣體 氧化性液體 氧化性固體	呼吸道過敏物質 生殖細胞致突變性物質 致癌物質 生殖毒性物質 特定標的器官系統毒性物質～單一暴露 第 1 級～第 2 級； 特定標的器官系統毒性物質～重複暴露； 吸入性危害性化學品	急毒性物質第 4 級 腐蝕 / 刺激皮膚物質第 2 級 嚴重損害 / 刺激眼睛物質第 2 級； 皮膚過敏物質 特定標的器官系統毒性物質～單一暴露 第 3 級
環境	腐蝕	骷髏與兩根交叉骨
水環境之危害性 化學品	金屬腐蝕物 腐蝕 / 刺激皮膚物質第 1 級 嚴重損害 / 刺激眼睛物質第 1 級	急毒性物質第 1 級　第 3 級

雇主對裝有危害性化學品之容器，應依規定之分類及危害圖式，明顯標示；標示之危害圖式形狀為直立四十五度角之正方形，其大小需能辨識清楚。<u>圖式符號應使用黑色，背景為白色，圖式之紅框有足夠警示作用之寬度。</u>

範例：

依危害性化學品標示及通識規則規定，易燃氣體標示之圖式，其符號之顏色為何？ ①黃色 ②綠色 ③黑色 ④藍色。

答 ③

範例：

依危害性化學品標示及通識規則規定，致癌物標示之圖式， 其背景為何種顏色？ ①紅色 ②黃色 ③藍色 ④白色。

答 ④

十九、依危害性化學品標示及通識規則規定：

(一)除不穩定爆炸物外，在危害物質之分類中，將爆炸物分成 6 組。

(二)致癌物質分為 2 級。

(三)易燃氣體及易燃氣膠分為 2 級。

二十、依化學品全球分類及標示調和制度 (GHS) 之定義，發火性液體 (pyrophoric liquid) 指少量也能在與空氣接觸後 5 分鐘之內引燃的液體。易燃液體係指閃火點未滿攝氏 65 度之物質。

第 3 單元 術科考試重點整理

第 1 章
職業安全衛生法規

一、依勞動基準法之定義：

(一)勞工：謂受雇主僱用從事工作獲致工資者。

(二)雇主：謂僱用勞工之事業主、事業經營之負責人或代表事業主處理有關勞工事務之人。

二、依勞動檢查法施行細則，重大職業災害係指下列職業災害之一：

(一)發生死亡災害者。

(二)發生災害之罹災人數在三人以上者。

(三)氨、氯、氟化氫、光氣、硫化氫、二氧化硫等化學物質之洩漏，發生一人以上罹災勞工需住院治療者。

(四)其他經中央主管機關指定公告之災害。

三、勞工發生職業災害後，勞動基準法對勞工職業災害補償之規定：勞工因遭遇職業災害而致死亡、殘廢、傷害或疾病時，雇主應依下列規定予以補償；同一事故，依勞工保險條例或其他法令規定，已由雇主支付費用補償者，雇主得予以抵充之：

(一)受傷或罹患職業病時，雇主應補償其必需之醫療費用。

(二)勞工在醫療中不能工作時，雇主應按其原領工資數額予以補償。

(三)勞工經治療終止後，經指定之醫院診斷，審定其身體遺存殘廢者，雇主應按其平均工資及其殘廢程度，一次給予殘廢補償。

(四)勞工遭遇職業傷害或罹患職業病而死亡時，雇主除給與五個月平均工資之喪葬費外，並應一次給與其遺屬四十個月平均工資之死亡補償。

四、勞工懷疑自己罹患職業病，欲向雇主申請職業災害補償時，勞雇雙方可循下列程序處理：

(一)勞工懷疑罹患職業疾病，應經醫師診斷，取得職業疾病診斷書，得認定為職業疾病。勞工取得職業疾病診斷書，得向雇主提出職業災害補償。

(二)勞雇之一方對於職業疾病認定有異議時，得檢附有關資料向當地主管機關申請認定。

(三)當地主管機關對於職業疾病之認定有困難，或勞雇之一方對當地主管機關之認定結果有異議時，得檢附有關資料，送勞動部職業疾病鑑定委員會鑑定。

(四)經行政院勞動部職業疾病鑑定委員會鑑定之案件，勞資雙方應依鑑定結果處理；如尚有疑義，得循司法途徑提起民事訴訟。

五、職業安全衛生法所稱有立即發生危險之虞之情況包括：

(一)自設備洩漏大量危害性化學品，致有發生爆炸、火災或中毒等危險之虞時。

(二)從事河川工程、河堤、海堤或圍堰等作業，因強風、大雨或地震，致有發生危險之虞時。

(三)從事隧道等營建工程或管溝、沉箱、沉筒、井筒等之開挖作業，因落磐、出水、崩塌或流砂侵入等，致有發生危險之虞時。

(四)於作業場所有易燃液體之蒸氣或可燃性氣體滯留，達爆炸下限值之百分之三十以上，致有發生爆炸、火災危險之虞時。

(五)於儲槽等內部或通風不充分之室內作業場所，致有發生中毒或窒息危險之虞時。

(六)從事缺氧危險作業，致有發生缺氧危險之虞時。

(七)於高度二公尺以上作業，未設置防墜設施及未使勞工使用適當之個人防護具，致有發生墜落危險之虞時。

(八)於道路或鄰接道路從事作業，未採取管制措施及未設置安全防護設施，致有發生危險之虞時。

(九)其他經中央主管機關指定公告有發生危險之虞時之情形。

雇主或工作場所負責人對於工作場所有立即發生危險之虞時，應即令停止作業，並使勞工退避至安全場所，違反規定者，處一年以下有期徒刑、拘役或科或併科新臺幣十八萬元以下罰金。

六、某甲將一部份事業轉包給某乙，甲方及乙方於同一工作場所分別僱用勞工共同作業，乙方勞工於該工作場所發生死亡職業災害時，甲、乙雙方應採取之措施及應負職業安全衛生法所定之責任：

(一)依職業安全衛生法規定，事業單位以其事業招人承攬時，其承攬人就承攬部分負職業安全衛生法所定雇主之責任；原事業單位就職業災害補償仍應與承攬人負連帶責任。

(二)事業單位發生職業災害，雇主應即採取必要之急救、搶救等措施，並會同勞工代表實施調查、分析及做成紀錄。

(三)事業單位發生死亡職業災害時應採取下列措施：

1. 雇主應於八小時內報告檢查機構。

2. 除必要之急救、搶救外，雇主非經司法機關或檢查機構許可，不得移動或破壞現場。

七、雇主對在職勞工應負有下列健康照護責任：

(一)防止勞工過勞、精神壓力及肌肉骨骼相關疾病之危害，強化勞工生理及心理健康之保護，應妥為規劃並採取必要的安全衛生措施。

(二)對有害健康的作業場所，實施作業環境監測；而監測計畫及結果公開揭示，並通報中央主管機關。

(三)強化勞工健康管理，並依健康檢查結果採取健康管理分級措施。

(四)僱用或特約醫護人員辦理健康管理、職業病預防及健康促進等勞工健康保護事項。

(五)對有母性健康危害之虞之工作，採取危害評估、控制及分級管理措施。

(六)對於妊娠中或分娩後未滿一年之女性勞工，應採取適性評估、工作調整或更換等健康保護措施。

(七)少年勞工經醫師評估結果，不能適應原有工作者，應依醫師的建議，變更其作業場所、更換工作或縮短工作時間，並採取健康管理措施。

八、名詞解釋：

(一)工作者：指勞工、自營作業者及其他受工作場所負責人指揮或監督從事勞動之人員。

(二)在職勞工應施行之健康檢查：

(1) 一般健康檢查。

(2) 特殊健康檢查。

(3) 特定對象及特定項目之健康檢查。

(三)特殊健康檢查：指對從事特別危害健康作業之勞工，為發現健康有無異常，以提供適當健康指導、適性配工及實施分級管理等健康管理措施，依其作業危害性，於一定期間或變更其工作時所實施者。

(四)特定對象及特定項目之健康檢查：指對可能為罹患基於疑似職業病及本土流行病學調查之需要，經中央主管機關指定公告，要求其雇主對特定勞工施行必要項目之臨時性檢查。

(五) 具有特殊危害之作業：指高溫作業、異常氣壓作業、高架作業、精密作業、重體力勞動或其他對於勞工具有特殊危害之作業。

(六) 管制性化學品如下：

(1) 第二十條之優先管理化學品中，經中央主管機關評估具高度暴露風險者。

(2) 其他經中央主管機關指定公告者。管制性化學品：指致癌、致突變和生殖毒性物質 (CMR: carcinogenic, mutagenicor toxic for reproduction) 等高度關注物質 (SVHC: substance of very high concern)，並具有高暴露風險者。

(七) 優先管理化學品如下：

(1) 本法第二十九條第一項第三款及第三十條第一項第五款規定所列之危害性化學品。

(2) 依國家標準 CNS 15030 分類，屬致癌物質第一級、生殖細胞致突變性物質第一級或生殖毒性物質第一級者。

(3) 依國家標準 CNS 15030 分類，具有物理性危害或健康危害，其化學品運作量達中央主管機關規定者。

(4) 其他經中央主管機關指定公告者。

(八) 有母性健康危害之虞之工作，指其從事可能影響胚胎發育、妊娠或哺乳期間之母體及幼兒健康之下列工作：

(1) 工作暴露於具有依國家標準 CNS 15030 分類，屬生殖毒性物質、生殖細胞致突變性物質或其他對哺乳功能有不良影響之化學品者。

(2) 勞工個人工作型態易造成妊娠或分娩後哺乳期間，產生健康危害影響之工作，包括勞工作業姿勢、人力提舉、搬運、推拉重物、輪班及工作負荷等工作型態，致產生健康危害影響者。

(3) 其他經中央主管機關指定公告者。

(九) 合理可行範圍：指依本法及有關安全衛生法令、指引、實務規範或一般社會通念，雇主明知或可得而知勞工所從事之工作，有致其生命、身體及健康受危害之虞，並可採取必要之預防設備或措施者。

(十) 勞動場所：

(1) 於勞動契約存續中，由雇主所提示，使勞工履行契約提供勞務之場所。

(2) 自營作業者實際從事勞動之場所。

(3) 其他受工作場所負責人指揮或監督從事勞動之人員，實際從事勞動之場所。

九、雇主為預防勞工於執行職務，因他人行為致遭受身體或精神上不法侵害，應採取下列暴力預防措施，作成執行紀錄並留存三年：(依職業安全衛生設施規則第 324-3 條規定)

1. 辨識及評估危害。

2. 適當配置作業場所。

3. 依工作適性適當調整人力。

4. 建構行為規範。

5. 辦理危害預防及溝通技巧訓練。

6. 建立事件之處理程序。

7. 執行成效之評估及改善。

8. 其他有關安全衛生事項。

十、雇主使勞工從事輪班、夜間工作、長時間工作等作業，為避免勞工因異常工作負荷促發疾病，應採取下列疾病預防措施，作成執行紀錄並留存三年：

1. 辨識及評估高風險群。

2. 安排醫師面談及健康指導。

3. 調整或縮短工作時間及更換工作內容之措施。

4. 實施健康檢查、管理及促進。

5. 執行成效之評估及改善。

6. 其他有關安全衛生事項。

前項疾病預防措施，事業單位依規定配置有醫護人員從事勞工健康服務者，雇主應依勞工作業環境特性、工作形態及身體狀況，參照中央主管機關公告之相關指引，訂定異常工作負荷促發疾病預防計畫，並據以執行；依規定免配置醫護人員者，得以執行紀錄或文件代替。(依職業安全衛生設施規則第 324-2 條規定)

十一、對於工作場所有生物病原體危害之虞者，應採取下列感染預防措施：(依職業安全衛生設施規則第第 297-1 條)

1. 危害暴露範圍之確認。

2. 相關機械、設備、器具等之管理及檢點。

3. 警告傳達及標示。

4. 健康管理。

5. 感染預防作業標準。

6. 感染預防教育訓練。

7. 扎傷事故之防治。

8. 個人防護具之採購、管理及配戴演練。

9. 緊急應變。

10. 感染事故之報告、調查、評估、統計、追蹤、隱私權維護及紀錄。

11. 感染預防之績效檢討及修正。

前項預防措施於醫療保健服務業，應增列勞工工作前預防感染之預防注射等事項。

前二項之預防措施，應依作業環境特性，訂定實施計畫及將執行紀錄留存三年，於僱用勞工人數在三十人以下之事業單位，得以執行紀錄或文件代替。

十二、對於作業中遭生物病原體污染之針具或尖銳物品扎傷之勞工，應建立扎傷感染災害調查制度及採取下列措施：(依職業安全衛生設施規則第 297-2 條)

1. 指定專責單位或專人負責接受報告、調查、處理、追蹤及紀錄等事宜，相關紀錄應留存三年。

2. 調查扎傷勞工之針具或尖銳物品之危害性及感染源。但感染源之調查需進行個案之血液檢查者，應經當事人同意後始得為之。

3. 前款調查結果勞工有感染之虞者，應使勞工接受特定項目之健康檢查，並依醫師建議，採取對扎傷勞工採血檢驗與保存、預防性投藥及其他必要之防治措施。

前項扎傷事故，於中央主管機關指定之事業單位，應依中央主管機關公告之期限、格式及方式通報。

十三、雇主使勞工於夏季期間從事戶外作業，為防範高氣溫環境引起之熱疾病，應視天候狀況採取下列危害預防措施：(依職業安全衛生設施規則第 324-6 條)

1. 降低作業場所之溫度。

2. 提供陰涼之休息場所。

3.　提供適當之飲料或食鹽水。

4.　調整作業時間。

5.　增加作業場所巡視之頻率。

6.　實施健康管理及適當安排工作。

7.　留意勞工作業前及作業中之健康狀況。

8.　實施勞工熱疾病預防相關教育宣導。

9.　建立緊急醫療、通報及應變處理機制。

十四、下列事業單位，應參照中央主管機關所定之職業安全衛生管理系統指引，建置適合該事業單位之職業安全衛生管理系統：

(一) 第一類事業勞工人數在<u>二百人</u>以上者。

(二) 第二類事業勞工人數在<u>五百人</u>以上者。

(三) 有從事<u>石油裂解之石化工業</u>工作場所者。

(四) 有從事<u>製造、處置或使用危害性之化學品</u>，數量達中央主管機關規定量以上之工作場所者。

第 2 章
勞工健康保護規則

一、辦理勞工體格檢查及定期健康檢查之目的為：

(一)勞工體格檢查之目的：

1. 正確的分配工作。

2. 保護勞工本人健康及避免危害他人。

3. 建立勞工基本健康資料。

(二)定期健康檢查之目的：

1. 評估環境管理之效果。

2. 早期診斷職業病，並改善作業環境。

3. 有助於診斷感受性高的勞工。

4. 早期診斷、早期治療。

二、實施勞工體格檢查及健康檢查規劃時，應先瞭解事項有：

(一)作業環境危害因子、作業條件之調查。

(二)過去職業病發生情形、健康檢查資料、勞工就診狀況、醫療給付申請情形、勞工申訴案彙整情形。

(三)工作場所檢查紀錄、工作安全分析結論。

(四)法令規定。

(五)組織限制。

(六)事業單位之職業安全衛生政策。

三、雇主使勞工從事特別危害健康作業時，應建立健康管理資料，並依下列規定分級實施健康管理：

(一)第一級管理：特殊健康檢查或健康追蹤檢查結果，全部項目正常，或部分項目異常，而經醫師綜合判定為無異常者。

(二)第二級管理：特殊健康檢查或健康追蹤檢查結果，部分或全部項目異常，經醫師綜合判定為異常，而與工作無關者。

(三)第三級管理：特殊健康檢查或健康追蹤檢查結果，部分或全部項目異常，經醫師綜合判定為異常，而無法確定此異常與工作之相關性，應進一步請職業醫學科專科醫師評估者。

(四)第四級管理：特殊健康檢查或健康追蹤檢查結果，部分或全部項目異常，經醫師綜合判定為異常，且與工作有關者。

前項健康管理，屬於第二級管理以上者，應由醫師註明其不適宜從事之作業與其他應處理及注意事項；屬於第三級管理或第四級管理者，並應由醫師註明臨床診斷。

雇主對於第一項屬於第二級管理者，應提供勞工個人健康指導；第三級管理以上者，應請職業醫學科專科醫師實施健康追蹤檢查，必要時應實施疑似工作相關疾病之現場評估，且應依評估結果重新分級，並將分級結果及採行措施依中央主管機關公告之方式通報；屬於第四級管理者，經醫師評估現場仍有工作危害因子之暴露者，應採取危害控制及相關管理措施。

四、(一)雇主應使醫護人員及勞工健康服務相關人員臨場服務辦下列事項：

1. 勞工體格(健康)檢查結果之分析與評估、健康管理及資料保存。

2. 協助雇主選配勞工從事適當之工作。

3. 辦理健康檢查結果異常者之追蹤管理及健康指導。

4. 辦理未滿十八歲勞工、有母性健康危害之虞之勞工、職業傷病勞工與職業健康相關高風險勞工之評估及個案管理。

5. 職業衛生或職業健康之相關研究報告及傷害、疾病紀錄之保存。

6. 勞工之健康教育、衛生指導、身心健康保護、健康促進等措施之策劃及實施。

7. 工作相關傷病之預防、健康諮詢與急救及緊急處置。

8. 定期向雇主報告及勞工健康服務之建議。

9. 其他經中央主管機關指定公告者。

(二)雇主應使醫護人員、勞工健康服務相關人員配合職業安全衛生、人力資源管理及相關部門人員訪視現場，辦理下列事項：

1. 辨識與評估工作場所環境、作業及組織內部影響勞工身心健康之危害因子，並提出改善措施之建議。

2. 提出作業環境安全衛生設施改善規劃之建議。

3. 調查勞工健康情形與作業之關連性，並採取必要之預防及健康促進措施。

4. 提供復工勞工之職能評估、職務再設計或調整之諮詢及建議。

5. 其他經中央主管機關指定公告者。

五、勞工定期健康檢查：

(一)年滿六十五歲以上者，每年檢查一次。

(二)年滿四十歲以上未滿六十五歲者，每三年檢查一次。

(三)未滿四十歲者，每五年檢查一次。

六、合格急救人員資格及設置標準有：

(一)除醫護人員外，擔任急救人員之勞工應經急救人員訓練合格。

(二)無殘障、耳聾、色盲、心臟病，兩眼裸視或矯正視力均在零點六以下等體能及健康不良足以妨礙急救事宜者。

(三)應置之合格急救人員，每一班次勞工人數未滿五十人者設置一人，五十人以上者每增加五十人再置設一人。但已具有該項功能之醫療保健服務業不在此限。

七、特別危害健康作業係指：

(一)高溫作業。

(二)噪音作業。

(三)游離輻射作業。

(四)異常氣壓作業。

(五)鉛作業。

(六)四烷基鉛作業。

(七)粉塵作業。

(八)有機溶劑作業，經中央主管機關指定者。

(九)製造、處置或使用特定化學物質之作業，經中央主管機關指定者。

(十)黃磷之製造、處置或使用作業。

(十一)聯吡啶或巴拉刈之製造作業。

(十二)其他經中央主管機關指定之作業。

八、雇主於勞工經一般體格檢查、特殊體格檢查、一般健康檢查、特殊健康檢查或健康追蹤檢查後應採取措施有：

(一)將檢查結果發給受檢勞工。

(二)將受檢勞工之健康檢查紀錄彙整後，建立健康檢查手冊。

(三)如勞工因職業原因致不能適應原有工作者,除予醫療外,並應變更其作業場所,更換其工作,縮短其工作時間及為其他適當措施。

(四)填具勞工特殊健康檢查結果報告書,報請事業單位所在地之勞工及衛生主管機關備查,並副知勞動檢查機構。

(五)一般健康檢查紀錄至少保存七年以上。特別危害健康作業,在職勞工所接受之特殊健康檢查應保存十年以上。但游離輻射、粉塵、三氯乙烯、四氯乙烯作業之勞工及特定化學物質作業之勞工(如氯乙烯、苯、鉻酸及其鹽類、砷及其化合物等之製造、處置或使用及石綿之處置或使用),其特殊健康檢查紀錄應保存三十年。

九、醫護人員之設置相關規定:

事業單位之同一工作場所,勞工人數在三百人以上者,應視該場所之規模及性質,分別依表1與表2所定之人力配置及臨廠服務頻率,僱用或特約從事勞工健康服務之醫護人員,辦理臨廠健康服務。

前項工作場所從事特別危害健康作業之勞工人數在一百人以上者,應另僱用或特約職業醫學科專科醫師每月臨廠服務一次,三百人以上者,每月臨廠服務二次。

表 1　從事勞工健康服務之醫師人力配置及臨廠服務頻率表

事業性質分類	勞工人數	人力配置或臨廠服務頻率	備註
第一類	300-999 人	1 次 / 月	勞工人數超過 6,000 人者,其人力配置或服務頻率,應符合下列之一之規定: 一、每增 6,000 人者,增專任從事勞工健康服務醫師 1 人。 二、每增勞工 1,000 人,依下列標準增加其從事勞工健康服務之醫師臨廠服務頻率: (1) 第一類事業:3 次 / 月 (2) 第二類事業:2 次 / 月 (3) 第三類事業:1 次 / 月
	1,000-1,999 人	3 次 / 月	
	2,000-2,999 人	6 次 / 月	
	3,000-3,999 人	9 次 / 月	
	4,000-4,999 人	12 次 / 月	
	5,000-5,999 人	15 次 / 月	
	6,000 人以上	專任職業醫學科專科醫師一人	
第二類	300-999 人	1 次 /2 個月	
	1,000-1,999 人	1 次 / 月	
	2,000-2,999 人	3 次 / 月	
	3,000-3,999 人	5 次 / 月	
	4,000-4,999 人	7 次 / 月	
	5,000-5,999 人	9 次 / 月	
	6,000 人以上	12 次 / 月	

表 1　從事勞工健康服務之醫師人力配置及臨廠服務頻率表（續）

事業性質分類	勞工人數	人力配置或臨廠服務頻率	備註
第三類	300-999 人	1 次 /3 個月	勞工人數超過 6,000 人者，其人力配置或服務頻率，應符合下列之一之規定： 一、每增 6,000 人者，增專任從事勞工健康服務醫師 1 人。 二、每增勞工 1,000 人，依下列標準增加其從事勞工健康服務之醫師臨廠服務頻率： (1) 第一類事業：3 次 / 月 (2) 第二類事業：2 次 / 月 (3) 第三類事業：1 次 / 月
	1,000-1,999 人	1 次 /2 個月	
	2,000-2,999 人	1 次 / 月	
	3,000-3,999 人	2 次 / 月	
	4,000-4,999 人	3 次 / 月	
	5,000-5,999 人	4 次 / 月	
	6,000 人以上	6 次 / 月	

表 2　從事勞工健康服務之護理人員人力配置表

勞工作業別及人數		特別危害健康作業勞工人數			備註
		0~99	100~299	300 以上	
勞工人數	1~299		專任 1 人		一、所置專任護理人員應為僱用及專職，不得兼任其他與勞工健康服務無關之工作。 二、勞工總人數超過 6,000 人以上者，每增加 6,000 人，應增加專任護理人員至少 1 人。 三、事業單位設置護理人員數達 3 人以上者，得置護理主管一人。
	300~999	專任 1 人	專任 1 人	專任 2 人	
	1,000~2,999	專任 2 人	專任 2 人	專任 2 人	
	3,000~5,999	專任 3 人	專任 3 人	專任 4 人	
	6,000 以上	專任 4 人	專任 4 人	專任 4 人	

醫護人員應具下列資格之一：

1. 職業醫學科專科醫師。

2. 具醫師資格，並經中央主管機關指定之訓練合格者。

3. 具護理人員資格，並經中央主管機關指定之訓練合格者。

範例：

某電子器材製造公司平時僱用勞工 450 人，分為三班制工作，日班 300
人、中班 100 人、夜班 50 人，從事特別危害健康作業的有：噪音作業 (在
八十五分貝以上)20 人、苯作業 5 人、鉛作業 10 人、游離輻射作業 4 人，
請問依照「勞工健康保護規則」應規劃有那些必要數量之醫護人員、急救人
員，並敘明應實施之體格檢查及健康檢查之種類與頻率？

答 依「勞工健康保護規則」之規定：

1. 該公司為第一類事業有勞工 450 名，依法從事勞工健康服務之醫師
   臨廠服務頻率為每月 1 次並應設專任護理人員一名。

2. 依法每班應置急救人員一名，且超過 50 人應增設一人。故早班應置
   急救人員 300/50 = 6 人，午班應置急救人員 100/50 = 2 人，晚班應
   置急救人員 50/50 = 1 人。

3. 對於從事特別危害健康作業的勞工 (噪音作業 20 人、苯 5 人、鉛 10
   人、游離輻射人員 4 人)，應實施特殊健康檢查且頻率為每年一次。

4. 其餘一般在職勞工應依年齡層劃分，實施健康檢查。(如：40 歲以
   下每 5 年一次，40-65 歲每 3 年一次，65 歲以上每年一次)。

5. 健康管理：特別危害健康作業依健康檢查結果分四級管理。

第 3 章
有機溶劑中毒預防規則

一、有機溶劑或其混存物之容許消費量計算公式：

有機溶劑 或其混存物之種類	有機溶劑或其混存物之容許消費量 (公克)
第一種有機溶劑或其混存物	$\dfrac{1}{15}$ × 作業場所之氣積 (立方公尺)
第二種有機溶劑或其混存物	$\dfrac{2}{5}$ × 作業場所之氣積 (立方公尺)
第三種有機溶劑或其混存物	$\dfrac{3}{2}$ × 作業場所之氣積 (立方公尺)

計算容許消費量時應注意之事項：

1. 通風不充分之室內作業場所除外之室內作業場所為一小時之容許消費量。

2. 儲槽等之作業場所或通風不充分之室內作業場所，則為一日間之容許消費量。

3. 計算氣積時，不含超過地面 4 公尺以上高度之空間。

4. 氣積超過 150 立方公尺者，概以 150 立方公尺計算。

二、局部排氣裝置裝設上應注意之事項：

(一) 氣罩應設置於每一有機溶劑蒸氣發生源。

(二) 外裝型氣罩應儘量接近有機溶劑發生源。

(三) 氣罩應視作業方法、有機溶劑蒸氣之擴散狀況及有機溶劑比重等，選擇適宜吸引該有機溶劑蒸氣之型式及大小。

(四) 應儘量縮短導管之長度、減少彎曲數目，且應於適當處所設置易於清掃之清潔孔與測定孔。

(五) 設有空氣清淨裝置之局部排氣裝置，其排氣機應置於空氣清淨裝置後之位置。

(六) 排氣口應直接向大氣開放。

（七）未設空氣清淨裝置之局部排氣裝置、排氣煙囪，應使排氣不致回流至作業場所。

（八）有機溶劑作業時間內不得停止運轉。

（九）應置於使排氣或換氣不受阻礙之處，使之有效運轉。

三、依勞工作業場所容許暴露標準規定，整體換氣裝置，必要換氣量計算式：

$$Q(m^3/min) = \frac{1000 \times 每小時消費量\ (W,\ g/h)}{60 \times 容許濃度\ (PEL,\ mg/m^3)}$$

$$= \frac{24.45 \times 10^3 \times 每小時消費量}{60 \times 容許濃度\ (PEL,\ ppm) \times 分子量\ (M)}$$

依有機溶劑中毒預防規則規定，有機溶劑作業必要換氣量：

有機溶劑或其混存物之種類	每分鐘換氣量 (m³/min)
第一種	作業時間一小時有機溶劑或混存物之消費量 (公克 / 小時) × 0.3
第二種	作業時間一小時有機溶劑或混存物之消費量 (公克 / 小時) × 0.04
第三種	作業時間一小時有機溶劑或混存物之消費量 (公克 / 小時) × 0.01

整體換氣裝置，裝設上應注意事項：

（一）同時使用種類相異之有機溶劑或其混存物，每分鐘所須之換氣量應分別計算後合計之。

（二）整體換氣裝置之送風機、排氣機或其導管之開口部應儘量接近溶劑蒸氣發生源。

（三）排氣口應直接向大氣開放。

（四）於有機溶劑作業時間內，不得停止運轉。

（五）應置於排氣或換氣不受阻礙之處，使之有效運轉。

四、依有機溶劑中毒預防規則規定，使勞工於儲槽之內部從事有機溶劑作業時，應採取下列安全衛生管理措施以預防危害：

（一）派遣有機溶劑作業主管從事監督作業。

（二）決定作業方法及順序於事前告知從事作業之勞工。

（三）確實將有機溶劑或其混存物自儲槽排出，並應有防止連接於儲槽之配管流入有機溶劑或其混存物之措施。

（四）前款所採措施之閥、旋塞應予加鎖或設置盲板。

（五）作業開始前應全部開放儲槽之人孔及其他無虞流入有機溶劑或其混存物之開口部。

（六）以水、水蒸汽或化學藥品清洗儲槽之內壁，並將清洗後之水、水蒸氣或化學藥品排出儲槽。

（七）應送入或吸出三倍於儲槽容積之空氣，或以水灌滿儲槽後予以全部排出。

（八）應以測定方法確認儲槽之內部之有機溶劑濃度未超過容許濃度。

（九）應置備適當的救難設施。

（十）勞工如被有機溶劑或其混存物污染時，應即使其離開儲槽內部，並使該勞工清洗身體除卻污染。

五、依有機溶劑中毒預防規則規定，使用第二種有機溶劑混存物應採之控制設備及措施如下：

（一）於室內作業場所，從事有關第二種有機溶劑或其混存物之作業時，應於各該作業場所設置密閉設備、局部排氣裝置或整體換氣裝置。該等設備，應由專業人員妥為設計，並維持其有效性能，於有機溶劑作業時間內，不得停止運轉。

（二）雇主使勞工從事有機溶劑作業時，對有機溶劑作業之室內作業場所，實施通風設備運轉狀況、勞工作業情形、空氣流通效果及有機溶劑或其混存物使用情形等，應隨時確認並採取必要措施。

（三）勞工從事有機溶劑作業時，應於每一班次指定現場主管擔任有機溶劑作業主管，從事監督作業。

（四）實施勞工健康檢查及管理。

第4章
鉛中毒預防規則

一、鉛作業危害預防應有之控制設備及應實施之作業管理事項如下：

(一) 應有之控制設備

1. 密閉設備：密閉製程或裝置等可能發生鉛塵或鉛蒸氣之發生源，使其鉛塵或鉛煙氣不致散佈之設備。

2. 藉動力吸引排出已發散之鉛煙氣或鉛塵之局部排氣裝置。

3. 在含污染物 (鉛塵或鉛蒸氣) 之空氣未到達勞工呼吸帶前，利用動力將未被污染之空氣加以稀釋以降低其濃度之整體換氣裝置。

4. 承受溢流容器。

5. 儲存浮渣之容器。

6. 設有承受容器以承受掉落之粉狀含鉛物。

7. 室內鉛作業場所地面應為易於用真空除塵機或水清除之構造。

8. 乾燥室之地面、牆壁及棚架，應為易於使用真空除塵機或以水清除之構造。

9. 應與其他之室內作業場所隔離。

10. 應設置防止其飛散之設備。

11. 應設置過濾式除塵裝置或具有同等性能以上之除塵裝置。

(二) 應實施之作業管理：

1. 雇主使勞工從事鉛作業時，應指派現場作業主管指揮、監督。

2. 雇主設置之局部排氣裝置，應於鉛作業時間內有效運轉，並降低空氣中鉛塵濃度至勞工作業場所容許暴露標準以下。

3. 如有鉛塵溢漏情形，應令勞工立即停止作業。

4. 雇主應公告鉛作業場所禁止飲食或吸菸，並揭示於明顯易見之處所。

5. 雇主使勞工從事下列作業時，應置備適當之呼吸防護具，並訂定計畫，使勞工確實遵守。

第 5 章
勞工作業場所容許暴露標準

一、容許濃度之種類如下：

（一）八小時日時量平均容許濃度 (PEL-TWA)

　　為勞工每天工作八小時，一般勞工重複暴露此濃度以下，不致有不良反應者。

（二）短時間時量平均容許濃度 (PEL-STEL)

　　為一般勞工連續暴露在此濃度以下任何十五分鐘，不致有不可忍受之刺激，或慢性或不可逆之組織病變，或麻醉昏暈作用，事故增加之傾向或工作效率之降低者。

（三）最高容許濃度 (PEL-C)

　　為不得使一般勞工有任何時間超過此濃度之暴露，以防勞工不可忍受之刺激或生理病變者。如無法實施立即偵測 (instantaneous monitoring) 時，可依採樣分析方法，採樣十五分鐘或以上時間。其採樣時間決定於作業環境空氣中有害物濃度、採樣流率、分析方法之最小採氣量等決定之。

二、短時間時量平均容許濃度 (PEL-STEL) 為八小時日時量平均容許濃度 (PEL–TWA) 乘以變量係數所得：

容許濃度 (ppm or mg/m^3)	變量係數
0 以上未滿 1	3
1 以上未滿 10	2
10 以上未滿 100	1.5
100 以上未滿 1,000	1.25
1,000 以上	1

其中氣態污染物以 ppm 為準，粒狀污染物以 mg/m^3 為準。

三、粉塵分為四種：

(一) 第一種粉塵：含結晶型游離二氧化矽 10% 以上之礦物性粉塵。

(二) 第二種粉塵：含結晶型游離二氧化矽未滿 10% 之礦物性粉塵。

(三) 第三種粉塵：石綿，纖維長度 5 微米以上，長寬比 3 以上者。

(四) 第四種粉塵：厭惡性粉塵。包括氧化鋁，硫酸、鋇、碳酸鈣、硫酸鈣、纖維素、石墨、高嶺土、菱鎂礦、水泥、矽、碳化矽、澱粉、蔗糖、人造礦物纖維等有機、無機及礦物性粉塵，不含石綿且其游離二氧化矽含量少於 1% 者。

空氣中粉塵容許濃度：

種類	粉塵	容許濃度		符號
		可呼吸性粉塵	總粉塵	
第一種粉塵	含結晶型游離二氧化矽 10% 以上之粉塵	$\dfrac{10mg/m^3}{\%SiO_2+2}$	$\dfrac{30mg/m^3}{\%SiO_2+2}$	
第二種粉塵	含結晶型游離二氧化矽未滿 10% 之礦物性粉塵	$1mg/m^3$	$4mg/m^3$	
第三種粉塵	石綿纖維	每立方公分 0.15 根		瘤
第四種粉塵	厭惡性粉塵	可呼吸性粉塵	總粉塵	
		$5mg/m^3$	$10mg/m^3$	

石綿是導致塵肺症之主要物質之一；石綿纖維之定義為長度 5 微米以上且長寬比在 3：1 以上者。石綿之測定結果亦須與法令容許濃度相比較，容許濃度為 0.15 根 / 立方公分，該值為八小時日時量平均容許濃度。

四、粉塵容許濃度含可呼吸性粉塵及總粉塵。總粉塵係呼吸時可吸入呼吸系統之粉塵；可呼吸粉塵係呼吸可進入人體左右兩肺之粉塵。其對人體危害區別如下：

(一) 可吸入性粉塵 (Inhalable dust)：包括所有可以進入呼吸道之全部粉塵。

(二) 胸腔性粉塵 (Thoracic dust)：可沉積在呼吸氣道及肺泡區，並對沉積部位造成危害之粉塵。

(三) 可呼吸性粉塵 (Respirable dust)：可進入肺泡區，並對其造成傷害之粉塵。

其截斷空氣動力直徑 (median cut point) 分別為 100μm、10μm 及 4μm，如下圖：

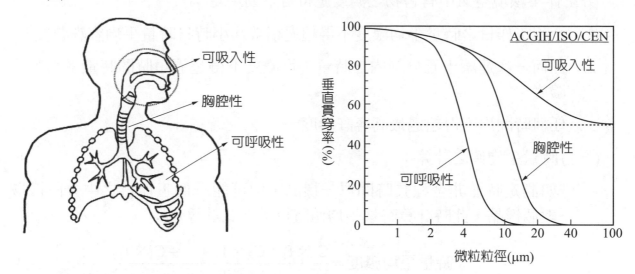

五、相當八小時日時量平均暴露濃度：

勞工於加班狀況時 (其工作日之暴露時間超過八小時)，其工作日之時量平均濃度不得超過相當八小時日時量平均容許濃度，如超過者，即不符合法令之規定。

勞工於工作日之暴露超過八小時之時量平均濃度，可依下列公式求得相當八小時日時量平均濃度 (C_{TWA})。

$$C_{TWA}(ppm \text{ 或 } mg/m^3) = \frac{T \times C}{8}$$

其中 T：總工作時間 (hr)；

　　　C：全程工作日之時量平均濃度濃度 (ppm 或 mg/m^3)

勞工暴露全程工作日如不等於八小時，其全程工作日之時量平均濃度不得超過相當八小時日時量平均容許濃度。

範例：

某作業場所使用甲苯，甲苯之八小時日時量平均容許濃度為 100 ppm，一勞工工作十小時，全程工作日之平均暴露濃度為 90ppm，試問其暴露是否符合八小時日時量平均容許濃度規定？

☞ 該勞工十小時之相當八小時日時量平均暴露濃度為：

$$C_{TWA} = 90 \times \frac{10}{8} = 112.5ppm > 10ppm$$

因該勞工全程工作日之相當八小時日時量平均暴露濃度為 112.5 ppm 大於容許值 100 ppm，故已違反法令規定。

六、化學性因子之評估：

勞工作業環境空氣中有害物之濃度應符合下列規定：

1. 全程工作日之時量平均濃度不得超過相當八小時日時量平均容許濃度。

2. 任何一次連續十五分鐘內之時量平均濃度不得超過短時間時量平均容許濃度。

3. 任何時間均不得超過最高容許濃度。

(一)時量平均值之計算：

如測定時並非全程長時間單一樣品，則可能一個工作日之中分段採取數個樣品，此時計算時量平均值時可以下式計算之：

$$時量平均濃度 = \frac{C_1 \times T_1 + C_2 \times T_2 + \cdots + C_i \times T_i}{T}$$

C_i：各時段之濃度

T_i：各時段之時間，單位以小時或分鐘計

T：總工作時間，單位與 T_i 所用者相同

(二)作業環境空氣中有二種以上有害物存在時之評估：

作業環境空氣中有二種以上有害物存在而其相互間效應非屬於相乘效應或獨立效應時，應視為相加效應，並依下列規定計算，其總和大於一時，即屬超出容許濃度。

$$\frac{C_1}{PEL_1} + \frac{C_2}{PEL_2} + \cdots + \frac{C_i}{PEL_i} \leq 1$$

上式之值不得大於 1。

C_i：各成分之時量平均值

PEL_i：各成分之容許濃度

七、容許濃度應用限制 (不適用於下列事項之判斷)：

1. 不得以二種不同有害物之容許濃度比作為毒性之相關指標。

2. 不得作為工作場所以外之空氣污染指標。

3. 不得為職業疾病鑑定之唯一依據。

4. 不可以用於加班的情形。

5. 不可因加班而任意調整容許濃度。

有害物進入人體之途徑並非僅有呼吸一途，故空氣中有害物濃度之管制非預防職業病之唯一途徑，空氣中有害物容許濃度標準當然也無法作為安全與危險之界限，環境監測結果未超過容許濃度並不表示安全。因各成分容許濃度標準之訂定基礎並不相同，可能有以刺激性為基礎者，亦有以致癌性為基礎者；故不宜以容許濃度間之比值作為判斷毒性之相關指標。該標準係以每日工作 8 小時之原則為訂定基礎，故也不宜作為非工作場所暴露之空氣污染指標。而職業疾病之鑑定需由各項流行病學、毒理學以及環境監測資料判定，故本標準也不宜作為職業疾病鑑定之唯一依據。

第 6 章
職業安全衛生管理計畫及緊急應變計畫之製作

一、欲製作職業安全衛生管理計畫，必先了解本身安全衛生實際情況，研究事實上的需要，才可以訂出切合實際的項目，真正有助於職業災害的防止。必須要掌握的資料有下列幾項：

(一)職業災害調查統計分析資料：要防止職業災害必先瞭解職業災害實況及發生的原因，才能研究出防止的對策，所以，在訂定職業安全衛生管理計畫之前，先要研究職業災害調查統查分析資料，例如：歷年職業災害率統計、每件職業災害調查報告，以明瞭歷年職業災害率變化的趨勢、各部門職業災害率的高低、職業災害的類型、職業災害的媒介物、每件職業災害發生的個別原因及其對策，所有職業災害發生的通盤的原因及其對策等。

(二)現場危害因素：要訂定職業安全衛生管理計畫必先明瞭工作現場有何危害因素需要消除。要明瞭危害因素除根據上述職業災害統計分析資料外，尚可根據：

1. 自動檢查紀錄表。

2. 職業安全衛生委員會研議紀錄。

3. 勞動檢查機構監督檢查結果通知書。

4. 工作安全分析單。

5. 安全觀察紀錄表。

6. 安全接談紀錄表等來研究。

(三)各部門安全衛生活動資料：職業安全衛生工作必須落實到現場每一個人才有實效，所以在訂定職業安全衛生管理計畫之前，必先明瞭各部門安全衛生活動的實際情況，才能針對缺失設法改進。例如：各部門的組織管理情形、教育訓練情形、自動檢查情形，其他活動情形等。

(四)上年度職業安全衛生管理計畫之檢討：職業安全衛生管理計畫是有連續性的，我們要訂定年度職業安全衛生管理計畫，一定先要檢討上年度的計畫內容。哪項完成了？哪項沒有完成？完成以後獲得什麼效果？哪些工作要繼續進行？哪些工作還要繼續進行？哪些工作還要加強？

或者還要增加什麼新的工作？這樣才可以明瞭下年度計畫應如何訂定？工作重點是哪些項目等。

(五) 其他：除了上述各種資料應詳加研究，其他許多資料也要蒐集加以研究，可以幫助我們訂出完善的職業安全衛生管理計畫，例如：

　　1. 職業安全衛生有關法令規章，尤其是新修訂者。

　　2. 中央主管機關每年度發布的勞動檢查方針。

　　3. 其他事業單位的重大職業災害實例。

　　4. 其他事業單位的職業災害防止工作優良事蹟。

　　5. 有關書籍、文獻、報章、雜誌等。

二、職業安全衛生管理計畫之架構及內容：職業安全衛生管理計畫並無一定格式，但必須包含下列幾個要項始能構成完整的計畫架構。

(一) 計畫之期間：職業安全衛生管理計畫可以是長期計畫，也可以是短期計畫。

(二) 基本方針：製作職業安全衛生管理計畫，先要確立基本方針，也就是本計畫重點所在。

(三) 計畫目標：訂定本計畫想要達成的目標，因為有了目標，每一個人希望達成它就要努力去做，計畫的事項才容易徹底完成。

(四) 計畫項目：基本方針與計畫目標確定後，就要擬出一些為完成此項目標所需要的工作項目，也就是要訂出計畫項目，計畫項目通常僅是幾個大的項目。

(五) 實施細目：計畫項目訂定後，在每一個大項下應按事業場所實際作業及實際機械設備情形，就實際需要分別列入若干應實施之具體細目。

(六) 實施要領：包括實施方法、程序、週期。

(七) 實施單位及人員：每一實施細目要規定由何單位及何人實施，才能落實計畫。

(八) 預定工作進度：每一個實施細目要規定其工作進度，促使負責實施單位及人員知所遵循而如期達成任務。

(九) 編用經費：任何工作均需經費支應，因此每一個實施細目均需列出其經費預算。

(十) 備註：凡是在前述各欄內無法詳述或有特殊情形者，均可在備註欄補充說明。

三、為使事業單位能有效落實執行職業安全衛生管理計畫，其製作程序如下：

　　職業安全衛生管理計畫，由事業單位自行訂定編制程序，但應周全，可依下述程序辦理：

(一) 每年度開始前二個月應請各有關部門對實際安全衛生加以檢討，提出報告。同時由職業安全衛生人員對各部門安全衛生管理活動狀況，以及各規章等加以檢討掌握問題重點，擬訂次年改善對策，並根據雇主指示擬具次年職業災害防止計劃之基本方針及計劃目標草案，除雇主邀集各有關部門主管共同會商決定。

(二) 職業安全衛生管理單位或人員應請各部門主管依決定之次年改善對策及基本方針等草擬職業安全衛生管理計劃之計劃項目、實施細目、實施要領、實施人員、預定工作進度、需用經費等送職業安全衛生管理單位或人員彙整整個計劃草案。

(三) 整體職業安全衛生管理計畫彙整完竣後，應請雇主邀請各有關部門商討予以定案。

(四) 細部計劃編擬呈核後實施：定案之計劃，應由各負責實施單位人員就其負責辦理之實施細目，訂定具體細部計劃，陳請上級核定付諸實施。

四、如果你是一個營造事業單位派駐工地的職業安全衛生管理師，試列舉製作營造工地職業安全衛生管理計畫主要應參考的資料。

　　營造工地職業安全衛生管理計畫主要應參考的資料，有：

(一) 職業災害分析資料－需先了解職災實況及發生原因，才能研究出防止對策。

(二) 現場危害因素－依據職災統計分析資料、自動檢查紀錄表、工作安全分析單、安全觀察紀錄表、安全接談紀錄表、安衛委員會研議紀錄、勞動檢查機構監督結果通知書。

(三) 各部門安全衛生活動資料－例如各部門組織管理、教育訓練、自動檢查情形。

(四) 上年度職業安全衛生管理計畫之檢討－哪項 (沒) 完成、完成之效果如何、哪些待繼續、哪些待加強、尚需新增什麼新工作？

(五) 其他－例如職業安全衛生相關法令規章 (尤其是新修訂者)。

五、雇主應依其事業規模、性質，訂定職業安全衛生管理計畫，執行下列事項：

1. 工作環境或作業危害之辨識、評估及控制。

2. 機械、設備或器具之管理。

3.　危害性化學品之分類、標示、通識及管理。

4.　有害作業環境之採樣策略規劃及監測。

5.　危險性工作場所之製程或施工安全評估。

6.　採購管理、承攬管理及變更管理。

7.　安全衛生作業標準。

8.　定期檢查、重點檢查、作業檢點及現場巡視。

9.　安全衛生教育訓練。

10.　個人防護具之管理。

11.　健康檢查、管理及促進。

12.　安全衛生資訊之蒐集、分享及運用。

13.　緊急應變措施。

14.　職業災害、虛驚事故、影響身心健康事件之調查處理及統計分析。

15.　安全衛生管理紀錄及績效評估措施。

16.　其他安全衛生管理措施。

六、緊急應變計畫之項目：

1.　擬定緊急應變組織架構及權責

2.　訂定通報程序及連絡體系

3.　整理應變器材之配置狀況並統計數量

4.　擬定疏散路線圖、疏散後集合點及清查人數方式

5.　擬定緊急應變程序

6.　訂定各類意外狀況緊急處理措施

7.　事故調查與復原工作

8.　訂定緊急應變訓練計畫

9.　實地演練計畫

10.　緊急應變計畫之檢討與修正

第 7 章
安全衛生管理規章及工作守則之製作

一、名詞定義：

(一)安全衛生管理規章：係指事業單位爲有效防止職業災害，促進勞工安全與健康，所訂定要求各級主管及管理、指揮、監督等有關人員執行與勞工安全衛生有關之內部管理程序、準則、要點或規範等文件。

(二)安全衛生工作守則：規定與工作有關之作業程序或防護設備、個人防護具或安全行爲之守則。

二、安全衛生工作守則訂定之訂定程序以及應具有之內容：

依據職業安全衛生法三十四條之規定：「雇主應依本法及有關規定會同勞工代表訂定適合其需要之安全衛生工作守則，報經勞動檢查機構備查後，公告實施。勞工對於前項安全衛生工作守則，應切實遵行。」

另，安全衛生工作守則之內容，應參酌下列事項訂定之：

(一)事業之安全衛生管理及各級之權責。

(二)機械、設備或器具之維護與檢查。

(三)工作安全與衛生標準。

(四)教育與訓練。

(五)健康指導及管理措施。

(六)急救與搶救。

(七)防護設備之準備、維持與使用。

(八)事故通報與報告。

(九)其他有關安全衛生事項。

第 8 章
勞工健康管理計畫之製作

一、一個好的健康管理計劃，應合乎下列條件：

（一）合法：事業單位必須遵守所有職業安全衛生法令，因此其健康管理計劃之內容自然應符何法律之規定或優於法令之要求。

（二）完整：計劃必須完整，否則計劃不易執行，且易導致勞工健康保護不夠周全之情況。

（三）可行：計劃必須在事業單位之人力、財力、勞工、教育水準等條件均可配合之狀況。

二、健康管理計劃之製作

健康管理計劃之製作可略分為兩個步驟：

（一）準備：事業單位應先將健康管理之要素：對象、執行者、內容、目標先行整理或決定，以便計劃書之撰擬。例如事業單位中有多少種類之勞工、要不要設醫療衛生單位、工作內容有多少，均要依事業單位之實際狀況來決定或整理。

（二）計劃書編撰：計劃書之內容主要是處事之依據及權利義務之分配與歸屬。內容包括：

1. 政策：宣示推行健康管理制度是事業單位之政策，因此全體員工均應遵循計劃所定之權利與義務，同時指定本計劃之負責人。

2. 編制：授權給法令指定之單位及人員。編制之大小需顧及事業單位之預算負荷及合法性。

3. 設施：為執行計劃所需之一切設施，其品質、大小、設計、位置均需妥當，且均應寫在計劃書上。

4. 器材：為執行計劃所需之一切器材，其品質、標準、放置處所、保養維護、更新以及檢查，這些詳細之規定均應寫在計劃書上。

5. 內容：健康管理之各項內容，其工作分配、辦理之程序，均應於計劃書中明確指出。

6. 評估：健康管理計劃如何檢討、評估以及期間均可寫在計劃書上。

第 9 章
工作安全分析與安全作業標準製作

一、製作安全作業標準與製作工作安全分析表相同，首先要實施工作分析，將作業分解為基本步驟，列出工作方法；針對工作方法提出不安全因素及安全措施，並檢討各種不安全因素所可能造成之傷害事故，提出安全措施及事故處理方法。安全作業標準格式及內容如下表：

表 1　安全作業標準之格式及內容

安全作業標準				
作業種類：編號： 作業名稱：訂定日期： 作業方法：修訂日期： 使用器具、工具：修訂次數： 防護具：製訂人：				
工作步驟	工作方法	不安全因素	安全措施	事故處理

二、工作安全分析應考慮及注意事項：

(一) 人的方面：不安全的主體是人，客體才是環境或機械。人的知識、經驗、意願、身體狀況、精神狀況、人際關係、婚姻家庭、親子關係等都是造成人為失誤的主要因素。

(二) 方法方面：作業流程中之工作程序、步驟、方式，都是影響工作安全的重要因素。

(三) 機械方面：作業中所需使用的機械、設備、器具與工具等有無安全裝置，是否為本質安全、有無維護保養或定期檢查，都需要加以考慮。

(四) 材料方面：作業中所需使用的物料、材料，都需在工作安全分析表上列明，以便在作業前可以檢查是否齊全、有無缺陷。

(五) 環境方面：作業場所空間情形、安全狀況、空氣、溫濕度、噪音、照明條件、安全標示、危害性化學品標示等，都是影響作業安全的重要因素。

三、工作安全分析的程序：

(一)決定要分析的工作名稱。

　　1. 傷害頻率高的工作。

　　2. 傷害嚴重率高的工作。

　　3. 曾發生事故的工作。

　　4. 有潛在危險的工作。

　　5. 臨時性或非經常性的工作。

　　6. 新工作。

　　7. 經常性但非生產性的工作。

(二)將工作分成幾個步驟。

(三)發現潛在的危險及可能的危害。

(四)決定安全的工作方法。

四、安全作業標準之意義與功用：

(一)所謂安全作業標準，即經由工作安全分析，建立正確工作程序，以消除工作時的不安全行為、不安全狀況，確保工作安全的標準。

(二)安全作業標準之功用

　　1. 防範工作場所危害的發生。

　　2. 確定工作場所所需的設備、器具或防護具。

　　3. 選擇適當的人員工作。

　　4. 作為安全教導的參考。

　　5. 作為安全觀察的參考。

　　6. 作為事故調查的參考。

　　7. 增進工作人員的參與感。

五、安全作業標準之範例 (以人力搬運物品為例，製作一安全作業標準表)

表 2　人力搬運作業安全作業標準

安全作業標準

作業種類：搬運作業編號：
作業名稱：人力搬運訂定日期：93 年 12 月 01 日
作業方法：個人作業修訂日期：104 年 9 月 14 日
使用器具、工具：無修訂次數：5
防護具：安全鞋、棉紗手套製訂人：洪銀忠

工作步驟	工作方法	不安全因素	安全措施	事故處理
一、準備	1. 預估荷物重量			
二、檢查	1. 檢查荷物外觀有無破損。 2. 檢查工作範圍環境狀況。 3. 檢討防護具是否妥當。			
三、搬運	1. 站立於荷物外側，左右腳分開半步。 2. 腳下蹲，背部挺直，手掌抵住荷物，手指握緊荷物，提舉荷物。 3. 移動腳步搬運到新地點。	1. 腳位置不當，重心不穩，易傾倒。 2. 姿勢不當，易閃腰。 3. 搬運不專心時荷物掉落打傷腳。	1. 確認雙腳位置。 2. 挺直背部，兩臂貼身，緊縮下顎保持平衡。 3. 步調自然穩定。	壓傷、扭傷或擦傷者即送醫診治
四、卸放	1. 放下荷物。	1. 放下時若不慎仍會掉落。	1. 確認位置小心放下。	

第 10 章
職業安全衛生教育訓練計畫之製作

一、工作安全教導八原則：

(一) 考慮對方之立場：教導本應讓對方領會，如無法有效傳遞知識、技能予對方，不要認為對方努力不足或無能力，應自省教學能力是否不足，以資檢討改進。

(二) 注意賦予動機：有學習動機比無動機者學習效果佳，故提高對方學習興趣，增加學習誘因，效果較佳。

(三) 由淺入深：以既有基礎配合學習者程度循序漸進，可提高學習效果。

(四) 一次一事：一次教導一事，理解與學習較容易。

(五) 反覆教導：一再反覆詳細解說、操作、示範、實習，對方自然易學會。

(六) 加深印象：以事實或事物具體而實際說明，印象更深刻。

(七) 活用五官：五官之中，視聽覺佔 80% 以上，以視聽媒體與教材、講義靈活運用，效果更佳。

(八) 機能地使理解：指出關鍵理由、主要作業程序要領，可使其機能地理解，千萬不可因作業標準或法規如此規定，就強制要求勞工去做，將使對方陽奉陰違，應使勞工基於認知危害、保障自身安全與健康考慮，能知能行。

二、你是職業安全衛生管理師，廠內有荷重在 1 公噸以上之堆高機 10 台，經統計需接受堆高機操作人員特殊安全衛生教育訓練 25 人，如擬自行辦理該項教育訓練，

(一) 請說明申請該項訓練備查程序？

(二) 應檢附之文件？

(三) 其中教育訓練計畫應含有那些項目？

(四) 於訓練期滿後，自 98 年 9 月 1 日起該等訓練應參加何種方式之測驗？

(一) 訓練單位辦理該項教育訓練前，應填具教育訓練場所報備書及檢附下列 (二) 之文件報請當地主管機關核定；變更時亦同。

(二) 應檢附之文件：

 1. 置備之安全衛生量測設備及個人防護具。

 2. 使用之術科場地、實習機具及設備。

 3. 教育訓練場所之設施。

 4. 符合各類場所消防安全設備設置標準之文件。

 5. 建築主管機關核可有關訓練場所符合教學使用之建物用途證明。

(三) 教育訓練計畫應含有之項目：

 1. 訓練期間

 2. 訓練場所 (書明教室名稱，並列出主管機關核備文號)

 3. 受訓人數 (附受訓學員名冊)

 4. 專責輔導員 (應附符合規定之資格檔，並應由訓練單位加保勞工保險)

 5. 實習安排概況：敘明使用之實習機具及設備數量、實習場所位置及佈置概要、實習分組概況、實習進行方式等事項

 6. 使用之教學設備：敘明使用之教學設備名稱及數量

 7. 教材

(四) 於訓練期滿後，自 98 年 9 月 1 日起該等訓練應參加技術士技能檢定之測驗。

第 11 章
人性管理與自主活動

一、ERG 理論係由耶魯大學 Clayton Alderfer 將 Maslow 理論修訂而成，以存在需求 (Existence)，關係需求 (Relatedness)，成長需求 (Growth) 為主，各種需求可以同時具有激勵作用，如果較高層次的需求末能滿足的話則較低層次需求的欲望就會加深；三需求理論係由 David McClelland 提出，以人的三種重要需求：成就需求 (need for achievement)、權力需求 (need for power) 與親和需求 (need for affliation) 作研究，成就需求與工作績效有高度相關而權力需求與親和需求也有一致的研究成果。高成就需求的人喜歡工作能提供個人責任感、回饋及適度風險。

二、目標設定理論於 1960 年提出，明確的目標本身就具有激勵作用，以認知角度解釋行為企圖引導行為；而增強理論認為行為之後果才是影響行為的主因，其不管個體的內心狀態，然而增強作用對行為確有很重要的影響，但其不是唯一的影響。

三、5S 就是整理 (Seiri)、整頓 (Sieton)、清掃 (Seiso)、清潔 (Seiketsu)、紀律 (Shitsuke) 等 5 項日文發音之羅馬拼音字首。

整理：把"要"與"不要"的物品，區分清楚。

整頓：把要的物品以定位和定量的方式擺放並標示。

清掃：使工作場所或設備乾淨無塵埃。

清潔：將整理、整頓、清掃，徹底執行後的良好情況維持。

紀律：遵守單位的規定並養成習慣，確實遵行。

5S 執行時需有順序性，否則事倍功半。

第 12 章
職業災害調查處理與統計

一、災害調查之目的在蒐集防止同種災害及類似災害有關之災害要因,經分析、檢討災害要因後決定災害原因,依據災害原因樹立災害防止對策,規劃對策之執行計畫,將計畫付諸實施並報請相關單位配合,製作災害統計評估其成效,P → D → C → A 改善對策管理循環,因此災害調查時頃全事業單位予以支持外,調查人選也以能找出災害真正原因者必要人選,如至少包括發生災害單位之主管、勞工安全衛生管理人員及經營階層人員之主持參與,遇較複雜之災害,尚須增加災害相關專業人員襄助調查。

二、災害原因調查步驟共分「R1 掌握災害狀況 (確認事實)」、「R2 發現問題點 (掌握災害要因)」及「R3 決定根本問題點 (決定災害原因)」等三階段,連同第四階段改善規劃之「R4 樹立對策 (災害防止方針)」即為前述之職業災害處理四階段。

三、職業災害統計依統計目的,可分別就工作場所、災害類型、起因物種類、加害物、不安全狀況、不安全行為等與災害件數、災害程度、公傷假日數、直接損失、間接損失值等計算其比率:下列就職業安全衛生法規定適用事業單位應辦理之職業災害統計種類分述:

(一) 失能傷害分類

1. 死亡 (Death):指由於職業災害而引起的生命喪失而言,不論受傷至死亡之時間長短。

2. 永久全失能 (Permanent Total Disability,殘廢):指除死亡之外的任何傷害,足以使受傷者造成永久全失能,或在災害中損失下列各項之一,或失去其機能者:

   (1) 雙目。

   (2) 一隻眼睛及一隻手,或手臂或腿或足。

   (3) 不同肢中之任何下列兩種:手、臂、足或腿。

3. 永久部分失能 (Permanent Partial Disability,殘廢):指除死亡、永久全失能之外的任何傷害,足以造成肢體之任何一部分完全失去或或失去其機能者。不論該受傷之肢體或損傷身體機能之事前有無任

何失能。(註：無作業效力之損失如損失牙齒、體型破相等七項不能列爲永久部份失能。)

    4.　暫時全失能 (Temporary Total Disability)

(二) 總損失日數 (Total Days Charged)

(三) 失能傷害嚴重程度評估：

    1.　死亡：每次按損失日數 6,000 日登記。

    2.　永久全失能：每次按損失日數 6,000 日登記。

(四) 總經歷工時

(五) 失能傷害頻率：

$$失能傷害頻率 (FR) = \frac{失能傷害人次數 \times 1{,}000{,}000}{總經歷工時}$$

(六) 失能傷害嚴重率：

$$失能傷害嚴重率 (SR) = \frac{總計傷害損失日數 \times 1{,}000{,}000}{總經歷工時}$$

(七) 失能傷害平均損失日數

$$失能傷害平均損失日數 = \frac{總損失日數}{失能傷害次數} = \frac{SR}{FR}$$

(八) 年千人率

$$年千人率 = \frac{年間死傷人數 \times 1{,}000}{平均勞動人數}$$

$$= FR \times 2.1 \ (\text{以年工作時間 2,100 小時計})$$

第 13 章
急救

一、灼傷的急救：

（一）設法除去引發灼傷的原因 (如熱、冷、雷擊、摩擦、腐蝕性物質或放射物性質等)。

（二）灼傷的主要影響是休克、感染及疼痛等。

（三）灼傷的範圍以體表區分為 11 個 9%，若灼傷達到 9% 或深度灼傷 (皮膚變色、傷到皮下組織)，要以乾淨布類覆蓋其灼傷處，儘快送醫。

（四）未破皮的灼傷，儘快施以沖、脫、泡、蓋、送處理。

（五）腐蝕性化學物灼傷眼睛、臉部或身體時，要將傷側朝下，用大量水慢慢沖洗處理，若灼傷面積超過 2.5 平方公分者仍需送醫。至少 15 分鐘，再用敷料等包紮後送醫。

（六）勿於灼傷處塗抹醬油、漿糊、沙拉油、牙膏及消炎粉等，以防傷情更加惡化。

二、中暑的急救：

中暑之急救方法為儘快有效降低體溫。一般由於工作負荷引發新陳代謝熱增加，再加上環境熱，致使體溫持續上升，常導致熱中暑。發現有人中暑時，應：

1. 立即將患者移到陰涼通風處，半臥坐墊高頭肩、除去衣物解開束縛。

2. 以冷敷、冷水或酒精擦拭身體、冷氣房或強電扇吹拂，以儘速降低體溫。

3. 觀察生命徵象，清醒者給於食鹽水。

4. 維持心肺功能，以復原臥姿儘速送醫。

三、骨折的急救：

（一）頸部骨折：可用報紙卷，外包三角巾等，作為頸圈固定，仰臥送醫。

（二）腰椎骨折：將傷者仰臥在門板上，將兩腿及全身固定好，儘快送醫，並隨時注意保持其心肺功能。

四、對於化學物質燒傷之緊急處理措施：

　　工廠中有許多強烈腐蝕劑及化學藥品，即使家庭中使用的漂白劑、清潔劑及油漆溶劑等，也都可能引起化學燒傷。這類燒傷要迅速處理，但接近病人時必須考慮自身的安全。對於化學物質燒傷之緊急處理措施如下：

(一) 在水龍頭下緩慢沖洗傷處，至少 10 分鐘，以免進一步傷害。並注意確定沖洗的水能安全排出，以免傷及別人。

(二) 沖洗患部時，同時除去受污染的衣物，保護自己不要受污染。

(三) 繼續處理嚴重燒傷。

(四) 如果眼睛被化學藥品燒傷在水龍頭下輕輕沖洗眼睛，也可讓傷患側臉浸入冷水中，叫他睜開眼睛並眨眼。檢查上下眼瞼是否沖洗乾淨。如果眼睛因劇痛而緊閉時，必須輕輕撥開眼瞼檢查。

(五) 也可讓他坐下或躺下，頭部後仰。保護正常眼，輕輕打開灼傷的眼瞼，用無菌乾淨的水直接沖洗。

五、休克的急救：

1. 去原因—止血、包紮、固定等，最好盡快供氧。

2. 擺姿勢—下肢抬高 20~30 公分，但有<u>頭部外傷</u>、<u>呼吸困難</u>或<u>抬高下肢會令病患不舒服者</u>，不得抬高下肢。

3. 保體溫—勿使患者過熱。

4. 慎給水—昏迷者→不能給水。

　　—清醒者但可能有開刀之虞者→不能給水。

5. 說好話—做心理的支持，但並非無謂的保證。

6. 送醫院—送醫途中持續觀察患者生命徵象。

第 14 章
個人防護具

一、一般作業場所中,下列場合應考慮使勞工使用呼吸防護具:

應考慮使用呼吸防護具之場合:一般而言,作業場所出現以下狀況(或條件)時,便需考慮採用呼吸防護具:

1. 臨時性作業、作業時間短暫或作業期間短暫。

2. 有缺氧之虞作業場所從事作業時,如:

   (1) 坑道、儲槽、管道、船艙等內部實施清掃、檢查或維護保養等。

   (2) 在密閉空間或開口有限空間等場所從事作業時。

3. 緊急意外事故逃生或搶救人命。

4. 採用工程控制措施,仍無法將空氣中危害性化學品濃度降低至容許濃度之下。

5. 可能有生物危害因子暴露,而無法設置完整的控制設備。

二、選用適當的呼吸防護具:

呼吸防護具種類繁多,但尚無一完美的防護具可防護所有物質的危害,故必須瞭解防護具的種類及限制,並作正確的選擇,方能使防護具發揮功效。選用呼吸防護具應先確認之事項:

(1) 有害物質之種類。

(2) 是否有缺氧之可能。

(3) 是否會立即危及生命或健康。

(4) 有害物在空氣中之濃度為何?

(5) 有害物之物性、化性及毒性。

(6) 是否具刺激性作用,如對眼、鼻、皮膚等。

(7) 是否會引起火災、爆炸。

(8) 是否有設置必要之工程控制設備。

(9) 是否有令人憎惡之味道存在,或其他物理條件。

(10) 是否需配戴其他的防護具如安全眼鏡、防護衣等。

(11) 勞工工作進行速度、工作範圍、移動情形。

(12) 各項呼吸防護具之特性及限制。

三、以 SARS 防疫措施為例，醫療保健服務業選用呼吸防護具前應先確認之事項如下：

1. 危害因子之種類－飛沫中含有之病毒。

2. 危害因子致病之機轉或途徑 (接觸或飛沫吸入)。

3. 危害因子之物理形態或狀態：如在空氣中的飛沫狀態，病毒大小。

4. 呼吸防護具之功能 (過濾能力、吸濕能力)。

5. 作業環境實況 (通風或負壓)。

6. 作業形態 (插管、照護、清潔)。

7. 是否需配戴其他的防護具、防護衣等。

8. 工作進行情形、工作範圍、移動情形。

9. 是否有令人憎惡之味道存在或其他物理條件應控制。

四、個人防護具使用計劃：

個人防護具是整體安全衛生制度的一環，因此其計劃之設計及實施需要仔細考慮：

(一) 了解作業環境：建立個人防護具計劃的第一步驟就是要能指認工作場所可能存在的特殊危害。

(二) 選擇：了解作業環境之危害問題後，接著就是設法解決問題，決定如何以工程技術或管理來消除危害，甚或使用何種個人防護具。對於個人防護具的選擇可依下列兩原則：

1. 所需要的保護程度。

2. 防護具用於該場合的適用性。

(三) 穿戴適合性：防護具最重要的就是一定要使用才能發揮功用，因此使用者是否感覺穿戴合適，對其使用之意願及效用影響很大，所以計劃中應該要有由具相當資格人員去評量防護具的每一位使用者是否穿戴合適。

(四)維護保養：防護具計劃應包含一套完善的防護具維護保養制度，從事防護具的檢查、清理、修護、消毒、儲存等以確保防護具的可用性及安全性。

(五)訓練：訓練的成敗關係到整個計劃之能否成功。因此應詳細規劃訓練事實，讓員工了解何以要使用防護具，如何穿戴、選擇，何處取得。

(六)參與支持：設法取得公司內上下一致參與支持此計劃，尤其是主管人員的支持並且以身作則更具助力。

(七)評估：劃決定實施後，要訂定檢討評估辦法，定期檢討修正，方能使計劃更為完善具效用。

五、個人防護具保管時應注意事項：

防護具的保管首先應考慮的就是，一旦要使用時隨時都可以獲得乾淨且有效狀態的防護具。至於一般應留意之事項如下：

1. 應儲放在不受日曬的場所。
2. 應儲放在通風良好的場所。
3. 應儘量避免接近高溫物體。
4. 不可與腐蝕性液體、有機溶劑、油脂類、化妝品、酸類等一併儲放在同一室內。
5. 受砂或泥土污穢時，應予水洗乾淨，置放於陰涼場所，使它自然風乾後儲放。
6. 受汗水污穢時，應予洗濯乾淨，充分乾燥後儲放。

六、呼吸防護具的選用流程如下：

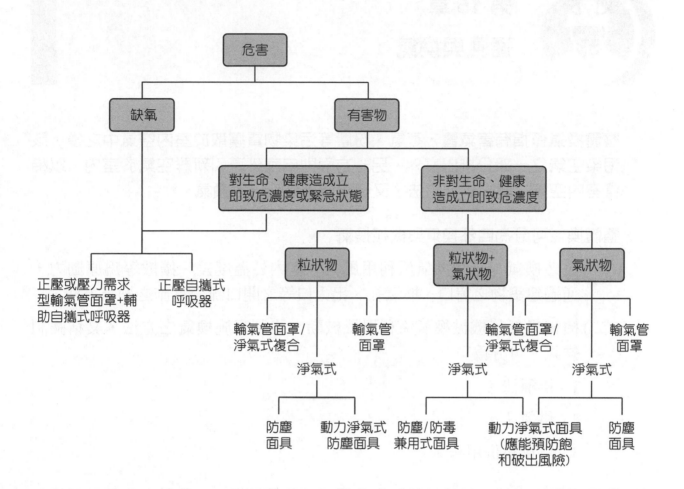

第 15 章

通風與換氣

一、整體換氣係指有害氣體、蒸氣、粉塵等污染物質擴散於室內空氣中之後，該污染空氣之一部分排出室外，另一方面則自室外導引新鮮空氣於室內，以稀釋室內空氣之雙重換氣方法，又稱稀釋換氣或一般換氣。

二、整體換氣可分為自然換氣與機械換氣

(一) 自然換氣：自然換氣係利用風力、室內外溫度差、擴散等為原動力，通過建築物之窗口、換氣孔、出入口等之開口部分實施之換氣方法。

(二) 機械換氣：機械換氣係利用機械動力強制實施換氣之方法，又稱強制換氣。可分為：

1. 排氣法。

2. 供氣法。

3. 供排氣併用法。

三、整體換氣之性能：整體換氣以換氣量代表其控制能力。理論上應具備足夠必要換氣量、換氣應能均勻擴散於工作空間及在呼吸區域不應有超過容許濃度污染物質之存在。

(一) 一般換氣量：一般室內空氣之良好與否，概以二氧化碳濃度為基準，每小時每人之換氣量 $Q(m^3/hr)$ 可依下式表示：

$$Q = \frac{G}{C - C_0}$$

式中，G：每小時每人呼出之二氧化碳量

C：二氧化碳之容許濃度 5000ppm

C_0：新鮮空氣中之二氧化碳濃度

(= 0.03%~0.04% 或 300~400 ppm)

勞工工作場所新鮮空氣之供應量(根據職業安全衛生設施規則第312條)

工作場所每一勞工所佔之空間 (m³)	每一勞工所需之新鮮空氣量 (m³/min)
未滿 5.7 5.7 以上，未滿 14.2 14.2 以上，未滿 28.3 28.3 以上	0.6 以上 0.4 以上 0.3 以上 0.14 以上

(二) 發生有害氣體或蒸氣時：設若有害氣體之容許濃度為 C(ppm)，W 為每小時有害物 (如有機溶劑) 之消費量 (g/hr)，則上式可改寫為：

$$Q(m^3/min) = \frac{24.45 \times 10^3 \times W(g/hr)}{60 \times C(ppm) \times M}$$

$$或\ Q(m^3/min) = \frac{100 \times W(g/hr)}{60 \times C(mg/m^3)}$$

有機溶劑中毒預防規則第十三條第二項之換氣能力及其計算方法

消費有機溶劑或其混存物之種類	換氣能力 (m³/min)
第一種有機溶劑或其混存物之種類	每分鐘換氣量 = 作業時間一小時有機溶劑或混存物之消費量 × 0.3
第二種有機溶劑或其混存物之種類	每分鐘換氣量 = 作業時間一小時有機溶劑或混存物之消費量 × 0.04
第三種有機溶劑或其混存物之種類	每分鐘換氣量 = 作業時間一小時有機溶劑或混存物之消費量 × 0.01
註：表中每分鐘換氣量之單位為立方公尺，作業時間內一小時之有機溶劑或其混存物之消費量之單位為公克。	

四、整體換氣裝置裝設上應注意事項：

(一) 只限於排除低毒性有害物質。

(二) 為有效控制有害物質之濃度在容許濃度以下，應提供理論換氣量之某一倍數 (安全係數，K) 作為實際換氣量：Q′ (m³/min) = KQ(m³/min)。

(三) 排氣機或連接排氣機之導管開口部位應儘量接近有害物質發生源，以避免勞工呼吸帶暴露在排氣氣流中。

(四) 排氣及供氣要不受阻礙且能保持有效運轉。

(五) 為求稀釋效果良好，氣流路徑不可短路也不可受到阻礙，務使新鮮外氣與室內空氣混合均勻。

(六) 補充空氣應視需要調溫、調濕。

(七) 高毒性物質或高污染作業場所最好與其他作業場所隔離。

(八) 有害物發生源需遠離勞工呼吸區。

(九) 為避免排出之污染空氣再回流，排氣口最好高於屋頂，且最好為建築物之 1.5~2 倍。

(十) 整體換氣裝置之送風機、排氣機或其導管之開口部，應儘量接近有機溶劑蒸氣發生源。進氣氣流在通過污染源後，需在最短路徑內被排出室外。

五、局部排氣係指高濃度下發生之污染空氣未被混合分散於清潔空氣前，利用吸氣氣流將污染空氣於高濃度狀態下，局部性地予以捕集排除，進而於清淨後再排至大氣。

局部排氣系統主要組成包含部分如下：

(一) 氣罩：氣罩係指包圍污染物發生源裝置之圍壁，或無法包圍時盡量接近於發生源裝置之開口面，使其產生吸氣氣流引導污染物流入其內部之局部排氣裝置之入口部分。

氣罩依發生源與氣罩之相關位置及污染物之發生狀態，可分為包圍型、崗亭型、外裝型、接收型及吹吸型換氣裝置等五種。

氣罩應注意事項如下：

1. 應設置於每一發生源處或接近發生源。

2. 必須有足夠的控制風速。

3. 氣罩形狀及大小需能有效控制污染物之擴散。

(二) 導管：導管包括污染空氣自氣罩經空氣清淨裝置至排氣機之輸送管路(吸氣導管) 及自排氣機至排氣口之輸送管路 (排氣導管) 兩大部份。

導管內之平均風速計算：

$$V(m/s) = 4.04\sqrt{P_v}$$

式中，P_v：導管內任意斷面之動壓 (mmH$_2$O)

導管內之風量計算：

$$Q(m^3/min) = 60 \times A(m^2) \times V(m/s)$$

式中，A：導管之斷面積 (m^2)

V：導管內之平均風速 (m/s)

導管應注意事項如下：

1. 導管應易於清潔、保養、測定。

2. 導管設置位置及材質需考慮不受外力損壞與腐蝕者為佳。

3. 水平導管爲減少灰塵之堆積，宜採取角度輕微之傾斜。

範例：

一矩形風管大小如下圖所示，實施定期自動檢查時於測定孔位置測得之動壓 (mmH$_2$O) 分別列於圖中，試計算其輸送之風量爲多少 (m^3/min)？

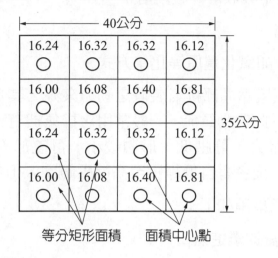

等分矩形面積　面積中心點

🖊 $V(m/s) = 4.04\sqrt{P_v}$

$V_1 = 4.04\sqrt{16.24} = 16.24$ (m/s)，餘此類推

$V_2 = 16.28$，$V_3 = 16.28$，$V_4 = 16.18$，$V_5 = 16.12$，$V_6 = 16.16$，

$V_7 = 16.32$，$V_8 = 16.52$，$V_9 = 16.24$，$V_{10} = 16.28$，$V_{11} = 16.28$，

$V_{12} = 16.18$，$V_{13} = 16.12$，$V_{14} = 16.16$，$V_{15} = 16.32$，$V_{16} = 16.52$

$$V_{avg}(m/s) = \frac{\sum_{i=1}^{16} V_i}{n}$$

$V_{avg} = (16.24 + 16.28 + \cdots + 16.52)/16 = 16.26$(m/s)

$Q(m^3/min) = 60 \times A(m^2) \times V_{avg}(m/s)$

$\qquad\qquad = 60 \times (0.4 \times 0.35) \times 16.26$

$\qquad\qquad = 136.6$(m^3/min)

(三) 空氣清淨裝置：空氣清淨裝置有除卻粉塵、燻煙等之除塵裝置及除卻氣體、蒸氣等之廢氣處理裝置兩大類。

1. 除塵裝置

    (1) 重力沉降室

    (2) 慣性除塵裝置

    (3) 離心分離裝置

    (4) 濕式除塵裝置

(5) 靜電除塵裝置

(6) 袋式濾塵裝置

2. 廢氣處理裝置

(1) 充填塔 (吸收塔、吸附塔)

(2) 焚燒爐

(3) 其他：如氧化還原等化學方式。

(四) 排氣機： 排氣機為局部排氣裝置之動力來源，其功能在使導管內外產生不同之壓力以此帶動氣流。一般常用之排氣機有軸流式與離心式二種。前者以排氣量大，靜壓低、形體較小，可置於導管內，適於低靜壓局部排氣裝置。後者有自低靜壓至高靜壓範圍，但形體較大為其缺點。

排氣機應注意事項如下：

1. 排氣位置需遠離進氣口。

2. 排氣機之前應設置空氣清靜裝置。

3. 依排氣機全壓、排氣量、效率並應有適當的安全係數，計算出所須之排氣機動力與馬達動力。

六、局部排氣裝置用以處理粒狀有害物時，導管之彎曲部分或豎管底部可能有粒狀物沉積之虞，若於某處發生阻塞，可能因其阻力而減少排氣量，並減低流速，而使原本不會發生阻塞之部分亦開始堆積粒狀物，因此應設置清潔孔以利清掃導管內部。

清潔孔設置之位置：於導管之彎曲、合流及豎管等前後均應設置足夠數量之清潔孔，另，於較長之水平導管亦應於適當間隔設置清潔孔。

七、局部排氣裝置的定期檢查表：

　🈺 雇主對局部排氣裝置應每年實施下列檢查：

1. 氣罩、導管及排氣機之磨損、腐蝕、凹凸及其他損害之狀況及程度。

2. 導管或排氣機之塵埃聚積狀況。

3. 排氣機之注油潤滑狀況。

4. 導管接觸部分之狀況。

5. 連接電動機與排氣機之皮帶之鬆弛狀況。

6. 吸氣及排氣之能力。

　　　7. 設置於排放導管上之採樣設施是否牢固、鏽蝕、損壞、崩塌或其他妨礙作業安全事項。

　　　8. 其他保持性能之必要事項。

八、排氣裝置之性能以抑制濃度規定者，如氣罩外側測定點之有害物濃度在抑制濃度以下，則可不問其吸引速度。因此，所設置之局部排氣裝置，如測定之有害物濃度在抑制濃度以下，則可使用調節板調節排氣量，降低吸引氣流速度。

九、局部排氣裝設上應注意事項：

（一）氣罩應儘量選擇能包圍污染源之包圍式或崗亭式氣罩。

（二）外裝型氣罩應儘量接近污染物發生源。

（三）氣罩應視作業方法、有污染物之擴散狀況及污染物之比重等，選擇適於吸引該污染物之型式及大小。

（四）應儘量縮短導管長度、減少彎曲數目，且應於適當處所設置易於清掃之清潔口與測定孔。

（五）設置有空氣清淨裝置之局部排氣裝置，其排氣機應置於空氣清淨裝置後之位置。

（六）排氣煙囪等之排氣口，應直接向大氣開放。對未設空氣清淨裝置之局部排氣裝置之排氣煙囪等設備，應使排出物不致回流至作業場所。

（七）需有足夠之排氣量；排氣機應具有足夠之馬力。

（八）氣罩不可設置於人車來往頻繁或易受側風影響之位置。

（九）導管之形狀應儘量選用圓形形狀。

（十）導管之材質應選用具有不被腐蝕之材質。

十、局部排氣裝置與整體換氣裝置相較下，具有下列優點：

（一）如設計得當，污染物可以於到達作業者呼吸帶前被排除，使作業者免於暴露於有害物質作業環境之危險。

（二）須排除及補充之空氣量較整體換氣裝置少；且可免除作業場所因設置整體換氣裝置調溫設備之花費。

（三）排除污染物僅侷限於小體積之污染空氣，如欲對這些排除之污染空氣加以處理，花費較少。

（四）作業場所之附屬設備較不易被污染物腐蝕損壞。

（五）局部排氣裝置之抽排速度較大，能排除較重之污染物質。

十一、局部排氣裝置與整體換氣裝置之優缺點比較如下表所列：

	局部排氣	整體換氣
優點	1. 污染物被更高度地集中運輸的氣流。故與整體換氣相比僅需較小的風扇和動力消耗即可有效控制污染源。 2. 在寒冷地帶或需大量空氣調節之工廠，就經濟考量觀點，局部排氣所需之補償空氣較少。 3. 污染物在進入勞工呼吸帶前，可被捕集而不讓其擴散到它處。 4. 污染物較高去除率地集中在搬運氣流上，透過空氣清靜裝置回收部份，可利用物質並減少空氣污染物產生。	1. 對於低濃度污染空氣，可將一部份排出室外，同時自室外引進新鮮空氣以稀釋室內污染空氣。使濃度降低至容許濃度以下。 2. 利用機械換氣可獲得必要之換氣量。 3. 可用自然換氣 (如風力、溫度、擴散…等) 以節省通風換氣之操作成本。
缺點	1. 局部排氣之氣罩、風管等設置不當，則需耗較多的動力以產生足夠排氣量。 2. 排氣機種類繁多，應慎選用以避免風壓不足時將影響局部排氣裝置之性能。 3. 使用上需視污染物產生量與逸散速度調整其排氣量。若發生源較多則不易維持適當的控制風速。 4. 當污染源量多且分散時其維護保養困難且成本負擔較重。	1. 染物毒性大或量多時，在技術上或經濟上之負擔將遭遇困難。 2. 污染物比重大時，不易稀釋與排除。 3. 機械換氧污染物量、毒性或比重較大不易稀釋排除時，在技術與經濟效益考量上較不適合。 4. 利用自然換氣時，若其原動力 (如風力、溫度…等) 不作用時，其效果甚差。

十二、各種氣罩必要之排氣量：

(一) 包圍型氣罩

$$Q(m^3/min) = 60 \times A(m^2) \times V_c(m/s)$$

式中，A：氣罩之開口面積 (m^2)

V_c：導管內之平均風速 (m/s)

(二) 側邊吸引式外裝型圓形或矩形氣罩

1. 未具凸緣時：$Q(m^3/min) = 60 \times V_c \times (10X^2 + A)$

2. 具有凸緣時：$Q(m^3/min) = 60 \times 0.75 \times V_c \times (10X^2 + A)$

3. 置於工作檯面上，具有凸緣時：$Q(m^3/min) = 60 \times 0.5 \times V_c \times (10X^2 + A)$

4. 置於工作檯面上，未具凸緣時：$Q(m^3/min) = 60 \times V_c \times (5X^2 + A)$

式中 X：於氣罩中心軸上距氣罩開口之距離 (m)

(三) 上吸式外裝型圓形或矩形氣罩 (頂蓬式氣罩)

$$Q(m^3/min) = 1.4 \times 60 \times P \times V_c \times H$$

式中，P：汙染源之周長 (m)

H：汙染源距離氣罩開口之高度 (m)

範例：

一有機溶劑作業設置局部排氣裝置為控制設備，在工作檯面上、如使用側邊吸引式外裝型氣罩，其作業點與氣罩關係如下圖所示，試計算該氣罩應吸引之風量為何？

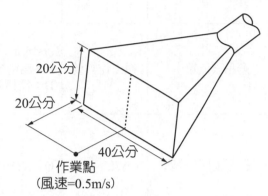

作業點
(風速=0.5m/s)

答 $V_c = 0.5(m/s)$

$A = 0.2(m) \times 0.4(m) = 0.08\ m^2$

$Q = 60V_c(5X^2 + A) = 60 \times 0.5[5(0.2)^2 + 0.08] = 8.4(m^3/min)$

各種氣罩型式之排氣量求法

圖示	氣罩型式	展弦比	排氣量
	槽縫式氣罩	W/L < 0.2	$Q = 3.7 \times L \times V \times X$
	具凸緣槽縫式氣罩	W/L < 0.2	$Q = 2.8 \times L \times V \times X$
	平面開口氣罩	W/L > 0.2 或圓形氣罩	$Q = V(10X^2 + A_h)$
	具凸緣開口氣罩	W/L > 0.2 或圓形氣罩	$Q = 0.75(10X^2 + A_h)$

圖示	氣罩型式	展弦比	排氣量
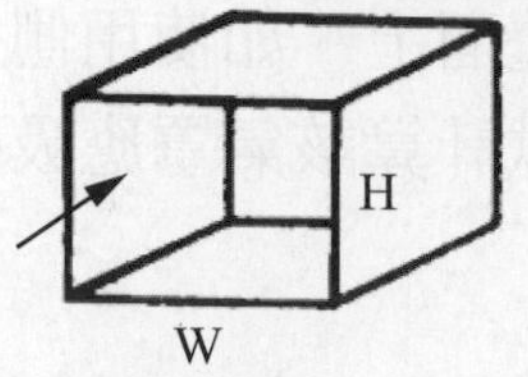	崗亭式氣罩	視工作需要	$Q = V \times A_h$
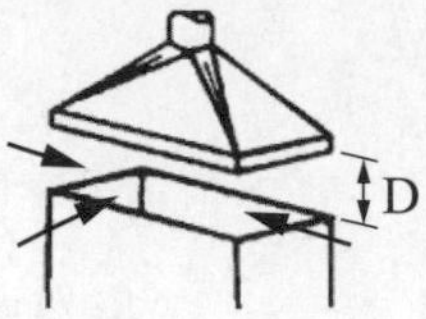	懸吊式氣罩	視工作需要	$Q = 1.4 \times P \times D \times V$ P：為槽體周長 D：為槽體上緣至懸吊式氣罩之距離
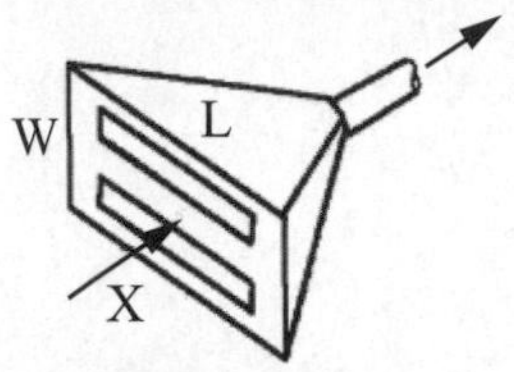	多槽縫平面開口氣罩	W/L > 0.2	$Q = V(10X^2 + A_h)$
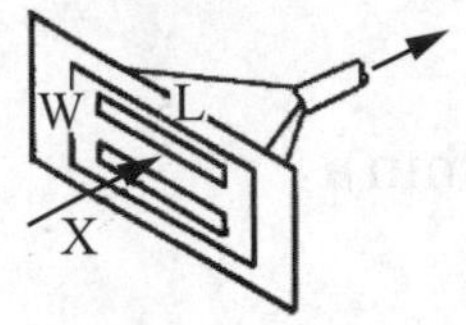	多槽縫凸緣開口氣罩	W/L > 0.2	$Q = 0.75(10X^2 + A_h)$

說明：Q為排氣量，L為氣罩開口長度，W為氣罩開口寬度，A_h為開口面積，X為污染物發生源或零速點至氣罩開口中心之距離，V為控制風速。

第 16 章
勞工作業環境監測概論

一、應實施作業環境監測之場所及其監測項目、頻率：

(一)設有中央管理方式之空氣調節設備之建築物室內作業場所，應每六個月監測二氧化碳濃度一次以上。

(二)下列坑內作業場所應每六個月監測粉塵、二氧化碳之濃度一次以上：

　　1. 礦場地下礦物之試掘、採掘場所。

　　2. 隧道掘削之建設工程之場所。

　　3. 前二目已完工可通行之地下通道。

(三)勞工噪音暴露工作日八小時日時量平均音壓級八十五分貝以上之作業場所，應每六個月監測噪音一次以上。

(四)下列作業場所，其勞工工作日時量平均綜合溫度熱指數在中央主管機關規定值以上者，應每三個月監測綜合溫度熱指數一次以上：

　　1. 於鍋爐房從事工作之作業場所。

　　2. 處理灼熱鋼鐵或其他金屬塊之壓軋及鍛造之作業場所。

　　3. 鑄造間內處理熔融鋼鐵或其他金屬之作業場所。

　　4. 處理鋼鐵或其他金屬類物料之加熱或熔煉之作業場所。

　　5. 處理搪瓷、玻璃及高溫熔料或操作電石熔爐之作業場所。

　　6. 於蒸汽機車、輪船機房從事工作之作業場所。

　　7. 從事蒸汽操作、燒窯等之作業場所。

(五)粉塵危害預防標準所稱之特定粉塵作業場所，應每六個月監測粉塵濃度一次以上。

(六)製造、處置或使用有機溶劑之作業場所，應每六個月監測其濃度一次以上。

(七)製造、處置或使用特定化學物質之作業場所，應每六個月監測其濃度一次以上。

(八)接近煉焦爐或於其上方從事煉焦作業之場所，應每六個月監測溶於苯之煉焦爐生成物之濃度一次以上。

(九)鉛中毒預防規則所稱鉛作業之作業場所,應每年監測鉛濃度一次以上。

(十)四烷基鉛中毒預防規則所稱四烷基鉛作業之作業場所,應每年監測四烷基鉛濃度一次以上。

二、監測計畫:

(一)雇主實施作業環境監測前,應就作業環境危害特性、監測目的及中央主管機關公告之相關指引,規劃採樣策略,並訂定含採樣策略之作業環境監測計畫,確實執行,並依實際需要檢討更新。

前項監測計畫,雇主應於作業勞工顯而易見之場所公告或以其他公開方式揭示之,必要時應向勞工代表說明。

雇主於實施監測十五日前,應將監測計畫依中央主管機關公告之網路登錄系統及格式,實施通報。但於引進或修改製程、作業程序、材料及設備時,依規定辦理之作業環境監測者,得於實施後七日內通報。

(二)監測計畫,應包括下列事項:

1. 危害辨識及資料收集。

2. 相似暴露族群之建立。

3. 採樣策略之規劃及執行。

4. 樣本分析。

5. 數據分析及評估。

(三)事業單位從事特別危害健康作業之勞工人數在一百人以上,或依本辦法規定應實施化學性因子作業環境監測,且勞工人數五百人以上者,監測計畫應由下列人員組成監測評估小組研訂之:

1. 工作場所負責人。

2. 依職業安全衛生管理辦法設置之職業安全衛生人員。

3. 受委託之執業工礦衛生技師。

4. 工作場所作業主管。

監測計畫,雇主應使監測評估小組成員共同簽名及作成紀錄,留存備查,並保存三年。

(四)依訂定之監測計畫實施作業環境監測時,應會同職業安全衛生人員及勞工代表實施。

三、環境監測分析使用之主要儀器與分析物

儀器名稱	工業衛生上之主要應用範圍
天平	粉塵採樣濾紙秤重，量器校正
氣相層析儀	碳氫化合物、酯類、醚類、醛類、醇類、有機酸類等有機物分析
高效率液相層析儀	聯苯類、酚類、有機酸類等有機物分析
紫外光 - 可見光光譜儀	二氧化矽、聯氨、硫化氫、六價鉻、次乙亞胺等分析
傅立葉紅外光譜儀	二氧化矽分析
原子吸收光譜儀	金屬
X- 光繞射分析儀	二氧化矽、石綿
位相差顯微鏡	石綿鏡檢

四、相似暴露族群 (SEG)

(一)以「相似暴露族群 (SEG) 模式」進行暴露評估之目的：

以「相似暴露群 (SEG) 模式」進行暴露評估之目的是爲了以有限的資源 (人力、物力、財力與時間)，使採樣點具最高的代表性，瞭解整廠勞工之暴露實態。若某一暴露群的暴露實態，經評估後顯示現場勞工暴露環境已超過勞工作業場所容許暴露標準，則視爲不可接受之暴露，應進行控制；若暴露實態低於前述之標準，則視爲可接受之暴露，僅需週期性的進行評估以確認狀況未改變；至於暴露實態尚未完全明瞭之暴露群，視爲不確定之暴露，需進一步評估。藉由這樣週而復始的循環，對工廠重複進行評估以掌握工廠所有暴露群的所有暴露實態。

(二)相似暴露族群的劃分方式，以某 PVC 膠帶廠製程爲例：

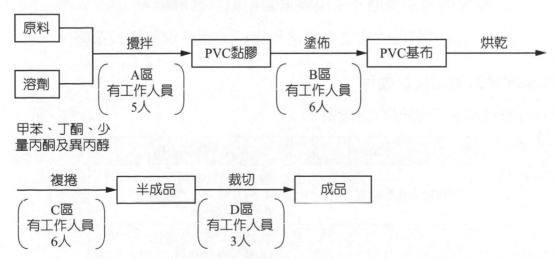

在訂定作業環境採樣策略時，可以將這些工作的勞工劃分為 3 個相似暴露群 (Similar Exposure Group，SEG)，亦即 A 區處理原料及溶劑為一組，B 區塗佈區一組，C 為烘乾複捲區歸類為一組，理由是他們在同一時間，同一危害物下有著相同的暴露狀況，因其無論工作製程、工作使用原料及其接觸危害物的頻率都相同。其判定是藉由勞工的工作內容、製程、控制設備、原料物質等作為依據。

(三) 作業環境採樣策略內容應包括之要項：

依據「作業環境監測指引」，作業環境採樣策略應予文件化，其內容應包括下列事項：

1. 危害辨識：應以系統化方法辨識作業場所中可能發生之各種危害，應涵蓋物理性及化學性危害因子。

2. 測定處所：對所有具危害之場所應進行測定，當不易執行時，須選擇具代表性之測定處所；其選擇方式應對各項危害、場所及人員進行合理化之分類，確保使用「有效推論」之原則並考量其風險，以掌握作業場所內之全面狀況。

3. 採樣規劃：應對具代表性之測定處所評估其相對風險，以作為測定順序之依據。

建議依下列三個步驟：

1. 辨識各項危害，擬訂相似暴露群組之區分方法及各相似暴露群組暴露實態之建立方式，完成相似暴露群組區分。

2. 運用風險評估，區分各相似暴露群組之相對危害。

3. 優先測定高風險及法規要求之相似暴露群組。

雇主應依作業場所環境之變化及特性，適時調整採樣策略。

五、作業環境監測結果之處理

(一) 監測結果記錄保存之規定：

分類	化學物質名稱
甲類特定化學物質	1. 聯苯胺及其鹽類 2. 4- 胺基聯苯及其鹽類 3. β- 蔥胺及其鹽類
乙類特定化學物質	1. 二氯聯苯胺及其鹽類 2. α- 蔥胺及其鹽類 3. 鄰 - 二甲基聯苯胺及其鹽類 4. 二甲氧基聯苯胺及其鹽類 5. 鈹及其化合物

分類	化學物質名稱
丙類第一種特定化學物質	1. 次乙亞胺 2. 氯乙烯 3. 苯
丙類第三種特定化學物質	1. 石綿 2. 鉻酸及其鹽類 3. 砷及其化合物 4. 重鉻酸及其鹽類 5. 煤焦油 6. 鎳及其化合物
丁類特定化學物質	硫酸
第一種有機溶劑	三氯乙烯
第二種有機溶劑	四氯乙烯

上表中化學物質之監測紀錄應保存三十年；粉塵監測紀錄應保存十年、其他之監測紀錄則應保存三年。

(二) 監測結果之公告：監測結果，雇主應於作業勞工顯而易見之場所公告或以其他公開方式揭示之，必要時應向勞工代表說明。

(三) 監測結果之通報：雇主應於採樣或測定後四十五日內完成監測結果報告，通報至中央主管機關指定之資訊系統。

六、得以直讀式儀器有效監測之化學性因子如下：

(一) 二氧化碳。

(二) 二硫化碳。

(三) 二氯聯苯胺及其鹽類。

(四) 次乙亞胺。

(五) 二異氰酸甲苯。

(六) 硫化氫。

(七) 汞及其無機化合物。

(八) 其他經中央主管機關指定公告者。

七、使用直讀式儀器監測化學性危害因子時：

(一) 有爆炸、火災之虞的可燃性氣體之警報值的設定：一般而言，有爆炸、火災之虞的可燃性氣體之警報值上限都會設在 10%LEL 至 20%LEL 之間，當超過這個數值時就需要緊急處置，如加強通風或找出異常原因並排除，如果上限達 25~30%LEL 已經需要緊急撤離。

(二) 缺氧作業環境內應避免使用觸煤燃燒式偵測器測定可燃性氣體濃度。

(三) 欲使用直讀式儀器了解作業環境中一氧化碳之濃度是否在容許濃度 35ppm 附近，若欲使用 7% 的一氧化碳氣體來校正此直讀式儀器，其過程如下：先將濃度 7% 的一氧化碳稀釋 1,000 倍成為 70ppm，再稀釋 2 倍成為 35ppm，標準氣體稀釋調整完成後再將儀器讀值與氣體實際濃度做比較 (儀器顯示讀值扣除一氧化碳標準品濃度，再除以標準品濃度)，差異在 0.2%(v/v) 以下時則完成校正，若差異超出 0.2% 時，則需重新調整或保養檢查。

八、作業環境監測指引重點彙整：

(一) 名詞定義：

1. 採樣策略：於保障勞工健康及遵守法規要求之前提下，運用一套合理之方法及程序，決定實施作業環境監測之處所及採樣規劃。

2. 相似暴露族群：指工作型態、危害種類、暴露時間及濃度大致相同，具有類似暴露狀況之一群勞工。

3. 管理審查：為高階管理階層依預定時程及程序，定期審查計畫及任何相關資訊，以確保其持續之適合性與有效性，並導入必要之變更或改進。

(二) 雇主應訂定含採樣策略之監測計畫，其項目及內容應包括下列事項：

1. 危害辨識及資料收集：依作業場所危害及先期審查結果，以系統化方法辨識及評估勞工暴露情形，及應實施作業環境監測之作業場所，包括物理性及化學性危害因子。

2. 相似暴露族群之建立：依不同部門之危害、作業類型及暴露特性，以系統方法建立各相似暴露族群之區分方式，並運用暴露風險評估，排定各相似暴露族群之相對風險等級。

3. 採樣策略之規劃及執行：規劃優先監測之相似暴露族群、監測處所、樣本數目、監測人員資格及執行方式。

4. 樣本分析：確認實驗室樣本分析項目及執行方式。

5. 數據分析及評估：依監測數據規劃統計分析、歷次監測結果比較及監測成效之評估方式。

(三) 雇主對作業環境監測結果，除符合法規要求實施分級管理外，應建立及維持適當之評估程序，依評估結果應採取防範或控制之程序或方案，以消除或控制所辨識出之危害，並依下列優先順序進行預防及控制措施，完成後應評估其結果並記錄：

1. 消除危害。

2. 經由工程控制或管理控制從源頭控制危害。

3. 設計安全之作業制度，將危害影響減至最低。

4. 當上述方法無法有效控制時，應提供適當且充足之個人防護具，並採取措施確保防護具之有效性。

第 17 章
物理性因子環境監測

一、熱危害指數 (HSI)

$$\Delta H = (M \pm R \pm C) - E_{req}$$

當 ΔH 等於零時,即為人體欲維持熱平衡所必須之蒸發交換熱 (E_{req})

$$E_{req} = (M \pm R \pm C)$$

熱危害指數 (HSI) 之定義為:

$$HSI = (\frac{E_{req}}{E_{max}}) \times 100$$

二、溫濕環境監測結果評估—綜合溫度熱指數 (WBGT)

綜合溫度熱指數 (WBGT) 其測量儀器主要為乾球溫度計、自然濕球溫度計及黑球溫度計,自然濕球溫度計 (t_{nwb}) 受氣動、溼度、氣溫之影響;而黑球溫度 (t_g) 受氣動、輻射、氣溫影響。應注意此種指數量測不得使用通風濕球溫度計,因為通風濕球溫度計其風速被限制在 3.0~3.7m/s。

綜合溫度熱指數計算方法如下:

(一) 戶外有日曬情形者

綜合溫度熱指數
=0.7 × (自然濕球溫度) + 0.2(黑球溫度) + 0.1 × (乾球溫度)

(二) 戶內或戶外無日曬情形者

綜合溫度熱指數 = 0.7 × (自然濕球溫度) + 0.3 × (黑球溫度)

(三) 綜合溫度熱指數時量平均值之計算

當不同時段之綜合溫度指數不同時,可以下列計算之。

$$WBGT_{avg} = \frac{WBGT_1 \times T_1 + WBGT_2 \times T_2 + \cdots + WBGT_n \times T_n}{T_1 + T_2 + \cdots + T_n}$$

法規規定高溫作業場所每日工作時間不得超過六小時，每小時作業時間與休息時間則依照所測得之綜合溫度熱指數來調整。間歇作業每兩小時評估一次，連續作業每小時評估一次。溫濕環境監測時以乾濕球溫度計以及黑球溫度計測之。

綜合溫度熱指數之計算：

由測定之結果與下表相比較，可調整勞工每小時工作時間比例，黑球溫度超過 50℃者則需提供熱防護設備。

高溫環境作息時間標準

每小時作息時間比例		連續作業	75% 作業 25% 休息	50% 作業 50% 休息	25% 作業 75% 休息
最大綜合溫度熱指數值 ℃	輕工作	30.6	31.4	32.2	33.0
	中度工作	28.0	29.4	31.1	32.6
	重工作	25.9	27.9	30.0	32.1

三、計算綜合溫度熱指數 (WBGT) 時需量測乾球溫度、自然溼球溫度及黑球溫度，其量測設備、組裝及溫度計架設高度：

(一)

1. 乾球溫度：使用精密或校準過之溫度計，其準確度在 ± 0.5℃，可測定範圍在 −5℃ 至 50℃ 者，量測時應遮蔽太陽光或其他輻射熱源之輻射熱，以避免輻射影響測定結果，但不得影響自然空氣之流動，需經 5~15 分鐘讀數始穩定。

2. 自然濕球溫度：溫度計與測乾球溫度者相同，以充分吸濕之濕潤脫脂紗布包裹溫度計，綿紗包裹長度應為球部長度之二倍，水應使用蒸餾水，量測時先以蒸餾水濕潤之 (僅靠紗布之毛細管作用來濕潤紗布是不夠的)，潤溼半小時後方可開始測定讀值。測定時應避免輻射之影響 (可於距離約 10~15 cm 處置硬紙板隔離輻射)。

3. 黑球溫度：一 15 公分之中空銅球，外部表面塗黑成黑體 (black body)，只能吸熱而不反射輻射熱 (熱發散係數達 0.95)，精密溫度計使用 −5℃ 至 100℃，準確度 ± 0.5℃ 者，精密溫度計底部插入至銅球中心，以量測吸收輻射熱後球內空氣的溫度，注意溫度計底部不得觸及球體內部，一般需經 15~25 分鐘後之測值才具有代表性。

(二) 測定綜合溫度熱指數時，溫度計之架設高度，及溫度計球部之高度並非固定不變，而是隨著作業勞工之身高及作業姿勢而異。一般以勞工腹部高度為原則，但若環境之溫度隨著離地面高度而異時，即在一熱不均勻的高溫場所時，則應分別測頭部、腹部及足踝等三個高度之溫度再依 1：2：1 之比重，以四分法求出具代表性之綜合溫度熱指數。

四、測定綜合溫度熱指數應注意的事項：

(一) 自然濕球溫度計與乾球溫度計之架設要設法加以遮蔽，以防輻射熱影響讀值，但不得使空氣之流動受到干擾。

(二) 黑球溫度計架設時要面向熱源，不使輻射熱受到陰影干擾，傳統黑球溫度計 (黑球直徑 15 公分) 架設後約需等 25 分鐘達熱平衡後，才可讀取溫度。

(三) 自然濕球溫度計於測定前半小時要以注水器注入蒸餾水，使溫度計球部周圍之棉紗充分濕潤。

(四) 黑球溫度測定時感溫元件 (溫度計球部) 應置於黑球之中心。

(五) 濕球溫度計、黑球溫度計與乾球溫度計所架設之高度要一致。

(六) 濕球溫度不得使用阿司曼通風乾濕計之濕球溫度，應為自然濕球溫度。

五、噪音測定結果評估

(一) 勞工工作場所因機械設備所發生之聲音超過 90 分貝時，雇主應採取工程控制、減少勞工噪音暴露時間，使勞工噪音暴露工作日八小時日時量平均不超過表列之規定值或相當之劑量值，且任何時間不得暴露於峰值超過 140 分貝之衝擊性噪音或 115 分貝之連續性噪音；對於勞工八小時日時量平均音壓級超過 85 分貝或暴露劑量超過百分之五十時，雇主應使勞工戴用有效之耳塞、耳罩等防音防護具。

1. 勞工暴露之噪音音壓級及其工作日容許暴露時間如下列對照表：

勞工暴露噪音音壓級與容許暴露時間

工作日容許暴露時間 (小時)	A 權噪音音壓級 (dBA)
8	90
6	92
4	95
3	97
2	100
1	105
1/2	110
1/4	115

2. 勞工工作日暴露於二種以上之連續性或間歇性音壓級之噪音時，其暴露劑量之計算方法為：

$$D = \frac{t_1}{T_1} + \frac{t_2}{T_2} + \frac{t_3}{T_3} \cdots \leq 1$$

其和大於一時，即屬超出容許暴露劑量。其中

$t_1, t_2, t_3 \cdots$：某音壓級之暴露時間

$T_1, T_2, T_3 \cdots$：某音壓級之容許暴露時間

3. 測定勞工八小時日時量平均音壓級時，應將八十分貝以上之噪音以增加五分貝降低容許暴露時間一半之方式納入計算。

如測定結果超過容許值時則應減少勞工暴露時間、降低發生噪音之音源、設置隔音牆、使用防護具等。

(二) 工作場所之傳動馬達、球磨機、空氣鑽等產生強烈噪音之機械，應予以適當隔離，並與一般工作場所分開為原則。

(三) 發生強烈振動及噪音之機械應採消音、密閉、振動隔離或使用緩衝阻尼、慣性塊、吸音材料等，以降低噪音之發生。

(四) 噪音超過九十分貝之工作場所，應標示並公告噪音危害之預防事項，使勞工周知。

六、關於噪音之暴露標準，我國規定，勞工每日 8 小時暴露不得超過 90dBA，而暴露音壓級每增加 5dBA，則容許暴露時間減半。實驗證實噪音導致暫時性聽力損失，每增加五分貝，相當於暴露時間加倍。以公式表示：

$$T = \frac{8}{2^{(L-90)/5}}$$

式中　T：容許暴露時間 (小時)

　　　L：暴露音壓級 (dBA)

依 q = 5dB 減半率之等聽力傷害原則，則八小時日時量平均音壓級 (TWA) 為：

$$TWA = 16.61 \log_{10}(\frac{D}{100}) + 90$$

D = 噪音暴露劑量，例如在 90dBA 之環境下暴露 8hr 與在 95dBA 之環境下暴露 4hr 之劑量值均為 100%。

第 18 章
化學性因子環境監測

一、常用之直讀式化學性因子作業環境監測設備之型態常見的大概有下列數種：

 （一）比色計法

 （二）燃燒熱法

 （三）電導度法

 （四）熱導度法

 （五）氣相層析法

 （六）粉塵相對濃度測定器

二、檢知管係利用檢知管呈色長度與有害物濃度及空氣試料體積乘積之對數值成正比之原理，因此如採樣之體積一定，則呈色長度與濃度之對數值成正比。

$$\frac{L}{H} = \ln(CV) + \ln(\frac{K}{H})$$

 L：變色（呈色）長度，cm

 C：待測氣體濃度，ppm

 V：採集試料體積，cm^3

 H：質量傳送比率係數，cm

三、有害物之濃度常因溫度、壓力之不同而異，故有害物之濃度應校正為 25℃、一大氣壓 (N.T.P) 下之濃度：

$$C_{ppm,NTP} = C_{ppm,T.P.} \times \frac{P(mmHg)}{760(mmHg)} \times \frac{298(K)}{T(K)}$$

 P：採樣地點之壓力，mmHg

 T：採樣地點之溫度，K

$$C_{mg/m^3,NTP} = C_{ppm,NTP} \times \frac{M_W}{24.45}$$

四、標準氣體

(一) 標準濃度氣體混合物 (標準氣體) 製備之目的：

1. 校準儀器設備如氣體色層分析儀、質譜儀、分光光度計等分析、測定裝置。

2. 決定捕集裝置如吸附管、吸收瓶等之捕集效率。

3. 試驗分析方法如檢知管之呈色反應。

4. 毒物學研究等科學研究如 LC_{50} 動物試驗之氣體濃度。

氣體和蒸氣之標準氣體容易製備，然而粉塵、煙煙等由於沈降、凝結、凝聚而使濃度改變，因此其標準濃度之氣體混合物不易製備。

(二) 製備方法

1. 靜態方法 (Static method or Batch method)

利用一已知量或已知體積之氣體或揮發性液體置於一定容積之容器內稀釋而得。

濃度計算：

(1) $C_{ppm} = \dfrac{V_c}{V_D} \times 10^6$

V_c：稀釋氣體體積；V_D：被稀釋氣體體積。

(2) $C_{\%} = \dfrac{V_c}{V_D} \times 10^2$

(3) $C_{ppm} = \dfrac{W(g) \times 22.4 \times \dfrac{T(K)}{273} \times \dfrac{760}{P(mmHg)}}{V(\ell) \times M} \times 10^6$

W：被稀釋氣體或液體重 (g)

V：容器體積

M：被稀釋之氣體或蒸氣之分子量

P：壓力 (mmHg)

T：絕對溫度 (K)

如使用壓縮鋼瓶製備時：

$C(\%) = \dfrac{P_i}{P_t} \times 100\%$

P_t：總壓力；

P_i：各成分氣體分壓。

2. 動態方法 (Dynamic Method or Flow dilution method)。

(1) 單次稀釋 (single dilution)

$$C_{a,\%} = \frac{Q_a}{Q_a + Q_b + \cdots + Q_n} \times 10^2$$

$$C_{a,ppm} = \frac{Q_a}{Q_a + Q_b + \cdots + Q_n} \times 10^6$$

(2) 重複稀釋 (Double dilution)：

初次製備之標準濃度氣體再經一次稀釋以獲得必要濃度之標準氣體。

$$C_{a,\%} = X_{a1} \times (\frac{Q_{a1}}{Q_{a1} + Q_{b1}}) \times (\frac{Q_{a2}}{Q_{a2} + Q_{b2}}) \times \cdots \times 10^2$$

$$C_{a,ppm} = X_{a1} \times (\frac{Q_{a1}}{Q_{a1} + Q_{b1}}) \times (\frac{Q_{a2}}{Q_{a2} + Q_{b2}}) \times \cdots \times 10^6$$

(3) 注入法：利用泵浦或注射器、或以重力添加方式或電解添加方式，將氣體或液體加入流動氣流內。

(4) 擴散法 (Diffusion method)：將液體置於擴散管內，如溫度、濃度差和擴散管之幾何構造不變，則氣體或蒸氣會以一定速度蒸發擴散。

$$C_{ppm} = \frac{Q_d}{Q} \times 10^6$$

Q_d：擴散速度，ml/min

Q：流率，ml/min

(5) 滲透管法 (Permeation tube)

(6) 蒸發法：利用恒溫槽將液體等速蒸發，經由載送氣體 (Carrier gas) 帶出與稀釋氣體混合以製備必要濃度之氣體混合物。

(7) 電解法

(8) 化學法

3. 含已知濃度粒狀物標準氣體之製備：

(1) 乾燥粉塵飼給裝置 (Dry dust feeder)：使乾燥之粉狀物質再散佈。

(2) 霧化器 (nebulizer)：利用壓縮空氣將液體噴成霧狀，亦可利用靜電分散溶質或粒狀物質，當其中之溶劑蒸發後即為溶質之微粒。

(3) 液體蒸發後凝結裝置

轉動盤粒狀物製備裝置

五、粒狀有害物採樣設備

(一) 捕集原理

1. 過濾捕集
2. 慣性捕集
3. 離心分離
4. 平行板分離
5. 靜電集塵
6. 熱沉降
7. 噴布技術

(二) 可呼吸性粉塵及總粉塵：

1. 可呼吸性粉塵 (Respirable dust)

   指可透過離心式或水平析出器等分粒裝置所測得之粒徑者，即可達到肺泡之粒狀物質 (BMRC) 或能吸入至肺部無纖毛區域之粒狀物質。

2. 總粉塵 (Total dust)

   未使用分粒裝置所測得之粒徑者。

六、採氣量一般以能夠採到足夠精確分析之量為原則，或可分析之偵測下限值，以有害物之容許濃度、預估作業環境之濃度、實際暴露之時間、容許濃度所規定之時間等，以決定最少採樣體積。

$$Q(m^3) \geq \frac{S(mg/mL) \times q(mL)}{PEL(mg/m^3)}$$

S：分析設備之感度

q：最終分析液總體積

如果最合理、捕集效率最佳、且能模擬作業人員呼吸狀態之採樣流率 (F) 確定 (可由建議之採樣分析方法獲得)。則採樣時間亦可確定。一般氣態有害物採樣流率之範圍為 0.01~0.2 L/min；總粉塵、金屬燻煙、霧滴為 1L/min 至 3 L/min；可呼吸性粉塵如使用 Dorr-Oliver Cyclone(離心分離器) 者流量為 1.7 L/min、Higgins-Dewell Cyclone 流量為 2.2 L/min、SKC Aluminum Cyclone 流量為 2.5 L/min、SKC GS Cyclone 流量為 2.75 L/min；石綿為 0.5~16 L/min。

$$t(h) = \frac{Q(m^3) \times 1000(L/m^3)}{F(L/min) \times 60(min/h)}$$

$$Q_{max}(m^3) = \frac{W_{BTC}}{C(mg/m^3)}$$

W_{BTC}：一樣本最大能捕集、或吸收、吸附、反應之量；mg。

$Q_{max}(m^3)$：一樣本在預估濃度 $C(mg/m^3)$ 之下，可捕集、吸收、反應含測定對象物空氣之體積。

七、計算題

[題型一]

一使用二氯乙烷之工作場所、其各時段濃度值如下，已知二氯乙烷之分子量為 133.5，八小時日時量平均容許濃度 350ppm，試評估該工作場所是否符合法定標準？

時間	濃度
08：00　12：00	C_1 = 340ppm
13：00　14：00	C_2 = 2460mg/m³
14：00　19：00	C_3 = 100ppm

☺ 將 C_2 之濃度單位轉換為 ppm

$C_2 = 2,460 \times (24.45/133.5) = 450.5\text{ppm}$

時量平均濃度 $TWA(10hr) = \dfrac{4 \times 340 + 1 \times 450.5 + 5 \times 100}{4+1+5} = 231.1\text{ppm}$

(1) 先評估相當八小時之日時量平均暴露濃度是否合於規定

相當八小時日時量平均暴露濃度值為：

$\dfrac{10 \times 231.1}{8} = 288.9\text{ppm} < 350\text{ppm}$

雖符合法令規定，但仍需評估其短時間時量平均暴露濃度是否合於規定

(2) 評估短時間時量平均暴露濃度

短時間時量平均容許濃度值為 PEL-STEL = $350 \times 1.25 = 437.5$ ppm

於 13：00~14：00 之時段中，暴露濃度 C_2 = 450.5 ppm > 437.5 ppm

故違反法令規定

[題型二]

某勞工每日需在 A、B、C、D 等四個作業場所工作，在 A 場所工作 3 小時，在 B 場所及 C 場所各工作 2 小時，在 D 場所工作 1 小時，而在 A、B、C、D 作業場所皆需有甲、乙、丙三種有害物質，其中甲種有害物質之時量平均容許濃度為 150ppm，乙種有害物質之時量平均容許濃度為 200ppm，丙種有害物質之時量平均容許濃度為 100ppm，下表為作業環境監測之各場所之有害物質之測定濃度，試以相加效應評估該勞工之暴露是否合於法令規定。

	A	B	C	D
甲	100	130	0	50
乙	0	110	90	100
丙	50	0	60	120

答 (1) 先求各物質之八小時時量平均濃度

$$TWA_甲 = \frac{100\times3+130\times2+0\times2+50\times1}{8} = 76.3ppm$$

$$TWA_乙 = \frac{0\times3+110\times2+90\times2+100\times1}{8} = 62.5ppm$$

$$TWA_丙 = \frac{50\times3+0\times2+60\times2+120\times1}{8} = 48.8ppm$$

(2) 再求各物質之相加效應

Dose(8hr) = (76.3/150) + (62.5/200) + (48.8/100) = 1.3 > 1

故該勞工每日工作接觸有害物之暴露量已超過法令規定。

[題型三]

利用活性炭採樣管以 150 mL/min 收集某有機蒸氣 30 分鐘，實驗室分析秤重後得知採得 5 毫克，採樣時現場大氣壓力為 740 mmHg，溫度為攝氏 28 度，假設此有機蒸氣分子量為 50，請問在工作現場此有機蒸氣濃度 (ppm) 為何？

答 採氣量 V′(@740 mmHg、28℃)
= 150(mL/min) × 30(min) = 4,500mL = 4.5×10^{-3}(m³)
採氣量 V(@760 mmHg、25℃)

$$4.5\times10^{-3}\times\frac{740}{760}\times\frac{(273+25)}{(273+28)} = 43.43\times10^{-3}(m^3)$$

∴有機蒸氣濃度 = $\frac{5(mg)}{4.34\times10^{-3}(m^3)}$ = 1,152(mg/m³)

= 1,152 × (24.45/50)ppm = 563.3ppm

[題型四]

二甲苯之八小時時量平均容許濃度為 435 mg/m³，採樣條件 1atm、25℃下結果如下：

08：00~10：10	60ml/min	4.3mg
10：10~12：00	70ml/min	2.7mg
13：00~14：50	70ml/min	5.0mg
14：50~18：00	60ml/min	1.3mg

試求八小時平均暴露濃度？是否符合作業環境空氣中有害物容許濃度規定？

採樣時間 (min)	採樣體積 (m³)	濃度 (mg/m³)
130	$130 \times 60 \times 10^{-6} = 7.8 \times 10^{-3}$	551.28
110	$110 \times 70 \times 10^{-6} = 7.7 \times 10^{-3}$	350.65
110	$110 \times 70 \times 10^{-6} = 7.7 \times 10^{-3}$	649.35
190	$190 \times 60 \times 10^{-6} = 1.14 \times 10^{-2}$	114.04

九小時日時量平均暴露濃度

$$= \frac{551.28 \times 130 + 350.65 \times 110 + 649.35 \times 110 + 114.04 \times 190}{9 \times 60} = 376.5 \text{mg/m}^3$$

相當 8 小時日時量平均暴露濃度

$$= \frac{376.54 \text{mg/m}^3 \times 9\text{hr}}{8\text{hr}} = 423.6 \text{mg/m}^3$$

短時間時量平均容許濃度

$$= \text{PEL-TWA} \times 變量係數 = 435 \times 1.25 = 543.8 \text{ mg/m}^3$$

1. 因 8 小時日時量平均暴露濃度 423.6mg/m³ 小於八小時日時量平均容許濃度 435 mg/m³，故該工作場所相當 8 小時日時量平均暴露濃度合乎八小時日時量平均容許濃度之規定。

2. 法令規定之短時間時量平均容許濃度為 543.8mg/m³，在 08：00~10：10 時段之暴露濃度經計算為 551.3 mg/m³，13：00~14：50 時段之暴露濃度經計算為 649.4mg/m³，皆已超過法令規定。

[題型五]

下列為正己烷作業環境監測資料：

1. 測定資料：採樣時溫度 35℃，氣壓 750 mmHg，採樣流速 100c.c./min，計採 8 小時，實驗室分析結果為 5mg。

2. 在 25 ℃，760mmHg 時，1ppm (V/V) 的正己烷蒸氣 = 3.8mg/m³，其 PEL=50ppm。

   (1) 試以 ppm 表示其時量平均濃度？

   (2) 是否超過法定容許濃度標準 (PEL)？

   (3) 應採何種因應措施？

   答 (1) 採氣量 V′(@750 mmHg、35℃)

   $=100(\text{mL/min}) \times 480(\text{min}) = 48,000\text{mL} = 4.8 \times 10^{-2}(\text{m}^3)$

   採氣量 V(@760 mmHg、25℃)

   $= 4.8 \times 10^{-2} \times \dfrac{750\times(273+25)}{760\times(273+35)} = 4.58 \times 10^{-2}(\text{m}^3)$

   $\therefore$ 正己烷濃度 $= \dfrac{5(\text{mg})}{4.58\times10^{-2}(\text{m}^3)} = 109(\text{mg/m}^3)$

   $= 109 \times (1/3.8)\text{ppm} = 28.7\text{ppm}$

   (2) $\because$ 正己烷濃度 = 28.7ppm < 50ppm，故符合容許濃度標準。

   (3) 又因 0.5PEL ≦ 正己烷濃度 ≦ PEL，雖未違法但濃度亦屬偏高，此情況下雇主應使勞工戴用有效之個人呼吸防護具。

[題型六]

已知有一陶瓷廠的礦砂中含有 18% 的結晶型游離二氧化矽，今針對某作業勞工實施粉塵作業環境監測，樣本分析結果如下：

採樣時段採樣時間 (min)		粉塵樣本質量 (mg)
08：00~11：00	180	0.355
11：00~14：00	180	0.480
14：00~16：00	120	0.386

如果是進行總粉塵量採樣分析，採樣流量率在 25℃，760 mmHg 為 2.0 L/min，請根據上述結果計算其時量平均濃度 (TWA)，並評估是否超過我國現行相關法令規定？如果是進行可呼吸性粉塵量採樣分析，採樣流量率在 25℃，760 mmHg 為 1.7 L/min，請根據上述結果計算其時量平均濃度，並

評估是否超過我國現行相關法令規定？

答 含有 18% 的結晶型游離二氧化矽之礦砂乃屬第一種粉塵，其總粉塵與

可呼吸性粉塵之容許濃度分別為 $\dfrac{30mg/m^3}{\%SiO_2+2}$、$\dfrac{10mg/m^3}{\%SiO_2+2}$。

(1) 進行總粉塵量採樣分析時，容許濃度為 $1.5mg/m^3$

採樣時間 (min)	採樣體積 (m³)	濃度 (mg/m³)
08:00~11:00	$180 \times 2 \times 10^{-3}=0.36$	0.986
11:00~14:00	$180 \times 2 \times 10^{-3}=0.36$	1.333
14:00~16:00	$120 \times 2 \times 10^{-3}=0.24$	1.608

∵ 粉塵之時量平均暴露量 (TWA)

$$= \frac{180\times0.986+180\times1.333+120\times1.608}{180+180+120} = 1.272(mg/m^3) < 1.5mg/m^3$$

∴ 未違反法令規定。

(2) 進行可呼吸性粉塵量採樣分析時，容許濃度為 $0.5mg/m^3$

採樣時間 (min)	採樣體積 (m³)	濃度 (mg/m³)
08：00~11：00	$180 \times 1.7 \times 10^{-3} = 0.306$	1.160
11：00~14：00	$180 \times 1.7 \times 10^{-3} = 0.306$	1.569
14：00~16：00	$120 \times 1.7 \times 10^{-3} = 0.204$	1.892

∵ 粉塵之時量平均暴露量 (TWA)

$$= \frac{180\times1.160+180\times1.569+120\times1.892}{180+180+120} = 1.496(mg/m^3) > 0.5mg/m^3$$

∴ 違反法令規定。

[題型七]

已知某採樣塑膠袋內裝 20 公升含 40ppm 苯 (C_6H_6) 之混合空氣，當時大氣壓力為 760mmHg，溫度是 25℃。試問：

(1) 採樣袋內苯之濃度相當為若干 mg/m^3？

(2) 隔日，採樣袋溫度升為 30℃，且大氣壓力變為 752mmHg。假設採樣袋內體積隨之變化，則採樣袋內含苯之混合空氣體積變為若干？

(3) 承 (2)，設若該採樣袋不發生洩漏，採樣塑膠袋內苯之最終濃度為若干 ppm？

☝ (1) 採樣袋內苯之濃度 = $40 \times (78/24.45) = 127.6 (mg/m^3)$

(2) 含苯之混合空氣體積 V(@752 mmHg、30℃)

$$= 20 \times \frac{760}{752} \times \frac{(273+30)}{(273+25)} = 20.55 \text{（公升）}$$

(3) 袋內苯之最終濃度 = $40 \times (20/20.55) = 38.9 ppm$

[題型八]

下列為三個苯作業員工的個人呼吸帶採樣資料：

採樣時：溫度 30℃，氣壓 745 mmHg，採樣流速 50cc/min 採樣介質：活性碳管 (100mg/50mg)，計採集 7 小時。

實驗室分析結果如下：

前段活性碳後段活性碳

	前段活性碳	後段活性碳
員工 1	0.7mg	0.4mg
員工 2	0.5mg	0.04mg
員工 3	0.1mg	0.001mg
現場空白樣品	0.00mg	0.00mg

在 25℃，760mmHg 時，1ppm(V/V) 苯蒸氣 = 3.19 mg/m³，苯時量平均容許濃度為 10 ppm，試問此三個員工的時量平均暴露濃度各為多少 ppm ？廠內職業安全衛生人員根據此數據應有的措施？

☝ 採氣量 V′ (@745 mmHg、30℃)

= 50(cc/min) × 420(min) = 21,000mL = $2.1 \times 10^{-2} (m^3)$

∴採氣量 V(@760 mmHg、25℃)

$$= 2.1 \times 10^{-2} \times \frac{745}{760} \times \frac{(273+25)}{(273+30)} = 2.02 \times 10^{-2} (m^3)$$

(1) 員工 1：後段活性碳 / 前段活性碳 = $\frac{0.4}{0.7}$ = 57% > 10%，即破過，屬無效樣品，應予捨棄。

(2) 員工 2：苯時量平均暴露濃度

$$= \frac{0.5+0.04}{2.02 \times 10^{-2}} = 26.7 mg/m^3 = 8.37 ppm < 10 ppm$$

未超過時量平均容許濃度。

(3) 員工 3：苯時量平均暴露濃度

$$= \frac{0.1 + 0.001}{2.02 \times 10^{-2}} = 5\text{mg/m}^3 = 1.57\text{ppm} < 10\text{ppm}$$

未超過時量平均容許濃度。

廠內安全衛生工安人員根據以上數據應採取之措施：

(1) 對員工 1 應補採樣之。

(2) 員工 2 之苯時量平均暴露濃度大於 5 ppm (0.5PEL)，小於 10ppm (1PEL)，雖未違法但濃度亦屬偏高，應就製程設備、作業程序或作業方法實施檢點，採取必要之改善措施，並使勞工戴用有效之個人呼吸防護具。

[題型九]

某作業場所有使用二甲苯有機溶劑作業，某日 (溫度為 27℃，壓力為 750mmHg) 對該場所之勞工甲進行暴露評估，其暴露情形如下：

採樣設備 = 計數型流量計 (流速為 200cm³/min)+ 活性碳管 (脫附效率為 95%)

樣本編號	採樣時間	樣本分析結果 (mg)
1	08：00~12：00	2
2	13：00~15：00	12
3	15：00~18：00	0.1

已知：

1. 採樣現場之溫度壓力與校正現場相同

2. 二甲苯之分子量為 106，8 小時日時量平均容許濃度為多少 100ppm、434mg/m³

3.

容許濃度	<1	≥ 1，<10	≥ 10，<100	≥ 100，<1,000	≥ 1,000
變量係數	3	2	1.5	1.25	1.0

試回答下列問題：

(1) 於 25℃，1atm 下之各時段採樣體積為多少 m³？(5 分)

(2) 勞工甲於該工作日之二甲苯時量平均暴露濃度為多少 mg/m³？(8 分)

(3) 評估勞工甲之暴露是否符合法令規定？(7 分)

答 (1) 求採氣量

樣本 1 之採樣體積 $= 200cm^3/min \times (4 \times 60)min = 48,000cm^3 = 0.048m^3$

樣本 2 之採樣體積 $= 200cm^3/min \times (2 \times 60)min = 24,000cm^3 = 0.024m^3$

樣本 3 之採樣體積 $= 200cm^3/min \times (3 \times 60)min = 36,000cm^3 = 0.036m^3$

於 25℃，1atm 下之採樣體積：

樣本 1 $= 0.048 \times 750/760 \times (273 + 25)/(273 + 27) = 0.047m^3$

樣本 2 $= 0.024 \times 750/760 \times (273 + 25)/(273 + 27) = 0.0235m^3$

樣本 3 $= 0.036 \times 750/760 \times (273 + 25)/(273 + 27) = 0.0353m^3$

(2) 求暴露濃度

樣本 1 之濃度 $= (2mg \times 95/100)/0.047 m^3 = 44.79 mg/m^3$

樣本 2 之濃度 $= (12mg \times 95/100)/0.0235m^3 = 537.51mg/m^3$

樣本 3 之濃度 $= (0.1mg \times 95/100)/0.0352m^3 = 2.98mg/m^3$

∴時量平均暴露濃度

$= (44.79 \times 4 + 537.51 \times 2 + 2.98 \times 4)/(4 + 2 + 3) = 140.35mg/m^3$

(3) 評估

短時間時量平均容許露濃度 = 8 小時日時量平均容許濃度變量係數

$= 434mg/m^3 \times 1.25 = 542.5mg/m^3$ 各時段皆小於此濃度

八小時日時量平均暴露濃度 $= 140.35 \times 9/8 = 157.89mg/m^3$

小於 8 小時日時量平均容許濃度

所以勞工甲之二甲苯暴露符合法令規定。

第 19 章
勞動生理

一、疲勞之測定大略有以下幾種方法：

(一) 自覺症狀調查法

(二) 機能檢查：

　　1. 生理測定法

　　2. 生理心理機能測定法

(三) 生化學的檢查法

(四) 動作研究、時間研究的方法

二、影響勞動疲勞之主要因素：

1. 工作環境：包括照明、噪音、通風、高低溫及有害物暴露等環境條件。

2. 工作時間：包括工作時間長短、時段、作業與休息時間之長短與分配、輪班交替制度等。

3. 工作條件：

　　(1) 肉體上強度：如動態肌肉負荷、維持姿勢之靜態負荷等。

　　(2) 精神上負荷：如精神上緊張度、注意力集中等因素。

4. 適應能力：由於每個人的體力、心理適應、知識與技能等條件各不相同，故疲勞顯現程度亦有所不同。

5. 其他：包括工作者本身條件 (如年齡、性別)、生活條件 (如生活水準、睡眠) 及人際關係等因素。

第 20 章
工業毒物學概論

一、毒物：簡單的說，凡能引起生物體之不正常反應或使其器官功能受到嚴重危害或生命受到威脅者均可稱為毒物。

二、毒性：是說明某一物質所能產生之不良生物反應之特性或強度。

三、危害：危害是毒物在某一條件下對生物系統所可能造成不良反應之一種機率。

四、安全：危害之反意即是安全。指在某一條件下，某一毒物對生物系統不致造成危害的或然率。

五、生物性危害 (Biohazards)：植物、動物、微生物或是其產物，可影響人類健康或是造成不舒適之潛在風險者，其危害包括：引起感染 (Infection)、過敏 (Allergy)、中毒 (Toxicity)。

六、生物安全等級 (Biological Safety Level, BSL)：針對各病原體對人體、環境的危害程度分為四大類：

(一) 生物安全等級一 (BSL 1)：適用於使用之生物不會使健康人致病、對實驗室工作人員及環境具最低潛在危險。如：大腸桿菌。

(二) 生物安全等級二 (BSL 2)：用於中度潛在危險的病原。病原與人類疾病有關，可能有皮膚接觸、誤食及黏膜暴露。如：金黃色葡萄球菌。

(三) 生物安全等級三 (BSL 3)：可經氣膠傳播之本土或外來病原，會嚴重危害健康。如：SARS 病毒。

(四) 生物安全等級四 (BSL 4)：適用於可經由氣膠傳播或未知傳染危險之危險生物病原，會引起對生命之高度危機的疾病。如：依波拉病毒。

七、勞工職場因應禽流感感染之預防措施中，有關勞工健康狀況監控方面應注意事項：

(一) 若曾去過禽流感疫區或是疑似有禽流感污染的環境，一週後出現發燒、呼吸系統或是眼睛感染的結膜炎等必須立刻就醫。

(二) 個人若有不適時應立即向健康照護單位反應，告知是否曾經暴露於禽流感中，並通知服務機構的安全衛生單位。

（三）高風險暴露勞工個人若有不舒服感覺時建議全天待在家中，直到發燒狀況解除，或經診斷不是 A 型流感感染。

（四）在家中療養時應該待在呼吸通風良好的地方，注意手部的衛生來降低傳染病毒給其他人的風險。

八、影響毒物毒性之因素：

（一）毒物本身因素

1. 毒物之物理性質：如懸浮性、反應性、溶解性、肺部吸附性、肺部沈積性、溶解度、粒徑大小、荷電性等。

2. 毒物之化學性質，如存在的形式（三價砷之毒性比五價砷之毒性大；三價錳之毒性亦大於四價錳：六價鉻之毒性亦大於三價鉻）。

3. 毒物之純度：當毒物內合有滲雜物時，可能增加或減少毒物本身之毒性。

4. 毒物之氣味：有些毒物因本身具有特殊味道（如臭味），較易使暴露者產生警覺，而不會因過度暴露而導致危害。

（二）暴露情況

1. 暴露劑量與時間：在合理的時間內及濃度下，生物系統之效應可以以劑量（或濃度）與時間之乘積來表示。

2. 單一暴露或連續暴露：如果是慢性劑量（即總劑量區分為幾次施用或暴露），且毒物之排除速度非常之慢（即幾乎無代謝或排除）或實際上該毒物之作用為一不可逆反應，則其所導致的生物系統效應與總劑量一次（即急性）投與（或暴露）應該是一樣的。

3. 體積與濃度因素。

4. 毒物投與（或暴露）的部位及途徑：如有機鉛中之四乙基鉛可經由皮膚進入人體，但無機鉛或其他鉛化物則幾乎不太可能由皮膚進入。

5. 時日及季節變化因素：在不同的時辰或季節，生物對毒物之反應亦不相同。

（三）暴露者的內在因素：生物品種差異、遺傳因素、免疫情形、營養與膳食狀況；如酒精飲料會加大四氯化碳的毒性、性別與荷爾蒙差異、年齡成熟度與體重、健康情形：肝功能不好的人影響代謝、腎有問題影響排泄、呼吸道疾病者對空氣污染物的感受性大。

（四）暴露者的外在因素：環境因子、溫度、濕度、大氣壓力。

第 21 章
職業衛生與職業病預防概論

一、窒息性物質：

當該某些惰性物質於空氣中存在比例過多時，將使氧氣含量相對降低而使人發生缺氧之危險。例如：氮氣、氫氣、甲烷氣體等。

若干物質可能干擾呼吸中樞對肺部呼吸作用之控制，因而造成呼吸麻痺之現象。亦有若干物質對肺部會造成刺激，甚至造成肺水腫而影響呼吸作用。硫化氫、硝基苯胺等物質會破壞血紅素，一氧化碳能與血紅素結合而不易分離，皆會使血紅素失去運送氧氣之功能而造成人之窒息。硫化氫、氰化物等能破壞人體內之某些酵素，而使得人體利用氧氣產生能量之生理功能失效，嚴重時將致人於死。

二、致癌性物質

癌症	致癌物質
肺癌	砷、芥子氣、鉻酸鹽、鎳、BCME、CMME 及煉焦爐排放物、煤灰和焦油中所含多環芳香族化合物、鈾礦及赤鐵鹽礦、石綿、氡
骨癌	鐳鹽
白血病	苯，X- 光
陰囊癌	煙灰 (soot) 及煤焦 (coal tar) 油、瀝青
皮膚癌	砷、切削油、煉焦爐排放物、瀝青、紫外線以及 X- 光
膀胱癌	與芳香胺有關，如聯苯胺、β- 惠胺、3,3'- 二氯聯苯氨，4- 胺基聯苯，MOCA，二苯胺及 4- 硝基聯苯
肝血管肉瘤	氯乙烯單體 (與腦癌及肺癌可能也有關聯)
胸膜和腹膜間皮瘤	石綿 (與腸胃癌可能也有關係)
鼻腔 (竇) 癌	鉻、鎳、木屑

三、其他器官危害性化學品

有害物	病症
鎘	能取代骨骼之鈣質而使骨骼變脆造成痛痛病
鉛	能影響造血功能而造成貧血；導致垂腕症及腹絞痛等神經症狀
錳	能導致巴金森氏症
甲醇	因產生代謝物甲醛及甲酸而導致失明或致死
汞化合物	致畸胎及神經症狀
有機氯化物	常對肝臟及腎臟造成傷害

四、勞保局認定之肌肉骨骼傷害：

依據勞保局按月蒐集之職業傷病給付資料，職業肌肉骨骼傷害佔了最大宗。職業肌肉骨骼傷害包括職業性下背痛、手臂頸肩疾病二類。近年來，職業肌肉骨骼傷害被認定為職業病之案例愈來愈多，舉凡下背痛、腕隧道症候群、關節滑囊病變、膝關節半月狀軟骨病變、長期工作壓迫引起之椎間盤突出等…。

五、肌肉骨骼傷害之預防：

(一) 工程控制：預防職業性肌肉骨骼傷害的最有效方法是工程改善，亦即從作業與作業場所的設計著手，改變目前的作業內容與方式，選擇使用適當的手工具與機台操作介面，以及人員工作場所的重新設計，此三個部分若能朝符合作業人員之能力與限制而改善原有設計，使作業對人員之體能、用力、姿勢等要求適當地低於人員的極限，則有助於控制諸多人因危險因子於較安全範圍內，包括以下各種常見方式：

1. 物料、成品、半成品、零件等運送過程之自動化，儘量避免直接使用人力直接搬運，自動化不可行時應以省力化輔助設備為之。

2. 作業檯面、進料口、輸送帶等之高度關係人員長時操作姿勢，應選擇配合現場人員身材之高度，必要時提供可調整腳踏墊與座椅。

3. 重複性高的作業所有操作物件、零件、工具均應置於雙手伸取可及的作業空間內。

4. 充分利用夾治具固定物件、零件，避免人員為調整、對準、施力等而必須維持不良姿勢於靜態負荷之狀況下。

5. 較重之手工具應以彈簧懸掛於固定位置，選用上注意重量、握柄大小與樣式、按鈕鍵之施力應恰當。

6. 成品包裝方式與物料零件盒之設計等關係物料運送過程人員處理之方便性，應選用堅固質輕之包裝，可以減輕人員處理之重量，並應提便於供雙手握提之設計。

(二) 行政管理：在工程改善之外，可以利用管理方式減少人員暴露於肌肉骨骼傷害危險因子之機會，例如，建立符合人因之標準作業規定與程序、制定工作休息時間表、工作輪調、多能工訓練、作業方法之教育訓練等。常用之行政管理手段如下：

1. 對於耗能與易疲勞作業縮短每班作業時數，或限制加班超時作業之時數。

2. 工作輪調，將肌肉骨骼傷害風險高之作業人員輪調於幾個風險高低不同工作中，分散減低暴露於危險因子之機會。

3. 增加合理之工作間休息次數與時間。

4. 工作內容豐富化，作業項目適度多樣化，使之涵蓋對上肢操作部位需求不同項目，可以降低極度單調重複之操作，降低集中暴露於單一危險因子之機會。

5. 讓人員有較大彈性主導其工作步調，取代必須配合機器作業之固定步調。

6. 藉由教育訓練傳遞肌肉骨骼傷害風險意識與正確操作技巧。

六、職業病之定義與認定或鑑定

(一) 定義：依職業安全衛生法對職業災害之定義，謂因勞動場所之建築物、機械、設備、原料、材料、化學品、氣體、蒸氣、粉塵等或作業活動及其他職業上原因引起之工作者疾病、傷害、失能或死亡。其中疾病即可稱為職業病，亦即職業病可說是因為職業的原因所導致的急性或是慢性疾病。

(二) 要判定為職業病，至少必須滿足下列條件：

1. 勞工確實有病徵。

2. 必須曾暴露於存在有害因子之環境。

3. 發病期間與症狀及有害因子之暴露期間有時序之相關。

4. 病因不屬於非職業上之因素所引起。

5. 文獻上曾記載症狀與危害因子之關係。

(三) 鑑定程序

1. 確認該疾病與勞工現在所從事之工作具有職業性起因：評估確認勞工致病的原因與結果，與其現在所從事的工作是否具有因果關係。

2. 查證該勞工工作場所中有害因子確實存在：查證工作環境中確實存在有已知會對人體造成疾病的因子，對動物有害者並不能立即判定對人類有害。

3. 測定與評估勞工暴露於在該有害因子的環境是否足以造成危害：當確知存在工作場所中有害因子後，即依勞工作業環境監測實施辦法實施作業環境監測，以掌握該有害物質濃度，並評估該勞工暴露於有害物質期間之劑量值，是否會危害正常機能或致病。

4. 就勞工發病期間與症狀與所從事工作暴露之有害因子相關性，評估與判定該疾病屬職業病範疇：勞工於工作場所暴露於有害因子濃度中，經一段期間累積後若確定其接受之劑量及以引發疾病，且該疾病或勞工目前發病之症狀與職業病醫學上的認定具一致性或共通性，則可預估其應為職業病。

(四) 勞資雙方申請職業疾病認定或鑑定時應檢附下列有關資料，向直轄市、縣 (市) 主管機關申請認定：

1. 勞工應檢附職業疾病診斷書、既往之作業經歷、職業暴露資料、勞工體格及健康檢查紀錄、病歷、生活史及家族病史等。

2. 雇主應檢附勞工既往之作業經歷、職業暴露資料、勞工體格及健康檢查紀錄等。

七、石綿作業場所之安全衛生設施

(一) 安全衛生設備：散布有石綿之氣體、蒸氣或粉塵之室內作業場所，應於各該發生源設置密閉設備或局部排氣裝置。

製造、處置、使用石綿之作業場所及設置特定化學設備之室內作業場所之地板及牆壁，應以不浸透性材料構築，且應為易於用水清洗之構造。

應於製造、處置或使用石綿之作業場所以外之場所設置休息室。

勞工從事製造、處置或使用石綿時，應設置洗眼、沐浴、漱口、更衣及洗衣等設備。

(二) 預防措施

1. 應禁止與作業無關人員進入石綿作業場所，並標示於顯明易見之處。

2. 勞工從事石綿作業時，雇主應於作業場所指定現場主管擔任主管實際從事監督作業。

3. 應禁止勞工在石綿作業場所吸菸或飲食，且應將其意旨揭示於該作業場所之顯明易見之處。

4. 雇主對製造、處置或使用石綿之作業，應就下列事項記錄，並自該作業勞工從事作業之日起保存三十年：

   (1) 勞工之姓名。

   (2) 從事之作業概況及作業期間。

   (3) 勞工顯著遭受特定管理物質污染時，其經過概況及雇主所採取之緊急措施。

5. 不得使勞工使用石綿或含有石綿佔其重量超過百分之一之混合物從事吹噴作業。

6. 雇主使勞工從事可能有石綿逸散之作業時，應將石綿等加以濕潤。

7. 雇主僱用勞工從事製造、處置或使用石綿，應依勞工健康保護規則之規定，實施勞工健康檢查及管理。

8. 雇主因石綿之漏洩，致勞工吸入或遭受其污染時，應迅即使其接受醫師之診察及治療。

9. 雇主對製造、處置或使用石綿之作業場所，應依規定置備與同一工作時間作業勞工人數相同數量以上之適當必要防護具，並保持其性能及清潔，使勞工確實使用。

八、粉塵危害對人體健康之影響因素

(一)粉塵的形式和種類：除了游離矽或結晶矽及石綿外，所有的粉塵皆屬於惰性和安定的，只有暴露在很高的濃度下，才會引起上呼吸道的刺激和輕微的肺部纖維化。

(二)粉塵之濃度：一般粉塵的濃度，係以單位容積內所含的粒子數目或重量來表示，濃度愈高，危險程度愈大。

(三)粉塵粒子的大小：粉塵的粒子對於其是否進入肺中，沈著於肺泡或自由出入肺泡、甚少沈著是有關係的。

(四)暴露時間之長短：一般而言，暴露於有害粉塵中的時間愈長，危險愈大，罹患率愈高。

(五)呼吸道有慢性疾病或肺結核的關係：呼吸道慢性疾病如鼻炎、副鼻竇炎、肺氣腫、肋膜炎、肺炎、支氣管炎、支氣管擴張等，皆有助於塵肺症的形成。

(六) 個別感受之差異：性別、年齡、氣候、季節、甚至種族遺傳等因素，對於塵肺症的發生，似無多大影響，但由於個人感受性 (體質) 的不同，而大有關係。

九、粉塵引起的危害：

(一) 良性塵肺症 (非纖維化性塵肺症)：良性塵肺症，僅由於吸入塵埃蓄積留存於肺部，不具伴有明顯的組織纖維化反應，無肺功能障礙。而在胸部 X 光片上出現細小圓形斑點陰影。可引起良性塵肺症為鐵、錫。

(二) 纖維化性塵肺症

1. 矽肺症：矽肺症在肺內形成由圓形的膠原所組成的細小分離的纖維性小結，小結分佈於血管周圍的淋巴管、淋巴結中。矽肺小結會融合而成為大纖維化塊。矽肺症通常於多年矽塵暴露後，且進行較慢。

2. 煤礦工塵肺症：發生於煤礦的礦工，因吸入煤塵所引起，曾或同時暴露於矽塵者會發生混合塵肺纖維化。肺部內煤塵斑有中央小葉型肺氣腫。煤塵與膠原蛋白纖維結合成為黑色的纖維化大團塊 (進行性廣大纖維化)。

3. 石綿肺症：石綿肺症是一種廣泛肺間質纖維化疾病，多分佈於肺下半，肺肋膜可變厚。嚴重纖維化部域可見支氣管擴張，肺門淋巴腺也不增大 (與矽肺症不同)。

十、鉛對人體健康之危害如下：

(一) 對造血系統之危害：鉛的危害作用，其對造血機能的阻害作用是最易判定的，會引起嚴重的貧血症狀，使臉色呈現蒼白，即所謂鉛顏貌，因血色素合成過程中鉛阻礙其反應。

(二) 對神經系統之危害：鉛對神經系統之危害作用分為中樞神經系和末稍神經系二大類別。最初對末稍神經之危害是自古即已聞名之伸肌麻痺，其特徵是上肢手腕被牽向內側而呈下垂狀，此稱為垂腕症 (Wrist drop)，即上肢類似魔鬼的手之姿勢。

有關對於中樞神經之危害，在小兒鉛中毒和部份有機鉛 (如四烷基鉛) 中毒時，發生「鉛腦症」，有不安狀態、劇烈頭痛、肌肉痙攣、狂躁狀態等症狀，終致死亡。但這些症狀目前幾乎很少見，通常較常見到中樞神經症狀為頭痛、失眠、目眩、記憶力減退等慢性中毒所見之自覺症狀而已。

(三) 對消化系統之危害：對消化系統之危害作用主要有腹痛、疝痛、便秘、下痢、鉛緣等。

另外鉛對胎兒與子宮肌肉本身亦會直接作用，可能會造成流產及不孕。

第 22 章

噪音與振動

一、振動危害預防

(一)振動手工具之構造改良與加強維修保養：各種高性能但較低危害的動力手工具，隨著科技發達已逐漸被開發，例如大型研磨機具被改以懸吊式或自動化，因此勞工或雇主應注意市售新工具構造的資訊，將高危害的振動機具更新，以減低傳遞至操作者之振動量。保養良好的振動手工具其振動量可降低 5-10 分貝，因此加強保養與維修對振動量的降低有絕對的功效。

(二)振動手工具安全作業標準之訂定及教育宣導：對操作振動手工具的勞工常有不正確的操作姿勢，尤其重量較大的砸道機或混凝土破碎機等操作勞工，以身體緊靠機體或緊握把手關節，如此不正確姿勢下重複作業，對下腹部及下肢增加負載，容易導致膝痛、腰酸甚至胃痛等症狀。雇主必需訂定振動手工具安全作業標準，作為教育訓練教材及作業安全守則，提高勞工對作業安全之認識。

(三)振動暴露時間調整：對使用高振動量手工具的勞工，應採用輪班或調整休息時間，使勞工實際振動暴露時間不超過容許值。對已罹患振動症候群的勞工，則需調整其作業型態或減少暴露時間，以降低症狀之惡化速率。

(四)使用適當的個人防護具：品質良好的防振手套不但可以降低手臂振動量的吸收，也可以讓手部保溫、吸汗及防滑效果。

二、雇主對於勞工八小時日時量平均音壓級超過八十五分貝或暴露劑量超過百分之五十之工作場所，應採取下列聽力保護措施，作成執行紀錄並留存三年：(職業安全衛生設施規則第 300-1 條)

(一)噪音監測及暴露評估。

(二)噪音危害控制。

(三)防音防護具之選用及佩戴。

(四)聽力保護教育訓練。

(五)健康檢查及管理。

(六)成效評估及改善。

前項聽力保護措施,事業單位勞工人數達一百人以上者,雇主應依作業環境特性,訂定聽力保護計畫據以執行;於勞工人數未滿一百人者,得以執行紀錄或文件代替。

三、聽力保護計畫一般應具備下列內容:

(一)確認有潛在噪音暴露危害的勞工。

(二)實施作業環境監測,評估噪音暴露量。

(三)制定聽力測試計畫。

(四)提供聽力圖 (audiogram) 的專業判別,並給予適當的建議。

(五)提供適當的個人聽力防護具。

(六)噪音作業勞工每年施行教育訓練,包含防護具的正確使用及聽力保護計畫內容。

(七)指定專責的合格人員,確保聽力保護計畫的全面推行。

(八)建立及維持能包括各步驟的有效紀錄保存系統。

四、噪音的控制可由噪音源、傳遞路徑及接受者三方面著手,其控制原則為:

(一)確認噪音源,並決定噪音源之間相對的貢獻量。

(二)從噪音源、傳遞路徑和接收者三方面考量,評估各種可能的噪音控制程序。

(三)確認直接音場及反射音場。

(四)區別噪音吸收與阻隔 (視實際需要而定)。

(五)確認並評估繞射及側向路徑的效應。

(六)確認並評估結構噪音的效應。

(七)選取可行的噪音控制方法並評估其效益。

(八)驗證噪音改善成效。

五、消音器是由串聯或並聯方式連結的消散性元件所組成。利用聲音吸收、反射、干涉來將穩流中之音能消散。可分為下列五類:

(一)吸音管型消音器:在管壁貼附吸音材料吸音,對高頻音效果較佳。

(二)膨脹型消音器:利用音能反射,應用於柴油引擎、壓縮機及送風機等。

(三)干涉型消音器:利用聲音干涉原理,對中、低頻音有效。

(四)共鳴型消音器：利用共鳴腔吸收音能,對中、低頻音有效。

(五)吹出口型消音器：利用阻礙音波傳播的原理。

六、工程控制技術上難以克服或成本太高無法承擔時,可利用噪音作業勞工暴露時間管理來改變勞工的作業時間或程序,減少勞工噪音暴露劑量。

(一)勞工輪班制：勞工於噪音工作場所中工作,當八小時日時量平均音壓級或暴露劑量超過容許限量時,單位主管可將高噪音工作分為多班制,由兩人或更多人輪班去做,縮短勞工暴露時間。實施勞工輪班制(高噪音與低噪音作業輪替作業),其每日工作時間仍為八小時,因輪班作業而減少暴露於高噪音作業之時間,進而可降低勞工之暴露劑量。將勞工於低噪音與高噪音場所的工作時間相互搭配,可使工作日時量平均暴露量在容許限量下,以免造成聽力損失。輪班制可為不同場所之輪班或同一工作現場、同一生產線上下不同噪音暴露量的工作時間調配。

(二)工作調整輪調：勞工於噪音工作場所中工作,為避免因長期暴露於噪音環境下導致聽力損失,可每隔一段時間(每月、每季或每半年)調整勞工的工作性質輪調不同作業區之勞工,變換其工作環境境以降低其聽力嚴重受損之發生率。再輔以防音防護具的使用,以不造成聽力損失為前提。

(三)調整作業程序及以自動化作業替代：當勞工之噪音暴露量超過容許值時,除進行工程控制、輪班與輪調外,亦可針對改善作業程序來降低暴露量。從整個作業程序中找出噪音暴露量大之作業,進而針對該作業進行作業時間、程序調整改善或以自動化機械作業取代人工或半自動化作業,使勞工儘量減少制噪音場所的時間,並減少暴露的勞工人數,以達到減少噪音暴露之目的。

七、音壓級 (L_p)、音強級 (L_I) 與音功率級 (L_w) 之關係：

1. 音壓級 (L_p) = 20 log P/P_o 　　　　　$P_o = 2 \times 10^{-5}$ Pa (基準音壓)　　　　(1)

2. 音功率級 (L_w) = 10 log W/W_o 　$W_o = 10^{-12}$ W (基準音功率)　　　　(2)

3. 音強級 (L_I) = 10 log I/I_o 　　　　$I_o = 10^{-12}$ W/m^2　　　　(3)

(一)點音源時

1. 於自由音場中：$L_I \fallingdotseq L_P = L_w - 20 \log r - 11$　　　　(4)

2. 於半自由音場中：$L_I \fallingdotseq L_P = L_w - 20 \log r - 8$　　　　(5)

(二)線音源時

1. 於自由音場中：$L_I \fallingdotseq L_P = L_w - 10 \log r - 8$　　　　(6)

2. 於半自由音場中：$L_I \fallingdotseq L_P = L_w - 10 \log r - 5$　　　　(7)

八、勞工噪音暴露劑量之計算

1. 勞工工作日暴露二種以上之連續性、間歇性噪音時，其暴露劑量：

$$\text{Dose} = \frac{t_1}{T_1} + \frac{t_2}{T_2} + \cdots + \frac{t_n}{T_n} \text{ 其和大於 1 時，即屬違反規定} \tag{8}$$

t_1、t_2、t_n…：某音壓級之暴露時間 (小時)

T_1、T_2、T_n…：某音壓級之容許暴露時間 (小時)

2. 容許暴露時間之計算：

$$T = \frac{8}{2^{(L-90)/5}} \tag{9}$$

3. 八小時日時量平均音壓級

$$\text{TWA} = 16.61 \log_{10}\left(\frac{D}{100}\right) + 90 \tag{10}$$

D 為噪音暴露劑量 (化為百分比時，取其分子部份)

4. 若工作日非八小時，則求其相當八小時日時量平均音壓級：

$$\text{TWA} = 16.61 \log_{10}\left(\frac{D}{12.5 \times t}\right) + 90 \tag{11}$$

九、聲音合成、加減

(一) 合成音壓級 L 之計算

$$L = 10 \log (10^{L_1/10} + 10^{L_2/10} + \cdots\cdots + 10^{L_n/10}) \tag{12}$$

(二) 設背景噪音音壓級 L_2，含特定音源及背景噪音音壓級為 L_1，則特定音源音壓級計算為：

$$L = 10 \log(10^{L_1/10} - 10^{L_2/10}) \tag{13}$$

十、計算題

[題型一]

勞工在工作場所從事作業，其作業時間噪音之暴露如下：

08：00　12：00　85 dBA

13：00　15：00　95 dBA

15：00　18：00　90 dBA

(1) 試評估該勞工之噪音暴露是否超過職業安全衛生設施規則規定？

(2) 該勞工之工作日全程 (九小時) 噪音暴露之時量平均音壓級為何？

(3) 試將影響噪音引起聽力損失之因素列出。

答 (1) 依職業安全衛生設施規則規定，勞工工作日暴露於兩種以上之連續性或間歇性音壓級之噪音時，其暴露劑量之算法：

$$D = \frac{t_1}{T_1} + \frac{t_2}{T_2} + \frac{t_3}{T_3} \cdots$$

其和大於 1 時，即屬超出容許暴露劑量。

該勞工之暴露劑量：

$$Dose = (\frac{4}{16} + \frac{2}{4} + \frac{3}{8}) \times 100\% = 112.5\% > 1$$

$$TWA = 16.61 \log(\frac{112.5}{100}) + 90 = 91dB$$

故已超過規定。

(2) 該勞工工作日全程噪音暴露之時量平均音壓值：

$$L = 16.61 \log(\frac{112.5}{12.5 \times 9}) + 90 = 90dB$$

(3) 影響噪音引起聽力損失之因素：

① 噪音量之大小：一般噪音暴露音壓級越大，造成聽力損失越大。

② 暴露時間的長短：噪音暴露時間越長，影響越嚴重。

③ 噪音的頻率特性：一般頻率越高之噪音，危害性越大。

④ 個人差異性：由於個人對於噪音的敏感度不一，對相同噪音所引起的反應亦有差異。

[題型二]

某勞工在工作場所從事作業，其作業時間噪音之暴露如下：

08：00~12：00　穩定性噪音，$L_A = 90$ dBA

13：00~15：00　變動性噪音，噪音劑量為 40%

15：00~18：00　穩定性噪音，$L_A = 85$ dBA

(1) 該勞工之噪音暴露是否符合法令規定？

(2) 該勞工噪音暴露八小時日時量平均音壓級？

(3) 該勞工噪音暴露工作日時量平均音壓級？

答 (1) 依法令規定，勞工工作日暴露於兩種以上之連續性或間歇性音壓級之噪音時，其暴露劑量之算法：

$$D = \frac{t_1}{T_1} + \frac{t_2}{T_2} + \frac{t_3}{T_3}\cdots$$

其和大於 1 時，即屬超出容許暴露劑量。

該勞工之暴露劑量：

$$Dose = (\frac{4}{8} + \frac{3}{16}) \times 100\% + 40\% = 109\% > 1$$

故該勞工之噪音暴露已超過規定。

(2) 該勞工噪音暴露八小時日時量平均音壓級：

$$TWA(8hr) = 16.61 \log \frac{109}{100} + 90 = 91dB$$

(3) 該勞工噪音暴露工作日時量平均音壓值：

$$TWA(9hr) = 16.61 \log \frac{109}{12.5 \times 9} + 90 = 90dB$$

[題型三]

(1) 某工作場所噪音頻譜分析結果如下，試計算其 A 權衡音壓級？

(2) 試述實施噪音作業環境監測之目的？

中心頻率(Hz)	31.5	63	125	250	500	1,000	2,000	4,000	8,000	16,000
dB(F)	90	90	93	95	100	102	105	105	70	80

兩噪音之差（dB）

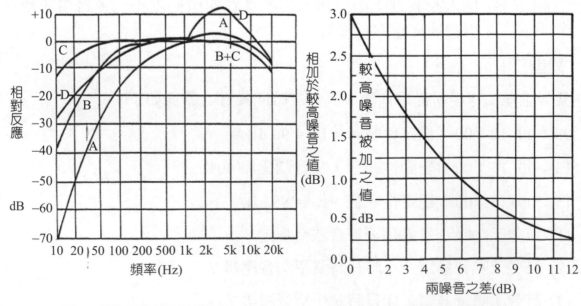

圖 1　各權衡電網校正曲線　　　　　圖 2　聲音之和計算曲線

答 (1)

中心頻率 (Hz)	31.5	63	125	250	500	1000	2000	4000	8000	16000
SPL，dB(F)	90	90	93	95	100	102	105	105	70	80
修正 A 權衡	−39.4	−26.2	−16.1	−8.6	−3.2	0	1.2	1	−0.1	−6.6
修正後 SPL，dB(A)	50.6	63.8	76.9	86.4	96.8	102	106.2	106	69.9	73.4

因此 A 權衡音壓級 (dBA)

$$SPL = 10\log(10^{5.06} + 10^{6.38} + 10^{7.69} + 10^{8.64} + 10^{9.68} + 10^{10.2} + 10^{10.62}$$
$$+ 10^{10.6} + 10^{6.96} + 10^{7.34}) = 110dB$$

(2) 實施噪音作業環境監測之目的：

依勞工作業環境監測實施辦法，作業環境監測係為掌握勞工作業環境實態及評估勞工暴露狀況所實施之規劃、採樣、分析或儀器測量。

經由實施噪音作業環境監測，可了解作業環境之實際噪音危害情形，進一步從測定結果來考慮如何改善作業環境，並可依測定結果調整勞工之作業時間，實施設備改善或採取工程控制及作業管理等措施，以合乎法令規定；此外，可將噪音測定結果作為事業單位實施聽力保護計畫之參考依據，實施勞工健康管理，以保障勞工之聽力健康。

第 23 章
溫濕環境

一、於不同熱害環境下採取適當的熱環境工程改善對策如下表所列：

熱危害因子之工程改善對策表

控制因子	可採取的對策
勞工工作代謝熱 (M)	1. 盡量減少製程中勞力的需求，重工作利用機具來作業。 2. 部分工作或全部工作機械化或自動化。
輻射熱傳遞 (R)	1. 設置熱屏障，避免勞工在熱源直接輻射範圍內。 2. 熱爐或高溫爐壁的絕熱、保溫。 3. 熱源覆以金屬反射簾幕如鋁箔。 4. 穿著反射圍裙，尤其面對熱源時更需要。 5. 遮蔽或覆蓋身體裸露在外的部分。
對流熱傳遞 (C)	1. 降低作業環境空氣溫度。 2. 降低流經皮膚之熱空氣的流速。
藉由汗水蒸發的最大排汗量 (E_{max})	1. 增加空氣流動速度。 2. 減少作業環境內之溼度。 3. 減少衣著量。

二、高溫作業管理

作業環境的行政管理是環境改善無法達成時或實行有困難時的替代性或暫時性權宜措施，包括：

(一) 限制勞工熱暴露的時間或溫度；

(二) 降低代謝熱的產生量；

(三) 增加勞工對熱的容忍度；

(四) 對勞工施以安全衛生教育訓練；

(五) 篩除不適合高溫作業人員；

(六) 個人防護具之使用。

三、有效溫度 (ET) 在使用上有以下限制：

(一) 僅對健康之白種年輕人，且住在美國，習慣於美國氣候、生活條件者。

(二) 試驗僅觀察坐姿者，對勞動工作者應有修正，但仍有其缺點。

(三) 僅對正常衣著者，穿多重衣物者，可能會更減低空氣之影響。

(四) 外部輻射源之溫度假設與空氣溫度同，但如輻射源熱表面溫度與周圍空氣溫度不同時，即以黑球溫度取代乾球溫度或空氣溫度來說明。

(五) 不能用於空氣流動速度低於 25ft/min 者。

(六) 有效溫度大於 90 °F時不準確。

(七) 在線圖之下半端、溼度之影響份量太大。

(八) 在舒適帶之上或下，生理反應無法評估瞭解。

四、熱危害控制措施如下表：

熱危害控制一覽表

項目	因應措施
環境控制 1. 作業產生的代謝熱 (M) 2. 輻射熱傳遞 (R) 3. 對流熱傳遞 (C) 4. 藉由汗水蒸發的最大排熱量 (E_{max})	1. 盡量減少對勞力的需求；粗重的工作有機具可支援或採自動化控制。 2. 設置熱屏障、高溫爐壁的絕緣、熱屏障表面 (靠熱源端) 覆以金屬反射面板、穿著能反射熱的衣物、身體暴露在外的部位加以遮蔽。 3. 降低作業環境空氣溫度、降低流經皮膚局部空氣的流速。 4. 減少工作場所內溼度、增加空氣流動速度、減少衣著量。
作業行政管理 1. 限制熱暴露量 2. 休息 3. 個人防護具 4. 其他	1. 減少每人的熱暴量、多增人手以減少每人的熱暴露量、高溫作業儘可能安排於一天中較涼爽的時段、監督人員及勞工之安全衛生訓練以利熱危害症狀的早期發現並提高警覺性。 2. 提供有空調的低溫休息區 (不得低於 24℃)、輪班制度調配使勞工休息時間增加。 3. 提供具有冷卻效果的熱防護衣、局部防護具、及呼吸熱交換器。 4. 藉體格檢查來建立選工及配工制度、尚未適應熱環境的新僱勞工需多加照應、飲水的補充以防脫水、是否有降低熱容忍度的非職業性習慣如喝酒或肥胖。

第 24 章
異常氣壓危害預防

一、異常氣壓作業：包括高壓室內作業及潛水作業兩類。

二、高壓室內作業：指沉箱施工法或壓氣潛盾施工法及其他壓氣施工法中，於表壓力超過大氣壓之作業室或豎管內部實施之作業；常見種類包括捷運或污水下水道壓氣潛盾工法及營造壓氣工法等作業。

三、減壓症之成因及預防

(一) 減壓症：減壓症係指潛水人員或在高壓狀況下的人員，因急速上潛或減壓，使溶解在人體體液中過飽和之氮氣釋出產生氣泡而引起全身不適。不正常之減壓程序是導致減壓症之主因。暴露的環境壓力愈大，暴露時間愈久則溶解於組織中的氮氣就愈多，也愈容易因減壓失當而造成減壓症。

(二) 潛水勞工減壓症預防：

1. 健康的身心

(1) 年齡大於五十歲應盡量減少潛水，四十歲以上若發現身體之健康狀態明顯變差，亦應減少潛水次數、作業深度與水下停留時間。

(2) 依勞工健康保護規則之規定，定期健康檢查。

(3) 有減壓症後遺症、呼吸道疾病、心血管疾病者、神經血管疾病、耳道疾病、運動性疾病、愛滋病、內分泌與新陳代謝疾病、吸毒者皆不可再潛水。

(4) 潛水前應保持體能，注意起居飲食，四十八小時內勿飲酒。

(5) 充足的睡眠並避免情緒低落。

(6) 肥胖者，較不要潛水。

(7) 潛水後至少有 24 小時的休息，再乘坐飛機。

(8) 罹患減壓症之勞工，至少要經過一週以上休息及醫師許可後，才能繼續作業。

2. 足夠的訓練

(1) 盡可能參與政府或民間舉辦之訓練課程。

(2) 多參加勞委會所舉辦之異常氣壓危害預防標準研討會或與減壓症預防有關之研習會。

(3) 盡量要求自己具備使用工具、安全裝備之熟練技能。

(4) 了解正常潛水操作與緊急應變程序。

(5) 須有心肺復甦術之急救訓練。

(6) 學習潛水有關之物理、潛水生理、潛水醫學、潛水操作訓練、潛水技術、潛水裝備、潛水環境與潛水法規等知識技能。

3. 裝備的檢查

(1) 依照不同供氣方式，勞工應由雇主處取得緊急用水肺、信號索、水中計時器、深度表、潛水刀及救生衣等裝備，並適時定期檢查及保持清潔。

(2) 裝備之檢點與檢查，基本上規定雇主必須負責定期與不定期進行；勞工應協助雇主確實執行，才能有效保障本身之生命安全。

4. 環境的認知

潛水勞工作業前應對海象的狀況了解，包括氣候、水溫、風速、潮流、風浪等級、作業環境之地形、水域是否有毒或遭受汙染、能見度、是否有高速水流或渦流、以及是否有水中侵襲之生物。

5. 完善的計畫

(1) 了解潛水方式，事先評估水面及水下可能發生之有害情況及危害。

(2) 呼吸氣體之選擇與潛水裝備堪用之狀況。

(3) 了解本身之工作，包括作業範圍與時間、潛水總監之責任、作業手續、記載作業手冊、重複潛水餘氮等級。

(4) 了解減壓站之位置、急救醫院地址電話與醫師姓名、緊急送醫之交通工具與路徑。

(5) 緊急應變措施。

(6) 勞工之工作手冊應記載各種訓練、醫療、投保、作業經歷、緊急聯絡人等記錄。

6. 正確的操作

潛水勞工除了應進行安全的減壓程序外，另需避免超時工作及任意重複潛水。

第 25 章
缺氧危害預防

一、缺氧的形成原因：

(一) 空氣中氧氣消耗

1. 還原物質氧化：硫化礦石、鐵礦石、煤、褐煤、原木片、木屑、鋼材、鐵屑、亞麻仁油等乾性油、魚油或其他易吸收空氣中氧氣之物質等，在常溫下會吸收、消耗空氣中的氧，故地下室、倉庫、油槽、坑道、窪坑、儲槽、船艙、貯煤漏斗、穀倉、鋼製鍋爐、反應塔、壓力容器、氣體容器、反應器、分離器、熱交換器、船的二重底等現在或曾經存放前述物質者，或其為鋼、鐵製者，或以含有乾性油之油漆塗敷壁面在油漆未乾前即予密閉者，內部可能因還原物質氧化而成為缺氧危險場所。

2. 穀物、果菜、木材等的呼吸作用：穀物、蔬菜、水果、牧草、木材等由於其生物作用進行呼吸，消耗氧放出二氧化碳，故貯藏室、地窖、倉庫、船艙、坑、井等存放有前述物質者，內部可能因而成為缺氧危險場所。

3. 有機物的腐敗及微生物的呼吸：糞、尿、腐泥、污水、紙漿液、廚餘、食物殘渣、動物屍體等有機物腐敗時會消耗氧同時產生二氧化碳、硫化氫、氨等有害氣體，故蓄積含有機物污水等之油槽、船艙、槽、管、溝、暗渠、人孔等內部可能因而戌為缺氧危險場所；至於興建中之人孔等，因混凝土中所含強鹼會將木模的各種物質溶出，如遇水流入就成了細菌的培養液，在細菌發酵作用下，也會成為缺氧危險場所，造成拆模人員缺氧而死；同樣的置放或曾置放酒類、醬類、胚子、酵母或其他發酵物質等之儲槽、地窖或其他釀造設備之內部，亦可能因微生物發酵作用成為缺氧危險場所，此等場所亦須注意硫化氫之中毒事故之預防。

4. 人體呼吸作用：人會因呼吸消耗氧氣而排出二氧化碳，在密閉的場所 $1m^3$ 的空間可供一個成人存活 3 小時左右。

5. 其他原因耗氧：如設備內部設有吸取空氣的裝置也會造成缺氧環境。另地下水及土層中所含的鐵很容易和氧起反應，56 克的鐵會消耗 17 公升氧，故有雨水、河川流水或湧水的溝槽、暗渠、人孔、貯槽等均可能有缺氧危害。

(二) 空氣以外氣體之置換：隨著科技的進步，氦、氬、氮、二氧化碳、氟氯烷 (Freon) 或其他惰性氣體被運用於鍋爐、儲槽、反應槽、船艙或其他設備之內部，以防止可燃氣體或引火性液體引起火災爆炸，或防止食品、觸媒、醫藥品、金屬粉末之氧化；另二氧化碳亦被用於冷藏庫、冷凍庫、保冷貨車、船艙、貨櫃內，以保持貯藏蔬果的新鮮；由於氣體之置換作用可能造成缺氧危險之外二氧化碳、氟氯烷被用於一般停車場、船舶、倉庫等之消防設備，亦可於噴出時造成缺氧危害。

(三) 缺氧空氣之突出：開鑿礦產之坑、井或開挖隧道或橋墩、基礎、地下鐵、水井、地下通道等地下工程施工，貫通或鄰接下列地層者，可能由於缺氧空氣突出而造成缺氧危險場所：

1. 土層覆有不透水層之砂礫層中，無含水、無湧水或含水、湧水較少之部分。

2. 含有亞鐵鹽類或亞錳鹽類之地層。

3. 含有甲烷、乙烷或丁烷之地層。

4. 湧出或有湧出碳酸水之虞之地層。

5. 腐泥層。

另使用壓氣工法施工之工程，若通過砂礫層，壓入之空氣會侵入沙礫間隙，藉著地層中所含大量亞鐵等還原性物質將氧消耗成為缺氧空氣，而下列之情況下逸出：

1. 減壓時「逆流」進入工作場所。

2. 「貫流」至附近之基礎坑、地下室、井等處噴出。

3. 埋沒在地層內於日後因其他工程開挖或地下水位變化而在附近的地下室、基礎坑、井或開挖面「湧出」。

4. 存在砂礫層中與大氣壓成壓力平衡狀態，而在低氣壓時自附近地下室、基礎坑、井或開挖面「湧出」。

(四) 厭氧性之分解：食品工廠、屠宰場、魚市場、廚餘、糞尿等污水中之有機物是微生物最好的營養，其所含的好氧性菌會先消耗污水中的溶氧，之後在無氧狀態下厭氧性菌進行厭氧分解產生二氧化碳、甲烷、硫化氫等氣體，可能成為缺氧危險場所，同時亦應注意硫化氫之中毒事故之預防。

二、缺氧危害預防對策：

(一) 置備測定空氣中氧氣濃度之必要測定儀器，並採取隨時可確認空氣中氧氣濃度、硫化氫等其他有害氣體濃度之措施。

(二) 應予適當換氣，以保持該作業場所空氣中氧氣濃度在百分之十八以上。

(三) 勞工於冷藏室、冷凍室、地窖及其他密閉使用之設施內部作業時，於該作業期間，應採取該設施出入口之門或蓋等不致閉鎖之措施。

(四) 勞工從事缺氧危險作業時，於當日作業開始前、所有勞工離開作業場所後再次開始作業前及勞工身體或換氣裝置等有異常時，應確認該作業場所空氣中氧氣濃度、硫化氫等其他有害氣體濃度。

(五) 對進出各該缺氧危險作業場所勞工，應予確認或點名登記。

(六) 指定缺氧作業主管從事下列監督事項：決定作業方法並指揮勞工作業；確認換氣裝置、測定儀器、空氣呼吸器等呼吸防護具、安全帶等及其他防止勞工罹患缺氧症之器具或設備之狀況，並採取必要措施；監督勞工對防護器具或設備之使用狀況；其他預防作業勞工罹患缺氧症之必要措施。

(七) 指派一人以上之監視人員，隨時監視作業狀況，發覺有異常時，應即與缺氧作業主管及有關人員聯繫，並採取緊急措施。

(八) 有立即發生缺氧危險之虞時，雇主或工作場所負責人應即令停止作業，並使從事該作業之全部勞工即刻退避至安全場所。

(九) 依職業安全衛生教育訓練規則規定施予必要之安全衛生教育訓練。

(十) 未能依規定實施換氣時，應置備適當且數量足夠之空氣呼吸器等呼吸防護具，並使勞工確實戴用。

(十一) 勞工有因缺氧致墜落之虞時，應供給該勞工使用之梯子、安全帶或救生索，並使勞工確實使用。

三、局限空間之危害

局限空間係指非供勞工在其內部從事經常性作業，勞工進出方法受限制，且無法以自然通風來維持充分、清淨空氣之空間。

局限空間有缺氧、中毒、感電、塌陷、被夾、被捲及火災、爆炸等可能危害。

勞工進入局限空間作業，可能產生缺氧、中毒或爆炸等三種空氣性危害，這三種災害發生的原因：

(一) 缺氧：造成作業場所缺氧的主要原因是由於通風不良或是因化學反應所致之氧氣消耗、動物或植物的呼吸作用以及惰性氣體之封入或洩出而可能造成人員缺氧窒息。

(二) 中毒：當作業場所通風不充分可能因蓄積有害氣體而造成人員中毒。

(三) 爆炸：因可燃性氣體之累積，當濃度達到爆炸範圍並遇火源而引起爆炸。

四、勞工於有發生危害之虞之局限空間從事作業時，應採取之危害防範措施：

(一) 雇主使勞工從事局限空間作業前，應先進行局限空間作業缺氧、中毒、火災爆炸等危害確認，並訂定危害防範計畫。

(二) 對從事局限空間作業之勞工，應依職業安全衛生教育訓練規則規定施予必要之安全衛生教育訓練。

(三) 使勞工從事局限空間作業時，應依規定將注意事項公告於作業場所入口顯而易見之處所，使作業勞工周知，且應禁止與作業無關人員進入局限空間作業場所，並標示於顯而易見之處。

(四) 應採取危害隔離等安全措施。

(五) 除為防止爆炸、氧化或作業上有顯著困難致不能實施換氣者外，應以清淨空氣通風方式予以適當換氣，確保該作業環境符合規定。

(六) 每次作業開始前及所有勞工離開作業場所後再次作業開始前，測定該作業場所空氣中氧氣、硫化氫等有害物或可燃性氣體、蒸氣之濃度，並清除可燃性粉塵，確認無危險之虞。

(七) 應經常確認作業場所空氣中氧氣、硫化氫等有害物或可燃性氣體、蒸氣之濃度，以確保作業場所通風換氣之有效性。

(八) 局限空間作業前，應指定專人檢點該作業場所，依檢點結果製作作業場所檢點表。進入許可證連同作業場所檢點表，由雇主、工作場所負責人或現場作業主管簽署後，才可使勞工進入該作業場所工作。對從事該作業勞工之進出，應予確認、點名登記。

(九) 於每一班次指定現場作業主管依規定從事監督作業，並應指派一人以上之專職現場監視人員從事監視作業。

(十) 應置備空氣呼吸器等呼吸防護具、梯子、安全帶、胸式或全身式救生索等設備，供勞工避難或救援人員使用。

(十一) 有導致缺氧、中毒、火災爆炸或引起勞工生命或健康立即危害之虞時，應即停止作業，並使從事該作業之勞工即刻退避至安全處所。

五、雇主使勞工於局限空間從事作業，事前推測局限空間內可能有缺氧、沼氣、中毒及爆炸火災等危害之虞，應訂定危害防止計畫，該危害防止計畫應包括之事項有：

1. 局限空間內危害之確認。

2. 局限空間內氧氣、危險物、有害物濃度之測定。

3. 通風換氣實施方式。

4. 電能、高溫、低溫及危害性化學品之隔離措施及缺氧、中毒、感電、塌陷、被夾、被捲等危害防止措施。

5. 作業方法及安全管制作法。

6. 進入作業許可程序。

7. 提供之防護設備之檢點及維護方法。

8. 作業控制設施及作業安全檢點方法。

9. 緊急應變處置措施。

六、依職業安全衛生設施規則規定，雇主使勞工於局限空間從事作業，有危害勞工之虞時，應於作業場所入口顯而易見處公告注意事項，使作業勞工周知，所稱注意事項為：

1. 作業有可能引起缺氧等危害時，應經許可始得進入之重要性。

2. 進入該場所時應採取之措施。

3. 事故發生時之緊急措施及緊急聯絡方式。

4. 現場監視人員姓名。

5. 其他作業安全應注意事項。

七、雇主使勞工於有危害勞工之虞之局限空間從事作業時，其進入許可應由雇主、工作場所負責人或現場作業主管簽署後，始得使勞工進入作業。對勞工之進出，應予確認、點名登記，並作成紀錄保存一年。前項進入許可，應載明下列事項：

1. 作業場所。

2. 作業種類。

3. 作業時間及期限。

4. 作業場所氧氣、危害性化學品濃度測定結果及測定人員簽名。

5. 作業場所可能之危害。

6. 作業場所之能源隔離措施。

7. 作業人員與外部連繫之設備及方法。

8. 準備之防護設備、救援設備及使用方法。

9. 其他維護作業人員之安全措施。

10. 許可進入之人員及其簽名。

11. 現場監視人員及其簽名。

第 26 章
游離輻射

一、游離輻射係指能量高 (大於 10 KeV)，能使物質產生游離作用的輻射。依來源的不同可區分為核輻射及原子輻射；核輻射的能量在百萬電子伏特 (MeV) 的範圍；原子輻射的能量在仟電子伏特 (keV) 的範圍。這些輻射因能游離物質之分子，產生正負離子對，故稱為游離輻射。

非游離輻射係指不能引發物質產生游離作用的輻射；包括紫外線、可見光、紅外線、微波、無線電波及雷射等。

二、游離輻射依型態的不同可區分為微粒子型的游離輻射及電磁波型的游離輻射兩大類型。微粒子型的游離輻射主要有阿爾伐粒子 (α 粒子)、貝他粒子 (β 粒子) 以及中子等三種；電磁波型的游離輻射包括 X 射線及伽瑪射線 (即 γ 射線) 兩種，此兩種射線均具有光的性質，都是短波長高能量的電磁波，而且都具有對物質的高穿透力。

三、評估輻射健康效應所用之劑量

（一）確定效應 (Deterministic Effects) 或非機率效應 (Non-stochastic Effects)（皮膚紅斑、白內障等）

效應的嚴重程度與劑量呈正比；有低限劑量。當劑量小於低限劑量時，效應不會發生；當劑量大於低限劑量時，效應確定發生。評估組織器官是否發生確定效應及嚴重性，使用個別組織器官的等價劑量 (equivalent dose)。

（二）機率效應 (Stochastic Effects)（癌病、遺傳效應等）

效應發生的機率 (風險) 與劑量呈正比；效應的嚴重程度與劑量無關；沒有低限劑量。評估全身組織器官機率效應的總風險，使用有效劑量 (effective dose)。

四、輻射劑量限制之目的：

（一）防止確定效應 (組織反應) 損害之發生 (絕對安全)。

（二）降低機率效應 (癌症或遺傳效應) 的危險度至最小 (相對安全)。

（三）為防止非機率效應，劑量限度係以等價劑量表示。為管制機率效應，劑量限度係以有效劑量表示。

五、

(一) 等價劑量：指器官劑量與對應輻射加權因數乘積之和，其單位為西弗，輻射加權因數依下表之規定。

$H_T = T$ 器官的等價劑量 (equivalent dose)

$$H_T = \sum_R H_{T,R}$$

$$H_{T,R} = w_R D_{T,R}$$

輻射加權因數 (w_R) 指為輻射防護目的，用於以吸收劑量計算組織與器官等價劑量之修正因數，係依體外輻射場之種類與能量或沉積於體內之放射性核種發射之輻射的種類與射質訂定者，能代表各種輻射之相對生物效應。

輻射種類與能量區間	輻射加權因數 w_R
所有能量之光子	1
所有能量之電子及 μ 介子 [3]	1
中子 [4] 能量 < 10 千電子伏 (keV)	5
10 千電子伏 (keV) ─ 100 千電子伏 (keV)	10
> 100 千電子伏 (keV) ─ 2 百萬電子伏 (MeV)	20
> 2 百萬電子伏 (MeV) ─ 20 百萬電子伏 (MeV)	10
> 20 百萬電子伏 (MeV)	5
質子 (回跳質子除外) 能量 > 2 百萬電子伏 (MeV)	5
α 粒子，分裂碎片，重核	20

(二) 有效劑量：指人體中受曝露之各組織或器官之等價劑量與各該組織或器官之組織加權因數乘積之和，其單位為西弗。

$E =$ 有效劑量 (effective dose)

$$E = \sum_T w_T H_T$$

$w_T =$ 組織加權因數 (tissue weighting factor)

$$\therefore E = \sum_T w_T \cdot \sum_R w_R \cdot D_{T,R}$$

組織加權因數 (w_T) 指為輻射防護目的，用於以各組織或器官等價劑量 H_T 計算有效劑量之修正因數。此一因數係考慮不同組織或器官對輻射曝露造成機率效應之敏感度而訂定。

第 27 章
人因工程學

一、失誤的類型如下：

（一）取代失誤：在緊急時，將某類物品誤以為是另一類物品，將某一控制器誤認成另一類控制器，因而發生失誤。

（二）調整失誤：操作控制器時調整過多或不及。

（三）遺忘失誤：忘記在適當時機執行某一動作或忘記執行順序程序。

（四）顛倒錯誤：弄反操控方向，與個人使用習慣不一致。

（五）無意啟動：不小心觸動開關而引起作用。

（六）無法搆及

二、為防止人為失誤之發生，在系統設計上應採取：

（一）容錯設計，也就是當錯誤不小心發生時，系統不致導致嚴重破壞與意外。

（二）增加設計可靠度，設計時將人為失誤率考慮進來。任何需要人為操作之機器，即使機器之可靠度百分之百，遇到人為失誤，可靠度仍大大下降。

（三）可逆措施，當錯誤不小心發生時，系統能逆轉已發生之程序，這在電腦軟體介面設計上較為可行，因此機器上許多電腦介面部分應可採行。

（四）防誤、防呆設計，在不同的控制器上採用易於區分的形狀或方式，例如電腦主機後端之各類插座均以不同型式設計，防止使用者誤插。

（五）記憶輔助措施，將重要程序、操作順序、特殊意義等在機器旁以圖形或簡要說明文字提供給操作人員與維修人員。

（六）警示措施，利用視覺與聽覺顯示提供警示。

三、為避免累積性肌肉骨骼創傷之發生，應注意手工具設計的原則：

（一）保持手腕正直：針對特殊性作業設計具有彎曲角度之握把，可以使手的施力及操控工具更為有效，然而必須注意角度的選取，否則弄巧成拙，中性握把的優點是能適用於各種時機，具有彎曲角度之握把則僅適用於固定特定之場合，才能發揮效用。

(二) 避免對肌肉軟性組織壓迫：握柄應避免銳利之稜角，才不會因用力時壓迫肌肉與神經，但需注意保持足夠之手與握把間摩擦力，以利抓握。

(三) 避免手指重複動作：電動工具上常有開關按鈕，致使手指需重複按鈕，避免以單一食指爲施力按鈕之主要方式，可以由拇指取代，或將按鈕加大面積以四指一同按壓則可減輕單指壓力。

(四) 安全上的顧慮：刀具或鋸子等銳利工具之握柄可加裝檔板，防止手心流汗濕滑時滑入刀緣而受傷。

(五) 考慮不同性別及不同慣用手：女性之手掌較小，因此對於女性作業員使用之工具握柄直徑應略小於男性握柄。握柄之設計常具方向性，通常只適合慣用右手者，對於慣用左手者最好能予以另外設計，才適合其使用。

四、人工提舉與下背傷害

美國 NIOSH 於 1991 時提出其搬運公式之修訂版。搬運公式主要在計算可接受之安全抬舉物重，搬運公式係根據抬舉時之作業條件而計算出安全抬舉物重，作業條件包括數個參數：物品離身體水平距離、物品離地高度、物品垂直移動距離、抬舉頻率。1981 搬運公式認爲安全抬舉物重與這四個作業參數有關，1991 搬運公式則增加考慮抬舉時軀幹扭轉之角度及手與物品間握持方式之緊密程度。

NIOSH 係根據流行病學、生理學、心理物理法與生物力學等四種不同學理而發展其搬運公式，除流行病學外，該公式有相當明確之理論依據。生物力學上該公式所建議之安全重量係考慮下背脊椎間 (L5/S1；第五腰椎與第一薦椎間的椎間盤) 壓迫力之安全容忍範圍 (< 3400N)；生理學上，該公式考慮生理代謝能量速率在一定範圍內 (< 3.5Kcal/min)；而心理物理法則保障人群中有一定比例之人口 (99% 之男性與 75% 之女性) 能接受該公式所建議之搬運物重。實際操作重量小於 AL，則代表該作業符合上述各學理之安全範圍，若操作重量大於動作極限之三倍 (稱爲最大容許極限，MPL)，則該操作爲極不安全之作業。

重量極限 (RWL)；搬運指數 (LI)

$$LI = \frac{實際操作物重}{RWL}$$

搬運指數 LI 低於 1 代表該操作相對安全，指數愈高則愈不安全，至於 LI 多高代表極不安全，與搬運危害風險之間的關係又如何，NIOSH 仍在進行更進一步的研究中。

NIOSH 1991 搬運公式如下：

$$RWL = 23(25/H)(1 - 0.003 \mid V - 75 \mid)[0.82 + (4.5/D)]$$
$$(1 - 0.0032A) \times FM \times CM$$

H：手與兩腳踝中點水平距離，25 < H < 63cm；H < 25 令 H = 25，H > 63 則 RWL = 0

V：手離地面的垂直高度，0 < V < 175cm；V > 175 則 RWL = 0

D：物品垂直上移高度，25 < D < 175cm；D < 25 令 D = 25，D > 175 則 RWL = 0

A：軀幹扭轉角度，$0 < A < 135°$；$A > 135°$，則 RWL = 0

五、職業性下背痛 (Low-back-pain)

造成職業性下背痛的主要原因為人工提舉作業，人工提舉物品常因用力不當或過度，而造成下背疼痛。預防下背痛的方法敘述如下：

(一) 維持正確的姿勢：

　　1. 站、坐姿正確。

　　2. 睡姿正確。

　　3. 工作姿勢正確。

(二) 工作中應適度改變姿勢，使脊椎骨受的壓迫減輕。

(三) 每天做一次全身性體操，強化腰部肌肉。

(四) 休息時按摩腰部穴道，鬆懈背部肌肉。

(五) 發現有下背痛應即就醫，早日治癒。

六、靜態作業比動態作業易造成工作者疲勞的原因：

靜態的肌力控制是一種身體部位並無移動現象的運動，在這種控制裡某幾組肌肉相互牽制，以保持身體或肢體的平衡。以手部來說，要把手部維持在某特定位置時，那些控制手部運動的肌肉之間，必須處在一種力量平衡的狀態，而不致有任何方向的淨位移。為獲取平衡而在肌肉裡建立的張力或緊張現象，乃需要不斷地施出力氣；因而要保持一種靜態姿勢，事實上要比某些動態姿勢調節更容易疲勞。

七、作業面過高或過低對勞工的影響：

作業面太低時，勞工背部將過度彎曲，時間一久，就會造成背部的酸痛；作業面太高時，勞工肩膀必須抬高而處於緊張姿勢，以致引起肩膀和頸部不適。

針對不同工作性質 (精密、輕度、粗重工作) 其作業面高度考量：坐姿作業面高度的重要影響因素，一般所建議愈粗重的作業其作業面高度愈低。

立姿作業面高度的重要影響因素，部分與坐姿相同，例如肘高 (此時係由地面算起) 和工作類型等。輕度作業和粗重作業的作業高度均在肘高以下，而精密作業則比肘高略高 (通常對精密的手動控制提供有肘靠)。因此愈粗重的作業其作業面高度愈低。

提供可調整高度的作業面是比較理想的做法；然而，實務上常見的因應措施有：配合個人尺寸而選購或訂製，在桌腳底下加置墊塊可供站立的幾英吋高平台或可機械式調整的桌腳等方式。

八、從事電腦終端機之操作可能引起之主要危害及預防措施如下：

(一) 從事電腦終端機之操作可能引起之主要危害：

1. 下背疼痛，甚至傷害；

2. 造成肩膀的肌肉酸痛；

3. 頸項的肌肉酸痛；

4. 產生下肢的血液循環不良之問題；

5. 螢幕字體太小，造成視覺疲勞。

(二) 預防及改善方法：

1. 椅背應可調整傾斜度、高度、與椅座深度。

2. 椅背應具有良好之腰部 (下背) 支撐。

3. 座高應可調整。

4. 調整之後，膝蓋與大腿內側應能適當輕放於椅座上而不會感到壓迫。

5. 雙腳應能接觸地面，必要時應給予腳靠墊。

6. 桌下空間應足以讓雙腳變換姿勢稍作活動。

7. 座高與鍵盤高度應配合，調整後應讓上臂自然下垂，雙手置於鍵盤上時前臂成水平。

8. 鍵入作業時手腕應保持正直，人體工學鍵盤之設計即為讓手腕作業能保持腕部之自然正直狀態。

9. 螢幕高度與傾斜度應讓頭頸保持自然輕鬆姿勢，頭部勿過度上揚。

10. 鍵盤下緣應留有部分空間讓手腕與前臂輕靠，人體工學鍵盤之設計已包含此一靠腕之處。

九、產業界工業化程度愈高，重複且單調的工作增多，作業勞工的肌肉骨骼傷害案例時有所聞，導致勞工肌肉骨骼傷害的主要影響因素如下：

(一)工作姿勢：使用不良的工作姿勢，如側彎、扭轉等姿勢，或過度的施力或是靜態姿勢持續過久，也會出現酸痛現象，而容易造成勞工肌肉骨骼傷害。

(二)施力：當施力增加時，容易造成不適與疲勞，且肌肉恢復所需的時間較長。

(三)頻率：工作頻率直接影響肌肉收縮速度與頻率，亦即影響肌肉收縮與舒張。當重複性高 (高頻率) 時，雖然用力不大，但肌肉負荷增加的情況下，仍可能導致傷害。

(四)休息時間安排：長時間作業時，必須在工作週期中加入適當的休息時間，以避免造成疲勞而導致勞工肌肉骨骼傷害。

十、聽覺陳示及視覺陳示顯示器之使用時機：

(一)聽覺陳示顯示器之使用時機：

1. 訊息單純。
2. 訊息很短。
3. 訊息隨後不會被用到。
4. 訊息與事件發生之時間有關。
5. 訊息要求立即回應。
6. 當視覺已被佔用。
7. 燈光照明不利於視覺顯示時。
8. 人員之工作需經常走動。

(二)視覺陳示顯示器之使用時機：

1. 訊息複雜。
2. 訊息很長。
3. 訊息隨後會被用到。
4. 訊息與事件發生之空間 (或方向) 有關。
5. 訊息不要求立即回應。
6. 當聽覺已被佔用。
7. 噪音不利於聽覺顯示時。
8. 人員於固定位置作業。

十一、依人體工學原理，作業之動作應符合動作經濟原則，試說明此原則之目的，並列舉出關於人體運動方面之經濟原則四種。

所謂動作經濟原則係指讓操作動作能以用力最小、疲勞最少，而又能達到最高效率的方法。

(一) 目的：

(1) 減少工人的疲勞。

(2) 減短工人的操作時間。

(二) 動作經濟的基本原則：

第一基本原則：兩手同時使用，避免單手負荷過重而另一手卻空閒浪費。

第二基本原則：動作單元力求減少，刪除不必要的動作、材料。

第三基本原則：動作距離力求縮短。

第四基本原則：舒適的工作以減輕精神疲勞。

十二、肌肉之施力分兩類：

(一) 等張收縮 (isotonic contraction)：等張收縮時肌肉抵抗一定的阻力時，肌肉長度發生變化，但產生的張力保持恆定。例如舉啞鈴或拉單槓……等等。進行引體向上 (chin-up) 動作時，當二頭肌產生張力 (收縮) 並縮短，把身體向上提升時，就是正在進行向心收縮。反過來說，在引體向上的下降階段，肌動蛋白微絲向外滑行，使到肌節在受控制的情況下延長並回復至原來的長度時，就是正在進行離心收縮 (eccentric contraction)。

(二) 等長收縮 (isometric contraction)：等長收縮時肌肉長度維持不變且不會產生肢體的位移或關節角度的變化。例如用手推牆；伏地挺身保持不動或屈肘舉一重物維持一固定姿勢；進行引體向上時，只把身體掛在橫桿上等。

範例：

小明以右手提重物 (50 公斤)，右手被此重物拉得彎不起來，此時他的右手肌肉進行何類型的收縮？

🈭 等長收縮 (isometric contraction)

十三、試說明工作空間設計時之應注事事項：

(一) 坐姿較適合之時機：

　　1.　所有零件、工件、工具能就近擷取操作。

　　2.　作業時雙手抬起不超過桌面 15cm。

　　3.　作業時雙手用力不大，處理物品重量低於 4.5kg。

　　4.　作業以細組裝或書寫為主。

(二) 站姿較適合之時機

　　1.　工作台下沒有大腿放置空間。

　　2.　處理物品重量大於 4.5 時。

　　3.　經常需要舉起雙手伸長手臂於高處取物。

　　4.　作業必須經常起身走動。

　　5.　作業必須以雙手向下施加壓力。

(三) 半站坐姿較適合之時機

　　1.　雙手經常伸出取物向前超過的 41cm、雙手經常高於工作檯面 15cm 以上，然而不需伸手取物時基本作業可以坐著操作。

　　2.　多種作業交替，有些適合站，有些適合坐。

十四、試解釋下列名詞，並舉例說明之。

(一) 極端設計：分為極小設計與極大設計兩種。極小設計係於設計時採取第百分之五之尺寸，使比之還高大之群體均能適用。設計時若採取第百分之九十五之尺寸，使此之還矮小之群體均能適用，稱為極大設計。

　　例如，門高可採用極大設計，身高在第百分之九十五以下的群眾均能順利通過而不需要彎腰低頭。機器觸控鈕之距離則應採極小設計，使手及大於第百分之五以上的人員均能觸摸到按鈕。

(二) 可調設計：可調設計之目標在於讓使用者隨自己身體之尺寸調整，以適應個別之需要，雖然成本較高，但卻是較人性化之設計，因此常用於個人使用性之設備用具上。

　　例如個人座椅，椅座高度可供調整，調整之範圍以容納百分之九十的群眾使用為原則，因此椅座高度調整上限常採用第百分之九十五的膝蓋內側高度，下限則設定在第百分之五之高度。若欲增加可調範圍，容納更多的人員，則成本會因而增加。

(三) 平均設計：係於設計時採取第百分之五十 (即群體尺寸之平均值) 之尺寸，使整個群體均能適用。

例如銀行或郵局之櫃檯高度，由於每一位客戶停留於櫃檯辦事之時間並不長，而為每一位客戶調整櫃檯高度卻需要一段時間，若採可調設計，豈不是調整的時間比真正作業的時間還常，若採極小設計，則幾乎所有人皆得彎腰駝背在櫃檯上作業。反之，若採極大設計，則幾乎所有人皆得自備小板凳墊腳才能在櫃檯上作業，採取平均設計則雖然每一位客戶都可能有些不便，整體不便卻是最小。何況此不便對每一人而言僅有數分鐘而已，因此平均設計成為較合理之設計。

(四) 作業空間：人體在作業中 (如機械前作業)，其上肢可在一定的範圍中畫出一條弧線，包括上、下、左、右與垂直面，該動作範圍稱為作業域。而作業域應用在動態作業時加上需蹲、坐、走等最小空間之後，再加上機械的空間就稱為作業空間。

十五、試述視覺陳示之良好設計應考慮之一般原則。

(一) 視距：即陳示物與操作員眼睛的距離。其距離大小應由陳示物用途來決定，一般地圖、書報設計在 40mm 以內，而高速公路的路標應設計在幾哩外都能看見。

(二) 視角：即陳示物與操作員眼睛所成的角度。其視角不應太大，會造成人員頸部因轉動而疲勞，所以視角之設計也是重要的課題！

(三) 照明：陳示物周圍的照明也具有相當大的影響，當照明不足或太昏暗時，會影響操作員對陳示物的判斷而造成誤操作。

(四) 陳示之整體性：當陳示物為兩種資訊以上一起呈現時，就應注意陳示的整體性是否可以讓操作者一眼就看出兩種資訊各代表之涵義。故絕不可發生讓操作者難以判斷的設計產生。

(五) 一般環境因素：應考慮到一般環境因素，如：噪音、振動、缺氧等，會使勞工造成對陳示之判斷有困難之情況。

(六) 操作員型別：每個操作員能力均不相同，所以設計應朝向「大眾化」的設計為導向。

(七) 與控制器之相容性：(1) 移動相容性；(2) 空間相容性。兩者均應注意到。

十六、試說明勞工在完全自動化系統的任務及自動化系統對工作的影響。

(一) 勞工在完全自動化系統的任務：

1. 準備：將所需之生產作業工作指令輸入系統中，或是設定系統的狀況標準等工作。

　　2. 作業與監督：操作員須監督機械操作 (含啓動機器、停止其運作、更換指令、供應資料) 或適時補充系統所需資料。

　　3. 維護 (自動化系統所需人力最多的部分)：操作員在完全自動化系統中最主要任務之一，便是維護系統；維護可分爲兩種：預防保養、損壞之修護作業。

(二) 自動化系統對工作之影響，可能使作業勞工的工作更加容易或也可能更困難：

　　1. 使作業勞工的工作更加容易：使用傳統機械時，操作員需學習正確的技術，同時對於這些技術必須繼續不斷地加以練習。若不繼續加以練習，操作員會感到生疏。然而自動化機械係利用電腦程控操作，操作員只需要較少技術即可操作機械。只需以較少的技術，操作員就能替代較精密的人工，因此自動化系統作業可使操作員的工作更加容易。

　　2. 使作業勞工的工作更加困難：操作勞工沒有很多的時間去練習工作上所需之技術，將來當他必須做這件工作時，他可能有無法有效地接管此項工作的後果。

十七、累積性肌肉骨骼創傷的引發原因有幾個：

(一) 過度用力：研究調查顯示，過度用力是造成肌肉骨骼創傷的主因之一，尤其是長時間靜態施力，靜態施力指的是施力時肌肉維持固定長度，通常是因爲身體保持固定姿勢，使肌肉無法伸張，例如以起子旋轉螺絲的動作，不論是旋緊或旋鬆之一瞬間，手腕保持一固定姿勢，肌肉呈拉緊狀態，此時最易發生肌肉扭傷，靜態用力較易造成肌肉疲勞。

(二) 姿勢不當：身體施力時常有一比較容易用力之角度，與人比腕力時若手肘角度過於張開，大概已輸了一半。同樣地，作業時若工具設計造成手無法以較佳姿勢用力，爲達成目的，則無形中肌肉必須付出較大力量以彌補不當姿勢而損失的力量。

(三) 反覆重複：不斷反覆利用身體相同部位操作，適度時成爲對肌肉的訓練，超過時則變成受傷的原因，反覆的頻率過高使肌肉用力後之疲勞無法立即恢復，經久累積後引起傷害。

(四) 三者合併同時發生：上述三個原因若單獨存在時其影響並不大，不幸的是絕大多數作業中此三者皆合併發生，加重了個別因素對身體的影響。

十八、常見的手部累積性肌肉骨骼創傷有：

(一) 腕道症候群：由於手腕重複施力，同時手腕彎曲過度，容易壓迫腕道內的神經，久而久之造成神經傳導受阻，常見症狀為肘或手腕麻與疼痛、握觸感喪失、手腕無力等。打字、研磨、彈奏樂器、手工屠宰、組裝、鎚打等工作常易引發此症。

(二) 腱鞘炎：肌腱的外面有一層腱鞘，發炎時肌腱表面紅腫，作業中含有摩擦、切割、按壓、鉗夾、扭轉等動作均可能引起手部肌肉腱鞘炎。

(三) 扳機指：經常反覆使用具有類似扳機開關的手工具，容易得到扳機指，食指不自主彎曲，無法主動伸展。

(四) 白指症：又稱為震動症候群，手指與手的血液流量減少，顏色蒼白，手遇冷時有針刺、麻木、疼痛的感覺，懷疑與手部長期暴露於震動及寒冷環境下所造成。

(五) 網球肘：手肘處肌腱發炎，造成酸痛，常起因於手施力時手腕背屈與小臂旋轉同時發生，這種動作在網球員與棒球投手之間經常發生，而工作中如轉動螺絲、螺旋鈕、手工屠宰作業等亦常發生。

十九、為避免累積性肌肉骨骼創傷之發生，應注意手工具設計的原則：

(一) 保持手腕正直：針對特殊性作業設計具有彎曲角度之握把，可以使手的施力及操控工具更為有效，然而必須注意角度的選取，否則弄巧成拙，中性握把的優點是能適用於各種時機，具有彎曲角度之握把則僅適用於固定特定之場合，才能發揮效用。

(二) 避免對肌肉軟性組織壓迫：握柄應避免銳利之稜角，才不會因用力時壓迫肌肉與神經，但需注意保持足夠之手與握把間摩擦力，以利抓握。

(三) 避免手指重複動作：電動工具上常有開關按鈕，致使手指需重複按鈕，避免以單一食指為施力按鈕之主要方式，可以由拇指取代，或將按鈕加大面積以四指一同按壓則可減輕單指壓力。

(四) 安全上的顧慮：刀具或鋸子等銳利工具之握柄可加裝檔板，防止手心流汗濕滑時滑入刀緣而受傷。

(五) 考慮不同性別及不同慣用手：女性之手掌較小，因此對於女性作業員使用之工具握柄直徑應略小於男性握柄。握柄之設計常具方向性，通常只適合慣用右手者，對於慣用左手者最好能予以另外設計，才適合其使用。

二十、在執行人因工程危害評估過程中，請說明危害監測 (Surveillance) 方式之種類？如何進行工作安全分析？

（一）在執行人因工程危害評估過程中，危害監測方式可分為被動式監測與主動式監測兩種技術，種類如下：

1. 被動式監測 (Passive Suveillance)：所謂被動式監測係指收集工作場所之中勞工受傷害情形而加以分析其原因，由於所收集的資料為正式的書面報告，一般而言與眞實情況比較，大多有所低估。

(1) 意外傷害報告：工作中安全生管理人員所製作的勞工意外傷害事故報告資料。

(2) 職業傷害補償：勞工保險給付資料。

(3) 請假紀錄：人事單位員工請假原因資料統計。

2. 主動式監測 (Active Surveillance)

(1) 被勞及症狀調查：勞工身體被勞情形與肢體不適症狀調查。

(2) 現場訪查：調查哪些工作容易造成重複性肌肭骨骼損傷。

（二）不同工廠其工作型態不盡相同，因此必須針對其特性予以分析、評估，以了解其眞正危害的原因，而加以預防及改善。分析方法說明如下：

1. 確認工作上之問題點：可依據醫療紀錄、現場人員詢問、缺席狀況、人因工程檢核表等資料加以分析及研判，以確認出工作上之問題點。

2. 評估危險因子：針對工作場所之中可能危害勞工安全衛生的因子，例如：暴露量之確認、工作之特徵、可能的因果關係等，加以分析與評估。

3. 一般性的危險因子檢核表使用：檢核表提供一個快速的方法來識別工作所引起的骨骼肌肉系統疾 (MSDs) 之重要危險因子。亦即，以檢核表來判別哪些需要改善或者更深入分析的作業。

二十一、在預防重複性工作傷害所採取之步驟中，有一個「工程改善」的步驟，在此步驟中又有一項避免「過度用力」的原則，說明其應用在搬運工作和手工具加工方面的安全方法。

（一）減輕搬運物件的單位重量。

（二）避免搬運物件離身體太遠，原則上以越靠近身體爲佳。

（三）使用重力或機械輔助設備進行搬運。

（四）提供良好握把使物件易於抬舉或推拉。

(五) 改善工作站佈置與流程順序，減少搬運次數與距離。

(六) 使用動力手工具取代機械式手工具以減少手部施力。

(七) 保持刀具鋒利減少過度施力。

二十二、常見之肌肉骨骼疾病分析工具：

分類	評估工具	評估部位	適用分級
上肢	簡易人因工程檢核表	肩、頸、手肘、腕、軀幹、腿	I，篩選
	Strain Index	手及手腕	II，分析
	ACGIH HAL-TLV	手	II，分析
	OCRA Checklist	上肢，大部分手	II，分析
	KIM-MHO$_{(2012)}$	上肢	II，分析
	OCRA Index	上肢，大部分手	III，專家
	EAWS	肩、頸、手肘、腕、軀幹、腿	III，專家
下背部	簡易人因工程檢核表	肩、頸、手肘、腕、軀幹、腿	I，篩選
	KIM-LHC	背	I，篩選
	KIM-PP	背	I，篩選
	NIOSH Lifting eq.	背	II，分析
	EAWS	肩、頸、手肘、腕、軀幹、腿	III，專家
全身	RULA、REBA	肩、頸、手肘、腕、軀幹、腿	III，專家
	OWAS	背、上臂和前臂	III，專家
	EAWS	肩、頸、手肘、腕、軀幹、腿	III，專家

註：I 級可謂篩選：是簡單的評估工具，不要求工作條件的詳細知識，不涉及姿勢或力的定量評估；可以由工人自己使用。

II 級可謂分析：工具需要更長的時間來使用（大約一小時），並需要考慮更多的因素。

III 級可謂專家：工具要複雜許多，需要更長的時間來使用，大多需要錄影分析、測量方法、與生物力學上的特定技能。

二十三、雇主使勞工從事重複性之作業，為避免勞工因姿勢不良、過度施力及作業頻率過高等原因，促發肌肉骨骼疾病，應採取下列危害預防措施，作成執行紀錄並留存三年：

1. 分析作業流程、內容及動作。

2. 確認人因性危害因子。

3. 估、選定改善方法及執行。

4. 執行成效之評估及改善。

5. 其他有關安全衛生事項。

前項危害預防措施，事業單位勞工人數達 100 人以上者，雇主應依作業特性及風險，參照中央主管機關公告之相關指引，訂定人因性危害預防計畫，並據以執行；於勞工人數未滿 100 人者，得以執行紀錄或文件代替。(職業安全衛生設施規則第 324 條之 1)

二十四、人因性危害預防計畫，其內容應至少包含：政策、目標、範圍對象、期程、計畫項目與實施、績效評估考核及資源需求等大項。

第 28 章
危害性化學品標示及通識規則

一、何謂危險物？各項危險物分別列出六項？

(一) 危險物係指爆炸性物質、著火性物質 (易燃固體、自燃物質、禁水性物質)、氧化性物質、易燃液體、可燃性氣體，及其他物質經中央主管機關指定者。

(二) 各項危險物分別列出六項：

1. 爆炸性物質中之下列物質：硝化乙二醇、硝化甘油、硝化纖維、三硝基苯、三硝基甲苯、過氧化丁酮。

2. 著火性物質中之下列物質：硫化磷、赤磷、黃磷、二亞硫磺酸鈉、金屬鉀、金屬鋰。

3. 氧化性物質中之下列物質：氯酸鉀、氯酸鈉、過氯酸鉀、過氯酸鈉、過氧化鉀、過氧化鈉。

4. 易燃液體中之下列物質：乙醚、汽油、正己烷、環氧乙烷、乙醇、甲醇。

5. 可燃性氣體中之下列物質：氫、乙炔、乙烯、甲烷、乙烷、丙烷。

二、GHS 重要名詞定義：

(一) LD_{50}(半致死劑量)：指給予實驗動物組群一定劑量 (mg/kg) 的化學物質，觀察 14 天，結果能造成半數 (50%) 動物死亡的劑量。

(二) LC50(半致死濃度)：指在固定濃度下，暴露一定時間 (通常 1~4 小時) 後，觀察 14 天，能使試驗動物組群半數 (50%) 死亡的濃度。

(三) 生物濃縮：指物質經水暴露在生物體內吸收、轉化和排出的淨現象；亦即指環境中的毒性物質可藉生物系統中食物鏈的循環反應，使其濃度在生物體內形成逐漸累積的效應。

(四) 生物濃縮因子 (Bioconcentration Factor, BCF)：在穩定狀態下，生物體內的化學物質濃度與水域中化學物質濃度的比值；亦即水域中的化學物質濃度經生物濃縮後，在生物體內被放大的倍數。

(五) 辛醇 / 水分配係數 (Kow)：指平衡狀態下，化合物在正辛醇和水相中濃度的比值。它反應了化合物在水相和有機相之間的遷移能力，是描述

有機化合物在環境中行為的重要物理化學參數；同時也與化合物的水溶性、土壤吸附常數和生物濃縮因子密切相關。

三、危害通識制度之推行步驟 (或危害通識制度之五大工作)：

(一) 雇主應訂定危害通識計畫。

(二) 雇主應製作危害性化學品清單。

(三) 雇主應建立每一危害性化學品之安全資料表，並放置於作業場所。

(四) 雇主對裝有危害性化學品之容器，應於明顯處進行標示。

(五) 雇主使勞工從事製造、處置或使用危害性化學品時，應依職業安全衛生教育訓練規則之規定對員工進行職業安全衛生教育訓練。

四、安全資料表的英文簡稱 SDS，其屬於化學物質之說明書，為化學物質安全衛生管理之基本工具。危害通識規則規定，雇主對每一含有危害性化學品之物品，均應提供勞工安全資料表，並置於工作場所中易取得之處。

安全質料表之內容：

1. 物品與廠商資料。
2. 成分辨識資料。
3. 危害辨識資料。
4. 急救措施。
5. 滅火措施。
6. 洩漏處理方法。
7. 安全處置與儲存方法。
8. 暴露預防措施。
9. 物理及化學性質。
10. 安定性及反應性。
11. 毒性資料。
12. 生態資料。
13. 廢棄處置方法。
14. 運送資料。
15. 法規資料。
16. 其他資料。

五、在事業單位內需要用易燃液體及致癌物，其盛裝之容器需作標示，其標示之內容如下：

1. 名稱。
2. 危害成分。
3. 警示語。
4. 危害警告訊息。
5. 危害防範措施。
6. 製造商或供應商之名稱、地址及電話。

六、雇主對裝有危害性化學品之容器標示事項，包括圖式及內容：

1. 圖式。

2. 內容：

   (1) 名稱。

   (2) 危害成分。

   (3) 警示語。

   (4) 危害警告訊息。

   (5) 危害防範措施。

   (6) 製造商或供應商之名稱、地址及電話。

七、依危害性化學品標示及通識規則之規定，(一) 何謂「容器」？ (二) 雇主對裝有危害性化學品之容器屬那些情形者，得免標示？

   (一) 依據「危害性化學品標示及通識規則」規定，「容器」係指任何袋、筒、瓶、箱、罐、桶、反應器、儲槽、管路及其他可盛裝危害性化學品者。但不包含交通工具內之引擎、燃料槽或其他操作系統。

   (二) 雇主對裝有危害性化學品之容器屬下列情形之一者，得免標示：

      1. 外部容器已標示，僅供內襯且不再取出之內部容器。

      2. 內部容器已標示，由外部可見到標示之外部容器。

      3. 勞工使用之可攜帶容器，其危害性化學品取自有標示之容器，且僅供裝入之勞工當班立即使用。

      4. 危害性化學品取自有標示之容器，並供實驗室自行作實驗、研究之用。

八、安全資料表之含義及其在安全衛生上的功能：

   安全資料表的英文簡稱 SDS，其屬於化學物質之說明書，為化學品安全衛生管理之基本工具。危害性化學品標示及通識規則規定，雇主對每一含有危害性化學品之物品，均應提供勞工安全資料表，並置於工作場所中易取得之處。

   安全資料表在安全衛生上的功能：

   1. 讓勞工瞭解工作場所中有哪些危害物及其特性、預防危害等相關知識。

   2. 平日可依據安全資料表規劃儲存方式、設置防護設備及消防管理等用途。

   3. 發生緊急事故時可參考其中相關資料進行應變措施。

九、試依「危害性化學品標示及通識規則」及其相關之解釋令與公告，簡答並扼要說明下列問題：

(一) 目前那些化學物質依規定應予標示？

(二) 裝有危害性化學品之容器，在運輸及進入工作場所時之標示要求爲何？

(三) 何謂非工業用途之一般民生消費用品？並請舉兩例說明之。

(四) 經中央主管機關核定具商業機密之危害性化學品，其安全資料表內容可省略那些項目？

1. 目前依規定應予標示者有：(1) 危害性化學品標示及通識規則附表一所列舉者以及 (2) 除附表一以外，符合國家標準一五〇三〇化學品分類及標示系列具有物理性危害或健康危害之化學品。

2. 雇主對裝有危害性化學品之容器於交通運輸時，已依運輸相關法規設標示者，該容器於工作場所內運輸時，得免再依危害性化學品標示及通識規則附表二標示。但於勞工從事卸放、搬運、處置或使用危害性化學品作業時，仍應依該規則辦理。

3. 所謂非工業用途之一般民生消費用品是指非用在工業製程相關用途之一般民生消費商品，如家庭用浴廁鹽酸、漂白水及立可白。

4. 可省略危害性化學品成分之名稱、含量或製造商、供應商名稱。

十、危害性化學品之危害圖式 (GHS)

氣體鋼瓶	火焰	炸彈爆炸
加壓氣體	易燃氣體；易燃氣膠 易燃液體；易燃固體 自反應物質；發火性液體 發火性固體；自熱物質 禁水性物質；有機過氧化物	爆炸物 自反應物質 A 型及 B 型 有機過氧化物 A 型及 B 型
圓圈上一團火焰	健康危害	驚嘆號

氧化性氣體 氧化性液體 氧化性固體	呼吸道過敏物質 生殖細胞致突變性物質 致癌物質 生殖毒性物質 特定標的器官系統毒性物質～單一暴露 第1級～第2級； 特定標的器官系統毒性物質～重複暴露； 吸入性危害性化學品	急毒性物質第4級 腐蝕／刺激皮膚物質第2級 嚴重損害／刺激眼睛物質第2級； 皮膚過敏物質 特定標的器官系統毒性物質～單 一暴露第3級
環境	腐蝕	骷髏與兩根交叉骨
水環境之危害性化學品	金屬腐蝕物 腐蝕／刺激皮膚物質第1級 嚴重損害／刺激眼睛物質第1級	急毒性物質第1級　第3級

十一、

(一) 依危害性化學品標示及通識規則規定，請問下列危害性化學品應標示之危害圖式為何？請以下列各式危害圖式之代號答題，不用畫圖。

1. 致癌物質第2級。

2. 自反應物質B型。

3. 加壓氣體之壓縮氣體。

4. 腐蝕／刺激皮膚第3級。

5. 氧化性固體第1級。

A		D		G	
B		E		H	
C		F		I	無

(二) 磷化氫 (PH₃) 氣體鋼瓶上之危害圖式為 2.1(可燃性氣體) 與 2.3(毒性氣體)，請用上面危害圖式方式表示之。並請說明除危害圖式外，危害標示內容應包含哪些項目？

(三) GHS(Globally Harmonized System of Classification and Labelling of Chemicals)

1. [D] 　　　　(1) 致癌物質第 2 級。

[G、H] 　　(2) 自反應物質 B 型。

[E] 　　　　(3) 加壓氣體之壓縮氣體。

[I] 　　　　(4) 腐蝕 / 刺激皮膚第 3 級。

[F] 　　　　(5) 氧化性固體第 1 級。

2. 磷化氫 (PH₃) 氣體鋼瓶上之危害圖式為 [B、E、G]

除危害圖式外，危害標示內容應包含項目如下列：

(1) 名稱。

(2) 危害成分。

(3) 警示語。

(4) 危害警告訊息。

(5) 危害防範措施。

(6) 製造商或供應商之名稱、地址及電話。

3. GHS：化學品分類及標示全球調和制度。是一套全球一致化的化學品分類與標示制度，希望能提供化學品安全資訊予勞工，以減少運作 (製造、運輸、處置或使用) 過程之危害、或於意外事故發生時，能正確且迅速地善後，降低化學品對人體與環境造成之危險，並減少化學品跨國貿易必須符合各國不同標示規定之成本；GHS 之適用範圍包括了化學品之生產、製造、使用及廢棄。

十二、某產品之標示如下，請依危害性化學品標示及通識規則規定回答下列問題：

(一) 為何祇有一個警示語「危險」？

(二) 標示中提供十項危害警告訊息，但為何僅祇有三個圖式？

(三) 危害警告訊息有說明苯為「對水生生物有害」，為何標示沒有對應之圖式？

(四) 本標示尚欠缺那些重要訊息？

(五) 若此產品含有成份少於 1% 之其它危害成份時，應如何處理？

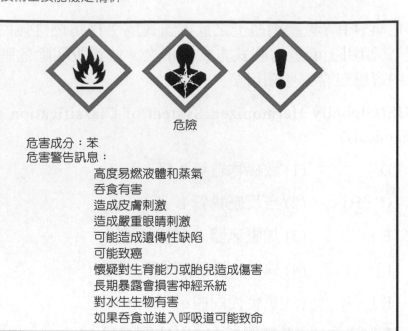

危害成分：苯
危害警告訊息：
　　　　高度易燃液體和蒸氣
　　　　吞食有害
　　　　造成皮膚刺激
　　　　造成嚴重眼睛刺激
　　　　可能造成遺傳性缺陷
　　　　可能致癌
　　　　懷疑對生育能力或胎兒造成傷害
　　　　長期暴露會損害神經系統
　　　　對水生生物有害
　　　　如果吞食並進入呼吸道可能致命

1. 警示語是用來表明危害的相對嚴重程度的標示語。全球調和制度使用的警示語有「危險」和「警告」等兩種。「危險」用於較為嚴重的危害級別(即主要用於第 1 和第 2 級)；「警告」用於較輕的級別，選取最嚴重者標示即可。由「危害警告訊息」得知苯為「高度易燃液體和蒸氣」，屬危害級別之「第二級」，故警示語為「危險」。

2. 由危害警告訊息，依照「危害性化學品之分類、標示要項」僅分別屬於三種危害圖示，故祇有三個圖示。

3. 由「危害警告訊息」得知苯為「對水生生物有害」，惟此危害警告訊息屬危害級別之「急性 II」，故不需標示對應之圖示。

4. 地址及電話。

5. (1) 蒐集混合物相關資訊，確立混合物之危害分類。

   (2) 確認對混合物危害有貢獻之危害成分。

   (3) 依照法規找出對應之標示要項，包括危害圖示、警示語及危害警告訊息。

   (4) 依照混合物特性選擇危害防範措施。

十三、依危害性化學品標示及通識規則規定：

　(一) 雇主對裝有危害性化學品之容器屬那些情形者，得免標示？

　(二) 試舉五項具有危害圖式為「驚嘆號」(設外框為紅色) 之危害分類。

　　1. 依據「危害性化學品標示及通識規則」規定，雇主對裝有危害性化學品之容器屬下列情形之一者，得免標示：

(1) 外部容器已標示，僅供內襯且不再取出之內部容器。

(2) 內部容器已標示，由外部可見到標示之外部容器。

(3) 勞工使用之可攜帶容器，其危害性化學品取自有標示之容器，且僅供裝入之勞工當班立即使用。

(4) 危害性化學品取自有標示之容器，並供實驗室自行作實驗、研究之用。

2. 危害圖式為「驚嘆號」之危害分類如下：

(1) 急毒性物質第 4 級。

(2) 腐蝕 / 刺激皮膚物質第 2 級。

(3) 嚴重損傷 / 刺激眼睛物質第 2 級。

(4) 皮膚過敏物質。

(5) 特定標的器官系統毒性物質～單一暴露第 3 級。

第 29 章
職業安全衛生管理系統

一、依 ILO OHS-MS 2001 職業安全衛生管理系統，職業安全衛生政策之制定至少應包含 4 個承諾，除了符合法規外，請說明其餘 3 個承諾及其內涵為何？

職業安全衛生政策之制定至少應包括下述關鍵原則及應承諾的目標：

(一) 職災預防：預防發生與工作有關的傷害、不健康、疾病和事故，以保護組織全體員工的安全衛生。應利用各種工具及方法，辨識和評估各種影響員工安全衛生的危害或風險，並按優先順序進行預防和控制。

(二) 全員參與：確保與員工及其代表進行諮詢，並鼓勵他們積極參與職業安全衛生管理系統所有過程的活動。員工參與之原因是任何個人的安全衛生疏失，都有往往可能造成重大的安全衛生後果，包括個人的安全衛生危害，例如摔傷、灼傷、感電等都有可能造成員工的永久性傷害、死亡，甚至引發社會經濟不安。員工的支持和重視是決定安全衛生管理成效重要的因素，員工的經驗和智識是規劃和運作職業安全衛生管理系統寶貴的資源。

(三) 持續改善：持續改善職業安全衛生管理系統績效。組織應針對持續改善職業安全衛生管理系統及整個系統的相關要素制定實施作法並予以維持。為不斷改善職業安全衛生績效，組織應與其他組織比較職業安全衛生的實施過程和績效。

(四) 符合法規：遵守國家相關的職業安全衛生法令規章、組織簽署的自願性方案、集體協議及其他要求。

二、

(一) 請用規劃 - 實施 - 檢查 - 行動 (PDCA) 方法簡述國家級職業安全衛生管理系統 (TOSHMS) 之內涵？

(二) 請說明在 TOSHMS 管制作業中，實施採購與承攬作業之控制措施為何？

(三) 請簡述 TOSHMS 參與及諮詢中，員工之參與方式有那些？

1. 依「臺灣職業安全衛生管理系統驗證規範」：

(1) 規劃：建立目標與必要之過程，以達成符合組織職業安全衛生政策之結果。

(2) 實施：執行這些過程。

(3) 檢查：針對職業安全衛生政策、目標、法規與其他要求事項之監督與量測過程，並報告結果。

(4) 行動：採取措施以持續改善職業安全衛生管理系統之績效。

2. 依「臺灣職業安全衛生管理系統驗證規範」：

對於採購之控制措施應包含：

(1) 符合安全衛生方面之要求可以辨識、評估及具體化到組織之採購及租賃說明書中；

(2) 確保在採購貨物與接受服務之前，可符合法規及組織本身安全衛生要求之作法；

(3) 確保在使用前可達成各項安全衛生要求之作法。

對於承攬之控制措施應包含：

(1) 確保組織之各項安全衛生要求或至少相同之要求適用於承攬商及其員工；

(2) 在評估和選擇承攬商之程序上包括安全衛生準則；

(3) 確保作業開始前，組織與承攬商在適當層級建立有效的溝通與協調機制。該機制應包括危害及其預防與控制措施之溝通；

(4) 確保承攬商及其員工報告為組織工作時發生與工作有關之傷病、不健康和事件之作法；

(5) 在作業開始前和作業過程中，對承攬商及其員工應提供必要之工作場所安全衛生危害之認知，及確認應有之教育訓練；

(6) 定期監督承攬商工作場所之安全衛生績效之作法；

(7) 確保承攬商落實現場安全衛生管理之作法。

3. 依「臺灣職業安全衛生管理系統驗證規範」：

員工以下列方式參與：

(1) 在危害鑑別、風險評估及決定控制措施過程中適當的參與；

(2) 在事件調查中適當的參與；

(3) 參與安全衛生政策與目標之建立與審查；

(4) 在有任何變更會影響其安全衛生之情況時被諮詢；

(5) 代表安全衛生相關事務。

員工應被通知有關他們在參與方面之安排，包括誰是他們在安全衛生事務方面之代表。

三、ILO-OSH 2001 職業安全衛生管理系統之五要素：

    (1) 政策

    (2) 組織

    (3) 規劃與實施

    (4) 改善措施

    (5) 評估

四、台灣職業安全衛生管理系統 (TOSHMS 2007) 架構：

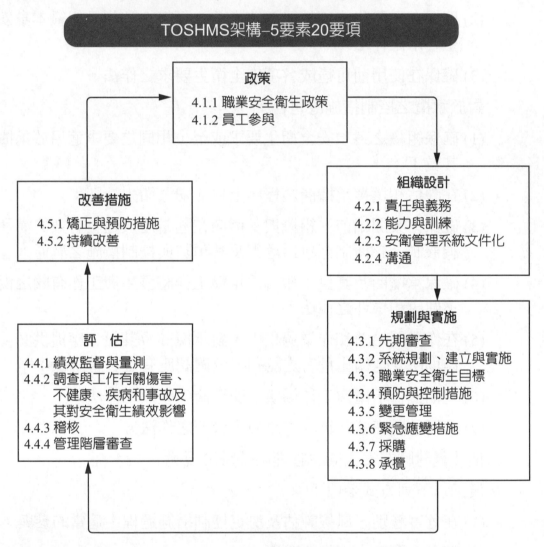

五、台灣職業安全衛生管理系統指引 (2007) 之重要解釋名詞摘錄：

    (一) 主動式監督：檢查危害和風險的預防與控制措施，以及實施職業安全衛生管理系統的作法，符合其所定準則的持續性活動。

    (二) 被動式監督：對因危害和風險的預防與控制措施、職業安全衛生管理系統的失誤而引起的傷病、不健康和事故進行檢查、辨識的過程。

(三) 員工健康監控：爲檢測和辨識異常情況而對員工健康進行評估的一般術語。監控結果應用來保護和增進員工個人、集體以及受作業環境暴露族群的健康，健康評估程序應包括 (但不必局限) 對員工進行健康檢查、生物監測、輻射檢查、問卷調查及健康記錄評估等內容。

(四) 危害：能對人體造成傷害或有損健康的潛在因素。

(五) 事故：與工作有關或工作過程中發生，但未造成人員傷害的不安全事件。

(六) 職業安全衛生管理系統：係組織整體管理系統的一部分，用以發展及實施其職業安全衛生政策，並管理其職業安全衛生風險。

(七) 風險：危害事件發生的可能性與其對人員造成傷害或危害健康的嚴重度的結合。

(八) 風險評估：評估危害在既有且適當控制措施下之風險，並決定其風險是否可接受的過程。

六、依臺灣職業安全衛生管理系統驗證規範，定義下列用語：

(一) 矯正措施：消除所偵知之不符合或不期待之情況原因之措施。

(二) 事件：造成或可能造成傷害、不健康 (不論嚴重程度) 或死亡之工作相關情事。

(三) 意外事故 (Accident)：屬於事件之一部分 , 專指造成傷害、不健康或死亡之事件。

(四) 虛驚事件：未造成傷害、不健康、死亡，或是其他形式損失之事件，稱爲 "虛驚事件"，又稱 "虛驚徵兆"、"驚險" 或 "瀕危情況"。

(五) 預防措施：消除潛在不符合或其他不期待之情況原因之措施。

七、國家級職業安全衛生管理系統 (TOSHMS) 有關下列事項之指引重點。1. 員工參與；2. 變更管理；3. 採購；4. 承攬；5. 預防與控制措施。

　1.　員工參與

　　(1) 員工參與是職業安全衛生管理系統的基本要素之一。

　　(2) 雇主應安排員工及其代表有時間和資源積極參與職業安全衛生管理系統的組織設計、規劃與實施、評估和改善措施等過程。

　　(3) 雇主應根據國家相關法規規定設置有員工代表參與的安全衛生委員會，並提供適當的安排以發揮其應有的功能。

2. 變更管理

   (1) 組織對於內部及外部的變化應評估其對職業安全衛生管理所產生的影響，並在變化之前採取適當的預防措施。

   (2) 組織在修改或引進新作業方法、材料、程序或設備之前，應進行作業場所危害辨識和風險評估。

   (3) 組織應確保在實施各項變更時，組織內所有相關人員都被告知及接受相關的訓練。

3. 採購

   組織應訂定維持程序，確保在採購貨物與接受服務前確認符合國家法令規章及組織本身職業安全衛生的要求，且在使用前可達成各項安全衛生要求。

4. 承攬

   (1) 組織應訂定維持程序，以確保組織的各項安全衛生要求適用於承攬商及其員工。

   (2) 組織應確保作業開始前，與承攬商在適當層級建立有效的溝通與協調機制，該機制包括危害溝通及其預防與控制措施。

5. 預防與控制措施

   (1) 組織應建立及維持適當的程序，以持續辨識和評估各種影響員工安全衛生的危害及風險，並依下列優先順序進行預防和控制：

      (a) 消除危害及風險。

      (b) 經由工程控制或管理控制從源頭控制危害及風險。

      (c) 設計安全的作業制度，包括行政管理措施將危害及風險的影響減到最低。

      (d) 當綜合上述方法仍然不能控制殘餘的危害及風險時，雇主應免費提供適當的個人防護具，並採取措施確保防護具的使用和維護。

   (2) 組織應訂定安全衛生管理計畫、程序或方案，以消除或控制所鑑別出的危害及風險。

   (3) 組織應建立及維持適當的程序，以持續鑑別、取得及評估適用的國家法令規章、國家指引、特制指引、組織簽署的自願性方案和其他要求，並定期評估其符合性。

八、依準備期、建置期、系統運作期及矯正改善期，職業安全衛生管理系統各期
之推動工作：

1. 準備期：

   (1) 主管的承諾。

   (2) 成立推動小組。

   (3) 召開啟動會議。

   (4) 辦理教育訓練。

2. 建置期：

   (1) 先期審查。

   (2) 法規鑑別與查核。

   (3) 職安衛風險評估。

   (4) 風險評估結果確認。

   (5) 政策、目標及方案。

   (6) 系統文件之制修、展開與整合

3. 系統運作期與矯正改善期：

   (1) 系統運作及記錄。

   (2) 緊急應變演練。

   (3) 內稽及管理審查。

   (4) 外稽及矯正措施。

   (5) 申請驗證 / 驗證。

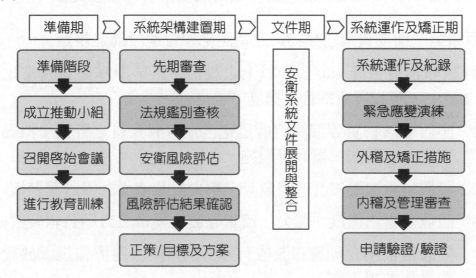

第 30 章
特定化學物質危害預防標準

一、名詞定義：

（一）特定化學設備，係指製造或處理、置放、使用丙類第一種物質、丁類物質之固定式設備。

（二）特定化學管理設備，係指特定化學設備中進行放熱反應之反應槽等，且有因異常化學反應等，致漏洩丙類第一種物質或丁類物質之虞者。

二、雇主對排水系統、坑或槽桶等，有因含有鹽酸、硝酸或硫酸等之酸性廢液與含有氰化物、硫化物或多硫化物等之廢液接觸或混合，致生成氰化氫或硫化氫之虞時，不得使此等廢液接觸或混合。(不相容)

三、雇主對特定化學設備之閥、旋塞或操作此等之開關、按鈕等，為防止誤操作致丙類第一種物質或丁類物質之漏洩，應明顯標示開閉方向。

前項之閥或旋塞，除依前項規定外，應依下列規定：

（一）因應開閉頻率及所製造之丙類第一種物質或丁類物質之種類、溫度、濃度等，應使用耐久性材料製造。

（二）特定化學設備使用必須頻繁開啓或拆卸之過濾器等及與此最近之特定化學設備之間設置雙重開關。但設置有可確認該過濾器等與該特定化學設備間設置之閥或旋塞確實關閉之裝置者，不在此限。

四、有關丙類第一種物質或丁類物質之特定化學管理設備之規定，

（一）含該等物質合計 100 公升以上之設備，為早期掌握其異常化學反應等之發生，應設置或採行之措施：

1. 應置備該物質等漏洩時能迅速告知有關人員之警報用器具及除卻危害之必要藥劑、器具等設施。

2. 設置適當之溫度計、流量計、壓力計及液面計等計測裝置。

3. 設置適當之溫度、壓力、流量等發生異常之自動警報裝置。

4. 對設置前項自動警報裝置有顯著困難時，應置監視人於設備之運轉中從事監視工作。

(二)為防止異常化學反應等導致大量該等物質漏洩，應設置或採行之措施如下列：

應設置遮斷原料、材料、物料之供輸或卸放製品等之裝置，或供輸惰性氣體、冷卻用水等之裝置，以因應異常化學反應等之必要措施。

設置於前項裝置之閥或旋塞，應依下列規定：

(1) 具有確實動作之機能。

(2) 保持於可圓潤動作之狀態。

(3) 可安全且正確操作者。

且前述卸放製品等之裝置應為密閉式構造或可將卸出之特定化學物質等導引至安全處所或具有可安全處置之構造。

五、雇主對其設置之特定化學設備(不含設備之閥或旋塞)有丙類第一種物質或丁類物質之接觸部分，為防止其腐蝕致使該物質等之漏洩，應對各該物質之種類、溫度、濃度等，採用不易腐蝕之材料構築或施以內襯等必要措施。

雇主對特定化學設備之蓋板、凸緣、閥或旋塞等之接合部分，為防止前項物質自該部分漏洩，應使用墊圈密接等必要措施。

六、雇主對製造、處置或使用乙類物質、丙類物質或丁類物質之設備，或儲存可生成該物質之儲槽等，因改造、修理或清掃等而拆卸該設備之作業或必須進入該設備等內部作業時，應依下列規定：

(一)派遣特定化學物質作業主管從事監督作業。

(二)決定作業方法及順序，於事前告知從事作業之勞工。

(三)確實將該物質自該作業設備排出。

(四)為使該設備連接之所有配管不致流入該物質，應將該閥、旋塞等設計為雙重開關構造或設置盲板等。

(五)依前款規定設置之閥、旋塞應予加鎖或設置盲板，並將「不得開啟」之標示揭示於顯明易見之處。

(六)作業設備之開口部，不致流入該物質至該設備者，均應予開放。

(七)使用換氣裝置將設備內部充分換氣。

(八)以測定方法確認作業設備內之該物質濃度未超過容許濃度。

(九)拆卸第四款規定設置之盲板等時，有該物質流出之虞者，應於事前確認在該盲板與其最接近之閥或旋塞間有否該物質之滯留，並採取適當措施。

(十) 在設備內部應置發生意外時能使勞工立即避難之設備或其他具有同等性能以上之設備。

(十一) 供給從事該作業之勞工穿著不浸透性防護衣、防護手套、防護長鞋、呼吸用防護具等個人防護具。

雇主在未依前項第八款規定確認該設備適於作業前,應將「不得將頭部伸入設備內」之意旨,告知從事該作業之勞工。

第 31 章
女性勞工母性健康保護實施辦法

一、名詞定義：

(一) 母性健康保護：指對於女性勞工從事有母性健康危害之虞之工作所採取之措施，包括危害評估與控制、醫師面談指導、風險分級管理、工作適性安排及其他相關措施。

(二) 母性健康保護期間：指雇主於得知女性勞工妊娠之日起至分娩後一年之期間。

(三) 有母性健康危害之虞之工作：指其從事可能影響胚胎發育、妊娠或哺乳期間之母體及幼兒健康之下列工作 1. 具有依國家標準 CNS 15030 分類，屬生殖毒性物質第一級、生殖細胞致突變性物質第一級或其他對哺乳功能有不良影響之化學品。2. 易造成健康危害之工作，包括勞工作業姿勢、人力提舉、搬運、推拉重物、輪班、夜班、單獨工作及工作負荷等。

二、母性健康危害之虞工作應採取的保護措施：危害評估與控制、醫師面談指導、風險分級管理、工作適性安排及其他相關措施。

三、雇主不得使<u>妊娠中之女性勞工</u>從事下列危險性或有害性工作：(職業安全衛生法第三十條第一項，違反規定，處一年以下有期徒刑、拘役或科或併科新臺幣十八萬元以下罰金)

1. 礦坑工作。

2. 鉛及其化合物散布場所之工作。

3. 異常氣壓之工作。

4. 處理或暴露於弓形蟲、德國麻疹等影響胎兒健康之工作。

5. 處理或暴露於二硫化碳、三氯乙烯、環氧乙烷、丙烯醯胺、次乙亞胺、砷及其化合物、汞及其無機化合物等經中央主管機關規定之危害性化學品之工作。

6. 鑿岩機及其他有顯著振動之工作。

7. 一定重量以上之重物處理工作。

8.　有害輻射散布場所之工作。

9.　已熔礦物或礦渣之處理工作。

10.　起重機、人字臂起重桿之運轉工作。

11.　動力捲揚機、動力運搬機及索道之運轉工作。

12.　橡膠化合物及合成樹脂之滾輾工作。

13.　處理或暴露於經中央主管機關規定具有致病或致死之微生物感染風險之工作

14.　其他經中央主管機關規定之危險性或有害性之工作。

四、雇主不得使分娩後未滿一年之女性勞工從事下列危險性或有害性工作：(職業安全衛生法第三十條第二項，違反規定，處一年以下有期徒刑、拘役或科或併科新臺幣十八萬元以下罰金)

1.　礦坑工作。

2.　鉛及其化合物散布場所之工作。

3.　鑿岩機及其他有顯著振動之工作。

4.　一定重量以上之重物處理工作。

5.　其他經中央主管機關規定之危險性或有害性之工作。

五、依「童工女工禁止從事危險性或有害性工作認定標準」，雇主不得使妊娠中之女性勞工從事之生物性危害之作業包括：

1.　從事處理或暴露於弓形蟲之作業。

2.　從事處理或暴露於德國麻疹之作業。但經檢附醫師證明已具免疫者，不在此限。

3.　處理或暴露於 B 型肝炎或水痘感染風險之作業。但經檢附醫師證明已具免疫者，不在此限。

4.　處理或暴露於 C 型肝炎或人類免疫缺乏病毒感染風險之作業。但無執行侵入性治療者，不在此限。

5.　處理或暴露於肺結核感染風險之作業。

六、雇主依法實施母性健康保護時，應使職業安全衛生人員會同從事勞工健康服務醫護人員，辦理下列事項：

1.　辨識與評估工作場所環境及作業之危害，包含物理性、化學性、生物性、人因性、工作流程及工作型態等。

2. 依評估結果區分風險等級，並實施分級管理。

3. 協助雇主實施工作環境改善與危害之預防及管理。

4. 其他經中央主管機關指定公告者。

七、雇主使女性勞工從事鉛及其化合物散布場所之工作，應依下列血中鉛濃度區分風險等級，但經醫師評估須調整風險等級者，不在此限：

1. 第一級管理：血中鉛濃度低於 5 μg/dl 者。

2. 第二級管理：血中鉛濃度在 5 μg/dl 以上未達 10 μg/dl。

3. 第三級管理：血中鉛濃度在 10 μg/dl 以上者。

風險等級屬第二級管理者，雇主應使從事勞工健康服務醫師提供勞工個人面談指導，並採取危害預防措施；屬第三級管理者，應即採取工作環境改善及有效控制措施，完成改善後重新評估，並由醫師註明其不適宜從事之作業與其他應處理及注意事項。

第 32 章
危害性化學品評估及分級管理辦法

一、

(一) 暴露評估：指以定性、半定量或定量之方法，評量或估算勞工暴露於化學品之健康危害情形。

(二) 化學品分級管理：指依化學品健康危害及暴露評估結果評定風險等級，並分級採取對應之控制或管理措施。

(三) 運作 2 種以上經中央主管機關指定公告具物理性危害或健康危害之優先管理化學品，其最大運作總量之臨界量的加總計算方法：

$$總和 = \frac{甲化學品最大運作總量}{甲化學品臨界量} + \frac{乙化學品最大運作總量}{乙化學品臨界量}$$

二、

(一) 依危害性化學品評 (推) 估方式或是否實施作業環境監測之差異，將危害性化學品略分為 3 大類；

1. 第一級管理：暴露濃度低於容許暴露標準二分之一者，除應持續維持原有之控制或管理措施外，製程或作業內容變更時，並採行適當之變更管理措施。

2. 第二級管理：暴露濃度低於容許暴露標準但高於或等於其二分之一者，應就製程設備、作業程序或作業方法實施檢點，採取必要之改善措施。

3. 第三級管理：暴露濃度高於或等於容許暴露標準者，應即採取有效控制措施，並於完成改善後重新評估，確保暴露濃度低於容許暴露標準。

(二) 總勞工人數 500 人以上者，雇主應依有科學根據之採樣分析方法或運用定量推估模式，實施暴露評估。雇主應就前項暴露評估結果，依下列規定，定期實施評估：

1. 暴露濃度低於容許暴露標準二分之一之者，至少每三年評估一次。

2. 暴露濃度低於容許暴露標準但高於或等於其二分之一者，至少每年評估一次。

3. 暴露濃度高於或等於容許暴露標準者，至少每三個月評估一次。

三、有關化學品健康危害分級管理 (Control Banding)：

(一) 國際勞工組織 (ILO) 所發展之國際化學品管理工具 (International Chemical Control Toolkit) 中，有所謂分級管理 (Control Banding, CB) 之概念，係運用國際標準的危害分類 (如歐盟 R-phrase 或 GHS)、使用量、逸散至空氣中的程度 (粉塵度或揮發性) 等特性作為化學暴露風險分級判定之基礎：

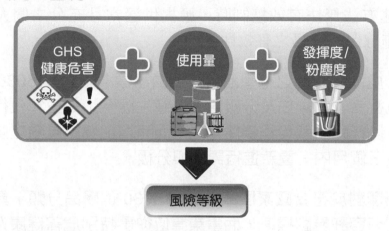

(二) 推動化學品健康危害分級管理的優點：

1. 分級管理觀念因其簡單、易執行、高效率、半定量化、應用層面廣等特性，使其實用性及可行性範圍相當廣。

2. 分級管理將化學物質經由標準的測試得知的危害，主要針對勞工的健康暴露進行評估，並依評估結果所得之不同的風險程度與一系列管控措施連結。

3. 評估流程清晰，使雇主、專責人員及勞工容易理解，同時便於評估結果的風險溝通，使此流程易在廠場中執行。

4. 勞工可透過標示與安全資料表取得評估所必要資訊，而其評估流程所產出之結果與建議控制措施頗值得參考，特別適合各項資源及人力規模較小之中小企業所運用，這也是 ILO 積極推展分級管理措施的主要基礎。

5. 對企業主而言，分級管理所需的危害及暴露資訊容易取得且評估流程簡易，如此可節省企業的支出並可快速地評估工作場所中的化學品暴露危害，進一步採取必要的個人及工程防範措施。

6. 對於勞工，分級管理以暴露評估為主要基礎，並結合容器標示與安全資料表等危害通識工具，使大多數勞工可以很清楚快速得知相關危害並得以避免危害。

7. 與其他複雜的健康風險評估相比，分級管理經濟簡便且可達到保護多數勞工之健康與安全，由於我國相關的配套措施 (如：GHS 危害分類、混合物健康危害分類推估專家系統) 皆已完備，使得工作場所中的危害分級更為容易。

四、雇主應依分級結果，採取防範或控制之程序或方案，並依下列順序採行預防及控制措施，完成後評估其結果並記錄：

(一) 消除危害。

(二) 經由工程控制或管理制度從源頭控制危害。

(三) 設計安全之作業程序，將危害影響減至最低。

(四) 當上述方法無法有效控制時，應提供適當且充分之個人防護具，並採取措施確保防護具之有效性。

五、勞工製造、處置或使用之化學品，符合國家標準 CNS 15030 化學品分類，具有健康危害者，其評估及分級管理，雇主應至少每三年執行一次，因化學品之種類、操作程序或製程條件變更，而有增加暴露風險之虞者，應於變更前或變更後三個月內，重新進行評估與分級。

六、中央主管機關對於符合國家標準 CNS 15030 化學品分類，具有健康危害之化學品，定有容許暴露標準，而事業單位從事特別危害健康作業之勞工人數在一百人以上，或總勞工人數五百人以上者，雇主應依有科學根據之採樣分析方法或運用定量推估模式，實施暴露評估。

雇主應就前項暴露評估結果，依下列規定，定期實施評估：

(一) 暴露濃度低於容許暴露標準二分之一之者，至少每三年評估一次。

(二) 暴露濃度低於容許暴露標準但高於或等於其二分之一者，至少每年評估一次。

(三) 暴露濃度高於或等於容許暴露標準者，至少每三個月評估一次。

七、雇主對於定有容許暴露標準 (PEL) 化學品之暴露評估結果，應依下列風險等級，分別採取控制或管理措施：

第一級管理：暴露濃度低於容許暴露標準二分之一者，除應持續維持原有之控制或管理措施外，製程或作業內容變更時，並採行適當之變更管理措施。

第二級管理：暴露濃度低於容許暴露標準但高於或等於其二分之一者，應就製程設備、作業程序或作業方法實施檢點，採取必要之改善措施。

第三級管理：暴露濃度高於或等於容許暴露標準者，應即採取有效控制措施，並於完成改善後重新評估，確保暴露濃度低於容許暴露標準。

第 **4** 單元　附錄

第 82 次
職業衛生管理甲級
技術士技能檢定學科試題 (106.11.05)

單選題　　　　　　　　　　　　　　　　　　　　　　　　　　　　　　　答

(　) 1. 職業安全衛生法所稱有母性健康危害之虞之工作，不包括下列何種工作型態？　(4)
(1) 長時間站立姿勢作業　　　(2) 人力提舉、搬運及推拉重物
(3) 輪班及夜間工作　　　　　(4) 駕駛運輸車輛。

(　) 2. 職業災害發生之原因可分爲直接原因、間接原因及基本原因，下列何者係屬「直接原因」？　(1)
(1) 能量失控　(2) 不安全行爲　(3) 不安全狀況　(4) 管理上的缺陷。

(　) 3. 一直結式傳動之排氣機，每分鐘 3,600 轉，輸送量每秒的立方公尺，此排氣機有 60 個後屈弧型葉片，其所生之噪音之主要頻率爲多少 Hz？　(3)
(1) 1,200　(2) 2,400　(3) 3,600　(4) 4,800。

(　) 4. 下列那些既有已依法令設立之危險性工作場所逾期不辦理申請審查、檢查，或審查、檢查不合格，不得使勞工在該場所作業？　(3)
(1) 製造、處置、使用危險物、有害物之數量達中央主管機關規定數量五倍數量之工作場所
(2) 製造、處置、使用危險物、有害物之數量達中央主管機關規定數量之工作場所
(3) 製造、處置、使用矽甲烷數量達勞動檢查法施行細則規定數量之工作場所
(4) 液劑、乳劑、餌劑等農藥加工工作場所。

(　) 5. 燈具之演色性，下列何者最差？　(3)
(1) 白色高壓鈉燈　(2) 白色螢光燈　(3) 低壓鈉燈　(4) 鎢絲燈。

(　) 6. 下列何者不屬於危險性機械設備爲取得檢查合格證之檢查？　(3)
(1) 熔接檢查　(2) 重新檢查　(3) 自動檢查　(4) 竣工檢查。

(　) 7. 下列何者非屬勞動檢查機構？　(3)
(1) 勞動部職業安全衛生署　　(2) 台北市勞動檢查處
(3) 中華民國壓力容器協會　　(4) 科技部中部科學園區管理局。

(　) 8. 一般分類中，心搏速率在下列何種情形以上屬重工作 (heavy work)？　(4)
(1) 80 次 / 分　(2) 90 次 / 分　(3) 100 次 / 分　(4) 110 次 / 分。

(　) 9. 下列何者較不屬於職場健康促進項目？ 　(3)
(1) 壓力籽解　(2) 戒菸計畫　(3) 指認呼喚運動　(4) 下背痛預防。

(　) 10. 關於鉈 (Thallium) 中毒之敘述，下列何者有誤？ 　(1)
(1) 不具有蓄積性毒性
(2) 可造成毛髮脫落
(3) 指甲上常出現米氏線
(4) 可造成肌肉萎縮。

(　) 11. 高溫灼熱物體所傳遞出之輻射熱與其物體表面之絕對溫度幾次方成正 　(4)
比？　(1)1　(2) 2　(3) 3　(4) 4。

(　) 12. 工作安全分析與安全觀察的重點不包括下列何者？ 　(3)
(1) 是否有不清楚或被誤解的期望
(2) 是否有獎勵冒險行為及懲罰安全行為
(3) 是否有行為偏差的責任
(4) 是否有以行為為基準的回饋機制。

(　) 13. 有機磷殺蟲劑對下列何種組織或系統傷害較小？ 　(1)
(1) 消化系統　(2) 造血系統　(3) 皮膚　(4) 神經系統。

(　) 14. 危害控制應優先考慮由何處著手？ 　(3)
(1) 暴露者　(2) 危害所及之路徑　(3) 危害源　(4) 作業管理。

(　) 15. 事業單位之動力衝剪機械經勞動檢查機構檢查違反機械設備器具安全 　(2)
標準規定，經通知限期改善而不如期改善時，雇主可能遭受何種處分？
(1) 處 1 年以下有期徒刑
(2) 處新台幣 3 萬元以上 15 萬元以下罰鍰
(3) 處新台幣 3 萬元以上 9 萬元以下罰鍰
(4) 處新台幣 3 萬元以上 6 萬元以下罰鍰。

(　) 16. 鉛較不容易造成下列何種疾病？ 　(2)
(1) 多發性神經病變　(2) 皮膚病變　(3) 貧血　(4) 不孕症或精子缺少。

(　) 17. 依職業安全衛生設施規則規定，下列何者不屬於危險物？ 　(3)
(1) 易燃液體　(2) 可燃性氣體　(3) 致癌性物質　(4) 氧化性物質。

(　) 18. 依職業安全衛生管理辦法規定，反應器或化學設備及其附屬設備應每 　(2)
幾年實施定期檢查一次？　(1) 1　(2) 2　(3) 3　(4) 4。

(　) 19. 下列敘述何者錯誤？ 　(3)
(1) 各級主管人員應負起安全衛生管理的責任
(2) 各階層主管之安全衛生職掌應明定
(3) 事業單位應依照勞工健康保護規則規定設置職業安全衛生組織
(4) 安全衛生管理工作應有組織性地加以推行。

( ) 20 作業場所有害物濃度大時,選用之防毒面具保護係數應如何,才能使勞工不致暴露超過容許濃度? (1)

(1) 較大　(2) 較小　(3) 為　(4) 視作業形態而定。

( ) 21. 勞工經聽力檢查所得之結果,下列何種聽力損失具有較佳之聽力? (1)

(1) 0 分貝　(2) 5 分貝　(3)10 分貝　(4)15 分貝。

( ) 22. 休克患者發現有面部潮紅時,急救時對患者應採何種姿勢為宜? (2)

(1) 使頭偏向一側　　　　　　(2) 抬高頭部

(3) 採用頭低位　　　　　　　(4) 兩腳墊高約 30 度。

( ) 23. 下列何種原因所造成的氧債 (oxygen debt) 恢復最慢? (3)

(1) 補充原來體內儲存的氧

(2) 回復三磷酸腺苷酸 (ATP) 與磷酸肌素 (CP) 所需的氧

(3) 分解乳酸所需的氧

(4) 勞動恢復初期心肺功能興奮額外消耗的氧。

( ) 24. 採集有機溶劑蒸氣時,下列那一種吸附劑受環境中水蒸氣的影響最大? (3)

(1) 聚合多孔物　(2) 活性碳　(3) 矽膠　(4) 分子篩。

( ) 25. 下列何種粉塵,在評估其是否符合勞工作業場所容許暴露標準規定時,不必測定可呼吸性粉塵? (3)

(1) 第 1 種　(2) 第 2 種　(3) 第 3 種　(4) 第 4 種。

( ) 26. 選用防塵口罩應留意事項不包括下列何者? (3)

(1) 應適合使用者的臉面形狀、大小

(2) 選用高捕集效率低漏洩率者

(3) 視界小者

(4) 考慮作業狀況及粉塵發生狀況。

( ) 27. 依職業安全衛生設施規則規定,下列何種用電場所應選任中級電氣技術人員? (3)

(1) 220~11,400 伏特

(2) 220~22,800 伏特

(3) 600~22,800 伏特

(4) 750~34,500 伏特。

( ) 28. 對於職業安全衛生管理規章與安全衛生工作守則,下列敘述何者有誤? (3)

(1) 可印發勞工每人一冊

(2) 主管人員皆應以身作則樹立典範

(3) 訂定後皆應報經勞動檢查機構備查

(4) 可依個人經驗建議修訂。

( ) 29. 失能傷害頻率係指每百萬經歷工時中，所有失能傷害之人次數，計算 (3)
至下列何敘述為正確？
(1) 整數 　　　　　　　　(2) 小數點以下一位
(3) 小數點以下二位 　　　(4) 小數點以下三位。

( ) 30. 流行病學研究，暴露與疾病呈現關聯資料之解釋，下列何者為誤？ (4)
(1) 一致性的關聯，乃為該關聯發生於不同背景之多次研究中，為因果
關聯之有利證據
(2) 有劑量反應關聯，乃為因果性的一個強有力的證據
(3) 暴露組的疾病出現高率比或高勝算比 (rate ratio or odds ratio)，不太
可能由於未被認知的混淆因素所促成
(4) 無劑量反應的關聯，可排除該關聯具有因果性。

( ) 31. 下列有關缺氧危險場所氧氣濃度測定之敘述，何者錯誤？ (2)
(1) 於作業開始前測定
(2) 由內往外測定
(3) 應隨時確認氧氣濃度
(4) 應於缺氧危險場所外實施內部氣氣濃度測定。

( ) 32. 同一導管之長度縮短而其他流動條件不變時，所造成之壓力損失，下 (2)
列敘述何者正確？　(1) 變大　(2) 變小　(3) 恒為定值　(4) 等於 0。

( ) 33. 公務機關或公司行號對於含有個資之廢棄書面文件資料，應如何處理？ (4)
(1) 直接丟棄垃圾桶 　　　　(2) 送給鄰居小孩當回收紙利用
(3) 集中後賣予資源回收商 　(4) 統一集中保管銷毀。

( ) 34. 下列何項係預防不安全設備及不安全動作在管理上應先有之作為？ (1)
(1) 安全衛生政策 　　　　　(2) 職業安全衛生管理計畫
(3) 安全衛生教育訓練 　　　(4) 安全衛生稽核機制。

( ) 35. 下列何者不是累積性肌肉骨骼傷害的主要原因？ (1)
(1) 營養過剩　(2) 用力過度　(3) 姿勢不當　(4) 重複性的工作。

( ) 36. 下列使用重製行為，何者已超出「合理使用」範圍？ (4)
(1) 將著作權人之作品及資訊，下載供自己使用
(2) 直接轉貼高普考考古題在 FACEBOOK
(3) 以分享網址的方式轉貼資訊分享於 BBS
(4) 將講師的授課內容錄音以供分贈友人。

( ) 37. 依職業安全衛生設施規則規定，受生物病原體污染之物品，其儲存容 (1)
器所應具備之特性，不包括下列何者？
(1) 容積達 5 公升　(2) 防止洩漏　(3) 不易穿透　(4) 足夠強度。

( ) 38. 下列何者非屬應對在職勞工施行之健康撿查？   (2)

    (1) 一般健康檢查   (2) 體格檢查

    (3) 特殊健康檢查   (4) 特定對象及特定項目之檢查。

( ) 39. 某物質之 8 小時日時量平均容許濃度爲 100ppm、376mg/m³，某勞工暴   (2)
露 8 小時經實施測定結果，其平均暴露濃度爲 130ppm、488.8mg/m³，
則該勞工之暴露情形屬下列何者？

    (1) 符合規定

    (2) 不符規定

    (3) 由雇主自行判定

    (4) 無法依該測定結果判定該勞工暴露是否符合規定。

( ) 40. 依勞動檢查法施行細則規定，下列何物質洩漏發生 1 人以上勞工罹災   (3)
需住院治療之災害，稱爲重大職業災害？

    (1) 異氰酸甲酯   (2) 砷化氫   (3) 氟化氫   (4) 氯化氫。

( ) 41. ppm 之意義爲下列何者？   (4)

    (1) 25℃，latm 下每公克空氣中有害物之毫克數

    (2) 4℃時每公升水中有害物之毫克

    (3) 4℃時每公升水中有害物之毫升數

    (4) 25℃，latm 下每立方公尺空氣中氣態有害物之立方公分數。

( ) 42. 雇主使員工參與職業安全衛生教育訓練，此舉屬協調與溝通的那一項   (1)
特色？   (1) 強制性   (2) 專業性   (3) 一致性   (4) 支持性。

( ) 43. 依職業安全衛生管理辦法規定，職業安全衛生委員會中勞工代表，應   (2)
佔委員人數多少以上？   (1) 1/2   (2) 1/3   (3) 1/4   (4) 1/5。

( ) 44. 事業單位勞工私自將事業單位的資料、圖表攜出給他人時，是犯了刑   (1)
法上之何種罪？

    (1) 竊盜罪   (2) 侵佔罪   (3) 背信罪   (4) 工商秘密罪。

( ) 45. 依危害性化學品標示及通識規則規定，雇主爲維持安全資料表內容之   (4)
正確性應有何作爲？

    (1) 1 年更新 1 次   (2) 2 年更新 1 次

    (3) 4 年更新 1 次   (4) 依實際狀況，適時更新。

( ) 46. 下列何者爲有機溶劑作業最佳之控制設施？   (1)

    (1) 密閉設備   (2) 局部排氣裝置

    (3) 整體換氣裝置   (4) 吹吸型換氣裝置。

( ) 47. 依職業安全衛生管理辦法規定，僱用勞工人數在多少人以上者，雇主   (3)
應訂定職業安全衛生管理規章？   (1) 30   (2) 50   (3) 100   (4)300。

(　) 48. 使用直讀式儀器實施化學性因子監測所得之監測結果，下列何者較能　(4)
區別混合物之成分？
(1) 燃燒熱儀　(2) 電導度儀　(3) 熱導度儀　(4) 氣相層析儀。

(　) 49. 職業安全衛生法所稱有母性健康危害之虞之工作，係指對於具生育能　(4)
力之女性勞工從事工作，可能會導致的一些影響，下列何者除外？
(1) 胚胎發育　　　　　　　　　(2) 妊娠期間之母體健康
(3) 哺乳期間之幼兒健康　　　　(4) 經期紊亂。

(　) 50. 下列敘述何者非屬職業安全衛生設施規則所稱局限空間認定之條件？　(4)
(1) 非供勞工在其內部從事經常性作業
(2) 勞工進出方法受限制
(3) 無法以自然通風來維持充分、清淨空氣之空間
(4) 狹小之內部空間。

(　) 51. 同一場所，二氧化硫採樣樣本數為 22 個，依空氣中有害物標準分析建　(3)
議參考方法，至少需要幾個現場空白樣本？　(1) 1　(2) 2　(3) 3　(4) 4。

(　) 52. 按照現行法律規定，侵害他人營業秘密，其法律責任為下列何者？　(3)
(1) 僅需負刑事責任
(2) 僅需負民事損害賠償責任
(3) 刑事責任與民事損害賠償責任皆需負擔
(4) 刑事責任與民事損害賠償責任皆不需負擔。

(　) 53. 依職業安全衛生設施規則規定，雇主對於研磨機之使用，下列敘述何　(4)
者錯誤？
(1) 應採用經速率試驗合格且有明確記載最高使用周速度者
(2) 規定研磨機之使用不得超過規定最高使用周速度
(3) 除該研磨輪為側用外，不得使用側面
(4) 研磨輪更換時應先檢驗有無裂痕，並在防護罩下試轉一分鐘。

(　) 54. 採樣泵加上濾紙匣而無分粒裝置者，粉塵採樣測定結果為下列何者？　(4)
(1) 可呼吸性粉塵　(2) 厭惡性粉塵　(3) 吸入性粉塵　(4) 總粉塵。

(　) 55. 下列那一種統計常數不在於描述次數分配 (frequency distribution) 的變　(3)
異性 (variability)？
(1) 平均偏差 (average deviation)
(2) 全距 (range)
(3) 四分位數 (quartile)
(4) 標準偏差 (standard deviation)。

(　) 56. 下列何種機械換氣裝置之效果較佳？　(3)
(1) 排氣法　(2) 供氣法　(3) 供排氣併用方法　(4) 空調冷凍方法。

( ) 57. 依職業安全衛生管理辦法規定，雇主對於動力堆高機應每月定期實施自動檢查一次，下列何項目不包括在內？ (4)

(1) 制動裝置、離合器及方向裝置

(2) 積載裝置及油壓裝置

(3) 頂篷及桅桿

(4) 後視鏡。

( ) 58. 公司經理因個人財務一時周轉困難而挪用公司資金，事後感到良心不安又自行補回所挪用之金錢，是否構成犯罪？ (2)

(1) 已返還即不構成任何犯罪　　(2) 構成刑法之業務侵占罪

(3) 構成詐欺罪　　　　　　　　(4) 構成竊盜罪。

( ) 59. 超市櫃檯高度之設計，採用何種設計較能符合實際作業需求？ (2)

(1) 極大設計　(2) 平均設計　(3) 極小設計　(4) 可調設計。

( ) 60. 計算綜合溫度熱指數 (WBGT) 時，其中一項變項為濕球溫度，請問一般係利用下列那一種量計來量測濕球溫度？ (2)

(1) 阿司曼溫度計 (Assman thermometer)

(2) 自然濕球溫度計 (natural wet bulb thermometer)

(3) 普通溫度計 (thermometer)

(4) 卡達溫度計 (Kata thermometer)。

( ) 61. 依勞工作業環境監測實施辦法規定，下列何者為非？ (4)

(1) 中央主管機關規定之作業場所，雇主於引進或修改製程、作業程序、材料及設備時，應評估其勞工暴露風險，有增加暴露風險之虞者，應即實施作業環境監測

(2) 雇主應於作業勞工顯而易見之場所，公告作業環境監測計畫或以其他公開方式揭示之，必要時應向勞工代表說明

(3) 雇主應於作業勞工顯而易見之場所，公告作業環境監測結果或以其他公開方式揭示之，必要時應向勞工代表說明

(4) 雇主不得委由監測機構辦理監測計畫及監測結果之通報。

( ) 62. 下列何者不屬於職業安全衛生管理辦法規定之自動檢查作法？ (4)

(1) 作業檢點　(2) 定期檢查　(3) 重點檢查　(4) 職業災害檢查。

( ) 63. 下列何者較不必列為接受安全觀察的對象？ (3)

(1) 無工作經驗之人

(2) 常發生事故的員工

(3) 安全衛生管理人員

(4) 長期離開工作崗位後，再恢復工作之員工。

( ) 64. 職場內部常見之身體或精神不法侵害不包含下列何者？　(4)
　　　(1) 脅迫、名譽損毀、侮辱、嚴重辱罵勞工
　　　(2) 強求勞工執行業務上明顯不必要或不可能之工作
　　　(3) 過度介入勞工私人事宜
　　　(4) 使勞不執行與能力、經驗相符的工作。

( ) 65. 依職業安全衛生法規定，勞工年滿幾歲者，方可從事坑內工作？　(3)
　　　(1) 15　(2) 16　(3) 18　(4) 20。

( ) 66. 依高架作業勞工保護措施標準規定，雇主使勞工於已設置平台、護欄　(3)
　　　之 10 公尺高處作業時，每連續作 2 小時，應給予勞工多少分鐘之休息？
　　　(1) 10　(2) 20　(3) 25　(4) 35。

( ) 67. 依危險性工作場所審查及檢查辦法規定，丙類危險性工作場所應於使　(2)
　　　勞工作業多少日前，向當地勞動檢查機構申請審查及檢查？　(1) 30
　　　(2) 45　(3) 60　(4) 90。

( ) 68. 在全自動化系統中，下列何者為所需人力最多的部分？　(4)
　　　(1) 程序設定　(2) 操作　(3) 監督工作　(4) 維護工作。

( ) 69. 石綿最可能引起下列何種疾病？　(3)
　　　(1) 白指症　(2) 心臟病　(3) 間皮細胞瘤　(4) 巴金森氏症。

( ) 70. 依勞工健康保護規則規定，事業單位同一場所之勞工，常日班有 105　(2)
　　　人，另早、晚班各有 10 人輪班作業，應置幾位合格之急救人員？
　　　(1) 3　(2) 4　(3) 5　(4) 6。

( ) 71. 下列何者不是職業安全衛生法所稱特別危害健康之作業？　(1)
　　　(1) 製造、處置或使用一氧化錳及二氧化錳之作業
　　　(2) 黃磷之製造、處置或使用作業
　　　(3) 異常氣壓作業
　　　(4) 高溫作業。

( ) 72. TiO_2 在勞工作業環境空氣中有害物容許濃度表中備註欄末加註可呼吸　(2)
　　　性粉塵，則表示該物質應測下列何種容許濃度？
　　　(1) 可呼吸性粉塵　(2) 總粉塵　(3) 厭惡性粉塵　(4) 可吸入性粉塵。

( ) 73. 含正己烷之樣本可以下列何種方法分析？　(1)
　　　(1) 氣相層析法
　　　(2) 離子層析法
　　　(3) 原子吸收光譜法
　　　(4) 紫外光光譜法。

( ) 74. 依職業安全衛生管理辦法規定，對於應定期實施自動檢查期限之敘述，下列何者有誤？　(3)

(1) 一般車輛之安全性能每月 1 次

(2) 動力驅動離心機械每年 1 次

(3) 營建用提升機每 3 個月 1 次

(4) 吊籠每月 1 次。

( ) 75. 下列何者可能較會引起皮膚癌？　(4)

(1) 紅外線　(2) 可見光　(3) 超高頻微波　(4) 紫外線。

( ) 76. 減少間接眩光 (glare) 方法中下列何者正確？　(3)

(1) 降低直接眩光源面積

(2) 增加光源周圍區輝度

(3) 降低反射面之反射率

(4) 增加視角。

( ) 77. 浮子流量計屬於採樣設備流率量測的第幾級標準？　(3)

(1) 0　(2) 1　(3) 2　(4) 3。

( ) 78. 下列何者不屬危害辨識應辦理事項？　(1)

(1) 辦理勞工保險

(2) 辨識作業場所存在之危害因子

(3) 瞭解各危害因子具有之危害

(4) 確認是否有勞工暴露於危害因子。

( ) 79. 依職業安全衛生設施規則規定，下列何者屬氧化性物質？　(2)

(1) 硝化纖維　(2) 黃磷　(3) 硝酸鉀　(4) 丁酮。

( ) 80. 下列何者較不屬於檢討上年度職業安全衛生管理計畫的目的？　(3)

(1) 了解那些工作要繼續進行

(2) 要增加那些新工作

(3) 修訂下年度有機溶劑依法應實施作業環境監測的頻率

(4) 所完成之工作獲得什麼效果。

第 83 次
職業衛生管理甲級
技術士技能檢定學科試題 (107.03.18)

單選題	答

( ) 1. 下列何種場所不屬缺氧症預防規則所稱之缺氧危險場所？　(4)
(1) 礦坑坑內氧氣含量 17.5%
(2) 加料間氧氣含量 16%
(3) 下水道內氧氣含量 17.8%
(4) 營建工地地下室氧氣含量 18.3%。

( ) 2. 安全帽承受巨大外力衝擊後，雖外觀良好，應採下列何種處理方式？　(4)
(1) 油漆保護　(2) 送修　(3) 繼續使用　(4) 廢棄。

( ) 3. 與噪音源(線音源)之距離每增加 1 倍時，其噪音音壓級衰減多少分貝？　(3)
(1)9　(2)6　(3)3　(4)12。

( ) 4. 下列對於通風換氣量安全係數 K 之敘述何者正確？　(4)
(1) 實際換氣量 Q'(m^3/s)=K× 理論換氣量 Q(m^3/s)
(2) 考量工作場所可燃性氣體濃度維持在其爆炸下限的 30% 以下，和 K 無關
(3) 在供、排氣位置及混合效率良好時，可設定 K 為 5~10
(4) 如果位置及混合效率不良時，K 值需設定為 1~2，以確保整體換氣效果。

( ) 5. 下列何者不是造成全球暖化的元凶？　(3)
(1) 火力發電廠所排放的廢氣
(2) 工廠所排放的廢氣
(3) 種植樹木
(4) 汽機車排放的廢氣。

( ) 6. 事業單位之職業安全衛生管理計畫需能持續改善，此觀念係管理改善循環 PDCA 中之何項精神？　(1)A　(2)C　(3)D　(4)P。　(1)

( ) 7. 下列何項非屬高壓氣體勞工安全規則規定所稱毒性氣體？　(4)
(1) 一氧化碳　(2) 二氧化硫　(3) 丙烯　(4) 硫化氫。

( ) 8. 下列何項較不屬於有效溝通的基本原則？　(3)
(1) 組織目標　(2) 設身處地　(3) 先入為主　(4) 就事論事。

( ) 9. 爲了避免漏電而危害生命安全，下列何者不是正確的做法？ (4)
(1) 做好設備金屬外殼的接地
(2) 加強定期的漏電檢查及維護
(3) 有濕氣的用電場合，線路加裝漏電斷路器
(4) 使用保險絲來防止漏電的危險性。

( ) 10. 事業單位以其事業之全部或部分交付承攬時，如使用之機械、設備或 (3)
器具係由原事業單位提供者，原則上該等機械設備或器具由何單位實
施定期檢查及重點檢查？
(1) 代行檢查機構　(2) 檢查機構　(3) 原事業單位　(4) 承攬人。

( ) 11. 下列選項何者非常見天然輻射源？ (3)
(1) 空氣中的氡 222 和它的子核種
(2) 太空的宇宙射線爲天然存在的輻射
(3) 地殼土壤及建築材料中含天然放射性核種銫 137、銥 192
(4) 食物中所含的鉀 40。

( ) 12. 依據噪音能量加疊原理，監測音壓級比背景音量高出多少分貝時，背 (1)
景噪音可忽略？　(1)10　(2)3　(3)8　(4)5。

( ) 13. 下列何種人員可較少接受安全觀察？ (4)
(1) 無經驗的人
(2) 累遭意外的人
(3) 以不安全出名的人
(4) 工作非常熟練且守作業規則的人。

( ) 14. 暴露於生物體所產生之細菌內毒素、細菌外毒素、真菌毒素，可能產 (2)
生發燒、發冷、肺功能受損等症狀，此種現象稱爲？
(1) 中暑　(2) 中毒　(3) 感染　(4) 過敏。

( ) 15. 依高溫作業勞工作息時間標準規定，於走動中提舉或推動一般重量物 (1)
體者，係屬下列何種工作？
(1) 中度工作　(2) 輕工作　(3) 重工作　(4) 極重度工作。

( ) 16. 有些化學物質本身毒性很低，但經由體內酵素反應代謝後，其毒性反 (2)
而增加，此現象爲下列何者？
(1) 代謝解毒　(2) 代謝活化　(3) 氧化反應　(4) 鐘擺效應。

( ) 17. 預防危害物進入人體的種種措施中，下列那一項不是針對發生源所進 (3)
行的措施？
(1) 危害源包圍　(2) 危害物替換　(3) 整體換氣　(4) 局部排氣。

( ) 18. 下列何者不屬於職業安全衛生法所稱具有危險性之機械或設備為取得　(2)
合格證之檢查？
(1) 重新檢查　(2) 自動檢查　(3) 熔接檢查　(4) 竣工檢查。

( ) 19. 對於呼吸防護具防護係數之敘述，下列何者有誤？　(1)
(1) 正壓式呼吸防護具之防護係數一般較負壓式來的低
(2) 防護係數的定義為佩戴呼吸防護具時，防護具內、外污染物的平均
濃度之比值
(3) 當防護係數越大時，其所能提供的防護等級就越高
(4) 全面體呼吸防護具的防護係數會高於半面體。

( ) 20 乘坐轎車時，如果由主人親自駕駛，按照乘車禮儀，首位應為　(2)
(1) 後排左側　(2) 前座右側　(3) 後排右側　(4) 後排中間。

( ) 21. 下列何種開發行為若對環境有不良影響之虞者，應實施環境影響評估：　(2)
A. 開發科學園區；B. 新建捷運工程；C. 採礦？
(1)AB　(2)ABC　(3)AC　(4)BC。

( ) 22. 依異常氣壓危害預防標準規定，雇主使勞工於高壓室內作業時，其每　(1)
一勞工占有之氣積應在多少立方公尺以上？　(1)4　(2)3　(3)2　(4)1。

( ) 23. 依高架作業勞工保護措施標準規定，所稱高架作業之垂直距離計算方　(2)
式，係指露天作業場所，自勞工站立位置，半徑多少公尺範圍內最低
點之地面或水面起至勞工立足點平面間之垂直距離？
(1)4　(2)3　(3)5　(4)2。

( ) 24. 通風式護目鏡不具下列何種功能？　(2)
(1) 避免起霧
(2) 氣密性佳
(3) 防止化學品飛濺
(4) 大顆粒粉塵不易進入。

( ) 25. 依營造安全衛生設施標準規定，勞工於高度 2 公尺以上施工架上從事　(4)
作業時，應供給足夠強度之工作臺，且工作臺應以寬度多少公分以上
並舖滿密接之踏板？　(1)45　(2)30　(3)35　(4)40。

( ) 26. 勞工若面臨長期工作負荷壓力及工作疲勞累積，沒有獲得適當休息及　(3)
充足睡眠，便可能影響體能及精神狀態，甚而較易促發下列何種疾病？
(1) 肺水腫　(2) 皮膚癌　(3) 腦心血管疾病　(4) 多發性神經病變。

( ) 27. 下列何者非愛滋病之主要傳染途徑？　(4)
(1) 輸血　(2) 母子垂直傳染　(3) 性行為　(4) 接吻。

( ) 28. 工作安全分析與安全觀察的重點不包括下列何者？ (3)

    (1) 是否有獎勵冒險行為及懲罰安全行為

    (2) 是否有以行為為基準的回饋機制

    (3) 是否有行為偏差的責任

    (4) 是否有不清楚或被誤解的期望。

( ) 29. 下列何者可以做為著作權之標的？ (3)

    (1) 法律與命令   (2) 依法令舉行之各類考試試題

    (3) 藝術作品   (4) 公務員於職務上草擬之新聞稿。

( ) 30. 下列何種省水馬桶的使用觀念與方式是錯誤的？ (3)

    (1) 因為馬桶是家裡用水的大宗，所以應該盡量採用省水馬桶來節約用水

    (2) 選用衛浴設備時最好能採用省水標章馬桶

    (3) 省水馬桶因為水量較小，會有沖不乾淨的問題，所以應該多沖幾次

    (4) 如果家裡的馬桶是傳統舊式，可以加裝二段式沖水配件。

( ) 31. 依危險性工作場所審查及檢查辦法規定，甲、乙、丙類工作場所安全 (3)
評估可採用之評估方法，不包括下列何者？

    (1) 故障樹分析   (2) 危害及可操作性分析

    (3) 相對危害順序排列   (4) 失誤模式與影響分析。

( ) 32. 設乾球溫度為 30.0℃，濕球溫度為 27.0℃ 及風速為 1.0m/s，上述條件 (2)
與下述的那個條件下之皮膚熱感覺相同？

    (1) 乾、濕球溫度均為 30.0℃，風速為 1.0m/s

    (2) 乾、濕球溫度均為 27.0℃，風速為 0.0m/s

    (3) 乾、濕球溫度均為 27.0℃，風速為 1.0m/s

    (4) 乾球溫度為 30.0℃、濕球溫度為 28.0℃，風速為 0.0m/s。

( ) 33. 高等動物如鼠、兔、貓、狗、猴等，其對人造成風險的途徑與方式， (2)
不包含下列何項？

    (1) 動物咬傷

    (2) 接觸乳膠蛋白造成過敏

    (3) 透過其身上之皮屑造成傳染

    (4) 寄生於寵物身上的節肢動物傳染。

( ) 34. 就採樣介質捕集能力而言，下列何者較不需考慮？ (1)

    (1) 分析儀器之靈敏度   (2) 濕度   (3) 氣溫   (4) 採樣流率。

( ) 35. 依職業安全衛生設施規則規定，禁水性物質屬於下列何者？ (4)

    (1) 爆炸性物質   (2) 過氧化物質   (3) 氧化性物質   (4) 著火性物質。

( ) 36. 某一金屬製品製造業有勞工 1,000 人，採日班制作業，每年工作 260 天， (1)
每天工作 8 小時，當年發生勞工 1 人死亡、1 人重傷雙目失明，請問其
失能傷害嚴重率 (SR) 為多少？
(1)5,769　(2)3,256　(3)4,829　(4)6,547。

( ) 37. 以下為假設性情境：「在地下室作業，當通風換氣不足時，每 2 次就 (1)
會發生 1 次需送醫急救的一氧化碳中毒或缺氧危害」，請問「每 2 次
就會發生 1 次」係此「一氧化碳中毒或缺氧危害」之何種描述？
(1) 發生機率　(2) 危害源　(3) 嚴重度　(4) 風險。

( ) 38. 當處置使用具有如右圖式之危害性化學品時，不宜採取何措施？ (4)
(1) 依 SOP 操作
(2) 操作時穿戴合適之個人防護具
(3) 廢液倒入廢液桶中
(4) 用剩之化學品以水稀釋後直接倒入排水溝。

( ) 39. 依勞工健康保護規則規定，雇主對粉塵作業勞工特殊健康檢查及管理， (2)
下列敘述何者錯誤？
(1) 第二級管理者應提供個人健康指導
(2) 第四級管理者應予退休
(3) 第三級管理者應進一步請職業醫學科專科醫師評估
(4) 每年應定期實施健康檢查。

( ) 40. 依職業安全衛生法規定，勞工人數未滿多少人之事業，經中央主管機 (4)
關指定，並由勞動檢查機構函知者，應按月依規定填載職業災害內容
及統計，報請勞動檢查機構備查？　(1)30　(2)10　(3)100　(4)50。

( ) 41. 檢舉人向有偵查權機關或政風機構檢舉貪污瀆職，必須於何時為之始 (3)
可能給與獎金？
(1) 犯罪未遂前　　　　　　　(2) 犯罪未起訴前
(3) 犯罪未發覺前　　　　　　(4) 預備犯罪前。

( ) 42. 下列何種行為無法減少「溫室氣體」排放？ (2)
(1) 多搭乘公共運輸系統　　　(2) 多吃肉少蔬菜
(3) 使用再生紙張　　　　　　(4) 騎自行車取代開車。

( ) 43. 下列何者為節能標章？ (1)

(1) 　(2) 　(3) 　(4) 。

( ) 44. 職業安全衛生管理為避免不符合事項或事件原因再度發生，所實施的消除作為，可稱為下列何者？ | (3)
(1) 預防措施　(2) 持續改善　(3) 矯正措施　(4) 緊急應變。

( ) 45. 下列何者不屬於有關職業安全衛生教育訓練之教材選擇時應考量之事項？ | (2)
(1) 要有助於勞工對工作場所危害控制能力的發展
(2) 要有助於勞工討價還價能力的發展
(3) 要有助於勞工對工作場所危害認知能力的發展
(4) 要有助於勞工技能的發展。

( ) 46. 下列何者屬不安全的行為？ | (1)
(1) 未使用防護具　　　　　　(2) 不適當之警告裝置
(3) 不適當之支撐或防護　　　(4) 有缺陷的設備。

( ) 47. 依職業安全衛生設施規則規定，雇主對於室內工作場所設置之通道，下列敘述何者錯誤？ | (1)
(1) 各機械間通道不得大於 80 公分
(2) 自路面起算 2 公尺高度之範圍內不得有障礙物
(3) 主要人行道寬度不得小於 1 公尺
(4) 主要人行道及安全門、安全梯應有明顯標示。

( ) 48. 在執行業務的過程中，對於雇主或客戶之不當指示或要求，下列處理方式何者適當？ | (2)
(1) 即使有損公共利益，但只要損害程度不高，仍可同意
(2) 予以拒絕或勸導
(3) 勉予同意
(4) 基於升遷或業績考量只能照辦。

( ) 49. 指定之乙、丙類特定化學物質之作業環境監測，其紀錄依勞工作業環境監測實施辦法規定，保存 3 年者為下列何種物質？ | (1)
(1) 氯　(2) 鈹　(3) 石綿　(4) 氯乙烯。

( ) 50. 若使用後的廢電池未經回收，直接廢棄所含重金屬物質曝露於環境中可能產生那些影響：A. 地下水污染、B. 對人體產生中毒等不良作用、C. 對生物產生重金屬累積及濃縮作用、D. 造成優養化？ | (1)
(1)ABC　(2)ABCD　(3)BCD　(4)ACD。

( ) 51. 某公司有作業員工 300 人，廠房長 30 公尺，寬 15 公尺，高 5 公尺，每日需使用第一種有機溶劑三氯甲烷，依有機溶劑中毒預防規則規定，其容許消費量為每小時多少公克？　(1)120　(2)60　(3)10　(4)150。 | (3)

( ) 52. 職業安全衛生法所稱有母性健康危害之虞之工作,係指對於具生育能 **(4)**
力之女性勞工從事工作,可能會導致的一些影響。下列何者除外?
(1) 妊娠期間之母體健康　　　(2) 哺乳期間之幼兒健康
(3) 胚胎發育　　　　　　　　(4) 經期紊亂。

( ) 53. 下列何種因子或疾病不會引起如一般感冒類似的症狀? **(1)**
(1) 使用玻璃纖維工人的過敏性皮膚炎
(2) 鐵弗龍 (Teflon) 的聚合物高溫加熱後之燻煙
(3) 鋅的金屬燻煙
(4) 清洗水塔工人的退伍軍人症。

( ) 54. 毒化物劑量增加而其造成生物體危害亦隨之增加,此現象為下列何者? **(4)**
(1) 比爾定律　(2) 增強效應　(3) 激效作用　(4) 劑量效應關係。

( ) 55. 眼部臉部防護具可防止的危害不包括下列何者? **(1)**
(1) 針扎　(2) 熱　(3) 化學品　(4) 輻射。

( ) 56. 下列何種現象不是直接造成台灣缺水的原因? **(4)**
(1) 降雨季節分佈不平均,有時候連續好幾個月不下雨,有時又會下起
豪大雨
(2) 地形山高坡陡,所以雨一下很快就會流入大海
(3) 因為民生與工商業用水需求量都愈來愈大,所以缺水季節很容易無
水可用
(4) 台灣地區夏天過熱,致蒸發量過大。

( ) 57. 某事業單位 A 勞工於 5 公尺高處從事電氣相關作業時,感電墜落地面 **(3)**
死亡,其災害類型為下列何者?
(1) 不當動作　(2) 無法歸類　(3) 感電　(4) 墜落。

( ) 58. 依職業安全衛生法規定,雇主為預防勞工於執行職務,因他人行為致 **(2)**
遭受身體或精神上不法侵害,應採取之暴力預防措施,與下列何者較
無關?
(1) 建構行為規範　　　　　　(2) 定期健康檢查
(3) 依工作適性適當調整人力　(4) 建立事件之處理程序。

( ) 59. 職場推動健康促進,對於雇主可帶來之效益,下列何者有誤? **(3)**
(1) 降低醫療費用成本　　　　(2) 減少病假
(3) 改善勞工升遷管道　　　　(4) 提高工作士氣。

( ) 60. 當高溫作業環境之休息室與作業位置之 WBGT 差異大時,應分別作量 **(4)**
測,而該時段之 WBGT 應以何者為代表?
(1) 作業位置　(2) 休息室　(3) 取最大值　(4) 兩者之時量平均。

複選題 答

( ) 61. 所謂相似暴露族群 (Similar Exposure Group, SEG) 係下列何者大致相同 (14)
而具有類似暴露狀況之一群勞工？
(1) 暴露危害種類 (2) 工作時間 (3) 工作薪資 (4) 暴露濃度。

( ) 62. 工廠緊急應變計畫應包含下列何者？ (134)
(1) 疏散時機與應變指揮系統架構
(2) 通訊與三軍聯防支援
(3) 應變裝備器材與擺放區域
(4) 中央監控系統。

( ) 63. 下列何者可能增加潛涵症的發生率？ (124)
(1) 潛水前多喝酒 (2) 肥胖 (3) 潛水前多喝水 (4) 睡眠不足。

( ) 64. 職業安全衛生管理系統的關鍵要素包含下列何者？ (1234)
(1) 高階主管的領導和承諾
(2) 員工參與
(3) 瞭解適用的法令及其他要求
(4) 溝通和諮商的程序。

( ) 65. 我國職業災害統計分類包含下列何者？ (134)
(1) 暫時全失能 (2) 暫時部分失能
(3) 永久全失能 (4) 永久部分失能。

( ) 66. 有流產病史之孕婦，宜避免相關作業，下列那些敘述正確？ (124)
(1) 避免每班站立 7 小時以上之作業
(2) 避免砷或鉛的暴露
(3) 避免提舉 2 公斤重物的職務
(4) 避免重體力勞動的職務。

( ) 67. 依職業安全衛生教育訓練規則規定，以下何者為高壓室內作業主管安 (123)
全衛生教育訓練課程內容？
(1) 減壓表演練實習 (2) 壓氣施工法
(3) 異常氣壓危害預防標準 (4) 潛水疾病的預防。

( ) 68. 依粉塵危害預防標準規定，下列何項屬從事特定粉塵作業之室內作業 (124)
場所，應設置之設施？
(1) 維持濕潤之設備 (2) 密閉設備
(3) 整體換氣裝置 (4) 局部排氣裝置。

( ) 69. 風險評估之辨識作業條件包含下列何者？ (1234)
(1) 作業暴露週期 (2) 能源、化學物質
(3) 機械、設備、器具 (4) 人員資格。

( ) 70. 以下何者爲特定化學物質危害預防標準所稱之特定管理物質？ (123)
  (1) 鈹及其化合物
  (2) 三氯甲苯
  (3) 二氯聯苯胺及其鹽類
  (4) 青石綿。

( ) 71. 下列何者屬於職場健康促進項目？ (124)
  (1) 下背痛預防 (2) 壓力紓解 (3) 指認呼喚運動 (4) 戒菸計畫。

( ) 72. 依職業安全衛生設施規則規定，有關研磨機之使用何者正確？ (14)
  (1) 研磨機之使用不得超過規定最高使用周速度
  (2) 每日作業開始前試轉 30 秒以上
  (3) 研磨輪速率試驗，應按最高使用周速度增加 30% 爲之
  (4) 研磨輪使用，除該研磨輪爲側用外，不得使用側面。

( ) 73. 下列那些物質吸入後會造成肺部損傷？ (1234)
  (1) 氯氣 (2) 甲醛 (3) 臭氧 (4) 石綿。

( ) 74. 下列敘述何者正確？ (234)
  (1) 勞基法所稱之休息時間，駕駛得受雇主之指揮、監督，並不得自由利用
  (2) 電傳工作者可指藉由電腦資訊科技或透過電子通信設備接受雇主指揮，於事業單位外之場所提供勞務之勞工
  (3) 勞工與雇主協調出適合雙方之任意第三方工作場所，可稱之爲該雇主事業單位外之場所
  (4) 在事業場所外從事工作之勞工，應於約定正常工作時間內履行勞務。

( ) 75. 下列何者屬安全、尊嚴的職場組織文化？ (12)
  (1) 不在眾人面前長時間責罵勞工
  (2) 不強求勞工執行業務上明顯不必要或不可能之工作
  (3) 不斷在眾人面前嘲笑同事
  (4) 過度介入勞工私人事宜。

( ) 76. 下列那些項目屬職業災害調查範圍？ (34)
  (1) 公司財務狀況
  (2) 公司客戶名單
  (3) 發生災害時間
  (4) 勞工從事何種作業。

( ) 77. 依職業安全衛生管理辦法規定，下列那些事業單位應參照中央主管機 (34)
關所定之職業安全衛生管理系統指引，建置適合該事業單位之職業安
全衛生管理系統？
(1) 第二類事業勞工人數在 300 人以上
(2) 第一類事業勞工人數在 100 人以上
(3) 第一類事業勞工人數在 200 人以上
(4) 有從事製造、處置或使用危害性之化學品，數量達中央主管機關規
定量以上之工作場所。

( ) 78. 依職業安全衛生設施規則規定，雇主使用軟管以動力從事輸送硫酸， (123)
對該輸送設備，應依下列何者規定？
(1) 為防止軟管內部承受異常壓力，應於輸壓設備安裝回流閥
(2) 以表壓力每平方公分 2 公斤以上之壓力輸送時，軟管與軟管之連結
用具應使用旋緊連接或以鉤式結合等方式
(3) 軟管及連接用具應具耐腐蝕性、耐熱性及耐寒性
(4) 動力遮斷裝置應安裝於人員不易碰觸之位置。

( ) 79. 下列敘述何者屬職業安全衛生設施規則所稱局限空間認定之條件？ (123)
(1) 非供勞工在其內部從事經常性作業
(2) 無法以自然通風來維持充分、清淨空氣之空間
(3) 勞工進出方法受限制
(4) 狹小之內部空間。

( ) 80. 下列那些作業屬精密作業勞工視機能保護設施標準規定之精密作業？ (123)
(1) 電腦或電視影像顯示器之調整
(2) 以放大鏡或顯微鏡從事組織培養
(3) 紡織之穿針
(4) 於終端機螢幕上檢查晶圓良劣。

第 84 次
職業衛生管理甲級
技術士技能檢定學科試題 (107.07.15)

單選題　　　　　　　　　　　　　　　　　　　　　　　　　　　　　　　　答

(　) 1. 高速公路旁常見有農田違法焚燒稻草,除易產生濃煙影響行車安全外, 　(1)
也會產生下列何種空氣污染物對人體健康造成不良的作用?
(1) 懸浮微粒　(2) 沼氣　(3) 臭氧 (O_3)　(4) 二氧化碳 (CO_2)。

(　) 2. 依職業安全衛生法規定,中央主管機關指定之事業,雇主應依規定填 　(1)
載職業災害內容及統計,按月報請勞動檢查機構備查,並公布於工作
場所,其受指定陳報事業單位,應於次月幾日前經由網路填載「職業
災害統計月報」,函報事業所在地之勞動檢查機構?
(1)10　(2)3　(3)5　(4)15。

(　) 3. 自行煮水、包裝飲用水及包裝飲料,依生命週期評估排碳量大小順序 　(2)
為下列何者?
(1) 包裝飲料＞自行煮水＞包裝飲用水
(2) 包裝飲料＞包裝飲用水＞自行煮水
(3) 包裝飲用水＞自行煮水＞包裝飲料
(4) 自行煮水＞包裝飲料＞包裝飲用水。

(　) 4. 硫化氫為可燃性氣體、無色,具有那種特殊味道? 　(1)
(1) 腐卵臭味　(2) 芳香味　(3) 杏仁香味　(4) 水果香味。

(　) 5. 醫院、飯店或宿舍之熱水系統耗能大,要設置熱水系統時,應優先選 　(3)
用何種熱水系統較節能?
(1) 瓦斯熱水系統
(2) 重油熱水系統
(3) 熱泵熱水系統
(4) 電能熱水系統。

(　) 6. 雇主使勞工從事夜間工作長時間工作等作業,為避免勞工因異常工作 　(1)
負荷促發疾病,應採取疾病預防措施,作成執行紀錄並留存多少年?
(1)3　(2)5　(3)20　(4)1。

(　) 7. 職業安全衛生管理計畫 P-D-C-A 實施原則,不包括下列何者? 　(4)
(1) 稽核 (check)　(2) 規劃 (plan)　(3) 執行 (do)　(4) 自動 (auto)。

( ) 8. 下列有關雇主對於勞工工作場所之採光照明敘述，那一項有誤？   (2)

    (1) 對於高度 2 公尺以上之勞工作業場所，照明設備應保持其適當照明，遇有損壞，應即修復

    (2) 各工作場所之窗面面積比率不得小於室內地面面積的 1/20

    (3) 燈盞裝置應採用玻璃燈罩及日光燈為原則

    (4) 僱用勞工從事精密作業時，其作業檯面局部照度不得低於 1,000 米燭光。

( ) 9. 依勞工健康保護規則規定，下列何者屬於特別危害健康之作業？   (1)

    (1) 異常氣壓作業   (2) 重體力勞動作業   (3) 精密作業   (4) 高架作業。

( ) 10. 關於侵占罪之概念，下列何者錯誤？   (3)

    (1) 員工不能將向客戶收取之貨款先行用於支付自己親屬之醫藥費

    (2) 員工私自將公司答謝客戶之禮盒留下供己使用，即會構成

    (3) 事後返還侵占物可免除責任

    (4) 員工將公司財物由持有變成據為己有之時即已構成。

( ) 11. 溫室氣體減量及管理法所稱主管機關，在中央為下列何單位？   (1)

    (1) 行政院環境保護署   (2) 經濟部能源局

    (3) 衛生福利部   (4) 國家發展委員會。

( ) 12. 依職業安全衛生管理辦法規定，職業安全衛生委員會中工會或勞工選舉之代表不得少於多少比例？   (1)1/4   (2)1/2   (3)1/5   (4)1/3。   (4)

( ) 13. 某有害物採樣方法之最大採樣體積為 20 L，若以 200 mL/min 的採樣流率連續進行 8 小時採樣時，除現場空白樣本外，現場採集樣本數最少應有多少個？   (1)3   (2)5   (3)6   (4)4。   (2)

( ) 14. 安全資料表 (SDS) 依規定應由下列何人製備？   (2)

    (1) 勞工   (2) 運作者   (3) 醫護人員   (4) 運輸者。

( ) 15. 下列何者不屬於職業安全衛生管理辦法之自動檢查作法？   (3)

    (1) 重點檢查   (2) 作業檢點   (3) 職業災害檢查   (4) 定期檢查。

( ) 16. 不當抬舉導致肌肉骨骼傷害，或工作臺 / 椅高度不適導致肌肉疲勞之現象，可稱之為下列何者？   (2)

    (1) 不安全環境   (2) 不當動作   (3) 被撞事件   (4) 感電事件。

( ) 17. 利用豬隻的排泄物當燃料發電，是屬於下列那一種能源？   (1)

    (1) 生質能   (2) 地熱能   (3) 核能   (4) 太陽能。

( ) 18. 以下為假設性情境：「在地下室作業，當通風換氣充分時，則不易發生一氧化碳中毒或缺氧危害」，請問「通風換氣充分」係指「一氧化碳中毒或缺氧危害」之何種描述？   (4)

    (1) 危害源   (2) 風險   (3) 發生機率   (4) 風險控制方法。

(　) 19. 一般分類中，心搏速率在下列何種情形以上屬重工作 (heavy work)？　(3)
(1)90 次 / 分　(2)100 次 / 分　(3)110 次 / 分　(4)80 次 / 分。

(　) 20 下列何者「並未」涉及蒐集、處理及利用個人資料？　(2)
(1) 公司行號運用員工差勤系統之個人差勤資料，作為年終考核或抽查員工差勤之用
(2) 學校要求學生於制服繡上姓名、學號
(3) 金融機構運用所建置的客戶開戶資料行銷金融商品
(4) 內政部警政署函請中央健康保險局提供失蹤人口之就醫時間及地點等個人資料。

(　) 21. 下列那一種氣體較易造成臭氧層被嚴重的破壞？　(4)
(1) 二氧化硫　(2) 二氧化碳　(3) 氮氧化合物　(4) 氟氯碳化物。

(　) 22. 通常在音源四周最大邊的幾倍距離以上才會形成遠音場？　(2)
(1)3　(2)4　(3)1　(4)2。

(　) 23. 依有機溶劑中毒預防規則規定，整體換氣裝置之換氣能力以下列何者表示？　(4)
(1) 每小時換氣次數　(2)V(m/s)　(3) 每分鐘換氣次數　(4)Q(m^3/min)。

(　) 24. 職場內部常見之身體或精神不法侵害不包含下列何者？　(4)
(1) 過度介入勞工私人事宜
(2) 脅迫、名譽損毀、侮辱、嚴重辱罵勞工
(3) 強求勞工執行業務上明顯不必要或不可能之工作
(4) 使勞工執行與能力、經驗相符的工作。

(　) 25. 依化學品全球分類及標示調和制度 (GHS) 之定義，發火性液體 (pyrophoric liquid) 指少量能在與空氣接觸後幾分鐘之內引燃的液體？　(3)
(1)12　(2)10　(3)5　(4)1。

(　) 26. 某旋風分徑器 (cyclone)d_{50} 為 4.5μm，則下列敘述何者正確？　(3)
(1) 凡粒徑小於 4.5μm 者，均會被分徑器出口濾紙匣所捕集
(2) 增加旋風分徑器之空氣流率，其 d_{50} 應會增大
(3) 粒徑為 4.5μm 之粉塵約有 50% 被分徑器所分離
(4) 凡粒徑大於 4.5μm 者，均會被分徑器出口濾紙匣所捕集。

(　) 27. 下列何者屬特定化學物質危害預防標準中所稱之乙類特定化學物質？　(3)
(1) 鉻酸及其鹽類　(2) 苯　(3) 鈹及其化合物　(4) 含苯膠糊。

(　) 28. 下列何項非為化學性危害嚴重程度的主要影響因子？　(1)
(1) 暴露者輪班之班別　　　(2) 接觸方式
(3) 毒性物質的濃度　　　(4) 毒性物質本身的毒性。

( ) 29. 下列何者非屬針扎所致之傳染性疾病？ (2)

    (1)B 型肝炎　(2) 退伍軍人病　(3) 梅毒　(4) 愛滋病。

( ) 30. 室內作業環境空氣中二氧化碳最大容許濃度爲 5,000 ppm，而室外空氣 (2)
中二氧化碳濃度平均爲 350ppm，有 100 名員工進行輕工作作業，其每
人二氧化碳呼出量爲 0.028 m^3CO_2/hr，若以室外空氣進行稀釋通風，試
問其每分鐘所需之必要換氣量 Q_1 爲何？同理，若用不含二氧化碳之空
氣進行稀釋通風，試問其每分鐘所需之必要換氣量 Q_2 爲何？請問下列
選項何者正確？

    (1)Q_2 約爲 600 m^3/min　　　　　　(2)Q_1 約爲 9m^3/min

    (3)Q_1 約爲 20 m^3/min　　　　　　(4)Q_1 約爲 6 m^3/min。

( ) 31. 有流產病史之孕婦，宜避免相關作業，下列何者爲非？ (4)

    (1) 避免重體力勞動的職務

    (2) 避免每班站立 7 小時以上之作業

    (3) 避免砷或鉛的暴露

    (4) 避免提舉 2 公斤重物的職務。

( ) 32. 依勞工健康保護規則規定，雇主對粉塵作業勞工特殊健康檢查及管理， (3)
下列敘述何者錯誤？

    (1) 第二級管理者應提供個人健康指導

    (2) 第三級管理者應進一步請職業醫學科專科醫師評估

    (3) 第四級管理者應予退休

    (4) 每年應定期實施健康檢查。

( ) 33. 下列何者不屬職業災害間接原因的不安全情況或環境？ (4)

    (1) 工作場所擁擠　　　　　　(2) 輻射暴露

    (3) 機械有缺陷　　　　　　　(4) 使用機具方法不當。

( ) 34. 呼吸防護具之美國 NIOSH 標準，N 系列代表可用來防護下列何種類型 (4)
之物質？

    (1) 含油性懸浮微粒

    (2) 有機溶劑

    (3) 非油性及油性懸浮微粒

    (4) 非油性懸浮微粒。

( ) 35. 紅外線光譜儀 (IR) 易受下列何種氣體之干擾？ (3)

    (1) 氦氣及氧氣　(2) 氫氣及氮氣　(3) 水及二氧化碳　(4) 氫氣及氧氣。

( ) 36. 眼內進入化學物或異物，最好能立即用下列何者沖洗眼睛？ (2)

    (1) 眼藥水　(2) 乾淨的清水　(3) 硼酸水　(4) 藥物或油膏。

( ) 37. 在毒性測試結果中，可以得到 LOAELs（lowest -observed adverse -effect levels）數值，其代表意義為何？ 　(1)
(1) 引起不良反應之最低劑量
(2) 不致引起不良反應之最低劑量
(3) 引起不良反應之最高劑量
(4) 不致引起不良反應之最高劑量。

( ) 38. 從事已塗布含鉛塗料物品之剝除含鉛塗料作業時，下列何者之預防設施效果最差？ 　(2)
(1) 密閉設備　(2) 整體換氣裝置　(3) 濕式作業　(4) 局部排氣裝置。

( ) 39. 缺氧環境下，不建議使用以下那種防護具？ 　(3)
(1) 正壓式全面罩
(2) 自攜式呼吸防護具
(3) 拋棄式半面口罩
(4) 供氣式呼吸防護具。

( ) 40. 有關專利權的敘述，何者正確？ 　(1)
(1) 專利有規定保護年限，當某商品、技術的專利保護年限屆滿，任何人皆可運用該項專利
(2) 專利權為世界所共有，在本國申請專利之商品進軍國外，不需向他國申請專利權
(3) 我發明了某項商品，卻被他人率先申請專利權，我仍可主張擁有這項商品的專利權
(4) 專利權可涵蓋保護抽象的概念性商品。

( ) 41. 下列何者非屬電氣災害類型？ 　(3)
(1) 電弧灼傷　(2) 靜電危害　(3) 雷電閃爍　(4) 電氣火災。

( ) 42. 下列何者為哈姆立克急救法？ 　(4)
(1) 對中暑患者急救
(2) 使昏迷患者呼吸道暢通
(3) 對哽噎成人患者之背部拍擊
(4) 利用瞬間壓力使呼吸道內異物噴出。

( ) 43. 關於建築中常用的金屬玻璃帷幕牆，下列敘述何者正確？ 　(1)
(1) 在溫度高的國家，建築使用金屬玻璃帷幕會造成日照輻射熱，產生室內「溫室效應」
(2) 臺灣的氣候溼熱，特別適合在大樓以金屬玻璃帷幕作為建材
(3) 玻璃帷幕牆適用於臺灣，讓夏天的室內產生溫暖的感覺
(4) 玻璃帷幕牆的使用能節省室內空調使用。

(　) 44. 職業暴露造成血鉛過高，較不會造成下列何種危害？　　　　　　　　　(4)
(1) 貧血　(2) 神經行為異常　(3) 肌肉無力如腕垂症　(4) 低血壓。

(　) 45. 在安全管理的 4E 中，工作場所之監督及檢點屬於下列何者？　　　　　(4)
(1) 熱忱 (enthusiasm)
(2) 工程 (engineering)
(3) 教育 (education)
(4) 執行 (enforcement)。

(　) 46. 依特定化學物質危害預防標準規定，使勞工處置丙類第一種或丁類特　(4)
定化學物質合計在多少公升以上時，應置備該物質等漏洩時能迅速告
知有關人員之警報用器具及除卻危害必要藥劑、器具等設施？
(1)50　(2)300　(3)10　(4)100。

(　) 47. 依鉛中毒預防規則規定，於通風不充分之場所從事鉛合金軟焊之作業　(4)
設置整體換氣裝置之換氣量，應為每一從事鉛作業勞工平均每分鐘多
少立方公尺以上？　(1)5.0　(2)100　(3)10　(4)1.67。

(　) 48. 下列有關安全衛生工作守則之敘述何者錯誤？　　　　　　　　　　　(3)
(1) 應報經勞動檢查機構備查
(2) 應公告實施
(3) 雇主應依勞動檢查法之規定訂定
(4) 雇主應會同勞工代表訂定。

(　) 49. 下列何種危害性化學品一般會使用如右圖式？　　　　　　　　　　　(4)
(1) 易燃氣膠
(2) 易燃液體
(3) 金屬腐蝕物
(4) 氧化性液體。

(　) 50. 空氣中氧氣低於多少 % 以下時，其氧氣的分壓即在 60 mmHg 以下，　(3)
處於此狀況時，勞工在 5 ～ 7 分鐘內即可能因缺氧而死亡？
(1)16　(2)18　(3)6　(4)10。

(　) 51. 人體與環境進行熱交換時，下列何者不受風速影響？　　　　　　　　(1)
(1) 基礎代謝熱　(2) 熱對流　(3) 熱傳導　(4) 汗水蒸發熱。

(　) 52. 事業單位擴充產能時，下列何項較不可能引起潛在職業安全衛生危　(4)
害？
(1) 新進人員訓練不足所致之危害
(2) 有害物增加逸散之危害
(3) 製品堆置場所不足所致之危害
(4) 工時縮短所致之猝死危害。

( ) 53. 下列何者不是全球暖化帶來的影響？ (4)

(1) 旱災　(2) 洪水　(3) 熱浪　(4) 地震。

( ) 54. 下列何者較不屬於檢討上年度職業安全衛生管理計畫的目的？ (4)

(1) 要增加那些新工作

(2) 所完成之工作獲得什麼效果

(3) 了解那些工作要繼續進行

(4) 延長下年度有機溶劑依法應實施作業環境監測的頻率。

( ) 55. 含硫酸、硝酸之廢液收集桶不得與下列何種廢液混合？ (1)

(1) 硫化物　(2) 鹽酸　(3) 水　(4) 磷酸。

( ) 56. 有關作業環境監測計畫，下列敘述何者不正確？ (4)

(1) 計畫書須作成紀錄，留存備查

(2) 紀錄保存 3 年

(3) 計畫書應使監測評估小組成員共同簽名

(4) 受委託之執業工礦衛生技師可以擔任監測機構。

( ) 57. 依職業安全衛生設施規則規定，下列何者不屬於危險物？ (2)

(1) 可燃性氣體　(2) 致癌性物質　(3) 氧化性物質　(4) 易燃液體。

( ) 58. 職場內之傷病診治內容一般不包括下列何者？ (3)

(1) 急救　(2) 職業傷病診治　(3) 家庭計畫服務　(4) 一般傷病診治。

( ) 59. 「感覺心力交瘁，感覺挫折，而且上班時都很難熬」此現象與下列何 (3)
者較不相關？

(1) 可能已經快被工作累垮了

(2) 工作相關過勞程度可能嚴重

(3) 工作相關過勞程度輕微

(4) 可能需要尋找專業人員諮詢。

( ) 60. 受理檢舉機關，洩漏貪污瀆職案件檢舉人之資料，可能觸犯何罪？ (2)

(1) 湮滅刑事證據罪　　　　　　(2) 洩漏國防以外秘密罪

(3) 背信罪　　　　　　　　　　(4) 圖利罪。

複選題 答

( ) 61. 進行油漆塗裝時，因有機溶劑揮發，可以佩戴以下那幾種呼吸防護具？ (34)

(1) 動力濾淨式呼吸防護具 +P100 濾材

(2) 拋棄式半面口罩 N95

(3) 全面罩 + 活性碳濾罐

(4) 自攜式呼吸防護具。

( ) 62. 風險評估之作業清查須涵蓋組織控制下所有可能出現在公司及所屬工地/工廠的「人員」所執行的相關作業，所謂之「人員」包含下列何者？ (1234)
(1) 高階主管　(2) 承攬人　(3) 供應商　(4) 外包人員。

( ) 63. 下列何者屬於職場健康促進項目？ (124)
(1) 下背痛預防　(2) 壓力紓解　(3) 指認呼喚運動　(4) 戒菸計畫。

( ) 64. 下列那些屬正確職業災害類型分類？ (123)
(1) 因豎立物倒下被壓死亡，歸類於倒塌、崩塌
(2) 從施工架高處掉落歸類於墜落
(3) 研磨機砂輪破裂撞擊頭部致死，歸類於物體飛落
(4) 因感電而跌倒時，歸類於跌倒。

( ) 65. 下列何種氣體不可使用有機氣體用防毒面罩之吸收罐？ (124)
(1) 一氧化碳　(2) 一氧化氮　(3) 四氯化碳　(4) 氟化氫。

( ) 66. 職業安全衛生管理績效的被動式指標包含下列何者？ (12)
(1) 失能傷害嚴重率　(2) 傷病員工缺勤時數率
(3) 變更管理執行率　(4) 虛驚事件提報率。

( ) 67. 危險性工作場所應建立稽核管理制度，稽核計畫包括下列何者？ (134)
(1) 緊急操作程序　(2) 公司組織架構
(3) 承攬管理制度　(4) 正常操作程序。

( ) 68. 下列那些作業屬精密作業勞工視機能保護設施標準規定之精密作業？ (123)
(1) 電腦或電視影像顯示器之調整
(2) 紡織之穿針
(3) 以放大鏡或顯微鏡從事組織培養
(4) 於終端機螢幕上檢查晶圓良劣。

( ) 69. 職業安全衛生管理系統相關資訊的溝通對象，包括下列何者？ (1234)
(1) 到工作場所的承攬人和訪客
(2) 公司內清潔人員
(3) 事業單位內部不同的階層和功能單位
(4) 事業單位大門警衛。

( ) 70. 勞工作業場所容許暴露標準不適用於以下何者之判斷？ (124)
(1) 職業疾病鑑定之唯一依據
(2) 以二種不同有害物之容許濃度比作為毒性之相關指標
(3) 危害性化學品分級管理
(4) 工作場所以外之室內空氣污染指標。

( ) 71. 雇主使勞工從事潛水作業前，下列措施何者正確？　(234)

(1) 指定岸上人員擔任潛水作業現場主管，負責指揮及危害告知

(2) 確認潛水作業性質、預估時間等

(3) 確認潛水人員與現場主管間連繫方法

(4) 確認勞工工作手冊中有關急救等相關事宜。

( ) 72. 有關自然濕球溫度之敘述，下列何者正確？　(24)

(1) 可以阿斯曼之濕球溫度代替

(2) 要以蒸餾水潤濕

(3) 要使溫度計球部周圍之風速保持在 2.5 m/sec

(4) 要使紗布保持清潔。

( ) 73. 視覺顯示器相對於聽覺顯示器較具優勢的場合為何？　(23)

(1) 具有許多干擾來源的情況下分辨某種特定訊號

(2) 不需要口頭的反應時

(3) 訊息內容比較抽象或與空間、位置、方向有關

(4) 收訊者有缺氧可能或身處加速度狀況。

( ) 74. 依粉塵危害預防標準規定，下列何項屬從事特定粉塵作業之室內作業場所應設置之設施？　(134)

(1) 局部排氣裝置

(2) 整體換氣裝置

(3) 密閉設備

(4) 維持濕潤之設備。

( ) 75. 依職業安全衛生管理辦法規定，下列那些是雇主依法應實施之機械、設備之重點檢查項目？　(23)

(1) 營造工程之模板支撐架

(2) 第二種壓力容器應於初次使用前

(3) 局部排氣裝置或除塵裝置於開始使用、拆卸、改裝或修理時

(4) 化學設備或其附屬設備，於開始使用、改造、修理時。

( ) 76. 下列那些為放射性同位素？　(123)

(1) 鉀 40(^{40}K)　(2) 氚 (^{3}H)　(3) 鈷 60(^{60}Co)　(4) 碳 12(^{12}C)。

( ) 77. 有關石綿的敘述下列何者正確？　(124)

(1) 石綿有不同的顏色

(2) 經長時間暴露，石綿可能造成石綿肺症

(3) 石綿為不含結晶水的矽酸鹽類

(4) 石綿可以經由 X 光繞射而確認。

( ) 78. 職業安全衛生管理系統的關鍵要素包含下列何者？ (1234)
    (1) 溝通和諮商的程序
    (2) 高階主管的領導和承諾
    (3) 瞭解適用的法令及其他要求
    (4) 員工參與。

( ) 79. 依職業安全衛生法規定，雇主不得使妊娠中之女性勞工從事那些危險 (123)
性或有害性工作？
    (1) 鉛及其化合物散布場所之工作
    (2) 起重機、人字臂起重桿之運轉工作
    (3) 一定重量以上之重物處理工作
    (4) 超過 220 伏特電力線之銜接。

( ) 80. 勞工作業場所容許暴露標準所稱容許濃度為何？ (124)
    (1) 最高容許濃度   (2) 短時間時量平均容許濃度
    (3) 生物暴露指標   (4) 八小時日時量平均容許濃度。

第 85 次

職業衛生管理甲級

技術士技能檢定學科試題 (107.11.04)

單選題

答

( ) 1. 依規定填載職業災害內容及統計，其計算死亡職業傷害之損失日數時，以多少天計？　(1)150　(2)1,200　(3)1,350　(4)6,000。　(4)

( ) 2. 依高架作業勞工保護措施標準規定，雇主使勞工從事高架作業時，應減少工作時間。高架作業高度在 30 公尺者每連續作業 2 小時，應給予作業勞工多少分鐘休息時間？　(1)35　(2)15　(3)25　(4)45。　(1)

( ) 3. 工業衛生為以下列環境因素為目標的科學與藝術，不包含以下那一項措施？　(1) 評估　(2) 模仿　(3) 辨識　(4) 控制。　(2)

( ) 4. 下列何項較不宜列為事業單位職業災害調查分析之主要項目？　(3)
(1) 歷年職業災害率　(2) 職業災害類型
(3) 職業災害追悼會　(4) 各部門職業災害率。

( ) 5. 油性物質產生之微粒，懸浮於空氣中形成油性氣膠 (Oil Aerosol)，不包含以下那一項？　(3)
(1) 煉焦爐之空氣逸散物　(2) 油煙
(3) 噴霧作業之水性農藥微粒　(4) 機械用油形成之氣膠。

( ) 6. 顏色管理常被運用於倉儲檢貨作業中，不同分類貨品會使用不同顏色，讓作業人員在挑貨時反應較快，目的是在提高符碼 (codes) 的那一項特性？　(1) 可分辨度　(2) 意義　(3) 標準化　(4) 可偵測度。　(1)

( ) 7. 依特定化學物質危害預防標準規定，下列何者不屬於對特定管理設備為早期掌握其異常化學反應之發生，應設置之適當計測裝置？　(1)
(1) 液位計　(2) 溫度計　(3) 壓力計　(4) 流量計。

( ) 8. 下列何者目前尚未規定應填載職業災害內容及統計，按月報請勞動檢查機構備查？　(1)
(1) 勞工 30 人之洗染業　(2) 勞工 60 人之大眾傳播業
(3) 勞工 60 人之營造業　(4) 勞工 80 人之運輸業。

( ) 9. 洗碗、洗菜用何種方式可以達到清洗又省水的效果？　(1)
(1) 將適量的水放在盆槽內洗濯，以減少用水
(2) 對著水龍頭直接沖洗，且要盡量將水龍頭開大才能確保洗的乾淨
(3) 用熱水及冷水大量交叉沖洗達到最佳清洗效果
(4) 把碗盤、菜等浸在水盆裡，再開水龍頭拼命沖水。

( ) 10. 依粉塵危害預防標準規定，雇主使勞工戴用輸氣管面罩之連續作業時間，每次不得超過多少分鐘？　(1)45　(2)90　(3)30　(4)60。　　(3)

( ) 11. 有關建築之外殼節能設計，下列敘述何者錯誤？　　(3)

(1) 大開窗面避免設置於東西日曬方位

(2) 開窗區域設置遮陽設備

(3) 宜採用全面玻璃造型設計，以利自然採光

(4) 做好屋頂隔熱設施。

( ) 12. 下列那一溝通方式較易達成有效的溝通？　　(3)

(1) 含糊式　(2) 發洩式　(3) 同理心式　(4) 命令式。

( ) 13. 下列何者為有機溶劑作業最佳之控制設施？　　(3)

(1) 整體換氣裝置　(2) 吹吸型換氣裝置

(3) 密閉設備　　　(4) 局部排氣裝置。

( ) 14. 依職業安全衛生管理辦法規定，第一類事業之事業單位，勞工人數在多少人以上者，應設直接隸屬雇主之專責一級管理單位？　　(4)

(1)30　(2)300　(3)500　(4)100。

( ) 15. 下列那項不是化學品管理之良好措施？　　(3)

(1) 提供安全資料表

(2) 容器標示

(3) 對新進員工依法實施 2 小時危害通識訓練

(4) 有效清查化學品之存量、位置及使用人是否接受安全訓練。

( ) 16. 下列那項措施較不屬於勞工參與之安全衛生管理活動？　　(4)

(1) 安全衛生提案制度　(2) 零災害運動

(3) 安全衛生委員會議　(4) 品質評鑑。

( ) 17. 下列何者不屬職業災害間接原因的不安全情況或環境？　　(2)

(1) 機械有缺陷　　(2) 使用機具方法不當

(3) 工作場所擁擠　(4) 輻射暴露。

( ) 18. 對於可拋棄式呼吸防護具之敘述下列何者為非？　　(1)

(1) 價格低廉、重量輕，設計較為複雜

(2) 此種呼吸防護具並無所謂的面體，直接以濾材當作面體

(3) 濾材直接接觸佩戴者臉部，但較容易產生洩漏

(4) 與他種呼吸防護具相比，此種面體的防護效果最低。

( ) 19. 下列何項工作非屬本質安全化之作法？　　(2)

(1) 防愚設計　　　(2) 安全作業標準訂定

(3) 加裝防護設備　(4) 設置緊急處理設備。

( )　20. 電冰箱放置處，四周應預留離牆多少公分之散熱空間，且過熱的食物，應等冷卻後才放入冰箱，以達省電效果？
(1)5　(2)10　(3)15　(4)20。　　(2)

( )　21. 空間狹小之缺氧危險作業場所，不宜使用下列何種呼吸防護具？　　(2)
(1) 使用壓縮空氣為氣源之輸氣管面罩
(2) 自攜式呼吸防護器
(3) 使用氣瓶為氣源之輸氣管面罩
(4) 定流量輸氣管面罩。

( )　22. 營業秘密可分為「技術機密」與「商業機密」，下列何者屬於「商業機密」？　(1) 生產製程　(2) 設計圖　(3) 客戶名單　(4) 產品配方。　(3)

( )　23. 依勞工作業環境監測實施辦法規定，下列那些不屬於作業環境監測之行為？　(1) 規劃　(2) 採樣　(3) 分析　(4) 諮詢。　(4)

( )　24. 在生物鏈越上端的物種其體內累積持久性有機污染物 (POPs) 濃度將越高，危害性也將越大，這是說明 POPs 具有下列何種特性？　(4)
(1) 持久性　(2) 半揮發性　(3) 高毒性　(4) 生物累積性。

( )　25. 在生理學部份，女性與男性相較，下列何者為非？　(4)
(1) 體內循環血液量及紅血球數較少
(2) 白血球及淋巴球數較多
(3) 痛覺神經受體較多
(4) 體表面積較小且排汗率較高。

( )　26. 評估是否會進入肺泡而且沈積於肺泡造成塵肺症之粉塵量時，應測定下列何種粉塵？　(3)
(1) 總粉塵　(2) 第 3 種粉塵　(3) 可呼吸性粉塵　(4) 可吸入性粉塵。

( )　27. 勞工若面臨長期工作負荷壓力及工作疲勞累積，如果沒有獲得適當休息及充足睡眠，便可能影響體能及精神狀態，甚而易促發下列何種疾病？　(2)
(1) 皮膚癌　(2) 腦心血管疾病　(3) 多發性神經病變　(4) 肺水腫。

( )　28. 噪音計監測結果為 65dBA、83dBB、90dBC，則該噪音是在那一個頻率範圍？　(1)
(1)20～600　(2)600～1,200　(3)1,200～2,400　(4)2,400～4,800Hz。

( )　29. 下列勞工發生之災害，何者不屬職業安全衛生法所稱之職業災害？　(1)
(1) 上下班時因私人行為之交通事故致死亡
(2) 工廠動力衝剪機械剪斷左手食指第一截
(3) 工廠鍋爐管路蒸汽洩漏，造成 20% 身體表面積 3 度灼傷
(4) 工廠氯氣外洩造成呼吸不適就醫。

( ) 30. 依勞動檢查法規定，事業單位對勞動檢查機構所發檢查結果通知書有異議時，應於通知書送達之次日起幾日內，以書面敘明理由向勞動檢查機構提出？ (1)7 (2)10 (3)14 (4)30。 **(2)**

( ) 31. 下列那一項敘述有誤？ **(1)**
(1) 房間全般的照度分布，應以地板上 120 公分左右桌面高度之水平面為準
(2) 維護係數 (Maintenance Factor) 為時間衰減及積塵減光之比率
(3) 光體老化為光源在使用中逐漸降低光束
(4) 減光補償率之倒數為維護係數。

( ) 32. 於營造工地潮濕場所中使用電動機具，為防止感電危害，應於該電路設置何種安全裝置？ **(1)**
(1) 高感度高速型漏電斷路器
(2) 自動電擊防止裝置
(3) 高容量保險絲
(4) 開關箱。

( ) 33. 有些化學物質本身毒性很低，但經由體內酵素反應代謝後，其毒性反而增加，此現象為下列何者？ **(4)**
(1) 氧化反應 (2) 代謝解毒 (3) 鐘擺效應 (4) 代謝活化。

( ) 34. 依危害性化學品標示及通識規則規定，除不穩定爆炸物外，在危害物質之分類中，將爆炸物分成多少組？ (1)2 (2)3 (3)5 (4)6。 **(4)**

( ) 35. 雇主使勞工製造、處置、使用非屬有容許暴露標準之有健康危害化學品時，下列敘述何者不正確？ **(4)**
(1) 可參照先進國家標準或專業團體建議，自行設定暴露標準
(2) 須辦理健康危害風險評估
(3) 須針對健康危害進行分級管理
(4) 無需進行作業場所暴露評估及分級管理。

( ) 36. 依職業安全衛生管理辦法規定，下列有關職業安全衛生管理規章之敘述何者正確？ **(3)**
(1) 雇主應依勞動檢查法及有關規定訂定
(2) 雇主自行訂定管理規章為勞動契約之一部分
(3) 該規章之內容要求其各級主管及管理、指揮、監督人員執行規定之職業安全衛生事項
(4) 應報經檢查機構備查。

( ) 37. 某公司員工執行職務時，應具備下列哪一項觀念？ (3)

(1) 基於對職務倫理的尊重，雇主的指示即使不當，也要盡力做好

(2) 當雇主的利益與公共利益相衝突時，即使違反法令也要以雇主利益優先

(3) 若懷疑有違反公共利益之不法情事，應向權責機關檢舉

(4) 舉報不法可能導致工作不保，應三思而後行。

( ) 38. 含硫酸、硝酸之廢液收集桶不得與下列何種廢液混合？　(1) 鹽酸 (3)
(2) 磷酸　(3) 硫化物　(4) 水。

( ) 39. 下列何者屬地下水超抽情形？ (1)

(1) 地下水抽水量「超越」天然補注量

(2) 天然補注量「超越」地下水抽水量

(3) 地下水抽水量「低於」降雨量

(4) 地下水抽水量「低於」天然補注量。

( ) 40. 下列何種危害性化學品一般不會使用如右圖式？ (4)

(1) 急毒性物質：吞食

(2) 急毒性物質：皮膚

(3) 急毒性物質：吸入

(4) 致癌物質。

( ) 41. 請問以下那一種智慧財產權，不需向主管或專責機關提出申請即可享有？　(1) 著作權　(2) 專利權　(3) 商標權　(4) 電路布局權。 (1)

( ) 42. 依高壓氣體勞工安全規則規定，甲類製造事業單位之固定式製造設備其導管厚度應具備以常用壓力多少倍以上壓力加壓時不致引起導管之降伏變形？　(1)1.5　(2)2　(3)2.5　(4)3。 (2)

( ) 43. 下列何項不是照明節能改善需優先考量之因素？ (2)

(1) 照明方式是否適當

(2) 燈具之外型是否美觀

(3) 照明之品質是否適當

(4) 照度是否適當。

( ) 44. 對於『短時間暴露容許濃度 (short-term exposure limit,STEL)』的定義與精神中，下列答案何者為非？ (3)

(1)15 分鐘內連續暴露之最高暴露值

(2) 在符合 STEL 下，工作人員仍不會有不能忍受之刺激

(3) 在符合 STEL 下，工作人員仍不會有急性或可逆性的細胞組織病變

(4) 在符合 STEL 下，工作人員仍不會有嚴重頭暈以至於降低工作效率或增高發生意外事故的可能性。

( ) 45. 勞動檢查機構於受理勞工申訴後,應儘速就其申訴內容派勞動檢查員 | (2)
實施檢查,並應於幾日內將檢查結果通知申訴?
(1)20 (2)14 (3)60 (4)30。

( ) 46. 就採樣介質捕集能力而言,下列何者較不需考慮? | (4)
(1) 濕度 (2) 採樣流率 (3) 氣溫 (4) 分析儀器之靈敏度。

( ) 47. 依環境基本法第 3 條規定,基於國家長期利益,經濟、科技及社會發 | (4)
展均應兼顧環境保護。但如果經濟、科技及社會發展對環境有嚴重不
良影響或有危害時,應以何者優先?
(1) 經濟 (2) 科技 (3) 社會 (4) 環境。

( ) 48. 職業安全衛生管理辦法所稱之自動檢查,其屬性為下列何者? | (1)
(1) 強制性 (2) 自發性 (3) 志願性 (4) 投機性。

( ) 49. 下列何者較不為應受安全觀察的作業? | (2)
(1) 新設備之操作
(2) 新進員工之教育訓練
(3) 承攬商於廠區內之電氣維修
(4) 機台年度維修。

( ) 50. 依化學品全球分類及標示調和制度 (GHS) 之定義,發火性液體 | (2)
(pyrophoric liquid) 指少量也能在與空氣接觸後幾分鐘之內引燃的液
體? (1)1 (2)5 (3)10 (4)12。

( ) 51. 逛夜市時常有攤位在販賣滅蟑藥,下列何者正確? | (2)
(1) 滅蟑藥是藥,中央主管機關為衛生福利部
(2) 滅蟑藥是環境衛生用藥,中央主管機關是環境保護署
(3) 只要批貨,人人皆可販賣滅蟑藥,不須領得許可執照
(4) 滅蟑藥之包裝上不用標示有效期限。

( ) 52. 依職業安全衛生法施行細則規定,下列何者不屬於具有危險性之機 | (1)
械? (1) 鍋爐 (2) 固定式起重機 (3) 營建用升降機 (4) 吊籠。

( ) 53. 有關高風險或高負荷、夜間工作之安排或防護措施,下列何者不恰 | (1)
當?
(1) 若受威脅或加害時,在加害人離開前觸動警報系統,激怒加害人,
使對方抓狂
(2) 參照醫師之適性配工建議
(3) 考量人力或性別之適任性
(4) 獨自作業,宜考量潛在危害,如性暴力。

( ) 54. 依勞工健康保護規則規定,勞工一般或特殊體格檢查、健康檢查均應 | (2)
實施下列何項目?
(1) 肺功能檢查 (2) 作業經歷調查 (3) 心電圖檢查 (4) 肝功能檢查。

( ) 55. 依癌症防治法規定，對於符合癌症篩檢條件之勞工，於事業單位實施　(1)
勞工健康檢查時，得經勞工同意，一併進行下列何種癌症篩檢？
(1) 大腸癌　(2) 睪丸癌　(3) 男性乳癌　(4) 肝癌。

( ) 56. 下列何者不屬於對作業場所實施暴露評估的方式？　(1)
(1) 勞動者健康檢查　(2) 作業環境採樣分析
(3) 直讀式儀器監測　(4) 定量暴露推估模式。

( ) 57. 下列有關安全觀察的敘述何者錯誤？　(3)
(1) 安全觀察人員應熟悉安全作業標準
(2) 安全觀察人員應熟悉安全衛生工作守則
(3) 安全觀察可以取代工作安全分析
(4) 安全觀察人員對危險的敏感性要高。

( ) 58. 對於『飛沫傳染』之敘述，下列答案何者為非？　(2)
(1) 飛沫是指接觸到上呼吸道具傳染性的分泌物
(2) 結核桿菌、葡萄球菌及鏈球菌由飛沫傳染為唯一途徑
(3) 當宿主吸入這些飛沫，其粘膜接觸到這些粒子時，才會引起感染
(4) 呼吸道飛沫傳染必須兩人在三呎內，在飛沫還未降落之前接觸才
會被傳染。

( ) 59. 職業安全衛生法所稱有母性健康危害之虞之工作，係指對於具生育能　(1)
力之女性勞工從事工作，可能會導致的一些影響。下列何者除外？
(1) 經期紊亂
(2) 哺乳期期間之幼兒健康
(3) 妊娠期間之母體健康
(4) 胚胎發育。

( ) 60. 當發現工作同仁之施工方法及作業環境有潛在危險時，正確作法是　(3)
(1) 睜一隻眼，閉一隻眼，當作與自己無關
(2) 因尚未造成傷害，故可以不必加以理會
(3) 立即主動加以提醒及勸阻
(4) 礙於同事情誼，不便加以糾正。

複選題　答

( ) 61. 下列那些物質吸入後會造成肺部損傷？　(1234)
(1) 石綿　(2) 甲醛　(3) 臭氧　(4) 氯氣。

( ) 62. 依危險性工作場所審查及檢查辦法規定，甲、乙、丙類工作場所在製　(134)
程安全評估報告中，初步危害分析可採用之評估方法為下列那幾種？
(1) 危害及可操作性分析　(2) 相對危害順序排列
(3) 故障樹分析　　　　　(4) 檢核表。

( ) 63. 依職業安全衛生法規定，雇主為預防勞工於執行職務，因他人行為致遭受身體或精神上不法侵害，應採取之暴力預防措施，與下列何者有關？ (1234)

(1) 依工作適性適當調整人力

(2) 辨識及評估高風險群

(3) 建構行為規範

(4) 建立事件之處理程序。

( ) 64. 進行油漆塗裝時，因有機溶劑揮發，可以佩戴以下那幾種呼吸防護具？ (1) 全面罩 + 活性碳濾罐 (14)

(2) 拋棄式半面口罩 N95

(3) 動力濾淨式呼吸防護具 +P100 濾材

(4) 自攜式呼吸防護具。

( ) 65. 雇主使勞工從事潛水作業前，下列措施何者正確？ (234)

(1) 指定岸上人員擔任潛水作業現場主管，負責指揮及危害告知

(2) 確認潛水作業性資、預估時間等

(3) 確認潛水人員與現場主管間連繫方法

(4) 確認勞工填寫工作手冊中有關急救等相關事宜。

( ) 66. 勞工作業場所容許暴露標準所稱容許濃度為何？ (234)

(1) 生物暴露指標　(2) 八小時日時量平均容許濃度

(3) 短時間時量平均容許濃度　(4) 最高容許濃度。

( ) 67. 下列何者是閉氣潛水中較可能面臨到的問題？ (234)

(1) 體內氣泡形成　(2) 低血氧

(3) 二氧化碳滯積　(4) 腔室及肺部受擠壓。

( ) 68. 有關硫化氫之採樣分析敘述，下列何者正確？ (24)

(1) 使用高流量採樣泵採樣

(2) 以分光光譜儀分析

(3) 採集介質為醋酸吸收液

(4) 使用內盛吸收液之衝擊瓶採樣。

( ) 69. 下列那些作業屬重體力勞動作業勞工保護措施標準規定之重體力勞動作業？ (14)

作業？

(1) 以動力手工具從事鑽岩作業

(2) 以 2 公斤之鎚從事敲擊作業

(3) 人力搬運重量在 30 公斤物體之作業

(4) 站立以金屬棒從事熔融金屬熔液之攪拌作業。

(　) 70. 對於動力濾淨式呼吸防護具之敘述，下列那些正確？ (14)

(1) 無呼吸阻力問題，佩戴者的舒適度較佳

(2) 可結合頭盔或氣罩等型式的負壓型寬鬆面體，增加佩戴者作業安全性與作業相容性

(3) 不會有密合不良而可能造成污染物洩漏問題

(4) 使用全面體與寬鬆面體時，有較大量的空氣流經頭部，在高溫作業下具冷卻效果。

(　) 71. 下列何者為有機溶劑中毒預防規則所列管之第二種有機溶劑？ (124)

(1) 丙酮　(2) 異丙醇　(3) 三氯乙烯　(4) 氯苯。

(　) 72. 以下何者為特定化學物質危害預防標準所稱之特定管理物質？ (234)

(1) 青石綿　　　　(2) 二氯聯苯胺及其鹽類

(3) 鈹及其化合物　(4) 三氯甲苯。

(　) 73. 下列何者為職業安全衛生的危害因子？ (1234)

(1) 社會心理壓力危害　(2) 人因工程危害

(3) 化學性危害　　　　(4) 生物性危害。

(　) 74. 依特定化學物質危害預防標準規定，雇主使勞工從事製造鈹等以外之乙類特定化學物質時，應辦理下列何者事項？ (23)

(1) 製造場所之地板及牆壁應以浸透性材料構築

(2) 製造設備應為密閉設備

(3) 為預防異常反應引起原料、材料或反應物質之溢出，應在冷凝器內充分注入冷卻水

(4) 應由作業人員於現場實際操作。

(　) 75. 事業單位鼓勵員工參與職業安全衛生管理系統之作法，不包含下列何者？ (123)

(1) 障礙、阻礙、不回應員工的看法或建議

(2) 報復行為或威脅

(3) 懲罰員工參與的條款或慣例

(4) 提供員工可以適時獲取有關於職安衛管理系統明確、易懂和相關的資訊。

(　) 76. 工廠緊急應變計畫應包含下列何者？ (234)

(1) 通訊與三軍聯防支援

(2) 疏散時機與應變指揮系統架構

(3) 中央監控系統

(4) 應變裝備器材與擺放區域。

( ) 77. 風險評估所辨識作業條件包含下列何者？　(1234)
(1) 機械、設備、器具　(2) 人員資格
(3) 能源、化學物質　　(4) 作業暴露週期。

( ) 78. 下列有關工作場所安全衛生之那些敘述正確？　(124)
(1) 對於勞工從事其身體或衣著有被污染之虞之特殊作業時，應置備該勞工洗眼、洗澡、漱口、更衣、洗濯等設備
(2) 事業單位應備置足夠急救藥品及器材
(3) 事業單位應備置足夠的零食自動販賣機
(4) 勞工應定期接受健康檢查。

( ) 79. 有關鉛作業休息室之敘述，下列何者符合鉛中毒預防規則之規定？　(124)
(1) 出入口設置充分濕潤墊蓆
(2) 入口處設置清潔衣服用毛刷
(3) 設置於鉛作業場所內
(4) 進入休息室前附著於工作衣上之鉛塵應適當清除。

( ) 80. 依職業安全衛生設施規則規定，有關工作場所採光照明之設置何者正確？　(134)
(1) 各工作場所之窗面面積比率不得小於室內地面面積十分之一
(2) 採光以人工照明為原則
(3) 玻璃磨光作業局部人工照明應補足在 500~1,000 米燭光以上
(4) 菸葉分級作業局部人工照明應補足在 1,000 米燭光以上。

第 86 次

職業衛生管理甲級

技術士技能檢定學科試題 (108.03.17)

單選題　　　　　　　　　　　　　　　　　　　　　　　　　　　　　　　答

(　) 1. 有關作業環境監測計畫，下列敘述何者不正確？　　　　　　　　　　(2)
(1) 計劃書應使監測評估小組成員共同簽名
(2) 受委託之執業工礦衛生技師可以擔任監測機構
(3) 紀錄保存三年
(4) 計劃書須作成紀錄，留存備查。

(　) 2. 依職業安全衛生設施規則規定，下列有關噪音暴露標準規定之敘述　(1)
何者錯誤？
(1) 測定 8 小時日時量平均音壓級時應將 75 分貝以上噪音納入計算
(2) 工作日任何時間不得暴露於峰值超過 140 分貝之衝擊性噪音
(3) 勞工 8 小時日時量平均音壓級暴露不得超過 90 分貝
(4) 工作日任何時間不得暴露於超過 115 分貝之連續性噪音。

(　) 3. 依職業安全衛生管理辦法規定，有關事業單位設置之職業安全衛生　(2)
委員會，下列敘述何者錯誤？
(1) 勞工代表應佔委員人數 1/3 以上
(2) 委員任期 3 年，連選得連任
(3) 委員 7 人以上
(4) 雇主為主任委員。

(　) 4. 大專院校辦理特殊作業勞工安全衛生教育訓練，應於 15 日前檢附　(3)
相關資料報請何單位備查？
(1) 勞動部勞動力發展署
(2) 教育部
(3) 當地主管機關
(4) 勞動部。

(　) 5. 下列何項較不屬職業安全衛生管理計畫的基本方針？　　　　　　　(4)
(1) 促使安全衛生活動現場化
(2) 全員參加零災害運動
(3) 消除職業災害，促進勞工健康
(4) 訂定高度 10 公尺之高架作業程序。

( )　6.　大樓電梯為了節能及生活便利需求，可設定部分控制功能，下列何者是錯誤或不正確的做法？　(3)
(1) 電梯設定隔樓層停靠，減少頻繁啟動
(2) 電梯馬達加裝變頻控制
(3) 縮短每次開門 / 關門的時間
(4) 加感應開關，無人時自動關燈與通風扇。

( )　7.　事業單位勞動場所發生死亡職業災害時，雇主應於多少小時內通報勞動檢查機構　(1)8　(2)24　(3)48　(4)12。　(1)

( )　8.　腕道症候群是屬於下列何種疾病？　(2)
(1) 周邊神經系統　(2) 中樞神經系統
(3) 心臟循環系統　(4) 聽力損失。

( )　9.　水中生化需氧量 (BOD)，其所代表意義為　(1)
(1) 有機污染物多　(2) 分解污染物時不需消耗太多氧氣
(3) 水為硬水　　　(4) 水質偏酸。

( )　10.　廢液中如含有氰化鉀或氰化鈉，則不能與下列那物質之廢液相混合？　(1) 氨水　(2) 石灰水　(3) 鹽酸　(4) 硫化鈉。　(3)

( )　11.　公務機關首長要求人事單位聘僱自己的弟弟擔任工友，違反何種法令？　(3)
(1) 侵占罪　(2) 公務人員利益衝突迴避法
(3) 詐欺罪　(4) 未違反法令。

( )　12.　對於雇主供應勞工飲用水之敘述，下列何者有誤？　(3)
(1) 盛水容器須予加蓋　(2) 水源非自來水者應定期檢驗合格
(3) 得設置共用之杯具　(4) 飲用水之水質應符合衛生標準。

( )　13.　A 受僱於公司擔任會計，因自己的財務陷入危機，多次將公司帳款轉入妻兒戶頭，是觸犯了刑法上之何種罪刑？　(2)
(1) 侵占罪　　　　(2) 工商秘密罪
(3) 侵害著作權罪　(4) 違反公平交易法。

( )　14.　工作安全分析表的內容一般不包括下列何者？　(1)
(1) 作業人員　(2) 作業名稱　(3) 作業地點　(4) 防護具。

( )　15.　依特定化學物質危害預防標準規定，從事下列何種作業時，雇主應指定現場主管擔任特定化學物質作業主管？　(2)
(1) 正己烷　(2) 硫化氫　(3) 汽油　(4) 丙酮。

( )　16.　依職業安全衛生管理辦法規定，特定化學設備或附屬設備應多久定期實施自動檢查？　(4)
(1) 每 6 個月　(2) 每 3 年　(3) 每 1 年　(4) 每 2 年。

(　) 17. 吸菸者致肺癌危險性是一般人 10 倍，石綿暴露者致肺癌之危險性是一般人 5 倍，則吸菸的石綿工人其肺癌的危險性約一般人的幾倍？ (1)12 (2)50 (3)20 (4)15。 (2)

(　) 18. 下列對於生物危害之人員管理敘述，那一項有誤？ (2)

(1) 注意個人健康管理 (例如施打疫苗)

(2) 操作生物安全第三、四級者，應遵守標準微生物操作守則，其餘生物安全等級則排除

(3) 使用個人防護設備 (最後一道預防管道)

(4) 加強個人衛生 (例如洗手)。

(　) 19. 電氣設備維修時，在關掉電源後，最好停留 1 至 5 分鐘才開始檢修，其主要的理由是 (1)

(1) 讓裡面的電容器有時間放電完畢，才安全

(2) 先平靜心情，做好準備才動手

(3) 讓機器設備降溫下來再查修

(4) 法規沒有規定，這完全沒有必要。

(　) 20. 有關有效的安全衛生協調與溝通之敘述，下列何項較不恰當？ (2)

(1) 對象應包含員工、承攬人員、外界相關單位

(2) 應常使用誇大性之專業術語

(3) 應保持雙向溝通管道

(4) 有可確保溝通管道暢通之機制。

(　) 21. 通常在音源四周最大邊的幾倍距離以上才會形成遠音場？ (1)

(1)4 (2)1 (3)3 (4)2。

(　) 22. 對於墜落危險之預防設施，下列敘述何者較為妥適？ (2)

(1) 在外牆施工架等高處作業應儘量使用繫腰式安全帶

(2) 高度 2m 以上之開口應設護欄或安全網

(3) 安全帶應確實配掛在低於足下之堅固點

(4) 高度 2m 以上之邊緣之開口部分處應圍起警示帶。

(　) 23. 依缺氧症預防規則規定，缺氧係指空氣中氧氣含量未滿百分之多少？ (1)16 (2)20 (3)18 (4)21。 (3)

(　) 24. 關於包圍式氣罩之敘述，下列那一項不正確？ (1)

(1) 將汙染源密閉防止氣流干擾污染源擴散，觀察口及檢修點越大越好

(2) 氣罩吸氣氣流不宜鄰近物料集中地點或飛濺區內

(3) 氣罩內應保持一定均勻之負壓，以避免污染物外洩

(4) 對於毒性大或放射物質應將排氣機設於室外。

( ) 25. 依勞動檢查法規定，經勞動檢查機構以書面通知之檢查結果，事業單位應於該違規場所顯明易見處公告幾日以上？ (1)7 (2)30 (3)15 (4)10。 | (1)

( ) 26. 勞工從事氯乙烯單體作業，其特殊健康檢查結果，部分或全部項目異常，經醫師綜合判定為異常，且可能與職業原因有關者為第幾級管理？ (1)4 (2)3 (3)1 (4)2。 | (2)

( ) 27. 有關觸電的處理方式，下列敘述何者錯誤？
(1) 通知救護人員
(2) 使用絕緣的裝備來移除電源
(3) 把電源開關關閉
(4) 應立刻將觸電者拉離現場。 | (1)

( ) 28. 下列何種危害性化學品一般會使用如右圖式？
(1) 氧化性液體
(2) 易燃氣膠
(3) 易燃液體
(4) 金屬腐蝕物。 | (1)

( ) 29. 長期與振動過大之機械／設備／工具接觸，可能較會危及人體之何器官或系統？
(1) 脊椎骨及末梢神經系統 (2) 大腿 (3) 眼睛 (4) 肺部。 | (1)

( ) 30. 使勞工從事製造下列何種特定化學物質時，應報請勞動檢查機構許可？ (1) 丙 (2) 甲 (3) 丁 (4) 乙。 | (4)

( ) 31. 下列何項非為化學性危害嚴重程度的主要影響因子？
(1) 毒性物質本身的毒性 (2) 接觸方式
(3) 毒性物質的濃度 (4) 暴露者輪班之班別。 | (4)

( ) 32. 關於導管之敘述，下列那一項不正確？
(1) 截面積較小時雖其壓損較低，但流速會因而減低，易導致大粒徑之粉塵沈降於導管內
(2) 可包括自排氣機至排氣口之搬運管路(排氣導管)
(3) 設置導管時應同時考慮排氣量及污染物流經導管時所產生之壓力損失
(4) 包括污染空氣自氣罩、空氣清淨裝置至排氣機之運輸管路(吸氣管路)。 | (1)

( ) 33. 依異常氣壓危害預防標準規定，使用水面供氣之潛水作業，其緊急備用儲氣槽內空氣壓力，應經常維持在最深潛水深度時壓力之幾倍以上？ (1)2 (2)3 (3)1.5 (4)5。 | (3)

( )　34. 非以濕式作業方法從事鉛、鉛混存物等之研磨、混合或篩選之室內作業場所設置之局部排氣裝置，其氣罩應採用下列何種型式效果最佳？　(1) 吹吸型　(2) 崗亭型　(3) 包圍型　(4) 外裝型。　　(3)

( )　35. 下列那些項目對於管道內壓力之敘述有誤？　　(1)

(1) 靜壓：方向是四面八方均勻分佈，若是正壓則管道會有凹陷的趨勢，若是負壓則會有管道膨脹的趨勢

(2) 靜壓和動壓之總和為定值 (大氣密度過小而忽略)，是根據伯努利定律所推導而得

(3) 全壓有可能為正值，也有可能為負值

(4) 動壓：由於空氣移動所造成，僅受氣流方向影響且一定為正值。

( )　36. 下列何種患者不宜從事高溫作業　　(2)

(1) 重聽　(2) 心臟病　(3) 遠視　(4) 近視。

( )　37. 磁場暴露的相關因素，不包含以下那一項？　　(3)

(1) 暴露時間　(2) 磁場強度　(3) 減光補償率　(4) 頻率。

( )　38. 某公司廠房長 20 公尺，寬 10 公尺，高 6 公尺，每日每小時平均使用第三種有機溶劑石油醚 30 公克，依有機溶劑中毒預防規則規定，其每小時需提供多少立方公尺之換氣量？　　(1)

(1)18　(2)72　(3)9　(4)0.3。

( )　39. 從事專業性工作，在服務顧客時應有的態度是　　(4)

(1) 不必顧及雇主和顧客的立場

(2) 為了降低成本，可以降低安全標準

(3) 選擇工時較長、獲利較多的方法服務客戶

(4) 選擇最安全、經濟及有效的方法完成工作。

( )　40. 設乾球溫度為 30.0℃，濕球溫度為 27.0℃ 及風速為 1.0m/s，上述條件與下述的那個條件下之皮膚熱感覺相同？　　(1)

(1) 乾、濕球溫度均為 27.0℃，風速為 0.0m/s

(2) 乾、濕球溫度均為 27.0℃，風速為 1.0m/s

(3) 乾、濕球溫度均為 30.0℃，風速為 1.0m/s

(4) 乾球溫度為 30.0℃、濕球溫度為 28.0℃，風速為 0.0m/s。

( )　41. 有關職業傷害雙目失明損失日數之計算，下列何者正確？　　(1)

(1) 以 6,000 日計　(2) 機能佔全身比率計

(3) 按受傷經歷之總口數計　(4) 以 1,800 日計依。

( )　42. 再生能源一般是指可永續利用之能源，主要包括哪些：A. 化石燃料 B. 風力 C. 太陽能 D. 水力？　　(1)

(1)BCD　(2)ABD　(3)ACD　(4)ABCD。

(　) 43. 依職業安全衛生設施規則規定，雇主為預防勞工於執行職務，因他人行為致遭受身體或精神上不法侵害應採取預防措施，作成執行紀錄並留存多少年？　(1)5　(2)1　(3)3　(4)20。　(3)

(　) 44. 下列何者是酸雨對環境的影響？　(1)
(1) 增加森林生長速度　(2) 土壤肥沃
(3) 增加水生動物種類　(4) 湖泊水質酸化。

(　) 45. 整體換氣設置原則不包括下列那一項？　(4)
(1) 局部較具毒性或高污染性作業場所時，最好與其他作業環境隔離，或併用局部排氣裝置
(2) 作業環境空氣中有害物濃度較高，必須使用整體換氣以符合經濟效益
(3) 整體換氣通常用於低危害性物質，且用量少之環境
(4) 有害物發生源遠離勞工呼吸區，且有害物濃度及排放量需較低，使勞工不致暴露在有害物之八小時日時量平均容許濃度值之上。

(　) 46. 施行心肺復甦術，應先檢查何處之脈搏？　(3)
(1) 撓動脈　(2) 肺動脈　(3) 頸動脈　(4) 肱動脈。

(　) 47. 全球暖化潛勢 (Global Warming Potential, GWP) 是衡量溫室氣體對全球暖化的影響，下列何者表現較差？　(4)
(1)200　(2)300　(3)500　(4)400。

(　) 48. 下列何者屬不安全的環境？　(4)
(1) 勞工不依標準作業程序作業
(2) 電氣修理人員未具電氣技術人員資格
(3) 使用不當的工具作業
(4) 有缺氧、火災爆炸之虞之槽體內。

(　) 49. 某族群身高第 5 百分位數為 158 公分，該族群有百分之多少的人身高矮於 158 公分？　(1)5　(2)1　(3)95　(4)50。　(1)

(　) 50. 關於照明率 (Utilization Factor) 之敘述，下列那一項有誤？　(4)
(1) 與燈具形式、透光率、配光等因素有關
(2) 可稱為利用係數
(3) 到達工作面的流明數與燈具所發出的流明數之比值
(4) 不包含室指數及各表面反射率之變異。

(　) 51. 不當抬舉導致肌肉骨骼傷害，或工作臺/椅高度不適導致肌肉疲勞之現象，可稱之為下列何者？　(1)
(1) 不當動作　(2) 感電事件　(3) 被撞事件　(4) 不安全環境。

( )　52. 事業招人承攬時，其承攬人就承攬部分負雇主之責任，原事業單位　(2)
就職業災害補償部分之責任為何？
(1) 視職業災害原因判定是否補償
(2) 仍應與承攬人負連帶責任
(3) 依工程性質決定責任
(4) 依承攬契約決定責任。

( )　53. 依職業安全衛生設施規則規定，作業場所面積過大等致需人工照明　(4)
時，下列對照明規定之敘述何者錯誤？
(1) 印刷品校對應在 1,000 米燭光以上
(2) 一般辦公場所應在 300 米燭光以上
(3) 室外走道應在 20 米燭光以上
(4) 廁所、更衣室應在 50 米燭光以上。

( )　54. 遮音材料使用下列何種接著或塗布，可以改善符合效應 (coincidence　(1)
effect)？　(1) 阻尼材料　(2) 厚紙板　(3) 泡綿　(4) 纖維布。

( )　55. 下列關於營業秘密的敘述，何者不正確？　(1)
(1) 受雇人於非職務上研究或開發之營業秘密，仍歸雇用人所有
(2) 營業秘密所有人得授權他人使用營業秘密
(3) 營業秘密人不得為質權及強制執行之標的
(4) 營業秘密得全部或部分讓與他人或與他人共有。

( )　56. 從事高溫作業勞工作息時間標準所稱高溫作業之勞工，依勞工健康　(3)
保護規則之規定，下列何者非屬應實施特殊健康檢查項目之一？
(1) 作業經歷之調查　　(2) 肺功能檢查
(3) 胸部 X 光攝影檢查　(4) 心電圖檢查。

( )　57. 下列何者較不為應受安全觀察的作業？　(3)
(1) 承攬商於廠區內之電氣維修　(2) 新設備之操作
(3) 新進員工之教育訓練　　　(4) 機台年度維修。

( )　58. 依粉塵危害預防標準規定，對於粉塵作業場所應多久時間內確認實　(1)
施通風設備運轉狀況、勞工作業情形、空氣流通效果及粉塵狀況
等，並採取必要措施？　(1) 隨時　(2) 每年　(3) 每週　(4) 每月。

( )　59. 作業環境照明的設計要點，不包含以下那一項？　(4)
(1) 減少眩光　　　　(2) 適當的照度
(3) 均勻的輝度分布　(4) 應使用至光源的斷線壽命。

( )　60. 可藉由下列何者改善河川水質且兼具提供動植物良好棲地環境？　(1)
(1) 人工溼地　(2) 運動公園　(3) 滯洪池　(4) 水庫。

複選題　　　　　　　　　　　　　　　　　　　　　　　　　　　　　　　　　　答

(　) 61. 依職業安全衛生管理辦法規定，下列那些實施之機械之定期檢查項　(34)
　　　　　目正確？
　　　　　(1) 一般車輛，應每 6 個月就車輛各項安全性能定期實施檢查 1 次
　　　　　(2) 移動式起重機過捲預防裝置、警報裝置等應每年定期實施檢查 1
　　　　　　　次
　　　　　(3) 對堆高機應每年就該機械之整體定期實施檢查 1 次
　　　　　(4) 升降機，應每年就該機械之整體定期實施檢查 1 次。

(　) 62. 工廠緊急應變計畫應包含下列何者？　　　　　　　　　　　　　　(234)
　　　　　(1) 通訊與三軍聯防支援
　　　　　(2) 應變裝備器材與擺放區域
　　　　　(3) 疏散時機與應變指揮系統架構
　　　　　(4) 中央監控系統。

(　) 63. 進行油漆塗裝時，因有機溶劑揮發，可以佩戴以下那幾種呼吸防護　(23)
　　　　　具？
　　　　　(1) 拋棄式半面口罩 N95
　　　　　(2) 全面罩 + 活性碳濾罐
　　　　　(3) 自攜式呼吸防護具
　　　　　(4) 動力濾淨式呼吸防護具 +P100 濾材。

(　) 64. 事業單位鼓勵員工參與職業安全衛生管理系統之作法，不包含下列　(123)
　　　　　何者？
　　　　　(1) 懲罰員工參與的條款或慣例
　　　　　(2) 障礙、阻礙、不回應員工的看法或建議
　　　　　(3) 報復行為或威脅
　　　　　(4) 提供員工可以適時獲取有關於職安衛管理系統明確、易懂和相
　　　　　　　關的資訊。

(　) 65. 下列有關工作場所安全衛生之那些敘述正確？　　　　　　　　　　(234)
　　　　　(1) 事業單位應備置足夠的零食自動販賣機
　　　　　(2) 勞工應定期接受健康檢查
　　　　　(3) 事業單位應備置足夠急救藥品及器材
　　　　　(4) 對於勞工從事其身體或衣著有被污染之虞之特殊作業時，應置
　　　　　　　備該勞工洗眼、洗澡、漱口、更衣、洗濯等設備。

(　) 66. 依職業安全衛生法規定，雇主不得使妊娠中之女性勞工從事那些危 (234)
險性或有害性工作？
(1) 超過 220 伏特電力線之銜接
(2) 鉛及其化合物散布場所之工作
(3) 起重機、人字臂起重桿之運轉工作
(4) 一定重量以上之重物處理工作。

(　) 67. 下列敘述何者正確？ (134)
(1) 死亡年千人率＝年間死亡勞工人數 ×1,000/ 平均勞工人數
(2) 失能傷害平均損失日數＝失能傷害頻率 / 失能傷害嚴重率
(3) 失能嚴重率＝ (總損失日數 × 百萬工時)/ 總經歷工時
(4) 失能傷害頻率＝ (失能傷害人次數 × 百萬工時)/ 總經歷工時。

(　) 68. 熱危害改善工程對策中，下列何者是控制輻射熱 (R) 之有效對策？ (134)
(1) 設置熱屏障　(2) 增加風速　(3) 設置反射簾幕　(4) 設置隔熱牆。

(　) 69. 下列何種氣體不可使用有機氣體用防毒面罩之吸收罐？ (234)
(1) 氟化氫　(2) 一氧化碳　(3) 四氯化碳　(4) 一氧化氮。

(　) 70. 依職業安全衛生法規定，雇主對於具有危害性之化學品，應依那些 (234)
條件，評估風險等級，並採取分級管理措施？
(1) 閃火點　(2) 散布狀況　(3) 使用量　(4) 健康危害。

(　) 71. 下列何者屬於高階主管對於職業安全衛生管理系統的領導和承諾？ (123)
(1) 引導組織內部支持職安衛管理系統的文化
(2) 確保職安衛管理已整合納入事業單位的經營
(3) 提供落實職安衛管理系統所需要的資源
(4) 擔負保護員工眷屬健康安全整體的責任。

(　) 72. 以活性碳管作為採樣介質之採樣過程中，下列何者可能是造成採樣 (134)
泵停頓的原因？
(1) 採樣泵出氣端阻塞
(2) 採集過量
(3) 活性碳管阻塞
(4) 連接管受壓迫。

(　) 73. 氧利用率相關的敘述，下列何者正確？ (124)
(1) 氧債大者適合於短跑
(2) 訓練對最大氧債無一定的效果
(3) 長跑選手不會因耐力訓練而進步
(4) 氧攝取量大者適合耐力競賽。

( ) 74. 依職業安全衛生設施規則規定，有關工作場所通風換氣之設置何者
正確？ (34)
(1) 儲槽內部作業可採取自然通風策略
(2) 勞工經常作業室內作業場所，每一勞工原則上應有 10 立方公尺
之空間
(3) 勞工經常作業之室內作業場所，其窗戶及其他開口部分等可直
接與大氣相通之開口部分面積，應為地板面積之 1/20 以上
(4) 雇主對於室內作業場所之氣溫在攝氏 10 度以下換氣時，不得使
勞工暴露於每秒 1 公尺以上之氣流中。

( ) 75. 依職業安全衛生法規定，雇主對於那些特殊危害之作業，應規定減
少勞工工作時間，並在工作時間中予以適當之休息？ (124)
(1) 重體力勞動作業　(2) 精密作業　(3) 鉛作業　(4) 高架作業。

( ) 76. 因為工作設計不良所造成的重複性傷害，下列敘述何者正確？ (34)
(1) 高溫及低溫環境沒有任何影響力
(2) 會造成消化系統的不適
(3) 常由輕微傷害慢慢累積而形成
(4) 主要影響因素為姿勢、施力、作業頻率、休息時間。

( ) 77. 勞工作業場所容許暴露標準所稱容許濃度為何？ (134)
(1)8 小時日時量平均容許濃度
(2) 生物暴露指標
(3) 短時間時量平均容許濃度
(4) 最高容許濃度。

( ) 78. 下列那些作業屬高溫作業勞工作息時間標準規定之作業？ (124)
(1) 灼熱鋼鐵或其他金屬塊壓軋及鍛造之作業
(2) 於蒸汽火車、輪船機房從事之作業
(3) 烈陽下營造工程作業
(4) 鑄造間處理熔融鋼鐵或其他金屬之作業。

( ) 79. 下列何者為勞工健康保護規則特殊健康檢查之作業？ (123)
(1) 異常氣壓作業　(2) 從事鎳及其化合物之製造、處置或使用作業
(3) 高溫作業　　　(4) 磷化物之製造、處置或使用作業。

( ) 80. 職業安全衛生管理系統相關資訊的溝通對象，包括下列何者？ (1234)
(1) 公司內清潔人員
(2) 到工作場所的承攬人和訪客
(3) 事業單位內部不同的階層和功能單位
(4) 事業單位大門警衛。

第 87 次
職業衛生管理甲級
技術士技能檢定學科試題 (108.07.14)

單選題　　　　　　　　　　　　　　　　　　　　　　　　　　　　　答

( ) 1. 實施成人體外心臟按摩術，以下敘述何者錯誤？　　　　　　　　　(1)
(1) 按壓深度 1.5 至 2 公分
(2) 手掌根置於劍突上方二指幅處
(3) 二手手指交叉相扣
(4) 按壓時手肘要打直。

( ) 2. 下列對於採光與照明之敘述，那一項有誤？　　　　　　　　　　　(4)
(1) 若兩光源的光度相同，則其發光面積大者輝度小
(2) 眩光是視野內任何具有引起不適、討厭、疲倦或干擾視覺的輝度
(3) 常用於工廠的精密作業或光學實驗光源，且具有透過濃霧的能力，
　　而用於街道、高速公路者為鈉氣燈
(4) 求照度之均勻，在燈具下方之最大照度與兩燈具間之最低照度的
　　比以 10：1 最為理想。

( ) 3. 下列何者不是造成臺灣水資源減少的主要因素？　　　　　　　　　(4)
(1) 超抽地下水　(2) 濫用水資源　(3) 水庫淤積　(4) 雨水酸化。

( ) 4. 欲降低由玻璃部分侵入之熱負載，下列的改善方法何者錯誤？　　　(1)
(1) 加裝深色窗簾
(2) 裝設百葉窗
(3) 換裝雙層玻璃
(4) 貼隔熱反射膠片。

( ) 5. 依高架作業勞工保護措施標準規定，雇主使勞工從事高度在 4 公尺之　(1)
高架作業時，每連續作業 2 小時，應給予作業勞工多少分鐘休息時
間？　(1)20　(2)25　(3)30　(4)15。

( ) 6. 鎳及其化合物製造、處置或使用作業之勞工，其特殊健康檢查紀錄依　(3)
法應保存多少年？　(1) 永久　(2)20　(3)30　(4)10。

( ) 7. 戶外無日曬下計算高溫作業綜合溫度熱指數時，自然濕球溫度之權數　(1)
為多少％？　(1)70　(2)20　(3)80　(4)10。

( ) 8. 下列對於採光與照明之敘述，那一項有誤？ (4)

(1) 若兩光源的光度相同，則其發光面積大者輝度小

(2) 視線附近有高輝度光源，使眼睛暈眩看不到東西稱失能眩光

(3) 受光面上單位面積所接受的光通量稱為照度

(4) 明視力時人眼最敏感波長為 500 nm（藍綠光）；暗視力時最敏感波長為 550 nm（綠光）。

( ) 9. 下列何種危害性化學品一般不會使用如右圖式？ (1)

(1) 致癌物質

(2) 金屬腐蝕物

(3) 嚴重損傷 / 刺激眼睛物質

(4) 腐蝕 / 刺激皮膚物質。

( ) 10. 傷患意識喪失的程度，以下列何者最嚴重？ (4)

(1) 無聽覺反應　(2) 木僵　(3) 倦睡　(4) 昏迷。

( ) 11. 吸菸者致肺癌危險性是一般人 10 倍，石綿暴露者致肺癌之危險性是一般人 5 倍，則吸菸的石綿工人其肺癌的危險性約一般人的幾倍？ (3)

(1)15　(2)12　(3)50　(4)20。

( ) 12. 針對在我國境內竊取營業秘密後，意圖在外國、中國大陸或港澳地區使用者，營業秘密法是否可以適用？ (1)

(1) 可以適用並加重其刑

(2) 無法適用

(3) 能否適用需視該國家或地區與我國是否簽訂相互保護營業秘密之條約或協定

(4) 可以適用，但若屬未遂犯則不罰。

( ) 13. 下列何者屬職業災害間接原因的不安全動作或行為？ (2)

(1) 未實施職業安全衛生教育訓練　(2) 未遵守安全作業標準

(3) 工作環境未清掃　　　　　　　(4) 未實施自動檢查。

( ) 14. 缺氧環境下，不建議使用以下那種防護具？ (4)

(1) 正壓式全面罩　　　　　　(2) 自攜式呼吸防護具

(3) 供氣式呼吸防護具　　　　(4) 拋棄式半面口罩。

( ) 15. 下列何者較不宜作為事業單位安全衛生工作守則製作時之資料來源？ (1)

(1) 未經修改，完全使用同業建立之安全衛生工作守則

(2) 廠商設備說明書之安全注意事項

(3) 實務累積經驗

(4) 安全衛生相關規範或指引。

(　) 16. 不當抬舉導致肌肉骨骼傷害，或工作臺／椅高度不適導致肌肉疲勞之現象，可稱之為下列何者？ 　(4)

(1) 感電事件　(2) 被撞事件　(3) 不安全環境　(4) 不當動作。

(　) 17. 有關某員工人際關係不良的敘述，下列何項較不正確？ 　(4)

(1) 對組織欠缺歸屬感　(2) 與同僚的關係交惡

(3) 缺乏同僚的支持　　(4) 情緒一直很好。

(　) 18. 促進大型組織上下溝通的良性發展，較不宜採取下列何種組織設計模式？ 　(2)

(1) 利潤中心方式　(2) 增加管理層級方式

(3) 事業部方式　　(4) 組織扁平化方式。

(　) 19. 下列對於生物危害之人員管理敘述，那一項有誤？ 　(3)

(1) 使用個人防護設備（最後一道預防管道）

(2) 加強個人衛生 (例如洗手)

(3) 生物安全第三、四等級實驗室操作人員，應遵守標準微生物操作守則，其餘生物安全等級則排除

(4) 注意個人健康管理（例如施打疫苗）。

(　) 20. 下列何者不屬於勞工作業場所容許暴露標準所稱容許濃度？ 　(3)

(1) 短時間時量平均容許濃度　(2) 最高容許濃度

(3) 半數致死濃度（LC50）　　(4) 八小時日時量平均容許濃度。

(　) 21. 勞工作業場所容許暴露標準中之空氣中有害物容許濃度表，下列那一註記表示該物質經證實或疑似對人類會引發腫瘤？ 　(4)

(1) 高　(2) 癌　(3) 皮　(4) 瘤。

(　) 22. 二氧化碳和其他溫室氣體含量增加是造成全球暖化的主因之一，下列何種飲食方式也能降低碳排放量，對環境保護做出貢獻：A. 少吃肉，多吃蔬菜；B. 玉米產量減少時，購買玉米罐頭食用；C. 選擇當地食材；D. 使用免洗餐具，減少清洗用水與清潔劑？ 　(1)

(1)AC　(2)AD　(3)AB　(4)ACD。

(　) 23. 某一食品製造業，其員工總人數為 350 人，特別危害健康作業勞工人數 50 人，應僱用專任健康服務護理人員至少幾人？ 　(4)

(1)4　(2)3　(3)2　(4)1。

(　) 24. 下列何種場所不屬缺氧症預防規則所稱之缺氧危險場所？ 　(1)

(1) 營建工地地下室氧氣含量 18.3%　(2) 礦坑坑內氧氣含量 17.5%

(3) 下水道內氧氣含量 17.8%　　(4) 加料間氧氣含量 16%。

(　) 25. 與噪音源 (點音源) 之距離每增加 1 倍時，其噪音音壓級衰減多少分貝？　(1)12　(2)6　(3)3　(4)9。 　(2)

( ) 26. 依職業安全衛生設施規則規定,某勞工暴露於 95 分貝噪音,請問該   (1)
勞工容許暴露時間為多少小時? (1)4 (2)3.5 (3)5 (4)3。

( ) 27. 我國中央勞工行政主管機關為下列何者?   (2)
(1) 經濟部 (2) 勞動部 (3) 勞工保險局 (4) 內政部。

( ) 28. 如何降低飲用水中消毒副產物三鹵甲烷?   (4)
(1) 先將水過濾,打開壺蓋使其自然蒸發
(2) 先將水煮沸, 加氯消毒
(3) 先將水過濾,加氯消毒
(4) 先將水煮沸,打開壺蓋再煮三分鐘以上。

( ) 29. 有關高壓氣體類壓力容器處理能力之敘述下列何者錯誤?   (2)
(1)24 小時全速運轉
(2) 可處理液體體積
(3) 可處理氣體體積
(4) 指 0℃、一大氣壓下。

( ) 30. 依勞動檢查法規定,經勞動檢查機構以書面通知之檢查結果,事業單   (4)
位應於該違規場所顯明易見處公告幾日以上?
(1)10 (2)15 (3)30 (4)7。

( ) 31. 下列何者「違反」個人資料保護法?   (3)
(1) 縣市政府提供村里長轄區內符合資格之老人名冊供發放敬老金
(2) 公司基於人事管理之特定目的,張貼榮譽榜揭示績優員工姓名
(3) 學校將應屆畢業生之住家地址提供補習班招生使用
(4) 網路購物公司為辦理退貨,將客戶之住家地址提供予宅配公司。

( ) 32. 對於『非游離輻射』之下列敘述何者有誤?   (1)
(1) 等級 I 為高功率雷射 (連續波:500 mW,脈衝式:10 J/cm^2),具
有潛在性火災危害
(2) 電場很容易被金屬的外殼、鋼筋混凝土的建築物隔絕
(3) 三相輸電的電力線較單相電力線產生的磁場會小得多
(4) 最大容許暴露值 (maximum permissible exposure, MPE),為對於雷
射暴露者的眼睛和或皮膚不會造成任何危害或生物效應和變化的
最大容許雷射光度。

( ) 33. 雇主將相似暴露族群依暴露實態之第九十五百分位值,與該化學品之   (4)
容許暴露標準 (PEL) 比對後,結果發現超過容許暴露標準,試問該場
所應歸屬於第幾級管理? (1)2 (2)4 (3)1 (4)3。

( )　34. 依職業安全衛生法規定，事業單位未設置安全衛生人員經通知限期改善而不如期改善時，可能遭受之處分爲下列何者？　(4)
　　　　(1) 處新台幣三萬元以上六萬元以下罰金
　　　　(2) 處新台幣三萬元以上十五萬元以下罰金
　　　　(3) 處新台幣三萬元以上六萬元以下罰鍰
　　　　(4) 處新台幣三萬元以上十五萬元以下罰鍰。

( )　35. 下列何者非屬針扎所致之傳染性疾病？　(1)
　　　　(1) 退伍軍人病　　(2) 愛滋病　　(3) 梅毒　　(4)B 型肝炎。

( )　36. 雇主使員工參與職業安全衛生教育訓練，此舉屬協調與溝通的那一項特色？　(1) 強制性　(2) 一致性　(3) 專業性　(4) 支持性。　(1)

( )　37. 具有下列何種危害之化學品需進行危害評估及分級管理？　(2)
　　　　(1) 具有感電危害者　　　　(2) 具有健康危害者
　　　　(3) 具有火災爆炸危害者　　(4) 具有環境危害者。

( )　38. 依職業安全衛生管理辦法規定，僱用勞工人數在多少人以上者，雇主應訂定職業安全衛生管理規章？　(1)100　(2)30　(3)300　(4)50。　(1)

( )　39. 對於吹哨者保護規定，下列敘述何者有誤？　(1)
　　　　(1) 爲實施勞動檢查，必要時得告知事業單位有關勞工申訴人身分
　　　　(2) 勞動檢查機構受理勞工申訴必須保密
　　　　(3) 事業單位不得對勞工申訴人終止勞動契約
　　　　(4) 任何情況下，事業單位都不得有不利勞工申訴人之行爲。

( )　40. 爲了節能與降低電費的需求，家電產品的正確選用應該如何？　(3)
　　　　(1) 設備沒有壞，還是堪用，繼續用，不會增加支出
　　　　(2) 選用高功率的產品效率較高
　　　　(3) 優先選用取得節能標章的產品
　　　　(4) 選用能效分級數字較高的產品，效率較高，5 級的比 1 級的電器產品更省電。

( )　41. 依勞工作業環境監測實施辦法規定，雇主應於採樣或測定後多少日內完成監測結果報告，通報至中央主管機關指定之資訊系統？　(3)
　　　　(1)15　(2)30　(3)45　(4)60。

( )　42. 基準音壓 (reference sound pressure) 爲正常年輕人耳朵所能聽到的最微小聲音，其值爲下列何者？　(2)
　　　　(1)10 瓦特　(2)0.00002 pascal　(3)10 瓦特 / 平方公尺　(4)2 pascal。

( )　43. 某紡織業僱用勞工 500 人，每年工作 260 天、每人每天工作 8 小時，當年發生職業災害 2 件造成勞工 3 人殘廢、3 人失能傷害，請問其失能傷害頻率爲多少？　(1)4.58　(2)3.52　(3)6.75　(4)5.77。　(4)

( ) 44. 如果水龍頭流量過大，下列何種處理方式是錯誤的？　　(2)

(1) 直接調整水龍頭到適當水量

(2) 直接換裝沒有省水標章的水龍頭

(3) 加裝節水墊片或起波器

(4) 加裝可自動關閉水龍頭的自動感應器。

( ) 45. 下列何者為響度級 (loudness level) 之單位？　　(3)

(1)Sone　(2)Pa　(3)Phon　(4)dB。

( ) 46. 虛驚事故報告屬於下列何項職業安全衛生管理活動之內容？　　(4)

(1) 安全衛生政策　　(2) 緊急應變

(3) 安全衛生管理責任　(4) 事故調查。

( ) 47. 事業單位工作場所之高壓氣體容器未經檢查合格使用，致發生勞工 3　　(4)
人以上受傷之職業災害時，依職業安全衛生法規定，雇主可能遭受下
列何種處分？

(1) 處 3 年以下有期徒刑　　　(2) 處 2 年以下有期徒刑

(3) 處新台幣 15 萬元以下之罰鍰　(4) 處 1 年以下有期徒刑。

( ) 48. 呼吸防護具中，那一項構造能夠捕集氣狀污染物？　　(1)

(1) 濾毒罐　(2) 排氣閥　(3) 不織布濾材　(4) 面體。

( ) 49. 下列有關省水標章的敘述何者正確？　　(3)

(1) 省水標章是環保署為推動使用節水器材，特別研定以作為消費者
辨識省水產品的一種標誌

(2) 獲得省水標章的產品並無嚴格測試，所以對消費者並無一定的保
障

(3) 省水標章能激勵廠商重視省水產品的研發與製造，進而達到推廣
節水良性循環之目的

(4) 省水標章除有用水設備外，亦可使用於冷氣或冰箱上。

( ) 50. 從事剝除含鉛塗料作業時，下列何者之預防設施效果最差？　　(3)

(1) 濕式作業　(2) 密閉設備　(3) 整體換氣裝置　(4) 局部排氣裝置。

( ) 51. 下列何者是人體中氣體交換最快速之處？　　(1)

(1) 肺泡　(2) 喉　(3) 小支氣管　(4) 氣管。

( ) 52. 依有機溶劑中毒預防規則規定，整體換氣裝置之換氣能力以下列何者　　(3)
表示？

(1)V (m/s)　　　(2) 每分鐘換氣次數

(3)Q (m³/min)　(4) 每小時換氣次數。

( ) 53. 下列何者不是自來水消毒採用的方式？　　(1)

(1) 加入二氧化碳　(2) 加入臭氧　(3) 加入氯氣　(4) 紫外線消毒。

( )　54. 下列何者不屬公務員廉政倫理規範禁止公務員收受之「財物」？　(4)
　　　　(1) 農特產禮盒　　(2) 運動中心免費會員證
　　　　(3) 旅宿業公關票　(4) 公司印製之月曆。

( )　55. 將個別測定值減其算術平均值所得結果之平方加總後，除以測定個數　(1)
　　　　減 1，所得值再開平方，最終所得值稱為下列何者？
　　　　(1) 標準差　(2) 標準誤　(3) 平均值　(4) 變異數。

( )　56. 依勞動基準法規定，雇主延長勞工之工作時間連同正常工作時間，每　(3)
　　　　日不得超過多少小時？　(1)11　(2)15　(3)12　(4)10。

( )　57. 依粉塵危害預防標準規定，雇主使勞工戴用輸氣管面罩之連續作業時　(3)
　　　　間，每次不得超過多少分鐘？　(1)30　(2)90　(3)60　(4)45。

( )　58. 雇主使勞工從事夜間工作、長時間工作等作業，為避免勞工因異常工　(1)
　　　　作負荷促發疾病，應採取疾病預防措施，作成執行紀錄並留存多少
　　　　年？　(1)3　(2)5　(3)1　(4)20。

( )　59. 下列何者「不是」菸害防制法之立法目的？　(2)
　　　　(1) 保護孕婦免於菸害　　(2) 促進菸品的使用
　　　　(3) 保護未成年免於菸害　(4) 防制菸害。

( )　60. 依職業安全衛生管理辦法規定，反應器或化學設備及其附屬設備應每　(1)
　　　　幾年實施定期檢查一次？　(1)2　(2)1　(3)3　(4)4。

複選題　　　　　　　　　　　　　　　　　　　　　　　　　　　答

( )　61. 下列那些為有機溶劑中毒預防規則所列管之第二種有機溶劑？　(234)
　　　　(1) 三氯乙烯　(2) 異丙醇　(3) 氯苯　(4) 丙酮。

( )　62. 依職業安全衛生法規定，雇主對於具有危害性之化學品，應依那些條　(234)
　　　　件，評估風險等級，並採取分級管理措施？
　　　　(1) 閃火點　(2) 使用量　(3) 健康危害　(4) 散布狀況。

( )　63. 依危險性工作場所審查及檢查辦法規定，甲、乙、丙類工作場所在製　(124)
　　　　程安全評估報告中，初步危害分析可採用之評估方法為下列那些？
　　　　(1) 故障樹分析　　(2) 檢核表
　　　　(3) 相對危害順序排列　(4) 危害及可操作性分析。

( )　64. 下列那些項目屬職業災害調查範圍？　(24)
　　　　(1) 公司財務狀況　(2) 勞工從事何種作業
　　　　(3) 公司客戶名單　(4) 發生災害時間。

( )　65. 法定安全衛生工作守則之內容應包含下列那些？　(134)
　　　　(1) 事業之安全衛生管理及各級之權責　(2) 環境安全及毒物衛生標準
　　　　(3) 機械、設備或器具之維護及檢查　　(4) 急救及搶救。

( ) 66. 依異常氣壓危害預防標準規定，下列那些作業屬異常氣壓作業？ (13)

(1) 壓氣潛盾施工法其表壓力達 1.2 大氣壓

(2) 以水面供氣設備等，於水深 8 公尺之水中實施之作業

(3) 使用潛水器具之水肺於水深 11 公尺水中實施之作業

(4) 壓氣施工法表壓力達 0.8 大氣壓。

( ) 67. 熱危害改善工程對策中，下列那些是控制輻射熱之有效對策？ (234)

(1) 增加風速　(2) 設置熱屏障　(3) 設置隔熱牆　(4) 設置反射簾幕。

( ) 68. 有流產病史之孕婦，宜避免相關作業，下列那些敘述正確？ (124)

(1) 避免砷或鉛的暴露

(2) 避免重體力勞動的職務

(3) 避免提舉 2 公斤重物的職務

(4) 避免每班站立 7 小時以上之作業。

( ) 69. 下列那些為勞工健康保護規則特殊健康檢查之作業？ (134)

(1) 異常氣壓作業

(2) 磷化物之製造、處置或使用作業

(3) 從事鎳及其化合物之製造、處置或使用作業

(4) 高溫作業。

( ) 70. 勞工作業場所容許暴露標準不適用於下列那些之判斷？ (123)

(1) 以二種不同有害物之容許濃度比作為毒性之相關指標

(2) 工作場所以外之室內空氣污染指標

(3) 職業疾病鑑定之唯一依據

(4) 危害性化學品分級管理。

( ) 71. 依職業安全衛生設施規則規定，雇主使用軟管以動力從事輸送硫酸，
對該輸送設備，應依下列那些規定？ (123)

(1) 以表壓力每平方公分 2 公斤以上之壓力輸送時，軟管與軟管之連
結用具應使用旋緊連接或以鉤式結合等方式

(2) 軟管及連接用具應具耐腐蝕性、耐熱性及耐寒性

(3) 為防止軟管內部承受異常壓力，應於輸壓設備安裝回流閥

(4) 動力遮斷裝置應安裝於人員不易碰觸之位置。

( ) 72. 依職業安全衛生教育訓練規則規定，下列那些為缺氧作業主管安全衛
生教育訓練課程內容？ (124)

(1) 缺氧事故處理及急救

(2) 缺氧危險場所危害預防及安全衛生防護具

(3) 缺氧危險場所通風換氣裝置及其維護

(4) 缺氧危險場所之環境測定。

( ) 73. 風險評估之作業清查須涵蓋組織控制下所有可能出現在公司及所屬工地／工廠的「人員」所執行的相關作業，所謂之「人員」包含下列那些？ (1) 高階主管 (2) 外包人員 (3) 供應商 (4) 承攬人。 (1234)

( ) 74. 職業安全衛生管理績效的被動式指標包含下列那些？ (23)
(1) 虛驚事件提報率　　(2) 失能傷害嚴重率
(3) 傷病員工缺勤時數率　(4) 變更管理執行率。

( ) 75. 下列那些屬安全、尊嚴的職場組織文化？ (23)
(1) 不斷在眾人面前嘲笑同事
(2) 不強求勞工執行業務上明顯不必要或不可能之工作
(3) 不在眾人面前長時間責罵勞工
(4) 過度介入勞工私人事宜。

( ) 76. 下列那些作業屬精密作業勞工視機能保護設施標準規定之精密作業？ (134)
(1) 紡織之穿針
(2) 於終端機螢幕上檢查晶圓良劣
(3) 電腦或電視影像顯示器之調整
(4) 以放大鏡或顯微鏡從事組織培養。

( ) 77. 下列有關工作場所危害性化學品標示及通識之敘述那些正確？ (124)
(1) 標示之圖式為白底紅框，圖案為黑色
(2) 當一個物質有 5 種危害分類時，就有相對應的 5 種危害警告訊息，但危害圖式可能少於 5 種
(3) 獲商業機密核准的物質，可以不揭露其危害特性、防範措施與急救注意事項
(4) 安全資料表簡稱 SDS。

( ) 78. 進行油漆塗裝時，因有機溶劑揮發，可以佩戴以下那些呼吸防護具？ (24)
(1) 拋棄式半面口罩 N95　　　　(2) 自攜式呼吸防護具
(3) 動力濾淨式呼吸防護具 +P100 濾材　(4) 全面罩 + 活性碳濾罐。

( ) 79. 下列敘述那些為正確？ (134)
(1) 所謂評估，是指測量各種環境因素大小，根據國內、外建議之暴露劑量建議標準，判斷是否有危害之情況存在
(2) 空氣中氧氣含量，若低於 6%，工作人員即會感到頭暈、心跳加速、頭痛
(3) 生物檢體由於成分相當複雜，容易產生所謂基質效應（matrix effect）而使偵測結果誤差較高
(4) 呼吸帶（Breathing zone）：亦稱呼吸區，一般以口、鼻為中心點，10 英吋為半徑之範圍內。

( ) 80. 依職業安全衛生設施規則規定，有關工作場所通風換氣之設置那些正確？ (14)

(1) 雇主對於室內作業場所之氣溫在攝氏 10 度以下換氣時，不得使勞工暴露於每秒 1 公尺以上之氣流中

(2) 勞工經常作業室內作業場所，每一勞工原則上應有 10 立方公尺之空間

(3) 儲槽內部作業可採取自然通風策略

(4) 勞工經常作業之室內作業場所，其窗戶及其他開口部分等可直接與大氣相通之開口部分面積，應爲地板面積之 1/20 以上。

第 72 次

職業衛生管理甲級技術士技能檢定

術科參考題解

103.07.25

一、「勞工安全衛生法」於 102 年 7 月 3 日經修正公布為「職業安全衛生法」試回答下列問題：

（一）工作者之定義為何？(4 分)

（二）雇主不得使分娩後未滿一年之女性勞工從事危險性或有害性之工作為何？(5 分)

（三）請概述職業安全衛生法新增化學品源頭管理制度之主要內容。(6 分)

（四）雇主為預防重複性作業促發肌肉骨骼疾病，應規劃及採取之必要措施為何？(5 分)

答（一）依職業安全衛生法第 2 條之規定，工作者係指勞工、自營作業者及其他受工作場所負責人指揮或監督從事勞動之人員。

（二）依職業安全衛生法第 30 條第 2 項之規定，雇主不得使分娩後未滿一年之女性勞工從事下列危險性或有害性工作：

1. 礦坑工作。

2. 鉛及其化合物散布場所之工作。

3. 鑿岩機及其他有顯著振動之工作。

4. 一定重量以上之重物處理工作。

5. 其他經中央主管機關規定之危險性或有害性之工作。

（三）依職業安全衛生法第 10 條第 2 項之規定，屬製造者、輸入者或供應者，提供具危害性化學品與事業單位或自營作業者前，應予標示及提供安全資料表；資料異動時，亦同。

（四）依職業安全衛生法施行細則第 9 條之規定，預防重複性作業等促發肌肉骨骼疾病之妥為規劃，其內容應包含下列事項：

1. 作業流程、內容及動作之分析。

2. 人因性危害因子之確認。

附錄二

3. 改善方法及執行。

4. 成效評估及改善。

5. 其他有關安全衛生事項。

二、夏季期間勞工於戶外烈日下從事工作，如未採取適當措施，可能發生熱疾病，試回答下列問題：

(一)熱衰竭及中暑為常見之熱疾病，試分述其原因及主要症狀。(10 分)

(二)如您擔任職業衛生管理師，請列舉 5 種可採行之預防措施，以防範勞工於高氣溫環境引起之熱疾病。(10 分)

答 (一) 1. 熱衰竭

定義：在熱環境中，體內水分與鹽份流失過多，體內的循環系統無法維持正常功能時，呈現休克的狀態。

症狀：皮膚濕冷、蒼白；精疲力盡、虛弱無力。

2. 中暑：

定義：因長時間陽光曝曬或處在高溫的環境中，體溫調節機轉失去作用，致體溫上升。

症狀：皮膚乾熱、潮紅、流汗不多、體溫超過 40.5℃；暈厥、昏迷、癲癇發作、失序、暴躁。

(二) 雇主使勞工於夏季期間從事戶外作業，為防範高氣溫環境引起之熱疾病，應視天候狀況採取下列危害預防措施：

1. 降低作業場所之溫度。

2. 提供陰涼之休息場所。

3. 提供適當之飲料或食鹽水。

4. 調整作業時間。

5. 增加作業場所巡視之頻率。

6. 實施健康管理及適當安排工作。

7. 留意勞工作業前及作業中之健康狀況。

8. 實施勞工熱疾病預防相關教育宣導。

9. 建立緊急醫療、通報及應變處理機制。

三、試回答下列問題：

(一) 何謂可呼吸性粉塵？(3分)

(二) 如何評估作業環境空氣中有害物濃度的相加效應是否超出容許濃度？
(3分)

(三) 何謂短時間時量平均容許濃度？(3分)

(四) 何謂 GHS 化學品資訊中之急毒性物質混合物之銜接原則？(5分)

(五) 國際癌症研究機構 (IARC) 致癌物分類中，危害 1 類、2A 類與 2B 類對
人類之致癌風險為何？(6分)

答 (一) 所謂可呼吸性粉塵 (Respirable dust) 係指可透過離心式或水平析
出式等分粒裝置所測得之粒徑者。粉塵之粒徑在 2 微米以下者，
可深入肺部，此種可深入肺部之粉塵，稱為可呼吸性粉塵。

(二) 作業環境空氣中有二種以上有害物存在而其相互間效應非屬於相
乘效應或獨立效應時，應視為相加效應，並依下列規定計算，其
總和大於一時，即屬超出容許濃度。

(三) 短時間時量平均容許濃度：即容許濃度乘以變量係數所得之濃度，
為一般勞工連續暴露在此濃度以下任何十五分鐘，不致有不可忍
受之刺激、慢性或不可逆之組織病變、麻醉昏暈作用、事故增加
之傾向或工作效率之降低者。

(四) 如果混合物本身沒有進行測試確定其危害特性，但具有各個成分
的類似混合物之測試的完全數據，足以適當描述該混合物的危害
特性時，可根據以 GHS 定義之「銜接原則」使用這些資料；並
確保分類過程儘可能地使用現有資料來確定混合物的危害特性，
而無需額外的動物測試。

(五) 國際癌症研究中心 (IARC) 將人體流行病學與動物實驗研究所得
資料，依其致癌證據的強弱分為：

Group 1：確定人體致癌

Group 2A：疑似人體致癌

Group 2B：可能人體致癌

Group 3：無法判斷為人體致癌性

Group 4：非疑似人體致癌性

四、對於職場工作狀況是否為引發勞工出現腦血管及心臟疾病之原因，依據勞動部「職業促發血管及心臟疾病 (外傷導致者除外) 之認定參考指引」，需評估罹病勞工是否已具有此類疾病之健康異常因子，並參酌疾病的自然過程惡化因子，以及促發疾病之危險因子加以研判，請回答下列問題：

(一) 工作負荷屬於上述健康異常因子、惡化因子及促發疾病之危險因子中之何類因子？ (2 分)

(二) 請舉 1 例健康異常因子及 2 例自然過程之惡化因子。(6 分)

(三) 試舉 3 項可能引發心血管疾病之工作負荷型態。(9 分)

(四) 請說明預防工作負荷引發勞工心血管疾病可採行之措施。(3 分)

答 (一) 工作負荷屬於血管及心臟疾病 (外傷導致者除外) 之促發疾病之危險因子。

(二) 健康異常因子：為患者本身原本即有的動脈硬化等造成的血管病變或動脈瘤、心肌病變等。如高血壓症、動脈硬化、糖尿病、高脂血症、高尿酸血症等。

自然過程之惡化因子：「自然過程」係指血管病變在老化、飲食生活、飲酒、抽煙習慣等日常生活中逐漸惡化的過程。包括：

1. 高齡。

2. 肥胖。

3. 飲食習慣。

4. 吸菸、飲酒。

5. 藥物作用。

(三) 引發心血管疾病之工作負荷型態：

與工作有關之重度體力消耗或精神緊張（含高度驚愕或恐怖）等異常事件，以及短期、長期的疲勞累積等過重之工作負荷均可能促發心血管疾病。工作負荷因子列舉如下：

1. 不規則的工作。

2. 工作時間長的工作。

3. 經常出差的工作。

4. 輪班工作或夜班工作。

5. 工作環境 (異常溫度環境、噪音、時差)。

6. 伴隨精神緊張的工作。

（四）預防工作負荷引發勞工心血管疾病可採行之措施，落實職場健康
檢查、健康管理及健康促進。

五、某作業場所勞工暴露情形如下：

時間	噪音別	音壓級 (dBA)	累積暴露劑量 (%)
08：00~10：00	無暴露		
10：00~12：00	穩定性	90	
13：30~16：30	變動性		75
16：30~17：30	無暴露		

試回答下列問題：

（一）該勞工全程工作日之噪音暴露劑量為何？(5 分)

（二）該勞工噪音暴露之 8 小時日時量平均音壓級為多少分貝？(5 分)

（三）該勞工有噪音暴露時間內之時量平均音壓級為多少分貝？(5 分)

（四）依法令規定，雇主是否應對在此作業場所工作之勞工，提供有效之耳
塞、耳罩等防音護其使其佩戴？(請說明理由，5 分)

☟ 先計算有暴露噪音各時段之容許暴露時間 (T)：

T_2 (10：00~12：00) $= 8/2^{(L-90)/5} = 8/2^{(90-90)/5} = 8/2^0 = 8/1 = 8$(hr)

T_3 (13：30~16：30) 因累積暴露劑量已知，故不需再計算容許暴露時間。

（一）全程工作日之噪音暴露劑量：

$$\text{Dose} = (t_2/T_2 + t_3/T_3) \times 100\% = (2/8 + 0.75) \times 100\%$$

$$= (0.25 + 0.75) \times 100\% = 100(\%)$$

（二）暴露之 8 小時日時量平均音壓級

$$\text{TWA(8hr)} = 16.61 \times \log(100/12.5 \times 8) + 90 = 90.0\text{(dBA)}$$

（三）時量平均音壓級：

$$\text{TWA(5hr)} = 16.61 \times \log(100/12.5 \times 5) + 90 = 93.4\text{(dBA)}$$

（四）依職業安全衛生設施規則第 300 條之規定，對於勞工 8 小時日時
量平均音壓級超過 85 分貝或暴露劑量超過百分之五十時，雇主
應使勞工戴用有效之耳塞、耳罩等防音防護具。

因該勞工暴露之 8 小時日時量平均音壓級為 90.0(dBA)，故應使
勞工戴用有效之耳塞、耳罩等防音防護具。

第 73 次
職業衛生管理甲級技術士技能檢定
術科參考題解

103.11.09

一、試解釋下列名詞：(20 分)

（一）勞動場所 (5 分)

（二）優先管理化學品 (6 分)

（三）管制性化學品 (4 分)

（四）特定對象及特定項目之健康檢查 (5 分)

答（一）所謂勞動場所，包括下列場所：

1. 於勞動契約存續中，由雇主所提示，使勞工履行契約提供勞務之場所。

2. 自營作業者實際從事勞動之場所。

3. 其他受工作場所負責人指揮或監督從事勞動之人員，實際從事勞動之場所。

（二）優先管理化學品如下：

1. 職業安全衛生法第 29 條第 1 項第 3 款及第 30 條第 1 項第 5 款規定所列之危害性化學品。

2. 依國家標準 CNS 15030 分類，屬致癌物質第一級、生殖細胞致突變性物質第一級或生殖毒性物質第一級者。

3. 依國家標準 CNS 15030 分類，具有物理性危害或健康危害，其化學品運作量達中央主管機關規定者。

4. 其他經中央主管機關指定公告者。

（三）所謂管制性化學品如下：

1. 優先管理化學品中，經中央主管機關評估具高度暴露風險者。

2. 其他經中央主管機關指定公告者。

(四) 所謂在職勞工應施行之特定對象及特定項目之健康檢查如下：

指對可能為罹患職業病之高風險群勞工，或基於疑似職業病及本土流行病學調查之需要，經中央主管機關指定公告，要求其雇主對特定勞工施行必要項目之臨時性檢查。

二、

(一) 呼吸防護具的使用時機為何？(2 分)，並請分別說明防塵與防毒呼吸防護具去除有害物質之機制。(6 分)

(二) 雇主於何種情況下應對其勞工採行聽力保護措施？(2 分)，並請寫出 5 種聽力保護措施應有之內容。(10 分)

答 (一) 1. 呼吸防護具是有害物對人體造成危害的最後一道關卡。一般而言，作業場所出現以下條件時，應考慮採用呼吸防護具：

(1) 臨時性作業、作業時間短暫或作業期間短暫。

(2) 進行作業場所清掃或通風裝置的維護、保養、修護工作。

(3) 坑道、儲槽、管道、船艙等內部以及室外工作場所。

(4) 緊急意外事故逃生或搶救人命。

(5) 採用工程控制措施，仍無法將空氣中污染物濃度降低至容許濃度之下。

(6) 製程本身無法採用工程控制措施。

2. 防塵呼吸防護具適用於粒狀污染物，其去除有害物質之機制，是利用攔截、慣性衝擊、重力沉降、擴散作用、靜電吸引等作用，過濾粒狀污染物。

3. 防毒呼吸防護具適用於氣狀污染物，防毒面具所付之吸收罐乃是以活性碳等物質製成之吸收劑濾材，再配以特殊化學物質，對特定有害氣體或蒸氣等氣態物以吸附作用、吸收作用或觸媒反應，去除氣狀污染物的危害。

(二) 1. 當勞工八小時日時量平均音壓級超過八十五分貝或暴露劑量超過百分之五十之工作場所，應採取聽力保護措施。

2. 聽力保護措施應有之內容如下：

(1) 噪音監測及暴露評估。

(2) 噪音危害控制。

(3) 防音防護具之選用及佩戴。

(4) 聽力保護教育訓練。

(5) 健康檢查及管理。

(6) 成效評估及改善。

三、某事業單位勞工人數合計 300 人，試回答下列問題：

(一) 雇主為預防勞工於執行職務，因他人行為致遭受身體或精神上不法侵害，應訂定預防計畫採取那些暴力預防措施？(10分)

(二) 雇主為預防勞工從事重複性作業促發肌肉骨骼疾病，需規畫訂定人因性危害預防計畫，內容應包括那些？(5分)，並請在常見之肌肉骨骼疾病分析工具中，試就「上肢」、「下背部」及「全身」之分類，分別列舉 2 種較適當之評估工具。(5分)

答 (一) 依職業安全衛生設施規則第 324-3 條規定，雇主為預防勞工於執行職務，因他人行為致遭受身體或精神上不法侵害，應採取下列暴力預防措施，作成執行紀錄並留存三年：

1. 辨識及評估危害。

2. 適當配置作業場所。

3. 依工作適性適當調整人力。

4. 建構行為規範。

5. 辦理危害預防及溝通技巧訓練。

6. 建立事件之處理程序。

7. 執行成效之評估及改善。

8. 其他有關安全衛生事項。

(二) 1. 依職業安全衛生設施規則第 324-1 條規定，雇主使勞工從事重複性之作業，為避免勞工因姿勢不良、過度施力及作業頻率過高等原因，促發肌肉骨骼疾病，應採取下列危害預防措施，作成執行紀錄並留存三年：

(1) 分析作業流程、內容及動作。

(2) 確認人因性危害因子。

(3) 評估、選定改善方法及執行。

(4) 執行成效之評估及改善。

(5) 其他有關安全衛生事項。

2.

分類	評估工具	評估部位	適用分級
上肢	簡易人因工程檢核表	肩、頸、手肘、腕、軀幹、腿	I，篩選
	Strain Index	手及手腕	II，分析
	ACGIH HAL-TLV	手	II，分析
	OCRA Checklist	上肢，大部分手	II，分析
	KIM-MHO$_{(2012)}$	上肢	II，分析
	OCRA Index	上肢，大部分手	III，專家
	EAWS	肩、頸、手肘、腕、軀幹、腿	III，專家
下背部	簡易人因工程檢核表	肩、頸、手肘、腕、軀幹、腿	I，篩選
	KIM-LHC	背	I，篩選
	KIM-PP	背	I，篩選
	NIOSH Lifting eq.	背	II，分析
	EAWS	肩、頸、手肘、腕、軀幹、腿	III，專家
全身	RULA、REBA	肩、頸、手肘、腕、軀幹、腿	III，專家
	OWAS	背、上臂和前臂	III，專家
	EAWS	肩、頸、手肘、腕、軀幹、腿	III，專家

註：I 級可謂篩選；II 級可謂分析；III 級可謂專家。

四、

(一) 試依準備期、建置期、系統運作期及矯正改善期，規劃在事業單位內推動職業安全衛生管理系統之各期工作。(10 分)

(二) 試簡述在事業單位內如何實施有關化學品健康暴露危害之風險管理。(10 分)

答 (一) 1. 準備期：

(1) 主管的承諾。

(2) 成立推動小組。

(3) 召開啟動會議。

(4) 辦理教育訓練。

2. 建置期：

(1) 先期審查。

(2) 法規鑑別與查核。

(3) 職安衛風險評估。

(4) 風險評估結果確認。

(5) 政策、目標及方案。

(6) 系統文件之制修、展開與整合

3. 系統運作期與矯正改善期：

(1) 系統運作及記錄。

(2) 緊急應變演練。

(3) 內稽及管理審查。

(4) 外稽及矯正措施。

(5) 申請驗證／驗證。

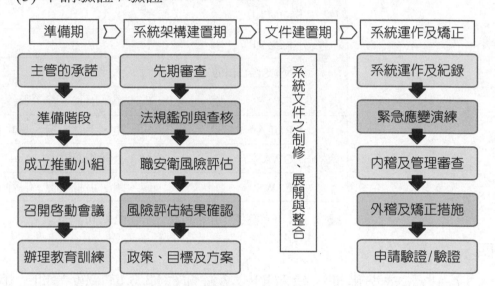

(二) 有關化學品健康暴露危害之風險管理措施：

建議採用以下層級控制措施來控制超過 OEL 的潛在職業健康危害：

1. 消除危害／風險；

2. 經由工程控制或管理措施從源頭控制危害及風險；

3. 設計安全的作業制度，包括行政管理措施將危害及風險的影響減到最低；

4. 當綜合上述方法仍然不能控制殘餘的危害及風險時，雇主應免費提供適當的個人防護具，並採取措施以確保防護具的使用和維護。

五、某彩色印刷廠使用第 2 種有機溶劑正己烷 (n-Hexane) 從事作業，已知正己烷之分子量為 86，火災 (爆炸) 範圍為 1.1%~7.5%，8 小時日時量平均容許濃度為 50ppm，每日 8 小時的使用量為 10kg，公司裝設有整體換氣裝置做為控制設備。試回答下列問題：(請列出計算式)

(一) 為避免發生火災爆炸之危害，其最小換氣量應為何？（5 分）

(二) 為預防勞工發生正己烷健康暴露危害，理論上之最小換氣量為何？（5 分）

(三) 承上題，法令規定之最小換氣量為何？（5 分）

(四) 若您為該公司之職業衛生管理師，請說明公司整體換氣裝置之換氣量應設為多少以上，方能避免勞工遭受火災爆炸及有機溶劑健康暴露之危害。（5 分）

🏅 由題意知，每小時正己烷消耗量

$W = (10kg \times 1,000g/kg)/8hr = 1,250(g/hr)$

(一) 依據職業安全衛生設施規則，為避免火災爆炸，所需之換氣量：

$Q_1 = (24.45 \times 10^3 \times W) / (60 \times 0.3 \times LEL \times 10^4 \times M.W.)$

$= (24.45 \times 1,000 \times 1,250) / (60 \times 0.3 \times 1.1 \times 10^4 \times 86)$

$= 1.80 m^3/min$

(二) 為預防勞工發生正己烷健康暴露危害，理論上之最小換氣量：

$Q_2 = (24.45 \times 10^3 \times W) / (60 \times C_{ppm} \times M.W.)$

$= (24.45 \times 1,000 \times 1,250) / (60 \times 50 \times 86)$

$= 118.36 m^3/min$

(三) 為預防勞工引起中毒危害之最小換氣量，依有機溶劑中毒預防規則，因正己烷屬第二種有機溶劑，故每分鐘換氣量＝作業時間內一小時之有機溶劑或其混存物之消費量 × 0.04，故換氣量：

$(Q_3) = 1,250 \times 0.04 = 50 m^3/min$

(四) Q_1、Q_2、Q_3 中取最大值，故整體換氣裝置之換氣量應設為 $118.36 m^3/min$ 以上，方能避免勞工遭受火災爆炸及有機溶劑健康暴露之危害。

第 74 次
職業衛生管理甲級技術士技能檢定
術科參考題解

104.03.22

一、依危害性化學品評估及分級管理辦法規定,試述化學品評估及分級管理基本原則或方法。

(一)「暴露評估」之定義為何?

(二)試依危害性化學品評(推)估方式或是否實施作業環境監測之差異,將危害性化學品略分為 3 大類,並說明其相互關聯性。

(三)勞工人數 500 人以上之事業單位,應如何運用其作業環境監測結果與勞工作業場所容許暴露標準,決定其定期實施危害性化學品評估之頻率。

🖐 (一)暴露評估:指以定性、半定量或定量之方法,評量或估算勞工暴露於化學品之健康危害情形。

(二)危害性化學品略分為 3 大類;

　　1. 第一級管理:暴露濃度低於容許暴露標準二分之一者,除應持續維持原有之控制或管理措施外,製程或作業內容變更時,並採行適當之變更管理措施。

　　2. 第二級管理:暴露濃度低於容許暴露標準但高於或等於其二分之一者,應就製程設備、作業程序或作業方法實施檢點,採取必要之改善措施。

　　3. 第三級管理:暴露濃度高於或等於容許暴露標準者,應即採取有效控制措施,並於完成改善後重新評估,確保暴露濃度低於容許暴露標準。

(三)總勞工人數 500 人以上者,雇主應依有科學根據之採樣分析方法或運用定量推估模式,實施暴露評估。雇主應就前項暴露評估結果,依下列規定,定期實施評估:

　　1. 暴露濃度低於容許暴露標準二分之一之者,至少每三年評估一次。

2. 暴露濃度低於容許暴露標準但高於或等於其二分之一者，至少每年評估一次。

3. 暴露濃度高於或等於容許暴露標準者，至少每三個月評估一次。

二、

（一）某日某公司採購人員因品管爭議遭受供貨商毆打，除優先適用刑法等相關法令規定外，為協助雇主預防以後類似情形發生，該公司之職業安全衛生人員依職業安全衛生法施行細則規定，應規劃辦理事項為何？

（二）另採購部門業務繁重，勞工經常加班，為預防異常工作負荷促發疾病，應規劃辦理事項為何？

答（一）預防執行職務因他人行為遭受身體或精神不法侵害之妥為規劃，其內容應包含下列事項：

1. 危害辨識及評估。

2. 作業場所之配置。

3. 工作適性安排。

4. 行為規範之建構。

5. 危害預防及溝通技巧之訓練。

6. 事件之處理程序。

7. 成效評估及改善。

8. 其他有關安全衛生事項。

（二）預防輪班、夜間工作、長時間工作等異常工作負荷促發疾病之妥為規劃，其內容應包含下列事項：

1. 高風險群之辨識及評估。

2. 醫師面談及健康指導。

3. 工作時間調整或縮短及工作內容更換之措施。

4. 健康檢查、管理及促進。

5. 成效評估及改善。

6. 其他有關安全衛生事項。

三、母性健康保護已納入職業安全衛生法規，以維護女性勞工於保護期間之工作安全及免於罹患職業疾病。試回答下列問題：

(一) 依女性勞工母性健康保護實施辦法，「母性健康保護期間」之定義為何？

(二) 依據職業安全衛生法規，雇主不得使妊娠中之女性勞工從事某些具生物性危害之作業；然對於其中部分作業，若工作者已具免疫或不執行侵入性治療，則不在此限。請列舉 3 項符合上述所稱之生物危害作業，並說明其是否具有「不在此限」之條件限制。

(三) 對於上述作業，若雇主應依法實施母性健康保護措施，且您為該事業單位之職業安全衛生人員，請問您應會同從事勞工健康服務之醫護人員，辦理那些事項？

🈺 (一) 母性健康保護期間：指雇主於得知女性勞工妊娠之日起至分娩後一年之期間。

(二) 從事處理或暴露於下列具有致病或致死之微生物感染風險之作業：

1. 處理或暴露於 B 型肝炎或水痘感染風險之作業。但經檢附醫師證明已具免疫者，不在此限。

2. 處理或暴露於 C 型肝炎或人類免疫缺乏病毒感染風險之作業。但無執行侵入性治療者，不在此限。

3. 處理或暴露於肺結核感染風險之作業。

(三) 雇主對於上述作業，應依法實施母性健康保護措施，使職業安全衛生人員會同從事勞工健康服務醫護人員，辦理下列事項：

1. 辨識與評估工作場所環境及作業之危害，包含物理性、化學性、生物性、人因性、工作流程及工作型態等。

2. 依評估結果區分風險等級，並實施分級管理。

3. 協助雇主實施工作環境改善與危害之預防及管理。

4. 其他經中央主管機關指定公告者。

四、

（一）某事業單位全年災害紀錄如下：

月份	1	2	3	4	5	6
總經歷工時	59,960	55,200	61,000	59,984	60,032	58,863
災害件數	0	1	0	0	0	0
罹災人數	0	1死2傷	0	0	0	0
損失天數	0	6,325	0	0	0	0
月份	7	8	9	10	11	12
總經歷工時	54,906	60,532	62,001	61,008	61,714	64,800
災害件數	0	0	1	0	0	2
罹災人數	0	0	1傷	0	0	5傷
損失天數	0	0	15	0	0	260

依上述，總經歷工時為 720,000 小時。

試計算該年失能傷害頻率及嚴重率。(請列出計算式)

（二）依勞工健康保護規則規定，醫護人員於(1)臨場服務(請列舉 3 項) 及 (2) 配合職業安全衛生及相關部門人員訪視現場時 (請列舉 2 項)，應辦理之事項。

答 (一) 失能傷害頻率 = 失能傷害人次數 × 10^6/ 總經歷工時

$$= 9 \times 10^6/720,000 = 12.50$$

失能傷害嚴重率 = 總損失日數 × 10^6/ 總經歷工時

$$= 6,600 \times 10^6/720,000 = 9,167$$

(二) 1. 依勞工健康保護規則規定，雇主應使醫護人員臨廠服務辦理下列事項：

(1) 勞工之健康教育、健康促進與衛生指導之策劃及實施。

(2) 工作相關傷病之防治、健康諮詢與急救及緊急處置。

(3) 協助雇主選配勞工從事適當之工作。

(4) 勞工體格、健康檢查紀錄之分析、評估、管理與保存及健康管理。

(5) 職業衛生之研究報告及傷害、疾病紀錄之保存。

(6) 協助雇主與職業安全衛生人員實施工作相關疾病預防及工作環境之改善。

(7) 其他經中央主管機關指定公告者。

2. 勞工健康保護規則第八條規定，雇主應使醫護人員配合職業安全衛生及相關部門人員訪視現場，辦理下列事項：

(1) 辨識與評估工作場所環境及作業之危害。

(2) 提出作業環境安全衛生設施改善規劃之建議。

(3) 調查勞工健康情形與作業之關連性，並對健康高風險勞工進行健康風險評估，採取必要之預防及健康促進措施。

(4) 提供復工勞工之職能評估、職務再設計或調整之諮詢及建議。

(5) 其他經中央主管機關指定公告者。

五、如已知丙酮之 8 小時日時量平均容許濃度為 750ppm，有一位勞工 8 小時全程連續多樣本採樣，其採樣條件及分析結果如下：

(一) 請計算該勞工暴露於丙酮全程工作之時量平均濃度為多少 mg/m³？

(二) 說明該勞工之暴露是否符合勞工作業場所容許暴露標準之規定？(丙酮分子量為 58)

(三) 空氣中粉塵容許濃度所稱可呼吸性粉塵，係指可透過離心式或水平析出式等分粒裝置所測得之粒徑者，其中水平式分粒裝置因體積略大，較常用於固定式採樣，試說明其採樣原理。

樣本序	採樣起迄時間	在 25℃，1atm 之採樣流率 (mL/min)	實驗室分析所得 丙酮質量 (mg)
1	08：00~10：10	60	13.0
2	10：10~12：00	70	12.7
3	13：00~17：00	70	31.0

容許濃度 (ppm 或 mg/m³)	變量係數
未滿 1	3
1 以上，未滿 10	2
10 以上，未滿 100	1.5
100 以上，未滿 1,000	1.25
1,000 以上	1

答（一）該勞工 08：00~10：10、10：10~12：00 以及 13：00~17：00 暴露於丙酮之濃度分別為：

1. $13.0 \div (60 \times 130 \times 10^{-6}) = 1{,}666.67 \ (mg/m^3)$

2. $12.7 \div (70 \times 110 \times 10^{-6}) = 1{,}649.35 \ (mg/m^3)$

3. $31.0 \div (70 \times 240 \times 10^{-6}) = 1{,}845.24 \ (mg/m^3)$

∴該勞工暴露於丙酮全程工作之時量平均濃度

$= [(1{,}666.67 \times 130) + (1{,}649.35 \times 110) + (1{,}845.24 \times 240)]$

　$\div (130 + 110 + 240)$

$= 1{,}752 (mg/m^3)$

（二）作濃度之單位轉換：

$1{,}752(mg/m^3) \times 24.45 \div 58 = 738.56 \ (ppm) < 750 \ (ppm)$

短時間時量平均容許濃度 $= 750 \times 1.25 = 937.5 \ (ppm)$

取暴露最嚴重之時段，即 13：00~17：00 時丙酮濃度作評估

$1{,}845.24 \ mg/m^3 = 777.86 \ ppm < 937.5 \ (ppm)$

所以該勞工之暴露符合勞工作業場所容許暴露標準之規定。

（三）水平式析出器係經由一連串的水平沈降板，使不同氣動粒徑的氣膠由於其重力沈降速度不同而沈降在不同的沈降板上，進而達到粒徑分離之目的。

第 75 次

職業衛生管理甲級技術士技能檢定

術科參考題解

104.07.19

一、依職業安全衛生法規定，雇主對在職勞工之健康照護有其應負之責任。若您為一勞工人數 80 人事業單位之職業衛生管理師，請問您應協助雇主執行那些事項，以符合法令要求，並照護在職勞工之健康？(20 分)

答 身為一勞工人數 80 人事業單位之職業衛生管理師，應協助雇主執行下列事項：

1. 防止勞工過勞、精神壓力及肌肉骨骼相關疾病之危害，強化勞工生理及心理健康之保護，應妥為規劃並採取必要的安全衛生措施。

2. 對有害健康的作業場所，實施作業環境監測；而監測計畫及結果公開揭示，並通報中央主管機關。

3. 強化勞工健康管理，並依健康檢查結果採取健康管理分級措施。

4. 僱用或特約醫護人員辦理健康管理、職業病預防及健康促進等勞工健康保護事項。(勞工人數五十人以上)

5. 對有母性健康危害之虞之工作，採取危害評估、控制及分級管理措施。

6. 對於妊娠中或分娩後未滿一年之女性勞工，應採取適性評估、工作調整或更換等健康保護措施。

7. 少年勞工經醫師評估結果，不能適應原有工作者，應依醫師的建議，變更其作業場所、更換工作或縮短工作時間，並採取健康管理措施。

二、某一工廠粉塵作業環境監測結果如下表：

監測編號	監測濃度 (mg/m³)	$(x_i - X)^2$
1	1.1	2.56
2	1.7	1
3	1.3	1.96
4	4.5	3.24
5	2.1	0.36
6	2.2	0.25
7	5.5	7.84
8	2.2	0.25
9	3	0.09
10	2.5	0.04
11	2.5	0.04
12	2.4	0.29
13	3.2	0.25
14	3	0.29
15	3	0.09
	$\Sigma x_i = 40.2 (mg/m^3)$	$\Sigma (x_i - X)^2 = 18.14$

(一) 請計算監測結果平均 ($\overline{X}$) 及標準差 S(自由度為 n－1)(10 分)

(二) 請計算監測結果之 95% 信賴區間 (5 分)

（ $UCL_{1,95\%} = \overline{X} + t_{0.95}(\dfrac{S}{\sqrt{n}})$ ，$LCL_{1,95\%} = \overline{X} - t_{0.95}(\dfrac{S}{\sqrt{n}})$ ，t-value 為 1.761)

(三) 假設該粉塵容許暴露標準為 5mg/m³，若您為職業衛生管理師，應採取何作為？ (5 分)

🖎 (一) 監測結果平均：$\overline{X} = \dfrac{1}{n}\sum_{i=1}^{n} x_i = \dfrac{40.2}{15} = 2.68$

標準差：$S = \sqrt{\dfrac{\sum_{i=1}^{n}(x_i - \overline{X})^2}{n-1}} = \sqrt{\dfrac{18.14}{14}} = 1.14$

(二) $UCL(95\%) = 2.68 + 1.761(1.14/\sqrt{15}) = 2.68 + 0.518 = 3.20$

$LCL(95\%) = 2.68 - 1.761(1.14/\sqrt{15}) = 2.68 - 0.518 = 2.16$

∴ 95% 信賴區間為 (2.16, 3.2)

(三) 該粉塵容許暴露標準爲 5mg/m³ 時，可從污染源、輸送路徑以及接受者等三方面著手，並藉著工程控制、行政管理等方式來達到危害預防的目的。

(1) 污染源的控制方法包括：替代、製程變更、包圍、隔離、加溼、局部排氣與維護管理等方式。

(2) 輸送路徑方面則可藉由清掃、整體換氣、增加輸送的距離、監視與維護管理等方式來控制。

(3) 人員方面的危害預防方法則有教育訓練、輪班、包圍、個人監測系統、個人防護具以及維護管理等。

三、試回答下列問題：

(一) 計算綜合溫度熱指數 (WBGT) 時需量測乾球溫度、自然溼球溫度及黑球溫度，試分別說明其量測設備及組裝？ (6 分)

(二) 對熱中暑者應如何進行急救及處理？ (4 分)

(三) 地下污水管理施行作工程需使勞工進入從事局限空間作業，試說明 3 種可能化學性危害？ (3 分)

(四) 試列舉 7 項局限空間危害防止計畫應包含的事項。(7 分)

🖋 (一) 1. 乾球溫度：使用精密或校準過之溫度計，其準確度在 ±0.5℃，可測定範圍在 –5℃ 至 50℃ 者，量測時應遮蔽太陽光或其他輻射熱源之輻射熱，以避免輻射影響測定結果，但不得影響自然空氣之流動，需經 5~15 分鐘讀數始穩定。

2. 自然濕球溫度：溫度計與測乾球溫度者相同，以充分吸濕之濕潤脫脂紗布包裹溫度計，綿紗包裹長度應爲球部長度之二倍，水應使用蒸餾水，量測時先以蒸餾水濕潤之 (僅靠紗布之毛細管作用來濕潤紗布是不夠的)，潤溼半小時後方可開始測定讀值。測定時應避免輻射之影響 (可於距離約 10~15cm 處置硬紙板隔離輻射)。

3. 黑球溫度：一 15 公分之中空銅球，外部表面塗黑成黑體 (black body)，只能吸熱而不反射輻射熱 (熱發散係數達 0.95)，精密溫度計使用 – 5℃ 至 100℃，準確度 ± 0.5℃ 者，精密溫度計底部插入至銅球中心，以量測吸收輻射熱後球內空氣的溫度，注意溫度計底部不得觸及球體內部，一般需經 15~25 分鐘後之測值才具有代表性。

（二）中暑之急救方法爲儘快有效降低體溫。一般由於工作負荷引發新陳代謝熱增加，再加上環境熱，致使體溫持續上升，常導致熱中暑。發現有人中暑時，應：

1. 立即將患者移到陰涼通風處，半臥坐墊高頭肩、除去衣物解開束縛。

2. 以冷敷、冷水或酒精擦拭身體、冷氣房或強電扇吹拂，以儘速降低體溫。

3. 觀察生命徵象，清醒者給於食鹽水。

4. 維持心肺功能，以復原臥姿儘速送醫。

（三）常見化學性危害：缺氧窒息、硫化氫中毒、一氧化碳中毒、其他有害氣體中毒、可燃性氣體爆炸。

（四）局限空間危害防止計畫應包含之事項：

1. 局限空間內危害之確認。

2. 通風換氣實施方式。

3. 局限空間內氧氣、危險物、有害物濃度之測定。

4. 電能、高溫、低溫及危害物質之隔離措施及缺氧、中毒、感電、塌陷、被夾、被捲等危害防止措施。

5. 作業方法及安全管制作法。

6. 進入作業許可程序。

7. 提供之防護設備之檢點及維護方法。

8. 作業控制設施及作業安全檢點方法。

9. 緊急應變處置措施。

四、

（一）以「相似暴露族群 (SEG) 模式」進行暴露評估之目的爲何？ (10 分)

（二）試簡要列舉濾紙對空氣中粒狀有害物之捕集原理。(10 分)

答（一）以「相似暴露群 (SEG) 模式」進行暴露評估之目的是爲了以有限的資源 (人力、物力、財力與時間)，使採樣點具最高的代表性，瞭解整廠勞工之暴露實態。若某一暴露群的暴露實態，經評估後顯示現場勞工暴露環境已超過勞工作業場所容許暴露標準，則視爲不可接受之暴露，應進行控制；若暴露實態低於前述之標準，則視爲可接受之暴露，僅需週期性的進行評估以確認狀況未改變；

至於暴露實態尚未完全明瞭之暴露群，視為不確定之暴露，需進一步評估。藉由這樣週而復始的循環，對工廠重複進行評估以掌握工廠所有暴露群的所有暴露實態。

(二) 濾紙對空氣中粒狀物有害物之捕集原理有：慣性衝擊沈降、攔截捕集、重力沈降、靜電捕集、擴散捕集等五種機制，一般對大且重的微粒，主要是因慣性衝擊、攔截及重力沈降而被捕集，極小之微粒則以擴散捕集為主。

五、某勞工每日工作 8 小時，經環境監測所得之噪音暴露如下：

時間	噪音類別	測定值
08：00~12：00	變動性	40%
13：30~15：30	穩定性	95dBA
15：30~17：30		無暴露

試回答下列問題：

(一) 若噪音源為移動式音源，則其測定點為何？ (2 分)

(二) 在監測穩定性噪音及變動性噪音時，請說明你選用之儀器種類及其設定為何？ (4 分)

(三) 請由題意所得之測定值評估：

　　1. 該勞工全程工作日之噪音暴露劑量。(5 分)

　　2. 該勞工噪音暴露之 8 小時日時量平均音壓級。(5 分)

(四) 對上述評估之結果，依法令規定，雇主是否應提供防音護具給勞工佩戴？ (請說明理由)(4 分)

🖋 (一) 若噪音源為移動音源者，測定點選在作業員慣常作業處、並將微音器夾於衣領處加以監測。

(二) 1. 監測穩定性噪音時使用噪音計，除了要注意測定位置選擇外，對於所測定之記錄數值，或噪音計之指示值測定 5 至 10 秒讀取其平均值即可。

　　2. 監測變動性噪音時使用噪音劑量計，除了注意測定點之選擇外，對於測定的噪音數據，可依均能音量求得。

(三) 1. 該勞工全程工作日之噪音暴露劑量：

$$\because T = 8/2^{(L-90)/5} = 8/2^{(95-90)/5} = 4$$

95dB 之容許暴露時間為 4 小時

暴露劑量：D = 0.4 + (2 ÷ 4) = 0.9

2. 該勞工噪音暴露之 8 小時日時量平均音壓級：

TWA = 16.61 log [(100 × D) ÷ (12.5 × 8)] + 90

= 16.61 log [(100 × 0.9) ÷ (12.5 × 8)] + 90 = 89.2 dBA

(四) 雇主應提供防音防護具供勞工佩戴。因依職業安全衛生設施規則規定，對於勞工 8 小時日時量平均音壓級超過 85 分貝或暴露劑量超過 50% 時，雇主應使勞工戴用有效之耳塞、耳罩等防音防護具。

第 76 次
職業衛生管理甲級技術士技能檢定
術科參考題解

104.11.08

一、若您為一職業衛生管理師，受雇於一勞工人數 550 人，且依法應實施化學性危害因子作業環境監測之事業單位，在執行作業環境監測前，應先協助雇主組成監測評估小組，訂定監測計畫及執行管理審查。請依職業安全衛生法相關法令及指引之規定，回答下列問題：

(一) 監測評估小組之組成人員 (8 分)

(二) 監測計畫之項目及內容 (10 分)

(三) 管理審查之內涵 (2 分)

答 (一) 事業單位從事特別危害健康作業之勞工人數在一百人以上，或依勞工作業環境監測實施辦法規定應實施化學性因子作業環境監測，且勞工人數五百人以上者，監測計畫應由下列人員組成監測評估小組研訂之：

1. 工作場所負責人。

2. 依職業安全衛生管理辦法設置之職業安全衛生人員。

3. 受委託之執業工礦衛生技師。

4. 工作場所作業主管。

(二) 監測計畫，應包括下列事項：

1. 危害辨識及資料收集：依作業場所危害及先期審查結果，以系統化方法辨識及評估勞工暴露情形，及應實施作業環境監測之作業場所，包括物理性及化學性危害因子。

2. 相似暴露族群之建立：依不同部門之危害、作業類型及暴露特性，以系統方法建立各相似暴露族群之區分方式，並運用暴露風險評估，排定各相似暴露族群之相對風險等級。

3. 採樣策略之規劃及執行：規劃優先監測之相似暴露族群、監測處所、樣本數目、監測人員資格及執行方式。

4. 樣本分析：確認實驗室樣本分析項目及執行方式。

5. 數據分析及評估：依監測數據規劃統計分析、歷次監測結果比較及監測成效之評估方式。

(三) 為高階管理階層依預定時程及程序，定期審查計畫及任何相關資訊，以確保其持續之適合性與有效性，並導入必要之變更或改進。

二、下列左欄為職業病，右欄為致病原。請分別說明每項職業病之致病原。(單選，多選不給分，每小題 2 分)(20 分)

職業病	致病原
1. 痛痛病	A. 砷
2. 氣喘	B. 眞菌
3. 肝癌	C. 聚乙烯 (PE)
4. 鼻中膈穿孔	D. 鐳鹽
5. 間皮癌 (瘤)	E. 石綿
6. 龐帝雅克熱	F. 煤焦油
7. 陰囊癌	G. 退伍軍人菌
8. 白血病 (血癌)	H. 鎘
9. 水 病	I. 苯
10. 骨內瘤	J. 聚氯乙烯 (PVC)
	K. 水泥
	L. 有機汞
	M. 鉻

🈺 1. 痛痛病的致病原為— H. 鎘

2. 氣喘的致病原為— B. 眞菌

3. 肝癌的致病原為— J. 聚氯乙烯 (PVC)

4. 鼻中膈穿孔的致病原為— M. 鉻

5. 間皮癌 (瘤) 的致病原為— E. 石綿

6. 龐帝雅克熱的致病原為— G. 退伍軍人菌

7. 陰囊癌的致病原為— F. 煤焦油

8. 白血病 (血癌) 的致病原為— I. 苯

9. 水 病的致病原為— L. 有機汞

10. 骨內瘤的致病原為— D. 鐳鹽

三、試簡要回答下列有關職業安全衛生法規之問題：

（一）何謂化學品暴露評估？(3分)

（二）何謂化學品分級管理？(2分)

（三）運作2種以上經中央主管機關指定公告具物理性危害或健康危害之優先管理化學品，其最大運作總量之臨界量的加總計算方法為何？(3分)

（四）試列舉4項母性健康危害之虞工作應採取的保護措施的綱要(如危害評估)。(4分)

（五）何謂母性健康保護期間？(2分)

（六）試列舉6項易造成母性健康危害之工作。(6分)

答（一）化學品暴露評估：指以定性、半定量或定量之方法，評量或估算勞工暴露於化學品之健康危害情形。

（二）化學品分級管理：指依化學品健康危害及暴露評估結果評定風險等級，並分級採取對應之控制或管理措施。

（三）運作者運作2種以上經中央主管機關指定公告具物理性危害或健康危害之優先管理化學品，其最大運作總量之臨界量的加總計算方法如下：

$$總和 = \frac{甲化學品最大運作總量}{甲化學品臨界量} = \frac{乙化學品最大運作總量}{乙化學品臨界量} + \cdots$$

（四）母性健康危害之虞工作應採取的保護措施：危害評估與控制、醫師面談指導、風險分級管理、工作適性安排及其他相關措施。

（五）母性健康保護期間：指雇主於得知女性勞工妊娠之日起至分娩後一年之期間。

（六）母性健康危害之虞之工作，指其從事可能影響胚胎發育、妊娠或哺乳期間之母體及幼兒健康之下列工作：

1. 工作暴露於具有依國家標準 CNS 15030 分類，屬生殖毒性物質、生殖細胞致突變性物質或其他對哺乳功能有不良影響之化學品者。

2. 勞工個人工作型態易造成妊娠或分娩後哺乳期間，產生健康危害影響之工作，包括勞工作業姿勢、人力提舉、搬運、推拉重物、輪班及工作負荷等工作型態，致產生健康危害影響者。

3. 其他經中央主管機關指定公告者。

四、長時間從事電腦終端機操作，可能引起 (一) 眼睛疲勞 (二) 腕道症候群 (三) 下背痛 (四) 肩頸酸 (疼) 痛及其他人因危害。在實施電腦工作站設計規劃及行政管理上，為預防上述四類危害，請分別說明應注意或採行之措施。(20 分)

　答 (一) 為減少視覺的負擔所造成之眼睛疲勞，可採行之措施如下：

　　1. 光線充足，亮度設定講究柔和且不刺眼，至少應在 35 燭光 / 平方米。

　　2. 螢幕前加裝護目鏡。

　　3. 避免長時間一邊看文件一邊做電腦輸入。

　　4. 觀視距離：以 45~60 公分較佳，或保持約一隻手臂的距離，一般狀況下不應低於 40 公分。

　　5. 視線角度保持約 15°~25°，但建議不超過 30°，同時讓螢幕和視線成 90° 為佳以免產生眩光。

(二) 腕道症候群：由於手腕重複施力，同時手腕彎曲過度，容易壓迫腕道內的神經，久而久之造成神經傳導受阻，常見症狀為肘或手腕麻與疼痛、握觸感喪失、手腕無力等。為改善症狀：

　　1. 上臂於體側自然下垂，使前臂與上臂成 90°，或略向上呈 10°~20° 左右

　　2. 座椅高度與鍵盤高度應配合，使手腕與前臂保持同一水平位置，避免手腕過度彎曲。

　　3. 鍵盤下緣應留有部分空間讓手腕與前臂傾靠。

(三) 下背痛：由於職業因素導致從腰部到雙臂之間，因為肌肉、肌腱、韌帶、關節、軟骨、骨骼、神經或血管等問題，所引起下背部的痠痛麻脹種種不舒服的疼痛感覺。為預防下背痛：

　　1. 椅背應具有良好之腰部支撐。

　　2. 工作中應適度改變姿勢，使脊椎骨的壓迫減輕。

　　3. 座椅高度應可調整，使大腿與椅面成水平，若腿部感覺到壓力，使用一腳凳。

　　4. 小腿約與大腿成 90°，並提供腿部可變換姿勢的活動空間。

(四) 肩頸酸 (疼) 痛及其他人因危害：

　　1. 椅背應可調整傾斜度、高度與椅座深度。

　　2. 電腦螢幕必須在操作者正前方，避免扭轉身體進行電腦作業。

3. 電腦椅應可支撐人體，具穩定作用，作業姿勢易改變及移動。

4. 提供適當高度扶手之電腦椅，扶手的主要目的在於讓手臂有所倚靠，過高的扶手會使肩部及頸部的肌肉拉伸，產生僵硬痛苦；反之過低則使手肘支撐不良，導致彎腰等不良姿勢。

五、

(一) 某一工作場所為使用有害物從事作業，該場所長、寬、高各為 15 公尺、6 公尺、4 公尺，勞工人數 50 人，如欲以機械通風設備實施換氣以調節新鮮空氣及維持勞工之舒適度，依職業安全衛生設施規則規定，其換氣量至少應為多少 m^3/min？(10 分)

註：下表為以機械通風設備換氣，依職業安全衛生設施規則規定應有之換氣量。

工作場所每一勞工所佔立方公尺數	未滿 5.7	5.7~ 未滿 14.2	14.2~ 未滿 28.3	28.3 以上
每分鐘每一勞工所需之新鮮空氣之立方公尺數	0.6 以上	0.4 以上	0.3 以上	0.14 以上

(二) 同一工作場所若使用正己烷從事作業，正己烷每日 8 小時作業之消費量為 30 公斤，依有機溶劑中毒預防規則附表規定，雇主設置之整體換氣裝置之換氣能力應為多少 m^3/min？(正己烷每分鐘換氣量換氣能力乘積係數為 0.04)(10 分)

答 (一) 依「職業安全衛生設施規則」規定，此工作場所之換氣量 (Q) 計算如下：

工作場所氣積 = 長 × 寬 × 高 = 15(m) × 6(m) × 4(m) = 360 m^3

每一勞工所佔立方公尺數 = 360(m^3) ÷ 50(人) = 7.2(m^3/ 人)

依據職業安全衛生設施規則規定之換氣標準，工作場所每一勞工所佔立方公尺數 5.7 以上未滿 14.2 者，每分鐘每一勞工所需之新鮮空氣之立方公尺數為 0.4，故：

該作業場所所需最少換氣量

(Q) = 50(人) × 0.4(m^3/min·人) = 20 (m^3/min)

(二) W = 30(kg) × 1,000(g/kg) / 8(hr) = 3,750(g/hr)

Q = 0.04 × W = 0.04 × 3,750 =150(m^3/min)

第 77 次

職業衛生管理甲級技術士技能檢定

術科參考題解

105.03.20

一、試回答下列問題：

(一)近年來勞工因工作時間過長造成過勞職業災害，屢見於報章媒體，勞工過勞問題已不容忽視。勞工依職業安全衛生設施規則規定，為預防輪班、夜間工作、長時間工作等異常工作負荷促發疾病應妥為規劃、其規劃內容應包含那些事項，以避免過勞職業災害之發生？(12 分)

(二)事業單位依規定配置有醫護人員從事勞工健康服務者，雇主應依那些事項，以避免過勞職業災害發生？(8 分)

🔷 (一)依職業安全衛生設施規則規定，預防輪班、夜間工作、長時間工作等異常工作負荷促發疾病應妥為規劃之內容包含：

1. 及評估高風險群。

2. 醫師面談及健康指導。

3. 或縮短工作時間及更換工作內容之措施。

4. 健康檢查、管理及促進。

5. 成效之評估及改善。

6. 有關安全衛生事項。

(二)事業單位依規定配置有醫護人員從事勞工健康服務者，雇主應依勞工作業環境特性、工作形態及身體狀況，參照中央主管機關公告之相關指引，訂定異常工作負荷促發疾病預防計畫，並據以執行；依規定免配置醫護人員者，得以執行紀錄或文件代替。

二、試回答下列有關危害性化學品評估及分級管理之問題：

(一)何謂相似暴露族群？(3 分)

(二)何謂分級管理？(3 分)

(三)勞工作業場所容許暴露標準所定有容許標準之化學品，其暴露評估方式有那些？(6 分)

(四)依分級管理結果，應採取防範或控制之程序或方案為何？(8 分)

答 (一) 相似暴露族群：指工作型態、危害種類、暴露時間及濃度大致相同，具有類似暴露狀況之一群勞工。

(二) 分級管理：指依化學品健康危害及暴露評估結果評定風險等級，並分級採取對應之控制或管理措施。

(三) 暴露評估方式，建議採用下列之一種或多種方法辦理：

　　1. 作業環境採樣分析。

　　2. 直讀式儀器監測。

　　3. 定量暴露推估模式。

　　4. 其他有效推估作業場所勞工暴露濃度之方法。

(四) 1. 消除危害。

　　2. 經由工程控制或管理制度從源頭控制危害。

　　3. 設計安全之作業程序，將危害影響減至最低。

　　4. 當上述方法無法有效控制時，應提供適當且充分之個人防護具，並採取措施確保防護具之有效性。

三、使用適當之防護具可降低勞工吸入有害物質與噪音暴露。

(一) 試列舉四種應考慮使用呼吸防護具之場合。(8分)

(二) 試列舉 3 項在選用呼吸防護具時應先確認之事項。(6分)

(三) 耳塞與耳罩各有其優缺點，相較於耳塞，試列舉 3 項耳罩之優點。(6分)

答 (一) 一般而言，作業場所出現以下狀況 (或條件) 時，便需考慮採用呼吸防護具：

　　1. 臨時性作業、作業時間短暫或作業期間短暫。

　　2. 有缺氧之虞作業場所從事作業時，如：

　　　(1) 坑道、儲槽、管道、船艙等內部實施清掃、檢查或維護保養等。

　　　(2) 在局限空間或開口有限空間等場所從事作業時。

　　3. 緊急意外事故逃生或搶救人命。

　　4. 採用工程控制措施，仍無法將空氣中危害性化學品濃度降低至容許濃度之下。

　　5. 可能有生物危害因子暴露，而無法設置完整的控制設備。

(二) 呼吸防護具的種類眾多，但尚無一完美的防護具可防護所有物質的危害，故必須瞭解防護具的種類與限制，並做正確的選擇，方能使防護具發揮功效。選用呼吸防護具應先確認之事項：

1. 有害物質之種類。

2. 是否有缺氧之可能。

3. 是否會立即危及生命或健康。

4. 有害物在空氣中之濃度為何？

5. 有害物之物性、化性及毒性。

6. 是否具刺激性作用，如對眼、鼻、皮膚等。

7. 是否會引起火災、爆炸。

8. 是否有設置必要之工程控制設備。

9. 是否有令人憎惡之味道存在或其他物理條件。

10. 是否需配戴其他的防護具如安全眼鏡、防護衣等。

11. 勞工工作進度、工作範圍、移動情形。

12. 各項呼吸防護具之特性及限制。

(三) 耳罩之優點：

1. 可重複使用

2. 體積大不易遺失

3. 保養清潔容易

4. 有耳道疾病患者可用

5. 不易感染

6. 易於查核勞工佩戴情形

四、解釋名詞。(20 分)

(一) 虛驚事故 (ncar miss)

(二) 職業安全衛生法所稱之「工作者」及「職業災害」

(三) IDLH (立即危害生命或健康濃度值)

(四) BEI (生物暴露指標)

(五) 潛涵症 (潛水伕症)

答 (一) 未造成傷害、不健康、死亡,或是其他形式損失之事件,又稱虛驚徵兆、驚險或瀕危情況。

(二) 工作者:指勞工、自營作業者及其他受工作場所負責人指揮或監督從事勞動之人員。

職業災害:指因勞動場所之建築物、機械、設備、原料、材料、化學品、氣體、蒸氣、粉塵等或作業活動及其他職業上原因引起之工作者疾病、傷害、失能或死亡。

(三) IDLH(立即危害生命或健康濃度值):指人員暴露於毒性氣體環境 30 分鐘,尚有能力逃生,且不致產生不良症狀或不可恢復性之健康影響的最大容許濃度。

(四) BEI(生物暴露指標):係指大多數勞工暴露在相當於容許濃度之化學物質環境下,可預期正常勞工在此暴露下之生物指標值 (血液、尿液、呼出氣體、毛髮或指甲中的濃度)。

(五) 潛涵症 (潛水伕症):又為減壓症,係指潛水人員或在高壓狀況下的人員,因急速上潛或減壓,使溶解在人體體液中過飽和之氮氣釋出產生氣泡而引起全身不適。不正常之減壓程序是導致減壓症之主因。暴露的環境壓力愈大,暴露時間愈久則溶解於組織的氮氣就愈多,也愈容易因減壓失當而造成減壓症。

五、某作業場所有使用二甲苯有機溶劑作業,某日 (溫度為 27℃,壓力為 750mmHg) 對該場所之勞工甲進行暴露評估,其暴露情形如下:

採樣設備 = 計數型流量計 (流速為 200cm^3/min) + 活性碳管 (脫附效率為 95%)

樣本編號	採樣時間	樣本分析結果 (mg)
1	08:00~12:00	2
2	13:00~15:00	12
3	15:00~18:00	0.1

已知:

1. 採樣現場之溫度壓力與校正現場相同

2. 二甲苯之分子量為 106,8 小時日時量平均容許濃度為 100ppm、434mg/m^3

3.

容許濃度	< 1	≥ 1，< 10	≥ 10，< 100	≥ 100，< 1,000	≥ 1,000
變量係數	3	2	1.5	1.25	1.0

試回答下列問題：

(一) 於 25℃，1atm 下之各時段採樣體積為多少 m^3？(5 分)

(二) 勞工甲於該工作日之二甲苯時量平均暴露濃度為多少 mg/m^3？(8 分)

(三) 評估勞工甲之暴露是否符合法令規定？(7 分)

答 (一) 求採氣量 (溫度為 27℃，壓力為 750mmHg)

樣本 1 之採樣體積
$= 200cm^3/min \times (4 \times 60)min = 48,000cm^3 = 0.048m^3$

樣本 2 之採樣體積
$= 200cm^3/min \times (2 \times 60)min = 24,000cm^3 = 0.024m^3$

樣本 3 之採樣體積
$= 200cm^3/min \times (3 \times 60)min = 36,000cm^3 = 0.036m^3$

於 25℃，1atm 下之採樣體積：

樣本 $1 = 0.048 \times 750/760 \times (273 + 25)/(273 + 27) = 0.047m^3$

樣本 $2 = 0.024 \times 750/760 \times (273 + 25)/(273 + 27) = 0.0235m^3$

樣本 $3 = 0.036 \times 750/760 \times (273 + 25)/(273 + 27) = 0.0353m^3$

(二) 求暴露濃度

樣本 1 之濃度 $= (2mg \times 100/95)/0.047 m^3 = 44.79mg/m^3$

樣本 2 之濃度 $= (12mg \times 100/95)/0.0235m^3 = 537.51mg/m^3$

樣本 3 之濃度 $= (0.1mg \times 100/95)/0.0352 m^3 = 2.98mg/m^3$

∴時量平均暴露濃度
$= (44.79 \times 4 + 537.51 \times 2 + 2.98 \times 4)/(4 + 2 + 3) = 140.35mg/m^3$

(三) 評估

短時間時量平均容許露濃度 = 8 小時日時量平均容許濃度 × 變量係數 $= 434mg/m^3 \times 1.25 = 542.5mg/m^3$ 各時段皆小於此濃度

八小時日時量平均暴露濃度
$= 140.35 \times 9/8 = 157.89mg/m^3 < 434mg/m^3$

小於 8 小時日時量平均容許濃度

所以勞工甲之二甲苯暴露符合法令規定。

第 78 次
職業衛生管理甲級技術士技能檢定
術科參考題解

105.07.17

一、

(一) 請說明依危害性化學品評估及分級管理辦法及技術指引規定，雇主使勞工製造、處置、使用符合何條件化學品，應採取分級管理措施？(5分) 請說明如何實施分級管理措施 (請以國際勞工組織國際化學品分級管理 CCB 說明)？(5分)

(二) 使用之化學品依勞工作業場所容許暴露標準已定有容許暴露標準者，如何實施分級管理措施 (請就事業單位勞工人數達 500 人規模說明)？(5分) 又請說明依風險等級，分別採取控制或管理措施為何？(5分)

答 (一) 1. 依危害性化學品評估及分級管理辦法第四條規定，雇主使勞工製造、處置或使用之化學品，符合國家標準 CNS 15030 化學品分類，具有健康危害者，應評估其危害及暴露程度，劃分風險等級，並採取對應之分級管理措施。

2. 以國際勞工組織國際化學品分級管理 (CCB) 說明，其實施分級措施如下：

(1) 依 GHS 化學品健康危害分類，決定其危害群組。

(2) 以化學品散布狀況、使用量等情形，判斷其暴露等級。

(3) 依危害群組及暴露等級，進行風險分級 (區分為四級)。

(4) 再選擇對應之控制或管理措施。

(二) 1. 依危害性化學品評估及分級管理辦法第八條規定，中央主管機關對於第四條之化學品，定有容許暴露標準，而事業單位從事特別危害健康作業之勞工人數在一百人以上，或總勞工人數五百人以上者，雇主應依有科學根據之之採樣分析方法或運用定量推估模式，實施暴露評估。

雇主應就前項暴露評估結果，依下列規定，定期實施評估：

(1) 暴露濃度低於容許暴露標準二分之一之者，至少每三年評估一次。

(2) 暴露濃度低於容許暴露標準但高於或等於其二分之一者，至少每年評估一次。

(3) 暴露濃度高於或等於容許暴露標準者，至少每三個月評估一次。

2. 依危害性化學品評估及分級管理辦法第十條規定，雇主對於前二條化學品之暴露評估結果，應依下列風險等級，分別採取控制或管理措施：

(1) 第一級管理：暴露濃度低於容許暴露標準二分之一者，除應持續維持原有之控制或管理措施外，製程或作業內容變更時，並採行適當之變更管理措施。

(2) 第二級管理：暴露濃度低於容許暴露標準但高於或等於其二分之一者，應就製程設備、作業程序或作業方法實施檢點，採取必要之改善措施。

(3) 第三級管理：暴露濃度高於或等於容許暴露標準者，應即採取有效控制措施，並於完成改善後重新評估，確保暴露濃度低於容許暴露標準。

二、試解釋下列名詞：(20 分)

(一) 局限空間。

(二) 腕道症候群。

(三) 熱適應。

(四) 體適能。

🖌 (一) 局限空間：係指非供勞工在其內部從事經常性作業，勞工進出方法受限制，且無法以自然通風來維持充分、清淨空氣之空間。

(二) 腕道症候群：腕道症候群乃是因為通過手腕部位的正中神經受到壓迫傷害所引起的疾病。它的症狀是手和手指麻、刺痛的感覺，更嚴重時可以導致感覺及力量的喪失。

(三) 熱適應：所謂熱適應係一般健康的人首次暴露於熱環境下工作時，身體會受熱的影響，諸如心跳速率增加或產生不能忍受之症侯，但經過幾天之重複性熱暴露後這些現象會減輕而逐漸適應的調適過程稱之。

(四) 體適能：可視為身體適應生活、活動與環境 (例如；溫度、氣候變化或病毒等因素) 的綜合能力。體適能較好的人在日常生活或工作中，從事體力性活動或運動皆有較佳的活力及適應能力，而不會輕易產生疲勞或力不從心的感覺。

三、試回答下列問題：

(一) 執行職業安全衛生管理系統之風險評估時，其中之作業條件清查可作為辨識危害與後果及評估風險的依據。請列舉 6 項有關作業清查宜包含的資訊。(12 分)

(二) 特定化學物質塔槽內部清洗作業時，

　　1. 除可能中毒、捲夾與感電外，請另列舉 4 項可能的危害。(4 分)

　　2. 依法令規定，須有那些作業主管及教育訓練？ (4 分)

答 (一) 作業條件清查的目的在於作為辨識危害及後果、評估其風險的依據，作業清查的資訊可包括：

　　1. 作業的場所、人員、頻率及內容。

　　2. 作業可能使用或接觸到的機械、設備、工具，及其操作或維修之說明。

　　3. 作業可能使用或接觸到的原物料及其物性、化性、健康危害性、安全及異常之處理方法等。

　　4. 法規及相關規範的要求，以及事業單位本身相關規定等。

　　5. 作業所需的公用設施，如電壓、壓縮空氣、蒸汽等。

　　6. 作業的控制措施 (包含工程控制、管理控制及個人防護具) 及其應用情況。

　　7. 事業單位本身或同業以往的事件案例。

　　8. 作業人員的技術能力、安衛知識及訓練狀況等。

　　9. 其他可能受此作業影響的人員，包含員工、承攬人、訪客、廠 (場) 週遭人員等。

(二) 1. 特定化學物質塔槽內部清洗作業時，除了可能中毒、捲夾與感電外，另有可能之危害有：

　　(1) 缺氧。

　　(2) 火災、爆炸。

　　(3) 墜落。

(4) 塌陷。

2. 特定化學物質塔槽內部清洗作業時，依法令規定，需有下列之作業主管及安全衛生教育訓練：

(1) 特定化學物質作業主管安全衛生教育訓練。

(2) 缺氧作業主管安全衛生教育訓練。

(3) 有機溶劑作業主管安全衛生教育訓練。

(4) 局限空間作業安全衛生教育訓練。

四、某生技公司為從事疫苗之生產製造，於廠內飼養動物、培養病原菌並使用針器。若您是該公司之職業衛生管理師，為預防員工因接觸生物病原體而引發職業感染，請依職業安全衛生設施規則規定，回答下列問題：

(一) 試列舉 7 項為預防生物性感染所應採行之措施。(14 分)

(二) 對於遭受針扎之員工，列舉 3 項應有之作為。(6 分)

☺ 依職業安全衛生設施規則規定

(一) 雇主對於工作場所有生物病原體危害之虞者，應採取下列感染預防措施：進行工作安全分析之主要程序如下列：

1. 危害暴露範圍之確認。

2. 相關機械、設備、器具等之管理及檢點。

3. 警告傳達及標示。

4. 健康管理。

5. 感染預防作業標準。

6. 感染預防教育訓練。

7. 扎傷事故之防治。

8. 個人防護具之採購、管理及配戴演練。

9. 緊急應變。

10. 感染事故之報告、調查、評估、統計、追蹤、隱私權維護及紀錄。

11. 感染預防之績效檢討及修正。

12. 其他經中央主管機關指定者。

(二) 雇主對於作業中遭生物病原體污染之針具或尖銳物品扎傷之勞工，應建立扎傷感染災害調查制度及採取下列措施：

1. 指定專責單位或專人負責接受報告、調查、處理、追蹤及紀錄等事宜，相關紀錄應留存 3 年。

2. 調查扎傷勞工之針具或尖銳物品之危害性及感染源。但感染源之調查需進行個案之血液檢查者，應經當事人同意後始得為之。

3. 前款調查結果勞工有感染之虞者，應使勞工接受特定項目之健康檢查，並依醫師建議，採取對扎傷勞工採血檢驗與保存、預防性投藥及其他必要之防治措施。前項扎傷事故，於中央主管機關指定之事業單位，應依中央主管機關公告之期限、格式及方式通報。

五、設某一半自由音場所有一穩定性噪音源 (為點音源)，經測得其輸出之功率為 0.1 瓦 (watt)。試回答下列問題：

(一) 該音源之音功率級 (Sound power level, L_w) 為多少分貝？(請列出計算過程) (5 分)

(二) 有一勞工在距離音源 4 公尺處作業，則在常溫常壓下，理論上的音壓級 (Sound pressure level, L_p) 為多少分貝？(請列出計算過程) (5 分)

(三) 若該勞工每日在該處作業 8 小時，則其暴露劑量為多少？(請列出計算過程) (5 分)

(四) 承上題，依相關法令規定，雇主應採取那些管理措施？ (5 分)

提示：$\log 2 = 0.3$；基準音功率為 10^{-12} 瓦 (watt)

$L_w = 10 \log (W/W_0)$，$L_p = L_w - 20 \log r - 8$，

$$T = \frac{8}{2^{\frac{L-90}{5}}}$$

答 (一) $L_w = 10 \log (W/W_0) = 10 \log (0.1/10^{-12}) = 10 \log (10^{11})$

$= 10 \times 11 \log 10 = 110 \ (dB)$

(二) $L_p = L_w - 20 \log r - 8 = 110 - 20 \log 4 - 8$

$= 110 - 20 \times 0.6 - 8 = 90 (dB)$

(三) $T = 8/2^{(L-90)/5} = 8/2^{(90-90)/5} = 8$ (小時)

90 分貝之容許暴露時間 8 小時

若該勞工每日在該處作業 8 小時，則

$Dose = (t/T) \times 100\% = 8/8 = 100\%$

（四）雇主應採取下列措施以保護勞工之聽力：

1. 雇主應使勞工配戴防音防護具，如耳塞、耳罩等。

2. 應採取聽力保護措施，作成執行紀錄並留存三年。

3. 雇主使勞工從事噪音暴露工作日八小時日時量平均音壓級在八十五分貝以上之作業，應於其受僱或變更作業時，依勞工健康保護規則規定，實施各該特定項目之特殊體格檢查。

4. 勞工噪音暴露工作日八小時日時量平均音壓級八十五分貝以上之作業場所，應每六個月監測噪音一次以上。

附錄二

第 79 次
職業衛生管理甲級技術士技能檢定
術科參考題解

105.11.06

一、某工廠老闆使其員工從事特別危害健康作業，維護勞工健康，應實施健康分級管理。請依勞工健康保護規則，回答下列問題：

(一) 試列舉 2 項特別危害健康作業。(4 分)

(二) 試就「醫師綜合判定結果」及「與工作相關性」，說明第二、三、四級健康管理之差異。(6 分)

(三) 請說明雇主對於特別危害健康作業屬於第二級以上健康管理者應有之作 。(10 分)

🖋 (一) 特別危害健康作業係指：高溫作業、工作日八小時日時量平均音壓級在八十五分貝以上之作業、游離輻射作業、異常氣壓作業、鉛作業、四烷基鉛作業、粉塵作業、有機溶劑作業、製造、處置或使用特定化學物質之作業、黃磷之製造、處置或使用作業、聯吡啶或巴拉刈之製造作業等。

(二) 第二級管理：特殊健康檢查或健康追蹤檢查結果，部分或全部項目異常，經醫師綜合判定為異常，而與工作無關者。

第三級管理：特殊健康檢查或健康追蹤檢查結果，部分或全部項目異常，經醫師綜合判定為異常，而無法確定此異常與工作之相關性，應進一步請職業醫學科專科醫師評估者。

第四級管理：特殊健康檢查或健康追蹤檢查結果，部分或全部項目異常，經醫師綜合判定為異常，且與工作有關者。

(三) 1. 雇主對於屬於第二級管理者，應提供勞工個人健康指導。

2. 第三級管理以上者，應請職業醫學科專科醫師實施健康追蹤檢查，必要時應實施疑似工作相關疾病之現場評估，且應依評估結果重新分級，並將分級結果及採行措施依中央主管機關公告之方式通報。

3. 屬於第四級管理者，經醫師評估現場仍有工作危害因子之暴露者，應採取危害控制及相關管理措施。

二、

(一) 所謂的職業病可視 因 職業的原因所導致的疾病，要判定疾病的發生是否真的由職業因素所引起，是相當專業的過程。我國目前是採列舉方式，並且必須由職業病專家判定，一般的判定條件如何？ (共 5 項，每項 2 分，共 10 分)

(二) 作業環境監測結果與導致職業病具有相當因果關係，請就下圖 A、B、C 三種狀態判定是否合法？並請簡要說明雇主是否應採取因應措施。(每項 2 分，共 6 分)(註：$LCL_{95\%}$ 可信度下限、$UCL_{95\%}$ 可信度上限)

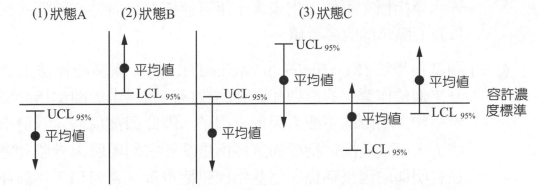

(三) 依勞工作業場所容許暴露標準「空氣中粉塵容許濃度表」粉塵種類分 4 種。1、何謂第三種粉塵？ (2 分)2、試說明採樣該類粉塵有效樣本之規定。(2 分)

答 (一) 判斷為職業病必須滿足下列條件：

1. 勞工確實有病徵。

2. 必須曾暴露於存在有害因子的環境。

3. 發病期間與症狀及有害因子之暴露期間有時序相關。

4. 病因不屬於非職業上之因素所引起。

5. 文獻上曾記載症狀與危害因子之關係。

(二) 狀態 A：有 95% 可信度稱勞工之暴露低於容許濃度；可視為合於法令，應維持現行安全衛生水準。

狀態 B：有 95% 可信度稱勞工之暴露已超過容許濃度；視為違反法令規定，應立即採取改善措施。

狀態 C：有可能超過容許濃度，惟不能確定係狀態 A 或狀態 B，需再進一步採樣確認；可能不足以保障勞工之健康，仍應考量採取適當的措施為宜。

(三)1. 第三種粉塵即石綿纖維。

2. 石綿粉塵係指纖維長度在五微米以上，長寬比在三以上之粉塵。

三、請針對畫底線之名詞作解釋 (20 分)

(一) 有關健康之<u>佛萊明漢危險預估評分表</u> (Framingham risk score)

(二) 人因工程之<u>關鍵指標法</u> (Key Indicator Method, KIM)

(三) 空氣中粉塵的<u>氣動粒徑</u> (Aerodynamic Diameter)

(四) 化學災害緊急應變時，穿著之 <u>A 級防護衣</u>

🖎 (一) Framingham Risk Score(佛萊明漢) 危險預估評分表簡稱「心力評量表」，依年齡、膽固醇、高密度膽固醇、血壓、糖尿病、吸菸等六項指標，可估算出未來十年可能罹患缺血性心臟病的機率，以及心臟年齡的參考值。

(二) <u>關鍵指標法</u> (Key Indicator Method, KIM)：關鍵指標法主要被開發來偵檢作業上的瓶頸和必要的改善措施。由於關鍵指標法僅考量與作業相關的主要人因危害因子，因此即被稱為「關鍵指標方法」，而這些關鍵指標的選擇則是基於它們與肌肉骨骼危害間存在有明顯的因果關係。這些指標包括重量、姿勢和工作條件，以及代表持續時間、頻率或距離所成的乘數。

(三) <u>氣動粒徑</u> (Aerodynamic Diameter)：當微粒與單位密度之圓球具有相同之沈降速度時，該圓球之直徑即為該微粒之氣動粒徑。

(四) <u>A 級防護衣</u>：最高等級的呼吸系統保護及皮膚<u>防護具</u>，為氣密式；也就是呼吸設備穿戴在防護衣內。基本配備：氣密式連身防護衣、正壓全面式自攜式空氣呼吸器、防護手套、防護鞋 (靴)。使用時機：當作業環境中有害物濃度高達立即致死濃度、立即致病濃度或造成影響逃生能力的傷害時需使用 A 級防護具。

四、某公司部分場所 噪音作業場所，今您 該公司的職業衛生管理師， 保護勞工免受聽力危害，應訂定聽力保護計畫據以執行。請依據作業環境監測結果，列出聽力保護計畫之具體內容。(20 分)

🖎 完整聽力保護計畫要項應包括：

1. 噪音作業場所調查與測定。

2. 噪音工程控制。

3. 勞工暴露時間管理。

4. 噪音特別危害健康作業特殊健康 (體格) 檢查及其管理。

5. 防音防護具選用與佩戴。

6. 勞工教育訓練。

7. 資料建立與保存。

五、某事業單位作業場所之溫度、壓力分別 25℃、一大氣壓。試回答下列問題：

(一) 今以可燃性氣體監測器測定空氣中丙酮的濃度時，指針指在 2.0%LEL 的位置。試問此時空氣中丙酮的濃度相當多少 ppm ？(5 分)

(二) 若丙酮每日八小時的消費量為 20kg。今裝設整體換氣裝置作為控制設備時

1. 依職業安全衛生設施規則規定，為避免發生火災爆炸之危害，其最小通風換氣量 何？(5 分)

2. 預防勞工發生丙酮中毒危害，理論上欲控制在八小時日時量平均容許濃度以下的最小換氣量 何？(5 分)

3. 依有機溶劑中毒預防規則規定，每分鐘所需之最小換氣量為何？(5 分)

已知：丙酮 (分子量　58) 的爆炸下限 (Lower explosion limit)　2.5%，8 小時日時量平均容許濃度　750 ppm。

答 (一) 以可燃性氣體監測器監測，如指針指在 2.0%LEL 位置，且丙酮之爆炸下限 (LEL) 為 2.5% 時，則氣體在環境中之濃度為 2.5% × 2% = 0.05% = 500ppm。

(二) 每小時消耗之丙酮量：$\dfrac{20\ kg \times 1{,}000\ g/kg}{8hr} = 2{,}500 g/hr$

1. 為避免火災爆炸之最小通風換氣量，根據職業安全衛生設施規則：

$$Q = \frac{24.45 \times 1{,}000 \times W}{60 \times (30\% \times LEL) \times M} = \frac{24.45 \times 1{,}000 \times 2{,}500}{60 \times (0.3 \times 2.5 \times 10^4) \times 58}$$
$$= 2.34 m^3/min$$

2. 為預防勞工引起中毒危害之最小換氣量，理論上欲控制在八小時日時量平均容許濃度以下的最小換氣量：

$$Q = \frac{24.45 \times 1{,}000 \times W}{60 \times C \times M} = \frac{24.45 \times 1{,}000 \times 2{,}500}{60 \times 750 \times 58} = 23.4\ m^3/min$$

3. 依有機溶劑中毒預防規則，因丙酮屬第二種有機溶劑，故每分鐘換氣量為作業時間內一小時之有機溶劑或其混存物之消費量 × 0.04，故換氣量 = 2,500 × 0.04 = 100 m³/min。

第 80 次

職業衛生管理甲級技術士技能檢定

術科參考題解

106.03.19

一、某化學工廠 (勞工人數為 600 人) 在室內使用正己烷溶劑 (勞工作業場所容許暴露標準為 50ppm) 進行攪拌混合，請問：

(一) 依危害性化學品評估及分級管理辦法規定，該廠應如何運用其作業環境監測結果與勞工作業場所容許暴露標準，決定其定期實施危害性化學品評估之頻率？ (10 分)

(二) 對於化學品暴露評估結果，該廠應如何依風險等級，分別採取控制或管理措施？ (10 分)

答 (一) 雇主應就暴露評估結果，依下列規定，定期實施評估：

1. 暴露濃度低於容許暴露標準二分之一之者，至少每三年評估一次。

2. 暴露濃度低於容許暴露標準但高於或等於其二分之一者，至少每年評估一次。

3. 暴露濃度高於或等於容許暴露標準者，至少每三個月評估一次。

化學品之種類、操作程序或製程條件變更，有增加暴露風險之虞者，應於變更前或變更後三個月內，重新實施暴露評估。

(二) 雇主對於暴露評估結果，應依下列風險等級，分別採取控制或管理措施：

1. 第一級管理：暴露濃度低於容許暴露標準二分之一者，除應持續維持原有之控制或管理措施外，製程或作業內容變更時，並採行適當之變更管理措施。

2. 第二級管理：暴露濃度低於容許暴露標準但高於或等於其二分之一者，應就製程設備、作業程序或作業方法實施檢點，採取必要之改善措施。

3. 第三級管理：暴露濃度高於或等於容許暴露標準者，應即採取有效控制措施，並於完成改善後重新評估，確保暴露濃度低於容許暴露標準。

    雇主依本辦法採取之評估方法及分級管理措施，應作成紀錄留存備查，至少保存三年。

二、雇主使勞工於局限空間從事作業前，應先確認該局限空間內有無可能引起勞工之危害，如有危害之虞者，應訂定危害防止計畫，並使現場作業主管、監視人員、作業勞工及相關承攬人依循辦理。

(一) 前項危害防止計畫訂定事項，請寫出六項。(12 分)

(二) 若局限空間現場濃度已經超過立即致危濃度 (Immediately Dangerous to Life or Health, IDLH)，請問應佩戴何種呼吸防護具進行作業？ (8 分)

答 (一) 1. 局限空間內危害之確認。

2. 局限空間內氧氣、危險物、有害物濃度之測定。

3. 通風換氣實施方式。

4. 電能、高溫、低溫及危害物質之隔離措施及缺氧、中毒、感電、塌陷、被夾、被捲等危害防止措施。

5. 作業方法及安全管制作法。

6. 進入作業許可程序。

7. 提供之防護設備之檢點及維護方法。

8. 作業控制設施及作業安全檢點方法。

9. 緊急應變處置措施。

(二) 1. 自攜式空氣呼吸器。

2. 輸氣管面罩。

三、試簡要回答下列問題：

(一) 異常氣壓危害預防標準所稱異常氣壓作業種類有那二種，並請簡要說明？ (4 分)

(二) 何謂熱適應？ (4 分)

(三) 何謂衝擊性噪音？ (4 分)

(四) 何謂勞工之社會心理危害 (psychosocial stress)？ (4 分)

(五) 某醫學中心有五名某地區洋蔥採收工人因眼睛角膜潰瘍而住院，3 人進行角膜移植，另外 2 人則須進行角膜刮除與抗真菌藥物治療。試問洋蔥採收工人可能是那些原因導致，而發生此危害？ (4 分)

答 (一) 異常氣壓作業，種類如下：

1. 高壓室內作業：指沈箱施工法或壓氣潛盾施工法及其他壓氣施工法中，於表壓力超過大氣壓之作業室或豎管內部實施之作業。

2. 潛水作業：指使用潛水器具之水肺或水面供氣設備等，於水深超過十公尺之水中實施之作業。

(二) 所謂熱適應係一般健康的人首次暴露於熱環境下工作時，身體會受熱的影響，諸如心跳速率增加或產生不能忍受之症侯，但經過幾天之重複性熱暴露後這些現象會減輕而逐漸適應的調適過程稱之。

(三) 聲音達到最大振幅所需要的時間小於 0.035 秒，而由峰值往下，降低 30 分貝所需的時間小於 0.5 秒，且二次衝擊之間不得少於 1 秒者。

(四) 社會心理危害 (或稱 Psycho-social hazards) 是指影響到人的社交生活或心理健康的職業危害。職場上的社會心理危害包括職業倦怠及工作壓力等，工作壓力也可能會導致倦怠。

(五) 洋蔥作業人員在採收或運送洋蔥過程中眼睛未配戴護目鏡、工作後則未徹底清洗手臉，維持良好個人衛生習慣，遭洋蔥外皮上滋生之真菌感染導致眼睛角膜潰瘍。

四、不適合的作業檯面或座椅常會導致作業員的背痛、頸痛或肩痛。請說明為預防以坐姿作業從事工作之勞工發生上述不適症狀，在 (一) 作業檯面 (10 分)，及 (二) 座椅 (10 分) 設計上應注意之事項。

答 (一) 1. 提供個人可調整的作業面高度，以配合其身體尺寸與主觀偏好。

2. 作業面高度宜能維持上臂至肩部呈相當放鬆的下垂姿勢，而前臂通常近乎水平或稍向下傾斜；避免前臂呈過度上舉角度。

3. 作業面之高度不可因而使脊柱過度彎曲。

4. 作業面之高度應可依手工作業之性質而加以調整。

5. 作業面之高度之設定要能提供適當的間隙，使人們的大腿在作業面之下可以活動。

(二) 1. 可使用背靠時：

(1) 椅背須能支撐到腰部區域。

(2) 背靠需有適當角度。

(3) 座板通常需略為向後傾斜。

(4) 座板和背靠間的角度約在 95°~120° 之間。

(5) 座面高度和背靠要能調整。

(6) 對大多數多用途座椅，座面高度必須適合矮小者，而座寬則需適合高大者。

(7) 使用適度輪廓化的座板，以便使集中於坐骨的體重能夠分配於整個臀部而減少。

2. 當不使用背靠時：

使用較高和前傾的座椅以使腰部屈曲最小化。

五、某工廠使用含石英之礦物性粉塵從事作業，為評估勞工作業場所空氣中可呼吸性粉塵暴露情形，進行個人採樣分析，計取得單一勞工 2 個連續樣本如下：

樣本	採樣時間（分鐘）	採樣空氣體積 (m³)	可呼吸性粉塵重量 (mg)	濃度 (mg/m³)	採樣樣本中結晶型游離二氧化矽所佔百分比 (%)
A	240	0.41	0.7	1.71	17
B	240	0.35	0.5	1.43	19
Total	480	0.76	1.2		

試以計算式回答下列問題：(提示：第一種可呼吸性粉塵容許濃度標準為 10 mg/m³ ÷ [% SiO_2 + 2])

(一) 整體採樣樣本中結晶型游離二氧化矽所佔百分比 (%)。(5 分)

(二) 第一種可呼吸性粉塵容許濃度標準 (mg/m³)。(5 分)

(三) 勞工 8 小時日時量平均濃度 (mg/m³)。(5 分)

(四) 依危害性化學品評估及分級管理辦法規定，該作業場所屬第幾級管理。(5 分)

🖋 (一) 結晶型游離二氧化矽所佔百分比 (%)

= 空氣中結晶型游離二氧化矽含量 (mg)

樣品淨重 (mg)

樣本 A $\dfrac{W_A}{0.7}=17\% \Rightarrow W_A = 0.119\text{mg}$

樣本 B $\dfrac{W_B}{0.5}=19\% \Rightarrow W_B = 0.095\text{mg}$

整體採樣樣本中結晶型游離二氧化矽所佔百分比 (%)

$$(\%) = \frac{W_A + W_B}{0.7+0.5} = \frac{0.214}{1.2} \cong 18\%$$

(二) 第一種可呼吸性粉塵之容許濃度標準 (mg/m³)

$$= \frac{10 \text{ mg/m}^3}{\% \text{ SiO}_2 + 2} = \frac{10 \text{ mg/m}^3}{18+2} = 0.5\text{mg/m}^3$$

(三) 8 小時日時量平均濃度

$$(\text{TWA}) = \frac{1.71 \times 240 + 1.43 \times 240}{480} = 1.57(\text{mg/m}^3)$$

(四) 粉塵之時量平均濃度

$(\text{TWA}) = 1.57(\text{mg/m}^3) > 0.5\text{mg/m}^3$

暴露濃度高於或等於容許暴露標準者,屬第三級管理,應即採取有效控制措施,並於完成改善後重新評估,確保暴露濃度低於容許暴露標準。

第 81 次

職業衛生管理甲級技術士技能檢定

術科參考題解

106.07.16

一、某化學工廠勞工操作 45% 酚液儲槽高壓鋼絲軟管拆除作業，因鋼絲軟管入口端未關閉，被酚液噴到身體造成重大職業災害案。請依特定化學物質危害預防標準規定，回答下列問題：

（一）雇主對處置或使用丁類物質之設備，或儲存該物質之儲槽等，因改造、修理或清掃等而拆卸該設備之作業，應依規定辦理那些事項，以避免漏洩造成職業災害？（請列舉 6 項，12 分）

（二）雇主應使特定化學物質作業主管執行那些規定事項？(8 分)

答（一）1. 派遣特定化學物質作業主管從事監督作業。

　　　2. 決定作業方法及順序，於事前告知從事作業之勞工。

　　　3. 確實將該物質自該作業設備排出。

　　　4. 為使該設備連接之所有配管不致流入該物質，應將該閥、旋塞等設計為雙重開關構造或設置盲板等。

　　　5. 依前款規定設置之閥、旋塞應予加鎖或設置盲板，並將「不得開啟」之標示揭示於顯明易見之處。

　　　6. 作業設備之開口部，不致流入該物質至該設備者，均應予開放。

　　　7. 使用換氣裝置將設備內部充分換氣。

　　　8. 以測定方法確認作業設備內之該物質濃度未超過容許濃度。

　　　9. 拆卸第四款規定設置之盲板等時，有該物質流出之虞者，應於事前確認在該盲板與其最接近之閥或旋塞間有否該物質之滯留，並採取適當措施。

　　　10. 在設備內部應置發生意外時能使勞工立即避難之設備或其他具有同等性能以上之設備。

　　　11. 供給從事該作業之勞工穿著不浸透性防護衣、防護手套、防護長鞋、呼吸用防護具等個人防護具。

（二）雇主應使特定化學物質作業主管執行下列規定事項：

1. 預防從事作業之勞工遭受污染或吸入該物質。

2. 決定作業方法並指揮勞工作業。

3. 保存每月檢點局部排氣裝置及其他預防勞工健康危害之裝置一次以上之紀錄。

4. 監督勞工確實使用防護具。

二、職業安全衛生法已規範許多母性健康保護措施，使女性勞工於保護期間工作更安全，並可預防職業疾病之發生，請依女性勞工母性健康保護實施辦法規定，回答下列問題：

（一）「母性健康保護」的定義爲何？(4分)

（二）「母性健康保護期間」之定義爲何？(4分)

（三）請列舉 6 種「易造成母性健康危害之工作」。(6分)

（四）雇主對於母性健康保護，應使職業安全衛生人員會同從事勞工健康服務醫護人員，辦理那些事項？(6分)

答（一）母性健康保護：指對於女性勞工從事有母性健康危害之虞之工作所採取之措施，包括危害評估與控制、醫師面談指導、風險分級管理、工作適性安排及其他相關措施。

（二）母性健康保護期間：指雇主於得知女性勞工妊娠之日起至分娩後一年之期間。

（三）有母性健康危害之虞之工作：

指其從事可能影響胚胎發育、妊娠或哺乳期間之母體及幼兒健康之下列工作：1.具有依國家標準 CNS 15030 分類，屬生殖毒性物質第一級、生殖細胞致突變性物質第一級或其他對哺乳功能有不良影響之化學品。2.易造成健康危害之工作，包括勞工作業姿勢、人力提舉、搬運、推拉重物、輪班、夜班、單獨工作及工作負荷等。

（四）雇主依法實施母性健康保護時，應使職業安全衛生人員會同從事勞工健康服務醫護人員，辦理下列事項：

1. 辨識與評估工作場所環境及作業之危害，包含物理性、化學性、生物性、人因性、工作流程及工作型態等。

2. 依評估結果區分風險等級，並實施分級管理。

3. 協助雇主實施工作環境改善與危害之預防及管理。

4. 其他經中央主管機關指定公告者。

三、請回答下列問題：

(一) 何謂作業環境監測？(4分)

(二) 為掌握危害性化學品流布，依職業安全衛生法規定，製造者、輸入者、供應者或雇主，對於經中央主管機關指定之管制性化學品及優先管理化學品應如何管制？(6分)

(三) 何謂勞工作業場所容許暴露標準所稱之第二種粉塵？(5分)

(四) 何謂職業性下背痛？(5分)

答 (一) 指規劃、採樣、分析或儀器測量勞工作業環境實態及評估勞工暴露狀況之行為。

(二) 製造者、輸入者、供應者或雇主，對於經中央主管機關指定之管制性化學品，不得製造、輸入、供應或供工作者處置、使用。但經中央主管機關許可者，不在此限。

製造者、輸入者、供應者或雇主，對於中央主管機關指定之優先管理化學品，應將相關運作資料報請中央主管機關備查。

(三) 第二種粉塵：含結晶型游離二氧化矽未滿10%之礦物性粉塵。

(四) 職業性下背痛：係指由於職業因素導致從腰部到雙臀之間，因為肌肉、肌腱、韌帶、關節、軟骨、骨骼、神經或血管等問題，所引起下背部的酸痛麻脹種種不舒服的疼痛感覺。

四、請回答下列問題：

(一) 依職業安全衛生管理辦法規定，對局部排氣裝置、空氣清淨裝置及吹吸型換氣裝置，應每年定期實施檢查一次，請列舉6項檢查項目以保持其性能。(12分)

(二) 進行感染性微生物操作作業時，為預防及控制生物氣膠及病原體之暴露，可選擇使用安全且經檢測合格之生物安全櫃(biological safety cabinet, BSC)，以進行生物安全控制，請說明BSC之基本保護原理。(8分)

答 (一) 雇主對局部排氣裝置應每年實施下列檢查：

1. 氣罩、導管及排氣機之磨損、腐蝕、凹凸及其他損害之狀況及程度。
2. 導管或排氣機之塵埃聚積狀況。
3. 排氣機之注油潤滑狀況。
4. 導管接觸部分之狀況。
5. 連接電動機與排氣機之皮帶之鬆弛狀況。

6. 吸氣及排氣之能力。

7. 設置於排放導管上之採樣設施是否牢固、鏽蝕、損壞、崩塌或其他妨礙作業安全事項。

8. 其他保持性能之必要事項。

(二) 生物安全櫃之基本保護原理

生物安全櫃是由下列四個防護單元所構成：

1. 由金屬或玻璃板構成的物理性阻隔。

2. 高效率濾網 (High Efficiency Particulate Air filter, HEPA filter) 構成之空氣過濾系統，經由高效率濾網去除有害懸浮微粒保護實驗操作程序中操作人員和環境的安全。

3. 空氣屏障：藉由櫃體內的高效率濾網過濾進排氣並在櫃體內產生向下氣流的方式，來避免感染性生物材料污染環境與感染實驗操作人員，亦或是實驗操作材料間的交叉污染。

4. 紫外線滅菌燈

五、一工作場所只有 3 個 95 分貝之噪音源，此 3 個噪音音源緊密接於工作場所 A 區域，P 點位於 A 區域距離噪音源直線距離 5 公尺，B 場所距離噪音源 50 公尺 (P 點位於噪音源與 B 區域之間，且不考慮 B 區域周界範圍大小，採點計)，場所配置如圖 5-1，一勞工工作時間分配如表 5-1，試計算：

(一) 3 個 95 分貝噪音源之合成音壓級 (可利用參考表格 1 計算)。(5 分)

(二) 勞工一天工作 8 小時之暴露劑量。(有效位數計算至小數點後 2 位，10)

(三) 勞工一天工作 8 小時之日時量平均音壓級。(有效位數計算至小數點後 2 位，5 分)

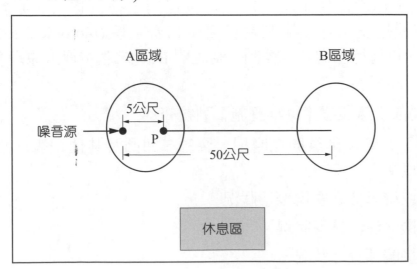

圖 5-1

表 5-1

勞工作業活動區域	工作起迄時間	量測音壓
A 區	8：00am~9：00am	未實施噪音測試，假設此 3 個噪音音源於工作場所 A 區域造成均勻之音場，採 3 個噪音源之合成音壓計算評估
休息室休息	9：00am~9：15am	85 分貝
B 區	9：15am~12：15pm	未實施噪音測試，採 P 點與 B 區噪音傳播距離衰減方式計算評估
餐廳用餐及交誼廳午休	12：15pm~1：15pm	60 分貝
B 區	1：15pm~3：15pm	未實施噪音測試，採 P 點與 B 區噪音傳播距離衰減方式計算評估
休息室休息	3：15pm~3：30pm	85 分貝
A 區	3：30pm~5：00pm	未實施噪音測試，假設此 3 個噪音音源於工作場所 A 區域造成均勻之音場，採 3 個噪音源之合成音壓計算評估
下班	5：00pm~	

附件：參考表格及公式

參考表格 1

2 個音源差異	為計算合成音量之較高音源增加量
0~1 分貝	3 分貝
2~4 分貝	2 分貝
5~9 分貝	1 分貝
10 分貝	0 分貝

參考公式 1：$Lp_{d2} = Lp_{d1} + 20 \log (d1/d2)$

公式 2：$TWA = 16.61 \log(D) + 90$

公式 3：$T = 8/2^{(L-90)/5}$

✍ （一）

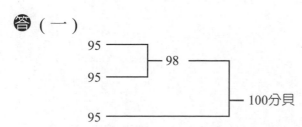

（二）在 B 區，音量採 P 點與 B 區噪音傳播距離衰減方式計算評估：

$Lp = 100 + 20 \log (5/50) = 100 - 20 \log (50/5)$

$= 100 - 20 \log(10) = 100 - 20 = 80dB$

在 A 區：勞工在 100 分貝環境下，容許暴露時間為 2 小時

在 B 區：勞工在 80 分貝環境下，容許暴露時間 32 小時

∴勞工工作 8 小時之暴露劑量 (D)

$$= \frac{1}{2} + \frac{0.25}{16} + \frac{2}{32} + \frac{2}{32} + \frac{0.25}{16} + \frac{1.5}{2} = 1.44 = 144\%$$

(三) 勞工 8 小時之日時量平均音壓級

TWA = 16.61 log (144/100) + 90 = 92.63 分貝

第 82 次
職業衛生管理甲級技術士技能檢定
術科參考題解

106.11.05

一、試回答下列有關職業安全衛生法規之問題：

（一）雇主對於勞工 8 小時日時量平均音壓級超過 85 分貝，應對其勞工採行聽力保護措施，請列舉 5 項聽力保護措施應有之內容。(10 分)

（二）雇主對於妊娠中女性勞工應予以保護，並不得使其從事危險性或有害性之工作，請列舉 5 項危險性或有害性之工作。(10 分)

答（一）依據「職業安全衛生設施規則」第 300-1 條規定，雇主對於勞工八小時日時量平均音壓級超過八十五分貝或暴露劑量超過百分之五十之工作場所，應採取下列聽力保護措施，作成執行紀錄並留存三年：

1. 噪音監測及暴露評估。

2. 噪音危害控制。

3. 防音防護具之選用及佩戴。

4. 聽力保護教育訓練。

5. 健康檢查及管理。

6. 成效評估及改善。

前項聽力保護措施，事業單位勞工人數達一百人以上者，雇主應依作業環境特性，訂定聽力保護計畫據以執行；於勞工人數未滿一百人者，得以執行紀錄或文件代替。

（二）依據「職業安全衛生法」第 30 條規定，雇主不得使妊娠中之女性勞工從事下列危險性或有害性工作：

1. 礦坑工作。

2. 鉛及其化合物散布場所之工作。

3. 異常氣壓之工作。

4. 處理或暴露於弓形蟲、德國麻疹等影響胎兒健康之工作。

5. 處理或暴露於二硫化碳、三氯乙烯、環氧乙烷、丙烯醯胺、次乙亞胺、砷及其化合物、汞及其無機化合物等經中央主管機關規定之危害性化學品之工作。

6. 鑿岩機及其他有顯著振動之工作。

7. 一定重量以上之重物處理工作。

8. 有害輻射散布場所之工作。

9. 已熔礦物或礦渣之處理工作。

10. 起重機、人字臂起重桿之運轉工作。

11. 動力捲揚機、動力運搬機及索道之運轉工作。

12. 橡膠化合物及合成樹脂之滾輾工作。

13. 處理或暴露於經中央主管機關規定具有致病或致死之微生物感染風險之工作。

14. 其他經中央主管機關規定之危險性或有害性之工作。

二、依勞動部公告之呼吸防護具選用參考原則試回答下列問題：

(一) 名詞說明：(每項 3 分，共 6 分)

　　1. 危害比 (HR)

　　2. 防護係數 (PF，並列出計算式)

(二) 試列舉 2 項呼吸防護具使用時機。(每項 3 分，共 6 分)

(三) 呼吸防護具之選用首重工作環境之「危害辨識」，請列舉 4 項危害辨識之內容。(每項 2 分，共 8 分)

🅰 依據「呼吸防護具選用參考原則」

(一) 名詞說明：

　　1. 危害比 (HR)：空氣中有害物濃度 / 該有害物之容許暴露標準。

　　2. 防護係數 (PF)：用以表示呼吸防護具防護性能之係數，防護係數 (PF)=1/(面體洩漏率 + 濾材洩漏率)

(二) 呼吸防護具使用時機

　　1. 採用工程控制及管理措施，仍無法將空氣中有害物濃度降低至勞工作業場所容許暴露標準之下。

　　2. 進行作業場所清掃及設備 (裝置) 之維修、保養等臨時性作業或短暫性作業。

3. 緊急應變之處置。(消防除外)

(三) 呼吸防護具之選用原則：

1. 暴露空氣中有害物之名稱及濃度。

2. 該有害物在空氣中之狀態。(粒狀或氣狀)

3. 作業型態及內容。

4. 其他狀況 (例如作業環境中是否有易燃、易爆氣體、不同大氣壓力或高低溫影響)。

三、

(一) 試說明勞工休克時應如何實施急救？ (10 分)

(二) 下表左欄爲化學物質之毒性分類，請從右邊化學物質欄中選出相關之毒性分類，並於答案紙上將左欄代號抄錄後，將作相關的化學物質代號列明。

(每小題均爲單選，答題方式爲 1A、2B，複選不予計分)(10 分)

毒性分類	化學物質
1. 窒息性物質	A. 二異氰酸甲苯 (TDI)
2. 刺激性物質	B. 四烷基鉛
3. 致過敏性氣喘物質	C. 氨
4. 神經毒性物質	D. 四氯化碳
5. 致肝癌物質	E. 氮氣

答 (一) 休克急救方式如下述：

1. 去原因：止血、包紮、固定等，最好盡快供氧。

2. 擺姿勢：下肢抬高 20~30 公分，但有頭部外傷、呼吸困難或抬高下肢會令病患不舒服者，不得抬高下肢。

3. 保體溫：勿使患者過熱。

4. 慎給水：昏迷者→不能給水

　　　　：清醒者但可能有開刀之虞者→不能給水。

5. 說好話：做心理的支持，但並非無謂的保證。

6. 送醫院：送醫途中持續觀察患者生命徵象。

(二) 1E、2C、3A、4B、5D

四、有關異常氣壓作業，試回答下列問題：

(一) 依「異常氣壓危害預防標準」規定，雇主使勞工從事潛水作業時，應置潛水作業主管，試列舉 7 項潛水作業主管應辦理事項。(7 分)

(二) 試列舉 4 項減壓症的主要症狀。(8 分)

(三) 試依道爾頓分壓定律 ($P_t = P_1 + P_2 + P_3 + \cdots + P_n$)，說明海水下深度 30 公尺時 (每 10 公尺增加 1 大氣壓)，若使潛水員使用周邊壓力之混合氣體潛水 $80\%N_2$，$20\%O_2$)，此時所吸入之氧氣分壓為何？(5 分)

答 (一) 依「異常氣壓危害預防標準」第三十九條規定，雇主使勞工從事潛水作業時，應置潛水作業主管，辦理下列事項：

1. 確認潛水作業安全衛生計畫。

2. 潛水作業安全衛生管理及現場技術指揮。

3. 確認潛水人員進出工作水域時與潛水作業主管之快速連繫方法。

4. 確認緊急時救起潛水人員之待命船隻、人員及後送程序。

5. 確認勞工置備之工作手冊中，記載各種訓練、醫療、投保、作業經歷、緊急連絡人等紀錄。

6. 於潛水作業前，實施潛水設備檢點，並就潛水人員資格、體能狀況及使用個人裝備等，實施作業檢點，相關紀錄應保存五年。

7. 填具潛水日誌，記錄每位潛水人員作業情形、減壓時間及工作紀錄，資料保存十五年。

(二) 第二型減壓病之症狀包括：

中樞神經系統：頭痛、頭暈、噁心嘔吐、視覺模糊、語言障礙、記憶喪失、同側肢體麻木無力、昏迷；

脊髓：腰背痛、下半身麻木無力、大小便困難 (第二型最常見，侵犯部位多出現於下胸節)；

內耳：頭暈、目眩、耳鳴、步態不穩；

肺部：胸痛、胸悶、咳嗽、呼吸困難 (少見僅占 2%，死亡率高)；

全身 (最嚴重)：低血容積性休克、死亡。

(三) $P_t = P_1 + P_2 = 1 + 3 = 4atm$ (1 大氣壓 + 水壓)

氧氣分壓為 400 × 20%，約為 80 千帕。

五、

(一) 某有機溶劑作業場所桌面上設有一側邊吸引式外裝氣罩,長及寬各為 40 公分及 20 公分。作業點距氣罩 20 公分,該處之風速為 0.5m/s,試 計算該處氣罩對作業點之有效吸引風量為何?(請寫出計算式及過程) (5 分)

(二) 一矩形風管大小如下圖所示,實施定期自動檢查時於測定孔位置測得 之動壓分別為:

16.24mmH$_2$O,16.32mmH$_2$O,16.32mmH$_2$O,16.12mmH$_2$O,

16.00mmH$_2$O,16.08mmH$_2$O,16.40mmH$_2$O,16.81mmH$_2$O,

16.24mmH$_2$O,16.32mmH$_2$O,16.32mmH$_2$O,16.12mmH$_2$O,

16.00mmH$_2$O,16.08mmH$_2$O,16.40mmH$_2$O,16.81mmH$_2$O,

試計算其輸送風量為多少 (m^3/min)?(10 分)

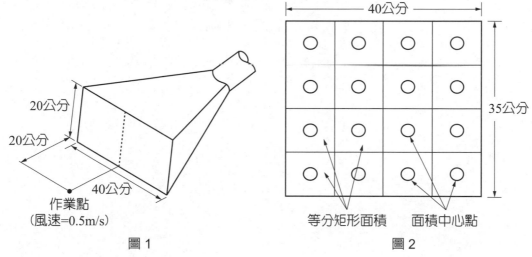

圖 1　　　　　　　　　　　　　圖 2

答 (一) $V_c = 0.5(m/s)$

$A = 0.2(m) \times 0.4(m) = 0.08 \ m^2$

$Q = 60V_c(5X^2 + A) = 60 \times 0.5[5(0.2)^2 + 0.08] = 8.4(m^3/min)$

(二) $V(m/s) = 4.04\sqrt{P_v}$

$V_1 - 4.04\sqrt{16.24} = 16.24$ (m/s),餘此類推

$V_2 = 16.28$,$V_3 = 16.28$,$V_4 = 16.18$,$V_5 = 16.12$,$V_6 = 16.16$,

$V_7 = 16.32$,$V_8 = 16.52$,$V_9 = 16.24$,$V_{10} = 16.28$,$V_{11} = 16.28$,

$V_{12} = 16.18$,$V_{13} = 16.12$,$V_{14} = 16.16$,$V_{15} = 16.32$,$V_{16} = 16.52$

$$V_{avg}(m/s) = \frac{\sum\limits_{i=1}^{16} V_i}{n}$$

$$V_{avg} = (16.24 + 16.28 + \cdots + 16.52)/16 = 16.26(m/s)$$

$$Q(m^3/min) = 60 \times A(m^2) \times V_{avg}(m/s)$$

$$= 60 \times (0.4 \times 0.35) \times 16.26$$

$$= 136.6(m^3/min)$$

第 83 次
職業衛生管理甲級技術士技能檢定
術科參考題解

107.03.18

一、 請回答下列有關我國化學品健康危害分級管理 (Chemical Control Banding，CCB) 工具之問題：

(一) 何謂 CCB 工具？ (3 分)

(二) 扼要說明 CCB 各步驟及其內容。(15 分)

(三) CCB 工具有何限制或不足之處？ (2 分)

答 (一) 化學品分級管理 (Chemical Control Banding，CCB) 主要係利用化學品本身的健康危害特性，加上使用時潛在暴露的程度，透過風險矩陣的方式來判斷出風險等級及管理方法，進而採取相關控制措施來加以改善；為國際勞工組織 (International Labour Organization，ILO) 及國際間近年針對健康風險積極發展的一套半定量式評估工具。

(二) CCB 的步驟及內容：

1. 劃分危害群組：依 GHS 化學品健康危害分類，決定其危害群組。

2. 判定散布狀況：化學品的物理型態會影響其散布到空氣中的狀況，此階段是利用固體的粉塵度及液體的揮發度來決定其散布狀況。粉塵度或揮發度愈高的化學品，表示愈容易散布到空氣中。

3. 選擇使用量：由於化學品的使用量多寡會影響到製程中該化學品的暴露量，故將製程中的使用量納入考量，可依表判定為小量、中量或大量。

4. 決定管理方法：利用前面三個步驟的結果，根據化學品的危害群組、使用量、粉塵度或揮發度，對照風險矩陣表，即可判斷出該化學品在設定的環境條件下的風險等級。

5. 參考暴露控制表單依據上一步驟判斷出風險等級 / 管理方法後，可按對照表，依據作業型態來選擇適當的暴露控制表單。所提供的管理措施包括整體換氣、局部排氣、密閉操作、暴露濃度監測、呼吸防護具、尋求專家建議等。

(三) CCB 工具的限制或不足：

1. 僅適用於具有健康危害之化學品，對安全 (如火災和爆炸事故) 和環境會成危害之化學品則有所限制。

2. 僅適用於固體及液體。若化學品爲氣體，則需參照其他具同等科學基礎之評估及分級管理方法。

3. 無法取代或去除個人暴露監測的必要性，應與傳統暴露監測及 OELs 適度搭配運用。

4. 並非所有職業危害種類 (如：切割夾捲) 皆可用分級管理策略解決。

5. 必要時或特殊情況下仍應採用較複雜的工具或方法來進行勞工健康風險評估。

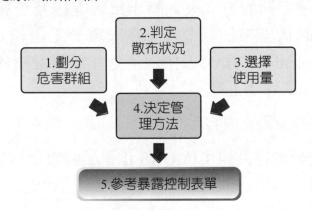

二、何謂風險評估？(2 分)，請說明實施步驟及各步驟扼要內容 (18 分)。

🔑 風險評估係指辨識、分析及評量風險之程序。

其實施步驟及各步驟扼要內容如下：

(一) 辨識出所有的作業或工程

1. 事業單位應依安全衛生法規及職業安全衛生管理系統相關規範等要求，建立、實施及維持風險評估管理計畫或程序，以有效執行工作環境或作業危害的辨識、評估及控制。

2. 事業單位應依安全衛生法規要求、工作環境或作業 (包含製程、活動或服務) 的規模與特性等因素，選擇適合的風險評估方法，並明確規範執行及檢討修正的時機。

3.　事業單位執行或檢討風險評估時，應有熟悉作業的員工參與。

4.　對於執行風險評估的人員應給予必要的教育訓練，提升其安全衛生知識及評估技能，必要時應尋求外界專業機構的協助。

5.　風險評估的範圍應涵蓋事業單位所有的工作環境及作業，且須考量以往危害事件的經歷。

6.　事業單位應依其製程、活動或服務的流程辨識出所有的相關作業或工程 (以下簡稱為作業)。

7.　前述的作業應涵蓋例行性及非例行性的作業，亦應包含組織控制下可能出現在事業單位及其組織控制下之人員 (如承攬人、供應商、訪客及其他利害相關者等) 所執行的各項作業。

(二) 辨識危害及後果

1.　事業單位應事先依其工作環境或作業 (製程、活動或服務) 的危害特性，界定潛在危害的分類或類型，作為危害辨識、統計分析及採取相關控制措施的參考，

2.　對所辨識出的作業，應蒐集相關資訊，作為風險評估的依據。

3.　事業單位應針對作業的危害源，辨識出所有的潛在危害、及其發生原因與合理且最嚴重的後果。

(三) 確認現有防護設施

1.　事業單位應依所辨識出的危害及後果，確認現有可有效預防或降低危害發生原因之可能性及減輕後果嚴重度的防護設施。

2.　必要時，對所確認出的現有防護設施，得分為工程控制、管理控制及個人防護具等，以利於後續的分析及應用。

(四) 評估危害的風險

1.　風險為危害事件之嚴重度及發生可能性的組合，評估時不必過於強調須有精確數值的量化分析，事業單位可自行設計簡單的風險等級判定基準，以相對風險等級方式，作為改善優先順序的參考。

2.　事業單位對所辨識出的潛在危害，應依風險等級判定基準分別評估其風險等級。

3.　執行有害物和有害能源暴露之健康風險評估時，須參考作業環境測定及監測的結果。

（五）採取降低風險的控制措施

　　1. 事業單位應訂定不可接受風險的判定基準，作為優先決定採取降低風險控制措施的依據。

　　2. 不可接受風險的判定基準並非持續固定不變，事業單位應依實際風險狀況及可用資源等因素，適時調整不可接受風險判定基準值，以達持續改善的承諾。

　　3. 對於不可接受風險項目應依消除、取代、工程控制、管理控制及個人防護具等優先順序，並考量現有技術能力及可用資源等因素，採取有效降低風險的控制措施。

　　4. 風險控制措施確認後，應指派相關人員負責規劃及實施，並定期追蹤其執行狀況。

（六）確認採取控制措施後的殘餘風險

　　1. 事業單位對預計採取降低風險的控制措施，應評估其控制後的殘餘風險，並於完成後，檢討其適用性及有效性，以確認風險可被消減至預期成效。對於無法達到預期成效者，應適時予以修正，必要時應採取其他有效的控制措施。

　　2. 事業單位對已執行或所採取之風險控制措施，應定期或不定期進行監督與量測，以確保其遵循度及控制成效。

三、請依所從事職業特性、暴露與可能導致之危害來源，根據勞動部公布之職業病種類表，請將以下職業代號（下列左欄）配對最常見可能引發之職業病（下列右欄）。（每小題 2 分，單選且不重複，答題方式如 A-1）

職業代號	『職業病』或『執行職務所致疾病』
A. 游離輻射暴露作業	1. H5N1 感染
B. 醫學檢驗作業	2. 肝細胞癌
C. 日光燈管回收作業	3. 腰椎椎間盤突出
D. 氯乙烯暴露作業	4. 甲狀腺癌
E. 用力抓緊或握緊物品之作業	5. 塵肺症
F. 物流貨運搬運作業	6. 過敏性接觸性皮膚炎
G. 地板地毯鋪設作業	7. 間皮細胞瘤
H. 陶瓷廠粉塵作業	8. 腕隧道症候群
I. 船舶拆卸作業	9. 膝關節半月狀軟骨病變
J. 養雞場作業	10. 急性腎衰竭

A-4	F-3
B-6	G-9
C-10	H-5
D-2	I-7
E-8	J-1

四、非游離輻射包括紫外線、可見光、紅外線、微波及無線電波等,試回答下列問題:

(一)依非游離輻射之波長,由大到小排列。(4 分)

(二)依非游離輻射之能量,由大到小排列。(4 分)

(三)試說明非游離輻射防護 3 原則。(12 分)

答 (一) 依非游離輻射之波長,由大到小排列依序為:

　　無線電波 > 微波 > 紅外線 > 可見光 > 紫外線

(二) 依非游離輻射之能量,由大到小排列依序為:

　　紫外線 > 可見光 > 紅外線 > 微波 > 無線電波

(三) 試說明非游離輻射防護 3 原則

1. 時間:縮短於非游離輻射場中的逗留時間。

2. 距離:非游離輻射強度隨距離平方成反比,儘量拉長與非游離輻射源間的距離,暴露強度便得以減弱。

3. 屏蔽:使用適當的屏蔽材料隔離暴露者與非游離輻射源。

五、某作業場所使用甲苯 (toluene) 及丁酮 (methyl ethyl ketone, MEK) 混合有機溶劑作業。某日 (溫度為 27℃,壓力為 750mmHg) 對該場所之勞工甲進行暴露評估,其現場採樣及樣本分析結果如下:

採樣設備:計數型流量計 (流速為 100cc/min) + 活性碳管

採樣編號	採樣時間	樣本分析結果	
		甲苯 (mg)	丁酮 (mg)
1	08:00~10:30	2.9	4.0
2	10:30~12:00	1.8	2.5
3	13:00~15:00	2.4	3.2
4	15:00~17:00	3.0	2.1
分子量		92	72
脫附效率 (%)		95	85
八小時日時量平均容許濃度 (ppm)		100	200

已知：採樣現場溫度壓力與校正現場相同

請評估勞工甲的暴露是否符合法令的規定？(20 分) (需列出計算式否則不予計分)

答 (一) 求採氣量 (溫度為 27℃，壓力為 750mmHg)

樣本 1 之採樣體積
$= 100cm^3/min \times (2.5 \times 60)min = 15,000cm^3 = 0.015m^3$

樣本 2 之採樣體積
$= 100cm^3/min \times (1.5 \times 60)min = 9,000cm^3 = 0.009m^3$

樣本 3 之採樣體積
$= 100cm^3/min \times (2 \times 60)min = 12,000cm^3 = 0.012m^3$

樣本 4 之採樣體積
$= 100cm^3/min \times (2 \times 60)min = 12,000cm^3 = 0.012m^3$

於 25℃，1atm 下之採樣體積：

樣本 $1 = 0.015 \times 750/760 \times (273 + 25)/(273 + 27) = 0.0147m^3$

樣本 $2 = 0.009 \times 750/760 \times (273 + 25)/(273 + 27) = 0.0088m^3$

樣本 $3 = 0.012 \times 750/760 \times (273 + 25)/(273 + 27) = 0.0118m^3$

樣本 $4 = 0.012 \times 750/760 \times (273 + 25)/(273 + 27) = 0.0118m^3$

(二) 求暴露濃度

就甲苯而言：

樣本 1 之濃度 $= (2.9mg \times 100/95)/0.0147m^3 = 207.66mg/m^3$

樣本 2 之濃度 $= (1.8mg \times 100/95)/0.0088m^3 = 215.31mg/m^3$

樣本 3 之濃度 $= (2.4mg \times 100/95)/0.0118m^3 = 214.09mg/m^3$

樣本 4 之濃度 $= (3.0mg \times 100/95)/0.0118m^3 = 267.62mg/m^3$

就丁酮而言：

樣本 1 之濃度 $= (4.0mg \times 100/85)/0.0147m^3 = 320.13mg/m^3$

樣本 2 之濃度 $= (2.5mg \times 100/85)/0.0088m^3 = 334.22mg/m^3$

樣本 3 之濃度 $= (3.2mg \times 100/85)/0.0118m^3 = 319.04mg/m^3$

樣本 4 之濃度 $= (2.1mg \times 100/85)/0.0118m^3 = 209.37mg/m^3$

∴時量平均甲苯暴露濃度

$$TWA_{甲苯} = \frac{(207.66\times2.5+215.31\times1.5+214.09\times2+267.62\times2)}{8}$$

$$= 225.69\text{mg/m}^3$$

或 $TWA_{甲苯} = 225.69 \times \dfrac{24.45}{92} = 60 \text{ ppm}$

時量平均丁酮暴露濃度

$$TWA_{丁酮} = \frac{(320.13\times2.5+334.22\times1.5+319.04\times2+209.37\times2)}{8}$$

$$= 294.81\text{mg/m}^3$$

或 $TWA_{丁酮} = 294.81 \times \dfrac{24.45}{72} = 100 \text{ ppm}$

(三) 評估

以相加效應評估之

$$D = \frac{60}{100} + \frac{100}{200} = 1.1 > 1$$

所以勞工甲暴露於甲苯與丁酮之情況違反法令規定。

第 84 次
職業衛生管理甲級技術士技能檢定
術科參考題解

107.07.15

一、依高溫作業勞工作息時間標準及勞工作業環境監測實施辦法等相關法規規
定，回答下列問題：

（一）何謂輕工作、中度工作及重工作？(6 分，各 2 分)

（二）某一勞工從事燒窯作業(戶外有日曬)，為間歇性熱暴露，其工作時
程中最熱的 2 小時中，有 90 分鐘在自然濕球溫度為 31℃、黑球溫度
為 35℃及乾球溫度為 34℃之工作場所，另外 30 分鐘在自然濕球溫度
27℃、黑球溫度為 29℃及乾球溫度為 28℃之休息室(戶內)，試計算
其時量平均綜合溫度熱指數。(14 分)

答（一）輕工作：指僅以坐姿或立姿進行手臂部動作以操縱機器者。

中度工作：於走動中提舉或推動一般重量物體者。

重工作：指鏟、掘、推等全身運動之工作。

（二）工作場所為戶外有日曬環境其綜合溫度熱指數 $WBGT_1$：

$WBGT_1 = 0.7 \times$ 自然濕球溫度 $+ 0.2 \times$ 黑球溫度 $+ 0.1 \times$ 乾球溫度

$= 0.7 \times 31℃ + 0.2 \times 35℃ + 0.1 \times 34℃ = 32.1℃$

休息室為戶內無日曬環境其綜合溫度熱指數 $WBGT_2$：

$WBGT_2 = 0.7 \times ($ 自然濕球溫度 $) + 0.3 \times ($ 黑球溫度 $)$

$= 0.7 \times 27℃ + 0.3 \times 29℃ = 27.6℃$

此勞工之時量平均綜合溫度熱指數 $WBGT_{TWA}$：

$$WBGT_{TWA} = \frac{WBGT_1 \times t_1 + WBGT_2 \times t_2}{t_1 + t_2} = \frac{32.1 \times 90 + 27.6 \times 30}{90 + 30}$$

$= 31.0℃$

∴勞工之時量平均綜合溫度熱指數為 31.0℃。

二、試解釋下列名詞：

（一）熱適應 (heat acclimatization)(4 分)

（二）眩光 (glare)(4 分)

（三）白指症 (vibration white finger)(4 分)

（四）作業環境監測 (4 分)

（五）體適能 (physical fitness)(4 分)

答（一）所謂熱適應係一般健康的人首次暴露於熱環境下工作時，身體會受熱的影響，諸如心跳速率增加或產生不能忍受之症候，但經過幾天之重複性熱暴露後這些現象會減輕而逐漸適應的調適過程稱之。

（二）眩光 (glare)：視野內任何具有引起不適、討厭、疲倦或干擾視覺的輝度。

（三）白指症 (vibration white finger)：主要症狀為手指等末梢部位出現指尖或手指全部發白、冰冷，同時產生針刺、麻木、疼痛的感覺，常因劇烈振動而影響皮下組織，使血管痙攣、血液循環變差、血流量減少而發作。由於 VWF 為一複雜現象，其正確病理原因尚未為人知，懷疑係手部長期暴露於振動及寒冷環境下所造成，故白指症常見於寒冷環境中使用振動手工具的工人。

（四）作業環境監測：指為掌握勞工作業環境實態與評估勞工暴露狀況，所採取之規劃、採樣、測定及分析之行為。

（五）體適能 (physical fitness)：可視為身體適應生活、活動與環境 (例如；溫度、氣候變化或病毒等因素) 的綜合能力。體適能較好的人在日常生活或工作中，從事體力性活動或運動皆有較佳的活力及適應能力，而不會輕易產生疲勞或力不從心的感覺。

三、請回答下列問題：

（一）以熱傳導式 (thermal conductivity) 監測器分別監測下表氣體濃度在 3,000ppm 時，請問那 2 種氣體較易被偵測？(4 分)

（二）請敘述熱傳導式監測器之基本功能元件與測定原理。(6 分)

（三）某一地下儲水槽經硫化氫 (H_2S) 防爆型直讀式電化學監測器測定，所得測值分別為 28、29、32、35、26ppm。請問 1ppm 是指多少分之一 (2 分)？上述測值之中位數濃度 (2 分)、平均濃度 (2 分)、標準偏差 (4 分) 各為多少？

中文名	化學式	熱傳導度 ($\times 10^{-4}$ cal·cm^{-1}·sec^{-1}·deg^{-1})@0°C
空氣	—	58
一氧化碳	CO	53
二氧化碳	CO_2	34
氫	H_2	419
氧	O_2	57
甲烷	CH_4	73
丙烷	C_3H_8	36

🔑 (一) 以氫 (H_2) 和甲烷 (CH_4) 這二種氣體較容易被偵測，因為分子量越小熱傳導度越大，而熱傳導度越大則該檢測器越靈敏。

(二) 1. 熱傳導式監測器的基本功能元件有：

　　(1) 感應元件是電熱元件，它在固定功率下其溫度與周圍氣體的熱導性有關。

　　(2) 加熱元件可能是金屬絲或熱電阻器，由其電阻可量度氣體的導熱性。

　　2. 熱傳導式監測器之測定原理係以熱敏電阻為熱源，不同物質之熱傳導度不同，當樣品流經熱敏電阻時因熱傳導度不同而產生電阻值之變化，測定其變化可得分析圖譜。

(三) 1. 1ppm 是指一百萬分之一。

　　2. 中位數濃度：

　　先把數據由小至大排列，26、28、29、32、35ppm，故中位數濃度為 29ppm。

　　3. 平均濃度 = (28 + 29 + 32 + 35 + 26)/5 = 30

　　∴平均濃度為 30ppm

　　4. 標準偏差

$$S = \sqrt{\frac{\sum_{i=1}^{n}(x_i - \bar{x})^2}{n-1}}$$

$$= \sqrt{\frac{(28-30)^2 + (29-30)^2 + (32-30)^2 + (35-30)^2 + (26-30)^2}{5-1}}$$

$$= 3.54$$

∴標準偏差為 3.54ppm

四、某工廠逐步擴建後共有 A、B、C 三個廠房，使用某化學品 X(非鉛或職業安全衛生法第 30 條第 1 項所稱之危險性或有害性作業)，以相同製程生產單一產品。近 5 年之作業環境監測相似暴露族群之空氣中此化學品八小時日時量平均濃度 (TWA) 均低於 5ppm(此物質八小時日時量平均容許濃度為 10ppm)，所有作業員均採三班制輪班作業。現有 A 廠一位女性作業員向主管報告懷孕，請依勞動及職業安全衛生法規相關規定及指引回答下列問題：

(一) 根據表一之化學品安全資訊，依事業單位規模大小說明雇主採取特殊期間健康保護措施之差異。(4 分)

(二) 依勞動部職業安全衛生署對懷孕勞工健康保護應參照之技術指引。參考表二及表三，此勞工之化學性危害健康管理分級屬第幾級？請說明理由。(4 分)

(三) 此勞工依表二之作業環境監測結果，要求調整至 C 廠的中班工作，雇主是否可以同意此勞工之申請 (2 分)？並請列舉 3 個於配置或調整勞工作業時，應援引之勞動相關法規 (不含本題已參照之法規或施行細則)。(6 分)

(四) 根據上述分級結果，請問雇主應使何種身份醫護人員執行與此勞工之面談指導？(4 分)

表 1　物質安全資料 (摘錄)

危害辨識資料：

化學品危害分類：易燃液體第 2 級、急毒性物質第 4 級 (吞食)、急毒性物質第 2 級 (吸入)、腐蝕 / 刺激皮膚物質第 2 級、嚴重損傷 / 刺激眼睛物質第 2 級、生殖毒性物質第 2 級、特定標的器官系統毒性物質～重複暴露第 1 級
標示內容： 象徵符號：火焰、驚嘆號、健康危害

警示語：危險
危害警告訊息：第一類毒性化學物質：化學物質在環境中不易分解或因生物蓄積、生物濃縮、生物轉化等作用，致污染環境或危害人體健康者。1. 高度易燃液體或蒸氣 2. 吞食有害 3. 吸入致命 4. 造成皮膚刺激 5. 造成眼睛刺激 6. 可能對生育能力或胎兒造成傷害 7. 長期或重複暴露會對器官造成傷害
危害防範措施：1. 遠離引燃品 ˙ 禁止吸菸 2. 防止靜電 3. 如遇意外或覺不適，立即洽詢醫療

表 2　最近一次作業環境監測之個人採樣結果 (25℃，一大氣壓下)

廠房時間		TWA(ppm)		
		A	B	C
白班	7：00~15：00	4.1	2.0	0.9
中班	15：00~23：00	3.6	1.8	0.1
晚班	23：00~7：00	2.9	2.4	0.5

表 3　母性健康保護風險危害分級參考表 (摘錄自工作場所母性健康保護技術指引附表 3)

化學性危害			
危害項目	第一級管理	第二級管理	第三級管理
危害性化學品	－	暴露於具生殖性毒性物質、生殖性細胞致突變性，或其他對哺乳功能有不良影響之化學品	暴露於屬生殖性毒性物質第一級、生殖性細胞致突變性物質第一級之化學品
	作業場所空氣中暴露濃度低於容許暴露標準十分之一。	作業場所空氣中暴露濃度在容許暴露標準十分之一以上未達二分之一。	作業場所空氣中暴露濃度在容許暴露標準二分之一以上。

答 (一) 因 A 廠一名女性作業員為妊娠期間，且根據所提供之物質安全資料，X 化學品為生殖毒性物質第 2 級。依職業安全衛生法第 31 條規定，中央主管機關指定之事業，雇主應對有母性健康危害之虞之工作，採取危害評估、控制及分級管理措施。

對於妊娠中或分娩後未滿一年之女性勞工，應依醫師適性評估建議，採取工作調整或更換等健康保護措施，並留存紀錄。

(二) 此勞工之化學性危害健康管理分級屬第二級。因為此物質八小時日時量平均容許濃度為 10ppm，從表二中得知 A 廠區各時段的暴露濃度大於 1ppm 而小於 5ppm，故作業場所空氣中暴露濃度在容許暴露標準十分之一以上未達二分之一，所以查表三結果此勞工之化學性危害健康管理分級屬第二級。

(三) 該勞工依表二之作業環境監測結果，要求調整至 C 廠的中班工作，雇主可以同意此勞工之申請，因勞動基準法第 51 條規定，女工在妊娠期間，如有較為輕易之工作，得申請改調，雇主不得拒絕，並不得減少其工資。

雇主所採取母性健康保護，於配置或調整勞工作業時，應尊重勞工意願，並依勞動基準法、性別工作平等法及游離輻射防護法之規定辦理。

(四) 根據上述風險等級屬第二級管理，雇主應使從事勞工健康服務醫師提供勞工個人面談指導，並採取危害預防措施。

五、有甲苯自儲槽洩漏於一局限空間作業場所，其作業空間有效空氣換氣體積為 30 立方公尺，已知每小時甲苯 (分子量：92) 蒸發量為 3,500g，甲苯爆炸範圍 1.2~7.1%。請回答下列問題：

(一) 若以新鮮空氣稀釋甲苯蒸氣，維持甲苯蒸氣濃度在爆炸下限百分三十以下 (安全係數約等於 3)，且達穩定狀態 (steady state) 時，請問每分鐘需多少立方公尺之換氣量？ (10 分) 又，每小時換氣次數為多少？ (5 分)

(二) 承上題，若安全係數設為 10，需每分鐘多少立方公尺之換氣量？ (5 分)

換氣量參考公式：$Q=\dfrac{24.45\times10^3\times G\times K}{60\times LEL\times10^4\times M}$

答 (一) $Q=\dfrac{24.45\times10^3\times G\times K}{60\times LEL\times10^4\times M}=\dfrac{24.45\times10^3\times3,500\times3}{60\times1.2\times10^4\times92}=3.88(m^3/min)$

ACH = 60 × (Q/V) = 60 × (3.88/30) = 7.76(1/hr)

亦即每小時換氣次數為 7.76 次

(二) 安全係數為 10 時，其換氣量如下：

$Q=\dfrac{24.45\times10^3\times G\times K}{60\times LEL\times10^4\times M}=\dfrac{24.45\times10^3\times3,500\times10}{60\times1.2\times10^4\times92}=12.9(m^3/min)$

亦即若安全係數為 10 時，每分鐘需有 12.9m³/min 之換氣量。

附錄二

第 85 次

職業衛生管理甲級技術士技能檢定

術科參考題解

107.11.04

一、試回答下列問題：

（一）何謂職業安全衛生設施規則所稱之局限空間？(2 分)

（二）何謂有機溶劑中毒預防規則所稱之通風不充分之室內作業場所？(2 分)

（三）下列那些屬缺氧症預防規則所稱之缺氧危險場所從事之作業？（複選，填寫代號即可，6 分。全對得 6 分，每少選 1 項或選錯 1 項扣 1 分）

　　1. 長期間未使用之水井、坑井、豎坑、隧道、沉箱、或類似場所等之內部。

　　2. 置放煤、褐煤、硫化礦石、鋼材、鐵屑、原木片、木屑、乾性油、魚油或其他易吸收空氣中氧氣之物質等之儲槽、船艙、倉庫、地窖、貯煤器或其他儲存設備之內部。

　　3. 以含有乾性油之油漆塗敷天花板、地板、牆壁或儲具等，在油漆未乾前即予密閉之地下室、倉庫、儲槽、船艙或其他通風不充分之設備之內部。

　　4. 置放或曾置放醬油、酒類、胚子、酵母或其他發酵物質之儲槽、地窖或其他釀造設備之內部。

　　5. 使用乾冰從事冷凍、冷藏或水泥乳之脫鹼等之冷藏庫、冷凍庫、冷凍貨車、船艙或冷凍貨櫃之內部。

　　6. 滯留或曾滯留雨水、河水或湧水之槽、暗渠、人孔或坑井之內部。

　　7. 供裝設電纜、瓦斯管或其他地下敷設物使用之暗渠、人孔或坑井之內部。

　　8. 貫通或鄰接腐泥層之水井、坑井、豎坑、隧道、沉箱、或類似場所等之內部。

（四）除作業方法及安全管制作法、作業控制設施及作業安全檢點方法外，請列舉 5 項局限空間危害防止計畫應包含之事項。(10 分)

答（一）局限空間係指非供勞工在其內部從事經常性作業，勞工進出方法
　　　受限制，且無法以自然通風來維持充分、清淨空氣之空間。

（二）所稱之通風不充分之室內作業場所係指室內對外開口面積未達底
　　　面積之二十分之一以上或全面積之百分之三以上者。

（三）缺氧危險場所從事之作業：1、2、3、4、5、6、7、8。

（四）除作業方法及安全管制作法、作業控制設施及作業安全檢點方法
　　　外，計畫內容包括下列事項：

1. 局限空間內危害之確認。

2. 局限空間內氧氣、危險物、有害物濃度之測定。

3. 通風換氣實施方式。

4. 電能、高溫、低溫及危害物質之隔離措施及缺氧、中毒、感電、
　塌陷、被夾、被捲等危害防止措施。

5. 進入作業許可程序。

6. 提供之防護設備之檢點及維護方法。

7. 緊急應變處置措施。

二、試回答下列問題：

（一）說明危害性化學品評估及分級管理辦法所稱之分級管理。(2 分)

（二）說明女性勞工母性健康保護實施辦法所稱分級管理之執行方法。(2 分)

（三）說明對女性勞工母性健康保護實施辦法第 3 條或第 5 條第 2 項之工
　　　作，區分風險等級之原則。(12 分)

（四）說明下列有關呼吸防護具選用之名詞

1. 密合度測試 (fit test) (2 分)

2. 密合檢點 (fit check)(2 分)

答（一）分級管理：指依化學品健康危害及暴露評估結果評定風險等級，
　　　並分級採取對應之控制或管理措施。

（二）1. 辨識與評估工作場所環境及作業之危害，包含物理性、化學
　　　　性、生物性、人因性、工作流程及工作型態等。

2. 依評估結果區分風險等級，並實施分級管理。

3. 協助雇主實施工作環境改善與危害之預防及管理。

(三) 雇主使保護期間之勞工從事第三條或第五條第二項之工作,應依下列原則區分風險等級:

1. 符合下列條件之一者,屬第一級管理:

(1) 作業場所空氣中暴露濃度低於容許暴露標準十分之一。

(2) 第三條或第五條第二項之工作或其他情形,經醫師評估無害母體、胎兒或嬰兒健康。

2. 符合下列條件之一者,屬第二級管理:

(1) 作業場所空氣中暴露濃度在容許暴露標準十分之一以上未達二分之一。

(2) 第三條或第五條第二項之工作或其他情形,經醫師評估可能影響母體、胎兒或嬰兒健康。

3. 符合下列條件之一者,屬第三級管理:

(1) 作業場所空氣中暴露濃度在容許暴露標準二分之一以上。

(2) 第三條或第五條第二項之工作或其他情形,經醫師評估有危害母體、胎兒或嬰兒健康。

(四) 1. 密合度測試 (fit test):每個呼吸防護具使用者必須使用專屬於自己的防護具,這個防護具必須能與佩戴者的臉頰外形配合。密合度測試的主要目的是讓勞工在所有可供選用的呼吸防護具中挑選一能與自己面形配合,達到密合要求,且能舒適佩戴的呼吸防護具。

2. 密合檢點 (fit check):呼吸防護具的佩戴者在每次使用前均應進行的檢點,以確定呼吸防護具的密合度可被接受。

三、某一工廠之職業安全衛生管理人員欲進行特定粉塵發生源之作業環境監測及勞工粉塵暴露控制,以下是他的考量重點,試回答下列問題:

(一) 採樣器之吸入效率 (3 分)

若考量平行板採樣器之吸入效率 $A = C_s / C_o$(C_o 為採樣口外所得之質量濃度,C_s 是經由採樣口而得之氣膠質量濃度);請問等動力採樣 (isokinetic sampling,即採樣風速等於環境風速)、超動力採樣 (superisokinetic sampling,即採樣風速大於環境風速) 及次動力採樣 (subisokinetic sampling,即採樣風速小於環境風速) 之 A 值分別為大於、等於或小於 1?

(二) 名詞解釋

1. 可吸入性氣膠 (inhalable aerosol)。(2 分)

2. 胸腔性氣膠 (thoracic aerosol)。(2 分)

3. 可呼吸性氣膠 (respirable aerosol)。(2 分)

4. 下圖 a、b、c 曲線分別代表前述哪一類氣膠？(1 分)

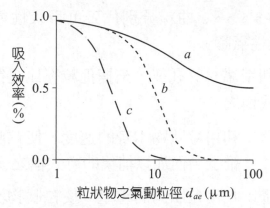

(三) 試列出 5 種濾材對粒狀汙染物的去除機制；並簡要說明。(10 分)

🖎 (一) 吸入效率 A = C_s /C_o，(C_o 為採樣口外所得之質量濃度，C_s 是經由採樣口而得之氣膠質量濃度)

 1. 等動力採樣 (isokinetic sampling)：採樣風速等於環境風速，因此吸入效率 A = 1。

 2. 超動力採樣 (superisokinetic sampling)：如果採樣速度大於氣流速度，靠近吸氣嘴外圍之氣體，因採樣馬達抽引而進入吸氣嘴，此時，氣流中之粒狀物會因慣性作用力繼續沿直線前進，而未進入吸氣嘴，會導致採樣結果低估，因此吸入效率 A < 1。

 3. 次動力採樣 (subisokinetic sampling)：若採樣速度低於排氣氣流流速，在吸氣嘴正向部分氣體，不經吸氣嘴而呈現彎曲通過，此時，氣流中之粒狀物會因慣性作用力繼續沿直線前進，而進入吸氣嘴被截留，會導致採樣結果高估，其採樣濃度將大於實際濃度，因此吸入效率 A >1。

(二) 名詞解釋

 1. 可吸入性氣膠 (inhalable dust)：係指空氣中之粒狀污染物能經由鼻或口呼吸而進入人體呼吸系統者。其特性為在室內作業場所 (即風速小於 4m/s) 中，粒徑為 100μm 左右的粒狀污染物約有 50% 可視為可吸入性氣膠。

2. 胸腔性氣膠 (Thoracic dust)：可沉積在呼吸氣道及肺泡區，並對沉積部位造成危害之粉塵。

3. 可呼吸性氣膠 (respirable dust)：係指可透過離心式或水平析出式等分粒裝置所測得之粒徑者。粉塵之粒徑在 4 微米以下者，可深入肺部，此種可深入肺部之粉塵，又稱為可呼吸性粉塵。

4. 圖中 a、b、c 曲線分別代表可吸入性氣膠、胸腔性氣膠、可呼吸性氣膠。

(三) 攔截：利用濾材的孔徑，來捕捉粒徑比孔徑大的粒狀物而進行攔截的方式稱之。

慣性衝擊：利用粒狀物本身的速度，使粒狀物直接撞擊於濾紙纖維上，而加以捕集的方式稱之。

重力沈降：利用粒狀物的重量，使粒狀物沈積在濾紙上的方式稱之。

擴散：利用粒子的布朗運動由濃度高處擴散至濃度低處時，在擴散的過程中，使之被濾紙捕集的方式稱之。

靜電吸引：利用粒子所帶電荷而被濾紙纖維吸引的方式，而加以捕集之。

四、某 55 歲從事「泥作作業」30 餘年的男子，其工作需搬運 30 公斤重的磁磚、砂石、水泥原料，每天最重達到 2.5 公噸，且常需以彎腰姿勢進行工作，後經職業傷病防治中心認定，具顯著「人因性危害」，請由以上案例回答下列問題：

(一) 何謂累積性肌肉骨骼傷病 (cumulative trauma disorders, CTD)？ (4 分)

(二) 法令規定，事業單位勞工人數達多少人以上者，為避免勞工促發肌肉骨骼疾病，雇主應依作業特性及風險，參照中央主管機關公告之相關指引，訂定人因性危害預防計畫並據以執行？ (2 分)；又執行紀錄應留存多少年？ (2 分)

(三) 承上題，事業單位訂定完整之人因性危害預防計畫宜遵循 PDCA 循環之架構來管理，以確保管理目標之達成。請分別就 P(Plan)、D(Do)、C(Check)、A(Act) 分述其內容。 (12 分)

    🖎 (一) 所謂累積性肌肉骨骼傷病 (Cumulative Trauma Disorders, CTD)，是由於重複性的工作過度負荷，造成肌肉骨骼或相關組織疲勞、發炎、損傷，經過長時間的累積所引致的疾病。

（二）1. 勞工人數達 100 人以上。

　　　2. 執行紀錄應留存 3 年。

（三）Plan：政策、目標、範圍對象、期程、計畫項目、實施方法、績效考核、資源需求。

　　　Do：肌肉骨骼傷病調查、人因性危害評估、改善方案之實施。

　　　Check：評估改善績效。

　　　Act：管控追蹤、績效考核。

五、試回答下列問題：

（一）何謂 Type 2 噪音計？（2 分）

（二）在自由音場測定高頻噪音時，當以無方向型 (random)、垂直型或水平型微音器測定入射噪音時，一般而言何種入射會有較高的回應特性測值？（2 分）

（三）承上題，無方向性微音器中心軸線與音波入射的測定角度範圍，通常為何？（2 分）

（四）列出計算式，計算噪音計中心頻率為 2,000 Hz 的八音度頻帶上、下限頻率。（4 分）

（五）列出計算式，說明距離線噪音源 4 公尺時之噪音，較距離相同音源 2 公尺時之噪音會減少多少 dB？（5 分）；若為點噪音源，則距離由 2 公尺變為 8 公尺時，噪音會減少多少 dB？（5 分）

🙂（一）Type 2 噪音計：普通噪音計，可做工廠現場測量用，其主要頻率容許誤差在 ±1.5dB 以下。

（二）一般而言，當頻率愈高，以垂直型入射會有較高的回應特性測值。

（三）對無方向性微音器而言，散亂入射回應採用 70° ～ 80° 的方向，此入射角度也可用於當有數個音源之聲音入射方向已明確知道時的噪音量測。

（四）設八音階頻帶每頻帶之上限頻率為 f_U、下限頻率為 f_L。

　　（1）$f_c = \sqrt{f_U \times f_L}$

　　（2）$\dfrac{f_U}{f_L} = 2^1$

亦即

$$\sqrt{f_U \times f_L} = 2,000 \ \text{且} \ f_U = 2f_L$$

$$\Rightarrow \sqrt{2f_L \times f_L} = 2,000$$

$$\Rightarrow \sqrt{2} f_L = 2,000$$

$$\Rightarrow f_L = 2,000 / \sqrt{2} = 1414.4$$

$$\therefore \ f_U = 2f_L = 2828.8$$

(五) 1. 在自由音場中、線音源時：

$$L_p = L_w - 10 \log r - 8$$

在距音源 r_1、$r_2(r_1 > r_2)$ 位置的音壓級相差

$$L_{P1} - L_{P2} = 10 \log (r_2/r_1) = 10 \log (2/4) = 10 \log (1/2) = -3 \ dB$$

即距離線噪音源 4 公尺時之噪音，較距離相同音源 2 公尺時之噪音會減少 3 dB。

2. 在自由音場中、點音源時：

$$L_p = L_w - 20 \log r - 11$$

在距音源 r_1、r_2 $(r_1 > r_2)$ 位置的音壓級相差

$$L_{P1} - L_{P2} = 20 \log (r_2/r_1) = 20 \log (2/8) = 20 \log (1/4) = -12 \ dB$$

即點噪音源，當距離由 2 公尺變為 8 公尺時，噪音會減少 12 dB。

第 86 次
職業衛生管理甲級技術士技能檢定
術科參考題解

108.03.17

一、某工作場所使用化學品混合物 (以下簡稱混合物)，試回答下列問題：

（一）有甲、乙兩混合物，甲混合物未經危險物及有害物整體測試，乙混合物危害分類經整體測試後為致癌二級，若甲混合物由化學品 A 及 B 混合而成，乙混合物由化學品 B 及 C 混合而成，B 為致癌一級化學品，A 及 C 毒性資料類似有相同危害分類 (非致癌且毒性低於 B) 且不影響 B 的毒性

1. 若甲混合物中的 A 化學品與乙混合物中的 C 化學品之濃度百分比相同，請問甲混合物之危害分類為何？(6 分)

2. 前開分類係依照 GHS 的哪一分類原則？(4 分)

（二）若有丙混合物同樣未經危險物及有害物整體測試，且其分類不適用前開分類原則，丙混合物之成分若已知含 95% 之 A、3% 之 C 及 2% 之 B(A、B、C 毒性分類敘述如前小題)

1. 請問丙混合物之危害分類為何？(6 分)

2. 丙混合物容器上標示之警示語應為何？(4 分)

答（一）1. 甲混合物是由化學品 A 及 B 混合；乙混合物由化學品 B 及 C 混合。甲混合物中的 A 化學品與乙混合物中的 C 化學品之濃度百分比相同，已知乙混合物危害分類經整體測試後為致癌二級，那麼甲混合物可以劃為相同的危害級別，所以甲混合物之危害分類為致癌二級。

2. 前開分類係依照 GHS 的銜接原則。因為如果混合物本身沒有進行測試確定其危害特性，但具有各個成分的類似混合物之測試的完全數據足以適當描述該混合物的危害特性時，可根據 GHS 之銜接原則使用這些資料。

（二）1. 丙混合物同樣未經危險物及有害物整體測試，且其分類不適用前開分類原則，丙混合物之成分若已知含 95% 之 A，3% 之 C 及 2% 之 B(A、B、C 毒性分類敘述如前小題)，因不論混合物

具有所有成分資料或只有部分成分資料，當其中至少有一種成分屬於第 1 級或第 2 致癌物，而其濃度等於或高於第 1 級和第 2 級的對應管制值 / 濃度限值時，該混合物整體應劃為致癌物質，且因 B 為致癌一級化學品且 B 的成分為 2% ≧ 0.1%，故丙混合物之危害分類應為致癌一級。

2. 依致癌物質之標示要項，第 1A 級和第 1B 級為危險，而第 2 級為警告，因丙混合物危害分類為第 1 級，所以其容器上標示之警示語應為危險。

二、請回答下列問題：

(一) 依「精密作業勞工視機能保護設施標準」之規定

1. 何謂精密作業？ (2 分)

2. 何謂米燭光？ (2 分)

3. 除作業台面局部照明不得低於一千米燭光外，試列舉 4 項雇主應採取之視機能保護設施或措施 (不包含體格檢查、健康檢查與安全衛生管理系統)。(8 分)

(二) 某作業場所之照度測定如下圖，黑點為測定點，其旁之數值為測定值，

1. 請列出計算式計算 A 小區的平均照度。(4 分)

2. 該作業場所整體之平均照度。(4 分)

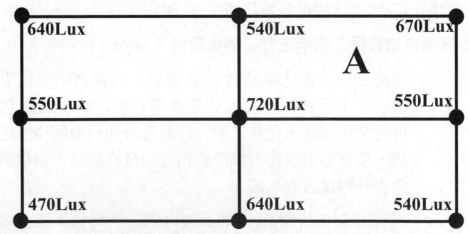

答 (一) 1. 精密作業勞工視機能保護設施標準所稱之精密作業，係指雇主使勞工從事精密作業勞工視機能保護設施標準第三條所規定之凝視作業，且每日凝視作業時間合計在二小時以上者。

2. 採光照明使用「米燭光」(Lux) 為照度之單位，其定義為單位面積所接受光束之量 (Lm/m^2)，距離 1 燭光的光源 1 米遠而與光線正交的面上的照度為 1 米燭光。

3. (1) 雇主使勞工從事精密作業時，其工作台面照明與其半徑一公尺以內接鄰地區照明之比率不得低於一比五分之一，與鄰近地區照明之比率不得低於一比二十分之一。

(2) 雇主採用輔助局部照明時，應使勞工眼精與光源之連線和眼睛與注視工作點之連線所成之角度，在三十度以上。如在三十度以內應設置適當之遮光裝置，不得產生眩目之大面積光源。

(3) 雇主使勞工從事精密作業時，應縮短工作時間，於連續作業二小時，給予作業勞工至少十五分鐘之休息。

(4) 雇主使勞工從事精密作業時，應注意勞工作業姿態，使其眼球與工作點之距離保持在明視距離約三十公分。但使用放大鏡或顯微鏡等器具作業者，不在此限。

(5) 雇主應採取指導勞工保護眼睛之必要措施。

(二) 1. A 小區的平均照度

$$E = \frac{1}{4}\left(\sum E_\otimes + \sum E_O + \sum E_\Delta\right)$$

$$= \frac{1}{4}[670 + 540 + 550 + 720]$$

$$= \frac{2,480}{4}$$

$$= 620 \text{ Lux}$$

其中 $E_\otimes$：角點　E_O：邊點　E_Δ：內點

2. 該作業場所整體之平均照度

$$E = \frac{1}{4mn}\left(\sum E_\otimes + 2\sum E_O + 4\sum E_\Delta\right)$$

$$= \frac{1}{4 \times 2 \times 2}[(640 + 670 + 470 + 540)$$
$$+ 2(540 + 550 + 550 + 640) + 4 \times 720]$$

$$= \frac{9,760}{16} = 610 \text{ Lux}$$

三、請回答下列問題：

（一）下圖為呼吸防護具選用參考步驟，請將圖中之英文字母 (A~E) 填入合適中文詞語，如 F 飽和破出。(10 分)

（二）試列舉事業單位推動職業安全衛生管理系統的成功因素 10 項。(10 分)

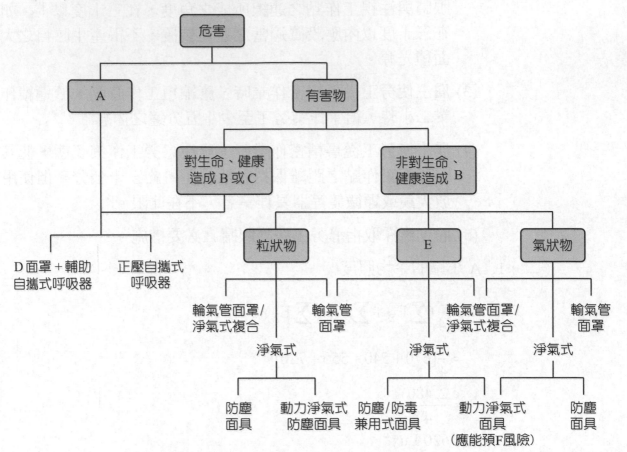

❀（一）A：缺氧、B：立即致危濃度、C：緊急狀況、D：正壓或壓力需求型輸氣管、E：粒狀物 + 氣狀物

（二）事業單位推動職業安全衛生管理系統的成功因素

1. 最高管理階層的領導、承諾、責任及當責。

2. 最高管理階層發展、領導及促進組織內部支持職業安全衛生管理系統預期結果的文化。

3. 溝通。

4. 工作者及其代表 (若有) 之諮詢及參與。

5. 配置維持管理系統必要的資源。

6. 與組織整體策略性目標及發展方向一致之職業安全衛生政策。

7. 可有效鑑別危害、控制職業安全衛生風險及充分利用職業安全衛生機會之過程。

8. 持續績效評估及監督職業安全衛生管理系統，以改進職業安全衛生績效。

9. 將職安衛管理系統整合納入組織之業務過程。

10. 使職業安全衛生目標與職業安全衛生政策一致，組織的危害、職業安全衛生風險及職業安全衛生機會納入考量。

11. 符合相關法規要求事項及其他要求事項。

四、試回答下列問題：

(一) 雇主應訂定含採樣策略之監測計畫，其項目及內容應包括哪 5 項 ?(10 分)

(二) 參考職業安全衛生署「人因性危害預防計畫指引」，請列舉 5 個常見 (或常用) 肌肉骨骼傷病之人因工程分析工具，並說明主要評估部位。(10 分)

🖎 (一) 含採樣策略之監測計畫，其項目及內容應包括：

1. 危害辨識及資料收集：依作業場所危害及先期審查結果，以系統化方法辨識及評估勞工暴露情形，及應實施作業環境監測之作業場所，包括物理性及化學性危害因子。

2. 相似暴露族群之建立：依不同部門之危害、作業類型及暴露特性，以系統方法建立各相似暴露族群之區分方式，並運用暴露風險評估，排定各相似暴露族群之相對風險等級。

3. 採樣策略之規劃及執行：規劃優先監測之相似暴露族群、監測處所、樣本數目、監測人員資格及執行方式。

4. 樣本分析：確認實驗室樣本分析項目及執行方式。

5. 數據分析及評估：依監測數據規劃統計分析、歷次監測結果比較及監測成效之評估方式。

（二）

分類	評估工具	評估部位	適用分級
上肢	簡易人因工程檢核表	肩、頸、手肘、腕、軀幹、腿	I，篩選
	Strain Index	手及手腕	II，分析
	ACGIH HAL-TLV	手	II，分析
	OCRA Checklist	上肢，大部分手	II，分析
	KIM-MHO (2012)	上肢	II，分析
	OCRA Index	上肢，大部分手	III，專家
	EAWS	肩、頸、手肘、腕、軀幹、腿	III，專家
下背部	簡易人因工程檢核表	肩、頸、手肘、腕、軀幹、腿	I，篩選
	KIM-LHC	背	I，篩選
	KIM-PP	背	I，篩選
	NIOSH Lifting eq.	背	II，分析
	EAWS	肩、頸、手肘、腕、軀幹、腿	III，專家
全身	RULA、REBA	肩、頸、手肘、腕、軀幹、腿	III，專家
	OWAS	背、上臂和前臂	III，專家
	EAWS	肩、頸、手肘、腕、軀幹、腿	III，專家

註：I 級可謂篩選；II 級可謂分析；III 級可謂專家。

五、某一清洗作業勞工使用 1,1,1- 三氯乙烷為清潔劑，在 25℃、一大氣壓下其暴露於 1,1,1- 三氯乙烷濃度之情形如下：

1. 08：00 ～ 12：00 C1 = 340 ppm

2. 13：00 ～ 14：00 C2 = 2,560 mg/m³

3. 14：00 ～ 19：00 C3 = 80ppm

已知：1,1,1- 三氯乙烷之分子量為 133.5，八小時日時量平均容許濃度為 350ppm，不同容許濃度之變量係數值如下表：

容許濃度 (ppm 或 mg/m³)	< 1	≧ 1，< 10	≧ 10，< 100	≧ 100，< 1,000	≧ 1,000
變量係數	3	2	1.5	1.25	1.0

試回答下列問題：

(一)該勞工全程工作日之 1,1,1- 三氯乙烷時量平均暴露濃度為多少 ppm？(10 分，請列出計算過程)

(二)試評估該作業勞工之 1,1,1- 三氯乙烷暴露是否符合勞工作業場所容許暴露標準規定？(10 分，請列出計算過程)

答 (一) $C_2 = 2,560 \text{ mg/m}^3 = 2,560 \times \dfrac{24.45}{133.5} = 469 \text{ppm}$

全程工作日時量平均暴露濃度

$= \dfrac{340 \times 4 + 469 \times 1 + 80 \times 5}{10} = 223 \text{ ppm}$

(二) 相當八小時日時量平均暴露濃度

$= 223 \text{ppm} \times \dfrac{10}{8} = 278.8 \text{ ppm} < 350 \text{ ppm}$

短時間時量平均容許濃度 = PEL-TWA × 變量係數

$= 350 \text{ppm} \times 1.25 = 437.5 \text{ ppm}$

在 13：00～14：00 之時段，該勞工暴露於 1,1,1- 三氯乙烷之濃度：

$C_2 = 469 \text{ ppm} >$ 短時間時量平均容許濃度 (437.5 ppm)。

故該作業勞工之 1,1,1- 三氯乙烷暴露不符合勞工作業場所容許暴露標準之規定。

第 87 次
職業衛生管理甲級技術士技能檢定
術科參考題解

108.07.14

一、請依職業安全衛生設施規則規定，回答下列問題：

（一）雇主使勞工從事戶外作業，為防範環境引起之熱疾病，應視天候狀況採取之危害預防措施，除實施降低作業場所之溫度、提供陰涼之休息場所及提供適當之飲料或食鹽水等措施外，請另列舉 5 項。(10 分)

（二）雇主對於勞工八小時日時量平均音壓級超過八十五分貝或暴露劑量超過百分之五十之工作場所，請列出應採取之聽力保護措施 5 項。(10 分)

答（一）雇主使勞工於夏季期間從事戶外作業，為防範高氣溫環境引起之熱疾病，應視天候狀況採取之危害預防措施，除實施降低作業場所之溫度、提供陰涼之休息場所及提供適當之飲料或食鹽水等措施外，另有：

1. 調整作業時間。

2. 增加作業場所巡視之頻率。

3. 實施健康管理及適當安排工作。

4. 留意勞工作業前及作業中之健康狀況。

5. 實施勞工熱疾病預防相關教育宣導。

6. 建立緊急醫療、通報及應變處理機制。

（二）雇主對於勞工八小時日時量平均音壓級超過 85 分貝或暴露劑量超過 50% 之工作場所，應採取下列聽力保護措施，作成執行紀錄並留存三年：

1. 噪音監測及暴露評估。

2. 噪音危害控制。

3. 防音防護具之選用及佩戴。

4. 聽力保護教育訓練。

5. 健康檢查及管理。

6. 成效評估及改善。

二、請依女性勞工母性健康保護實施辦法規定，回答下列有關職場母性健康保護的問題：

（一）何謂母性健康保護期間？(2 分)

（二）請依國家標準 CNS15030 分類，列舉可能影響胚胎發育、妊娠或哺乳期間之母體及嬰兒健康之化學品 3 類，及具有健康危害之工作 4 項。(10 分)

（三）請寫出雇主應使職業安全衛生人員會同從事勞工健康服務醫護人員辦理母性健康保護之事項。(8 分)

答（一）母性健康保護期間：指雇主於得知女性勞工妊娠之日起至分娩後一年之期間。

（二）1. 可能影響胚胎發育、妊娠或哺乳期間之母體及幼兒健康之化學品：具有依國家標準 CNS 15030 分類，屬生殖毒性物質第一級、生殖細胞致突變性物質第一級或其他對哺乳功能有不良影響之化學品。

2. 易造成健康危害之工作，包括勞工作業姿勢、人力提舉、搬運、推拉重物、輪班、夜班、單獨工作及工作負荷等。

（三）雇主依法實施母性健康保護時，應使職業安全衛生人員會同從事勞工健康服務醫護人員，辦理下列事項：

1. 辨識與評估工作場所環境及作業之危害，包含物理性、化學性、生物性、人因性、工作流程及工作型態等。

2. 依評估結果區分風險等級，並實施分級管理。

3. 協助雇主實施工作環境改善與危害之預防及管理。

4. 其他經中央主管機關指定公告者。

三、請回答下列問題：

（一）有關職業安全衛生管理系統之標準及其內容

1. 我國 TOSHMS 驗證標準，目前是否指國家標準 CNS45001 或 CNS15506？(2 分)

2. CNS 45001:2018 所稱受傷及健康妨害 (injury and ill health)，除職業病、疾病及死亡等不利影響外，尚包含那些不利影響項目？(6 分)

3. 何謂職業安全衛生機會？(2 分)

（二）試描述作業環境液氨外洩後的現場環境狀態及其可能的危害。(10 分)

答 (一) 1. TOSHMS 驗證標準，指國家標準 CNS 45001 或 CNS 15506。但 CNS 15506 自 110 年 4 月 1 日起停止適用。

2. CNS 45001:2018 所稱受傷及健康妨害，除職業病、疾病及死亡等不利影響外，尚包含個人生理、心理或認知狀態的不利影響。

3. 所謂職業安全衛生機會係指可導致職業安全衛生績效改進之狀況或一組狀況。

(二) 液氨係屬液化高壓氣體，為具腐蝕性之毒性氣體，外洩後會形成蒸氣雲：

1. 初期聞到會有刺激或厭惡感並且會引起嗅覺喪失。

2. 具高度毒性，如果吸入或通過皮膚被人體吸收，會發生中毒，有致命危險。

3. 比空氣重，會沿著地面散開，洩漏的液化氣體同時會造成接觸者冷凍灼傷。

4. 氨氣濃度高於 15% 將會造成火災及爆炸危害。

四、某事業單位計畫興建四層樓高廠房，試依下列廠房用途及相關法規規定，規劃通風換氣設施。

(一) 廠房一樓計畫做為一般辦公室使用，工作場所長、寬、高是 50m × 25m × 7m，計畫安排 150 位勞工從事人事管理、會計及綜合規劃等工作，假設辦公室內二氧化碳產生量為 5 m^3/hr，室外二氧化碳濃度為 420 ppm，以舒適度考量希望室內二氧化碳濃度不超過 1,200 ppm，則採機械通風設備換氣所需引進之室外空氣流量為若干 m^3/min，四捨五入至小數點後 1 位。(5 分，請按建議公式計算否則不計分：Q = 有害物產生量 / 濃度)

(二) 廠房二樓計畫使用丁酮 (MEK, 容許暴露標準為 200 ppm，分子量為 72.1) 及甲苯 (容許暴露標準為 100 ppm，分子量為 92) 從事清潔擦拭作業，其每小時消費量分別為 1 公斤及 1.5 公斤 (假設在空氣中完全蒸發，完全混合均勻)，這兩種化學品有麻醉作用且假設相互間為相加 (additive) 效應。若 25℃、1 大氣壓下作業環境空氣中丁酮之採樣濃度為 140ppm、甲苯為 120 ppm，理想氣體的摩爾體積為 24.45 L。若欲採取整體換氣法將廠內有害物濃度降到符合容許濃度標準，則有效通風流量應該為多少 m^3/min ？四捨五入至小數點後 1 位。(5 分，請按建議公式計算否則不計分：Q = 有害物產生摩爾數 × 摩爾體積 ÷ 濃度)

(三) 廠房三樓計畫使用含四氯化碳超過 5% 之溶劑調配切削液，總經理提案以整體換氣法且提高空氣置換率 (air changes per hour, ACH) 至 5ACH，請就有機溶劑中毒預防規則規定，提出控制設備選擇之專業建議。(5 分)

[答題建議，(1) 贊成或反對；(2) 按以下重點順序 (場所→有機溶劑種類→控制設備) 說明理由。]

(四) 廠房四樓計畫使用局部排氣裝置降低污染物濃度，廠務部門建議先評估管線系統之壓力損失，試以下列管線 (示意圖) 為例計算其壓力損失為多少 mmH₂O？(5 分)

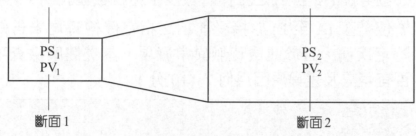

斷面 1　　　　　　　　　　　　斷面 2

(PS₁、PS₂ 分別為斷面 1、2 之靜壓，其值分別為 –30 mmH₂O、–26 mmH₂O，PV₁、PV₂ 分別為斷面 1、2 之動壓，其值分別為 20 mmH₂O、15 mmH₂O)

答 (一) $Q = \dfrac{\text{有害物產生量}}{\text{濃度}} = \dfrac{5\,(\text{m}^3/\text{hr})}{(1{,}200 - 420) \times 10^{-6}}$

$= 6{,}410(\text{m}^3/\text{hr}) = 106.8(\text{m}^3/\text{min})$

(二) $Q = \dfrac{\text{丁酮產生摩爾數} \times \text{摩爾體積}}{\text{丁酮濃度}} + \dfrac{\text{甲苯產生摩爾數} \times \text{摩爾體積}}{\text{甲苯濃度}}$

$$= \dfrac{\left(\dfrac{1(\text{kg}/\text{hr}) \times 1{,}000\,(\text{g}/\text{kg}) \times \frac{1}{60}\,(\text{hr}/\text{min})}{72.1(\text{g}/\text{mole})} \right) \times 24.45(\text{L}/\text{mole})}{200\left(\dfrac{\text{c.c.}}{\text{m}^3} \right) \times 10^{-3}\left(\dfrac{\text{L}}{\text{c.c.}} \right)} +$$

$$\dfrac{\left(\dfrac{1.5(\text{kg}/\text{hr}) \times 1{,}000\,(\text{g}/\text{kg}) \times \frac{1}{60}\,(\text{hr}/\text{min})}{92(\text{g}/\text{mole})} \right) \times 24.45(\text{L}/\text{mole})}{100\left(\dfrac{\text{c.c.}}{\text{m}^3} \right) \times 10^{-3}\left(\dfrac{\text{L}}{\text{c.c.}} \right)}$$

$= 28.26 + 66.44 = 94.7(\text{m}^3/\text{min})$

(三) (1) 反對；(2) 因為在通風不充分之室內作業場所，使用第一種有機溶劑 (含四氯化碳超過 5%) 作業時，需使用局部排氣裝置。

（四）$PT_1 = PS_1 + PV_1 = (-30) + 20 = -10$ mmH$_2$O

$PT_2 = PS_2 + PV_2 = (-26) + 15 = -11$ mmH$_2$O

$\Delta PT = PT_2 - PT_1 = (-11) - (-10) = -1$ mmH$_2$O

即壓力損失為 1 mmH$_2$O

五、下表為某事業單位自 107 年 1 月 1 日起聘僱之男性勞工，107 年各月累計夜間 (22：00 至隔日 6：00) 工時之報表，試依勞動部「指定長期夜間工作之勞工為雇主應施行特定項目健康檢查之特定對象」之公告，回答下列問題：

（一）分析那些人應於 108 年接受特定健康檢查。(10 分，請依公告內容分別計算 5 位勞工 (A 至 E) 之工作時數及工作日數並說明，否則不予計分)

（二）若該 5 位勞工 (A 至 E) 於接受前項之指定健檢時均未告知醫護人員曾罹患特定疾病，且於健檢時無異常發現，本次健康檢查項目勞工相互間是否有差異及差異原因為何？ (10 分)

月份 編號及檢查時年齡		A 30 歲	B 44 歲	C 49 歲	D 26 歲	E 34 歲	當月總工作日
22：00～06：00 工時（小時）	1 月	108	77	0	96	6	
	2 月	82	55	14	100	26	
	3 月	120	22	36	88	24	
	4 月	96	27.5	34	94	0	
	5 月	128	99	108	85.5	108	
	6 月	116	82.5	120	28	128	
	7 月	6	38.5	60	86	132	
	8 月	0	49.5	18	102	122	
	9 月	0	82.5	54	84	114	
	10 月	0	44	18	98	42	
	11 月	0	55	120	110	0	
	12 月	0	82.5	0	116	75.5	
夜間工作達 3 小時工時之工作日	1 月	18	14	0	15	1	22
	2 月	13	10	0	16	0	15
	3 月	19	4	0	11	3	23
	4 月	15	5	0	13	0	18
	5 月	21	18	18	10	18	22
	6 月	19	15	20	0	21	20
	7 月	1	7	10	11	22	22
	8 月	0	9	0	15	20	23
	9 月	0	15	4	11	19	19
	10 月	0	8	3	14	7	22
	11 月	0	10	20	17	0	22
	12 月	0	15	0	19	10	21

❀ 適用長期夜間工作的情形可分爲 2 種，包括工作日數及時數，所謂夜間工作是指在晚上 10 點至清晨 6 點間從事工作，所指定的特定對象爲全年度夜間工作時數累積達 700 小時以上，或每月在夜間工作達 3 小時的日數佔當月工作日的 2 分之 1，且全年度有 6 個月以上者。

(一) 各勞工全年度夜間工作時數：

A 勞工夜間工時 = 108 + 82 + 120 + 96 + 128 + 116 + 6
$$= 656 < 700$$

B 勞工夜間工時 = 77 + 55 + 22 + 27.5 + 99 + 82.5 + 38.5
$$+ 49.5 + 82.5 + 44 + 55 + 82.5$$
$$= 715 > 700$$

C 勞工夜間工時 = 0 + 14 + 36 + 34 + 108 + 120 + 60 + 18
$$+ 54 + 18 + 120 = 582 < 700$$

D 勞工夜間工時 = 96 + 100 + 88 + 94 + 85.5 + 28 + 86 + 102
$$+ 84 + 98 + 110 + 116$$
$$= 1,087.5 > 700$$

E 勞工夜間工時 = 6 + 26 + 24 + 108 + 128 + 132 + 122 + 114
$$+ 42 + 75.5 = 777.5 > 700$$

1. 全年度夜間工作時數累積達 700 小時以上者有 B、D、E 三位勞工。

2. 每月夜間工作達 3 小時的日數佔當月工作日的 2 分之 1，且全年度有 6 個月以上者有 A 勞工。

故 A、B、D、E 等四位勞工依公告需接受特定健康檢查。

(二) 勞工相互間健康檢查項目略有差異，因爲各系統或部位之身體檢查，健檢醫師應依個別員工之實際狀況，作詳細檢查。

工作項目 ① 職業安全衛生相關法規

( ) 1. 依勞動檢查法規定，事業單位對勞動檢查機構所發檢查結果通知書有異議時，應於通知書送達之次日起幾日內，以書面敘明理由向勞動檢查機構提出？　(1) 7　(2) 10　(3) 14　(4) 30。　　(2)

( ) 2. 依勞動檢查法規定，經勞動檢查機構以書面通知之檢查結果，事業單位應於該違規場所顯明易見處公告幾日以上？

(1) 7　(2) 10　(3) 15　(4) 30。　　(1)

( ) 3. 依勞動檢查法規定，甲類危險性工作場所應於使勞工作業多少日前，向當地勞動檢查機構申請審查合格？　(1) 30　(2) 45　(3) 60　(4) 90。　　(1)

( ) 4. 依勞動檢查法規定，乙類危險性工作場所應於使勞工作業多少日前，向當地勞動檢查機構申請審查及檢查？　(1) 30　(2) 45　(3) 60　(4) 90。　　(2)

( ) 5. 依勞動檢查法規定，丙類危險性工作場所應於使勞工作業多少日前，向當地勞動檢查機構申請審查及檢查？　(1) 30　(2) 45　(3) 60　(4) 90。　　(2)

( ) 6. 依危險性工作場所審查及檢查辦法規定，丁類危險性工作場所應於使勞工作業多少日前，向當地勞動檢查機構申請審查合格？

(1) 30　(2) 45　(3) 60　(4) 90。　　(1)

( ) 7. 依勞動檢查法規定，下列何者屬乙類危險性工作場所？　　(4)
(1) 建築物頂樓樓板高度在 50 公尺以上之建築工程
(2) 從事石油產品之裂解反應，以製造石化基本原料之工作場所
(3) 設置傳熱面積在 500 平方公尺以上之蒸汽鍋爐之工作場所
(4) 從事以化學物質製造爆炸性物品之火藥類製造工作場所。

( ) 8. 依勞動檢查法規定，下列何者屬丙類危險性工作場所？　　(3)
(1) 製造、處置、使用危險物、有害物之數量達規定數量以上工作場所
(2) 從事農藥原體合成之工作場所
(3) 蒸汽鍋爐之傳熱面積在 500 平方公尺以上之工作場所
(4) 採用壓氣施工作業之工程。

( ) 9. 依勞動檢查法規定，下列何者屬丁類危險性工作場所？　　(4)
(1) 製造、處置、使用危險物、有害物之數量達中央主管機關規定數量以上之工作場所
(2) 製造爆竹煙火類物品之爆竹煙火工廠
(3) 設置以氨為冷媒冷凍能力 1 日在 20 公噸以上之高壓氣體類壓力容器工作場所
(4) 建築物高度在 80 公尺以上之建築工程。

( ) 10. 下列那些依危險性工作場所審查及檢查辦法規定設立之危險性工作場所，當逾期不辦理申請審查、檢查合格時，不得使勞工在該場所作業？

(1) 製造、處置、使用危險物、有害物之數量達中央主管機關規定數量 10 倍之工作場所

(2) 設置高壓氣體類壓力容器一日處理能力在 100 立方公尺以上之工作場所

(3) 液劑、乳劑等農藥加工工作場所

(4) 設置高壓氣體類壓力容器一日冷凍能力在 20 公噸以上之工作場所。　(1)

( ) 11. 依勞動檢查法規定，危險性工作場所未經申請審查或檢查合格，事業單位不得使勞工在該場所作業，違反者可能遭受之處分為下列何者？

(1) 處 3 年以下有期徒刑、拘役或科或併科新台幣 15 萬元以下罰金

(2) 處 1 年以下有期徒刑、拘役或科或併科新台幣 9 萬元以下罰金

(3) 處新台幣 3 萬元以上 15 萬元以下罰鍰

(4) 處新台幣 3 萬元以上 6 萬元以下罰鍰。　(1)

( ) 12. 使勞工在未經審查或檢查合格之危險性工作場所作業，依勞動檢查法可能遭受處分者，下列何者較正確？

(1) 行為人、法人或自然人

(2) 安全衛生管理人員

(3) 受僱人或代表人、代理人外之其他從業人員

(4) 作業人員。　(1)

( ) 13. 依危險性工作場所審查及檢查辦法規定，甲、乙、丙類工作場所安全評估可採用之評估方法，不包括下列何者？

(1) 危害及可操作性分析　　　(2) 相對危害順序排列

(3) 故障樹分析　　　　　　　(4) 失誤模式與影響分析。　(2)

( ) 14. 將系統分成不同的分析節點 (node)，選擇分析節點，使用引導字，利用腦力激盪討論是否具危害操作問題，及對原因後果提出建議改善對策的方法為下列何者？

(1) 故障樹分析

(2) 危害及可操作性分析

(3) 因果圖分析

(4) 失誤模式與影響分析。　(2)

( ) 15. 參與甲類、乙類、丙類工作場所安全評估人員應接受下列何種訓練合格？

(1) 職業安全衛生業務主管　　(2) 職業安全衛生管理員

(3) 製程安全評估訓練　　　　(4) 施工安全評估訓練。　(3)

( ) 16. 針對一特殊事故 (accident) 找出不同設備缺失、人員失誤之原因，再據 | (2)
以找出最基本之原因，讓安全工程師能針對此等基本原因找出可行之
預防對策，以減少事故發生之可能率。此舉屬下列何者？
(1) HaZop(危害與可操作性分析)
(2) FTA(故障樹分析)
(3) ETA(事件樹分析)
(4) FMEA(失誤模式與影響分析)。

( ) 17. 鎳及其化合物製造、處置或使用作業之勞工，其特殊健康檢查紀錄依 | (3)
法應保持多少年？ (1) 10 (2) 20 (3) 30 (4) 永久。

( ) 18. 依癌症防治法規定，對於符合癌症篩檢條件之勞工，於事業單位實施 | (1)
勞工健康檢查時，得經勞工同意，一併進行下列何種癌症篩檢？
(1) 大腸癌 (2) 睪丸癌 (3) 男性乳癌 (4) 肝癌。

( ) 19. 依勞工健康保護規則規定，下列何者屬於特別危害健康之作業？ | (3)
(1) 高架作業 (2) 精密作業 (3) 異常氣壓作業 (4) 重體力勞動作業。

( ) 20 某一食品製造業，其員工總人數為 350 人，特別危害健康作業勞工人 | (1)
數 50 人，應僱用專任健康服務護理人員至少幾人？
(1) 1 (2) 2 (3) 3 (4) 4。

( ) 21. 有一半導體工廠僱用勞工 5,000 人，其健康服務醫師臨廠服務頻率每 | (4)
月應至少多少次？ (1) 1 (2) 3 (3) 6 (4) 15。

( ) 22. 依勞工健康保護規則規定，雇主對在職勞工應定期實施一般健康檢查， | (1)
下列敘述何者正確？
(1) 年滿 65 歲以上者每年一次
(2) 年滿 45 歲以上者每年一次
(3) 年滿 30 歲未滿 45 歲者每年一次
(4) 未滿 30 歲者每三年一次。

( ) 23. 勞工從事氯乙烯單體作業，其特殊健康檢查結果，部分或全部項目異 | (3)
常，經醫師綜合判定為異常，且可能與職業原因有關者為第幾級管理？
(1) 1 (2) 2 (3) 3 (4) 4。

( ) 24. 依勞工健康保護規則規定，雇主對粉塵作業勞工特殊健康檢查及管理， | (4)
下列敘述何者錯誤？
(1) 每年應定期實施健康檢查
(2) 第二級管理者應提供個人健康指導
(3) 第三級管理者應進一步請職業醫學科專科醫師評估
(4) 第四級管理者應予退休。

( ) 25. 依勞工健康保護規則規定，勞工特殊健康檢查之 X 光照片，有明顯的　　(4)
圓形或不規則陰影，且有大陰影者屬於那一型？
(1) 1　(2) 2　(3) 3　(4) 4。

( ) 26. 從事高溫作業勞工作息時間標準所稱高溫作業之勞工，依勞工健康保　　(2)
護規則之規定，下列何者非屬應實施特殊健康檢查項目之一？
(1) 作業經歷之調查　　　　　(2) 胸部 X 光攝影檢查
(3) 肺功能檢查　　　　　　　(4) 心電圖檢查。

( ) 27. 依勞工健康保護規則規定，勞工一般或特殊體格檢查、健康檢查均應　　(2)
實施下列何項目？
(1) 肺功能檢查　(2) 作業經歷調查　(3) 心電圖檢查　(4) 肝功能檢查。

( ) 28. 雇主僱用勞工時，應實施之一般體格檢查，不包括下列何項目？　　(1)
(1) 肺功能檢查　　　　　　　(2) 胸部 X 光 (大片) 攝影檢查
(3) 血糖、尿蛋白及尿潛血之檢查　(4) 血壓測量。

( ) 29. 某化學品製造業，其員工總人數為 350 人，依勞工健康保護規則規定，　　(1)
應至少僱用或特約醫師臨廠服務每月幾次？　(1) 1　(2) 2　(3) 3　(4) 4。

( ) 30. 游離輻射及處置石綿作業勞工，其特殊健康檢查紀錄依勞工健康保護　　(3)
規則規定應保持多少年？　(1) 10　(2) 20　(3) 30　(4) 永久。

( ) 31. 依勞工健康保護規則規定，事業單位同一場所之勞工，常日班有 105　　(2)
人，另早、晚班各有 10 人輪班作業，應置幾位合格之急救人員？
(1) 3　(2) 4　(3) 5　(4) 6。

( ) 32. 礦油精為有機溶劑中毒預防規則所列管之第幾種有機溶劑？　　(3)
(1) 第一種　(2) 第二種　(3) 第三種　(4) 未列管。

( ) 33. 依有機溶劑中毒預防規則規定，有機溶劑混存物係指有機溶劑與其他　　(4)
物質混合時，其所含有機溶劑佔多少比率以上？
(1) 容積 3%　(2) 重量 3%　(3) 容積 5%　(4) 重量 5%。

( ) 34. 依有機溶劑中毒預防規則規定，第二種有機溶劑或其混存物的容許消　　(2)
費量為該作業場所之氣積乘以下列何者？
(1) 1/5　(2) 2/5　(3) 3/5　(4) 沒限制。

( ) 35. 有機溶劑作業採取控制設施，如不計算成本，下列何者應優先考量？　　(1)
(1) 密閉設備　　　　　　　　(2) 局部排氣裝置
(3) 整體換氣裝置　　　　　　(4) 吹吸型換氣裝置。

( ) 36. 下列何者為有機溶劑作業最佳之控制設施？　　(1)
(1) 密閉設備　　　　　　　　(2) 局部排氣裝置
(3) 整體換氣裝置　　　　　　(4) 吹吸型換氣裝置。

( ) 37. 設置之局部排氣裝置依有機溶劑中毒預防規則或職業安全衛生管理辦法之規定，應實施之自動檢查不包括下列何種？ | (4)
   (1) 每年之定期自動檢查
   (2) 開始使用、拆卸、改裝或修理時之重點檢查
   (3) 作業勞工就其作業有關事項實施之作業檢點
   (4) 輸液設備之作業檢點。

( ) 38. 依有機溶劑中毒預防規則規定，整體換氣裝置之換氣能力以下列何者表示？ | (1)
   (1) Q(m³/min)　(2) V(m/s)　(3) 每分鐘換氣次數　(4) 每小時換氣次數。

( ) 39. 有機溶劑作業設置之局部排氣裝置控制設施，氣罩之型式以下列何者控制效果較佳？　(1) 包圍式　(2) 崗亭式　(3) 外裝式　(4) 吹吸式。 | (1)

( ) 40. 依有機溶劑中毒預防規則規定，使勞工每日從事有害物作業時間在 1 小時之內之作業為下列何者？ | (2)
   (1) 臨時性作業　　　　　　　　(2) 作業時間短暫
   (3) 作業期間短暫　　　　　　　(4) 非正常作業。

( ) 41. 依鉛中毒預防規則規定，鉛合金係指鉛與鉛以外金屬之合金中，鉛占該合金重量百分之多少以上者？　(1) 1　(2) 3　(3) 5　(4) 10。 | (4)

( ) 42. 依鉛中毒預防規則規定，下列何種鉛作業應設置淋浴及更衣設備，以供勞工使用？ | (2)
   (1) 軟焊作業　　　　　　　　　(2) 含鉛、鉛塵設備內部之作業
   (3) 熔融鑄造作業　　　　　　　(4) 鉛蓄電池加工組配作業。

( ) 43. 依鉛中毒預防規則規定，於通風不充分之場所從事鉛合金軟焊之作業設置整體換氣裝置之換氣量，應為每一從事鉛作業勞工平均每分鐘多少立方公尺以上？　(1) 1.67　(2) 5.0　(3) 10　(4) 100。 | (1)

( ) 44. 雇主使勞工戴用輸氣管面罩從事鉛作業之連續作業時間，依鉛中毒預防規則規定，每次不得超過多少小時？　(1) 0.5　(2) 1　(3) 2　(4) 3。 | (2)

( ) 45. 依鉛中毒預防規則規定，從事鉛熔融或鑄造作業而該熔爐或坩鍋等之容量依規定未滿多少公升者得免設集塵裝置？ | (3)
   (1) 10　(2) 30　(3) 50　(4) 100。

( ) 46. 從事已塗布含鉛塗料物品之剝除含鉛塗料作業時，下列何者之預防設施效果最差？ | (3)
   (1) 密閉設備　　　　　　　　　(2) 局部排氣裝置
   (3) 整體換氣裝置　　　　　　　(4) 濕式作業。

( ) 47. 為防止鉛、鉛混存物或燒結礦混存物之污染，依鉛中毒預防規則規定　(1)
應多久以真空除塵機或水沖洗作業場所、休息室、餐廳等一次以上？
(1) 每日　(2) 每週　(3) 每月　(4) 每三個月。

( ) 48. 下列何者不屬於鉛中毒預防規則所稱之鉛作業？　(4)
(1) 於通風不充分之場所從事鉛合金軟焊作業
(2) 機械印刷作業中鉛字排版作業
(3) 含鉛、鉛塵設備內部之作業
(4) 亞鉛鐵皮器皿之製造作業。

( ) 49. 非以濕式作業方法從事鉛、鉛混存物等之研磨、混合或篩選之室內作　(1)
業場所設置之局部排氣裝置，其氣罩應採用下列何種型式效果最佳？
(1) 包圍型　(2) 外裝型　(3) 吹吸型　(4) 崗亭型。

( ) 50. 鉛較不容易造成下列何種疾病？　(2)
(1) 多發性神經病變　　　　　(2) 皮膚病變
(3) 貧血　　　　　　　　　　(4) 不孕症或精子缺少。

( ) 51. 依缺氧症預防規則規定，缺氧係指空氣中氧氣含量未滿百分之多少？　(2)
(1) 16　(2) 18　(3) 20　(4) 21。

( ) 52. 進入局限空間作業前，必須確認氧濃度在 18% 以上及硫化氫濃度在多　(1)
少 ppm 以下，才可使勞工進入工作？　(1) 10　(2) 20　(3) 50　(4) 100。

( ) 53. 缺氧危險場所之氧氣濃度測定紀錄，應保存多久？　(4)
(1) 半年　(2) 1 年　(3) 2 年　(4) 3 年。

( ) 54. 硫化氫為可燃性氣體、無色，具有那種特殊味道？　(1)
(1) 腐卵臭味　(2) 芳香味　(3) 水果香味　(4) 杏仁香味。

( ) 55. 依缺氧症預防規則規定，有關缺氧作業主管應監督事項不包括下列何　(3)
者？
(1) 決定作業方法並指揮勞工作業
(2) 確認作業場所空氣中氧氣、硫化氫濃度
(3) 監視勞工施工進度
(4) 監督勞工對防護器具之使用狀況。

( ) 56. 下列敘述何者非屬職業安全衛生設施規則所稱局限空間認定之條件？　(4)
(1) 非供勞工在其內部從事經常性作業
(2) 勞工進出方法受限制
(3) 無法以自然通風來維持充分、清淨空氣之空間
(4) 狹小之內部空間。

( ) 57. 下列何者非屬職業安全衛生設施規則規定，局限空間從事作業應公告 (4)
之事項？
(1) 作業有可能引起缺氧等危害時，應經許可始得進入之重要性
(2) 進入該場所時應採取之措施
(3) 事故發生時之緊急措施及緊急聯絡方式
(4) 職業安全衛生人員姓名。

( ) 58. 進入缺氧危險場所，因作業性質上不能實施換氣時，宜使勞工確實戴 (1)
用下列何種防護具？
(1) 供氣式呼吸防護具 (2) 防塵面罩 (3) 防毒面罩 (4) 防護面罩。

( ) 59. 下列何種場所不屬缺氧症預防規則所稱之缺氧危險場所？ (2)
(1) 礦坑坑內氧氣含量 17.5%
(2) 營建工地地下室氧氣含量 18.3%
(3) 下水道內氧氣含量 17.8%
(4) 加料間氧氣含量 16%。

( ) 60. 下列何者較不致造成局限空間缺氧？ (2)
(1) 金屬的氧化 (2) 管件的組裝 (3) 有機物的腐敗 (4) 木屑的儲存。

( ) 61. 缺氧作業主管應隨時確認有缺氧危險作業場所空氣中氧氣之濃度，惟 (1)
不包括下列何者？
(1) 鄰接缺氧危險作業場所無勞工進入作業之場所
(2) 當日作業開始前
(3) 所有勞工離開作業場所再次開始作業前
(4) 換氣裝置有異常時。

( ) 62. 有關缺氧危險作業場所防護具之敘述，下列何者有誤？ (4)
(1) 勞工有因缺氧致墜落之虞，應供給勞工使用梯子、安全帶、救生索
(2) 於救援人員擔任救援作業期間，提供其使用之空氣呼吸器等呼吸防
護具
(3) 每次作業開始前確認規定防護設備之數量及性能
(4) 置備防毒口罩為呼吸防護具，並使勞工確實戴用。

( ) 63. 空氣中氧氣低於多少 % 以下時，其氧氣的分壓即在 60mmHg 以下， (1)
處於此狀況時，勞工在 5 ～ 7 分鐘內即可能因缺氧而死亡？
(1) 6 (2) 10 (3) 16 (4) 18。

( ) 64. 空間狹小之缺氧危險作業場所，不宜使用下列何種呼吸防護具？ (2)
(1) 使用壓縮空氣為氣源之輸氣管面罩 (2) 自攜式呼吸防護器
(3) 使用氣瓶為氣源之輸氣管面罩 (4) 定流量輸氣管面罩。

(　) 65. 職業安全衛生法於民國幾年開始施行？　　　　　　　　　　　　　　(4)
   (1) 63　(2) 80　(3) 102　(4) 103。

(　) 66. 職業安全衛生法係由下列何者公布？　　　　　　　　　　　　　　　(1)
   (1) 總統　(2) 行政院　(3) 立法院　(4) 勞動部。

(　) 67. 下列何者非屬職業安全衛生法之職業災害？　　　　　　　　　　　(3)
   (1) 機械切割致勞工大量出血
   (2) 麵粉搬運致勞工跌倒骨折
   (3) 工廠火災搶救致雇主中毒
   (4) 工廠內宿舍設施不良致勞工摔倒死亡。

(　) 68. 下列何者非屬職業安全衛生法所稱勞動檢查機構？　　　　　　　(3)
   (1) 勞動部中區職業安全衛生中心
   (2) 台北市政府勞工局勞動檢查處
   (3) 中華民國工業安全衛生協會
   (4) 中部科學園區管理局。

(　) 69. 依職業安全衛生法施行細則規定，下列何者不屬於具有危險性之機　(1)
   械？　(1) 鍋爐　(2) 固定式起重機　(3) 營建用升降機　(4) 吊籠。

(　) 70. 下列何者不屬於職業安全衛生法危險性機械設備為取得合格證之檢　(3)
   查？　(1) 熔接檢查　(2) 重新檢查　(3) 自動檢查　(4) 竣工檢查。

(　) 71. 事業單位工作場所之高壓氣體容器未經檢查合格使用，致發生勞工 3　(3)
   人以上受傷之職業災害時，依職業安全衛生法規定，雇主可能遭受下
   列何種處分？
   (1) 處 3 年以下有期徒刑　　　　　(2) 處 2 年以下有期徒刑
   (3) 處 1 年以下有期徒刑　　　　　(4) 處新台幣 15 萬元以下之罰鍰。

(　) 72. 依職業安全衛生法規定，事業單位以其事業招人承攬時，應於事前告　(2)
   知承攬人之相關事項，不包括下列何者？
   (1) 工作場所可能之危害
   (2) 基本薪資、最低工時
   (3) 職業安全衛生法應採取之措施
   (4) 有關安全衛生規定應採取之措施。

(　) 73. 依職業安全衛生法規定，具有危險性之機械設備，下列敘述何者有誤？　(3)
   (1) 經檢查機構檢查合格後即可使用
   (2) 經勞動部指定之代行檢查機構檢查合格後即可使用
   (3) 經地方主管機關指定之代行檢查機構檢查合格後即可使用
   (4) 超過使用有效期限者，應經再檢查合格後才可使用。

( ) 74. 依職業安全衛生法規定下列何者非屬妊娠中之女性勞工不得從事之危 (1)
　　　險性或有害性工作？
　　　(1) 220 伏特以上電力線之銜接工作
　　　(2) 一定重量以上之重物處理工作
　　　(3) 處理有二硫化碳、三氯乙烯危害性化學品之工作場所
　　　(4) 有顯著振動之工作。

( ) 75. 依職業安全衛生法規定，事業單位未設置安全衛生人員經通知限期改 (3)
　　　善而不如期改善時，可能遭受之處分為下列何者？
　　　(1) 處新台幣三萬元以上六萬元以下罰鍰
　　　(2) 處新台幣三萬元以上六萬元以下罰金
　　　(3) 處新台幣三萬元以上十五萬元以下罰鍰
　　　(4) 處新台幣三萬元以上十五萬元以下罰金。

( ) 76. 依職業安全衛生法規定，勞工年滿幾歲者，方可從事坑內工作？ (3)
　　　(1) 15　(2) 16　(3) 18　(4) 20。

( ) 77. 下列何項化學品非屬於未滿十八歲及妊娠或分娩後未滿一年女性勞工 (2)
　　　具危害性指定之優先管理化學品？
　　　(1) 鉛及其無機化合物　(2) 硫酸　(3) 三氯乙烯　(4) 六價鉻化合物。

( ) 78. 依職業安全衛生法規定，下列那項作業非屬雇主不得使未滿十八歲者 (1)
　　　從事之危險性或有害性工作？
　　　(1) 噪音作業場所之工作　　　(2) 氯氣有害物散布場所之工作
　　　(3) 鑿岩機之工作　　　　　　(4) 橡膠化合物之滾輾工作。

( ) 79. 依職業安全衛生法規定，下列那種情況非屬工作者得向勞動檢查機構 (3)
　　　申訴之事項？
　　　(1) 疑似罹患職業病
　　　(2) 違反本法或有關安全衛生之規定
　　　(3) 公司財務困難
　　　(4) 精神遭受侵害。

( ) 80. 依職業安全衛生管理辦法規定，第一類事業之事業單位，勞工人數在 (2)
　　　多少人以上者，應設直接隸屬雇主之專責一級管理單位？
　　　(1) 30　(2) 100　(3) 300　(4) 500。

( ) 81. 依職業安全衛生管理辦法規定，事業單位之職業安全衛生委員會之委 (2)
　　　員任期為多少年？　(1) 1　(2) 2　(3) 3　(4) 4。

( ) 82. 依職業安全衛生管理辦法規定，職業安全衛生委員會中工會或勞工選 (3)
　　　舉之代表不得少於多少比例？　(1) 1/5　(2) 1/4　(3) 1/3　(4) 1/2。

( ) 83. 職業安全衛生人員離職時，應向下列何單位陳報？　(1)
(1) 當地勞動檢查機構　　(2) 縣市主管機關
(3) 直轄市主管機關　　(4) 中央主管機關。

( ) 84. 依職業安全衛生管理辦法規定，僱用勞工人數350人之化學品製造業，　(3)
設置之安全衛生人員，除職業安全衛生業務主管外，應再增設那些安
全衛生人員？
(1) 職業安全管理師及職業衛生管理師各 1 人
(2) 職業安全衛生管理員 1 人
(3) 職業安全管理師或職業衛生管理師 1 人及職業安全衛生管理員 2 人
(4) 職業安全衛生管理員 2 人。

( ) 85. 依職業安全衛生管理辦法規定，有關事業單位設置之職業安全衛生委　(2)
員會，下列敘述何者錯誤？
(1) 委員 7 人以上
(2) 委員任期 3 年，連選得連任
(3) 雇主為主任委員
(4) 勞工代表應佔委員人數 1/3 以上。

( ) 86. 依職業安全衛生管理辦法規定，下列何項機械，雇主應每 3 年就其整　(1)
體定期實施自動檢查 1 次？
(1) 電氣機車等　　(2) 動力堆高機
(3) 車輛系營建機械　　(4) 固定式起重機。

( ) 87. 依職業安全衛生管理辦法規定，雇主對於動力堆高機應每月定期實施　(4)
自動檢查一次，下列何項目不包括在內？
(1) 制動裝置、離合器及方向裝置　(2) 積載裝置及油壓裝置
(3) 頂篷及桅桿　　(4) 後視鏡。

( ) 88. 事業單位以其事業之全部或部分交付承攬時，如使用之機械、設備或　(1)
器具係由原事業單位提供者，原則上該等機械設備或器具由何單位實
施定期檢查及重點檢查？
(1) 原事業單位　(2) 承攬人　(3) 檢查機構　(4) 代行檢查機構。

( ) 89. 依職業安全衛生管理辦法規定，對於應定期實施自動檢查期限之敘述，　(3)
下列何者有誤？
(1) 一般車輛之安全性能每月 1 次
(2) 動力驅動離心機械每年 1 次
(3) 營建用提升機每 3 個月 1 次
(4) 吊籠每月 1 次。

(　) 90. 下列何者非屬高壓氣體勞工安全規則中所稱之特定高壓氣體？　(4)
　　(1) 壓縮氫氣　　　　　　　　　(2) 液氯
　　(3) 液化石油氣　　　　　　　　(4) 液氮。

(　) 91. 有關高壓氣體類壓力容器處理能力之敘述下列何者錯誤？　(3)
　　(1) 指 0℃、一大氣壓下
　　(2) 24 小時全速運轉
　　(3) 可處理液體體積
　　(4) 可處理氣體體積。

(　) 92. 依高壓氣體勞工安全規則規定甲類製造事業單位應於製造開始之日就　(2)
製造事業單位指派何人為高壓氣體製造安全負責人，綜理高壓氣體之
製造安全業務，並向勞動檢查機構報備？
　　(1) 現場作業主管　　　　　　　(2) 實際負責人
　　(3) 領班　　　　　　　　　　　(4) 以上皆可。

(　) 93. 依高壓氣體勞工安全規則規定，甲類製造事業單位係指使用壓縮、液　(3)
化或其他方法處理之氣體容積 1 日在多少立方公尺以上之設備從事高
壓氣體之製造者？　(1) 10　(2) 20　(3) 30　(4) 40。

(　) 94. 下列何項非屬高壓氣體勞工安全規則規定所稱毒性氣體？　(X)
　　(1) 丙烯腈　(2) 二氧化硫　(3) 硫化氫　(4) 一氧化碳。(以上皆是)

(　) 95. 依高壓氣體勞工安全規則規定，甲類製造事業單位之固定式製造設備　(3)
其導管應經以常用壓力多少倍以上壓力實施之耐壓試驗？
　　(1) 1.1　(2) 1.2　(3) 1.5　(4) 2。

(　) 96. 依高壓氣體勞工安全規則規定，甲類製造事業單位之固定式製造設備　(2)
其導管厚度應具備以常用壓力多少倍以上壓力加壓時不致引起導管之
降伏變形？　(1) 1.5　(2) 2　(3) 2.5　(4) 3。

(　) 97. 依營造安全衛生設施標準規定，雇主設置護欄其上欄杆及中間欄杆高　(3)
度應為多少公分？
　　(1) 95 公分上欄杆、25 公分中間欄杆
　　(2) 85 公分上欄杆、25 公分中間欄杆
　　(3) 95 公分上欄杆、45 公分中間欄杆
　　(4) 85 公分上欄杆、45 公分中間欄杆。

(　) 98. 依營造安全衛生設施標準規定，雇主使勞工從事於易踏穿材料構築之　(3)
屋頂作業時，應先規劃安全通道，於屋架上設置適當強度，且寬度在
多少公分以上之踏板？　(1) 30　(2) 35　(3) 40　(4) 45。

( ) 99. 依營造安全衛生設施標準規定，雇主對於高度 2 公尺以上之工作場所，勞工作業有墜落之虞者，應訂定墜落災害防止計畫，依風險控制之先後順序規劃，並採取適當墜落災害防止設施，下列何項屬正確之風險控制先後順序？a、設置護欄、護蓋。b、經由設計或工法之選擇，儘量使勞工於地面完成作業，減少高處作業項目。c、經由施工程序之變更，優先施作永久構造物之上下設備或防墜設施。d、使勞工佩掛安全帶。e、張掛安全網。　(1) abcde　(2) abced　(3) bcead　(4) bcaed。　(4)

( ) 100.依營造安全衛生設施標準規定，雇主設置之安全網其延伸適當之距離，下列敘述何項正確？　(1)
(1) 攔截高度在 1.5 公尺以下者，至少應延伸 2.5 公尺
(2) 攔截高度 2 公尺，至少應延伸 2.5 公尺
(3) 攔截高度 3 公尺，至少應延伸 2.8 公尺
(4) 攔截高度 4 公尺者，至少應延伸 3.5 公尺。

( ) 101.依營造安全衛生設施標準規定，雇主對於鋼構之組立、架設、爬升、拆除、解體或變更等作業，應指派鋼構組配作業主管於作業現場辦理相關事項，下列何項非屬所稱鋼構？　(3)
(1) 高度在 5 公尺以上之鋼構建築物
(2) 塔式起重機或伸臂伸高起重機
(3) 橋樑跨距在 20 公尺以上，以金屬構材組成之橋樑上部結構
(4) 高度在 5 公尺以上之鐵塔。

( ) 102.依營造安全衛生設施標準規定，雇主僱用勞工從事露天開挖作業，其垂直開挖最大深度應妥為設計，如其深度在多少公尺以上者，應設擋土支撐？　(1) 1.5　(2) 2　(3) 2.5　(4) 3。　(1)

( ) 103.依營造安全衛生設施標準規定，雇主設置之任何型式之護欄，其杆柱及任何杆件之強度及錨錠，應使整個護欄具有抵抗於上欄杆之任何一點，於任何方向加以多少公斤之荷重，而無顯著變形之強度？　(2)
(1) 65　(2) 75　(3) 85　(4) 90。

( ) 104.依營造安全衛生設施標準規定，雇主設置之安全網其工作面至安全網架設平面之攔截高度，不得超過多少公尺？　(1) 4　(2) 5　(3) 6　(4) 7。　(4)

( ) 105.依營造安全衛生設施標準規定，勞工於高度 2 公尺以上施工架上從事作業時，應供給足夠強度之工作臺，且工作臺應以寬度多少公分以上並舖滿密接之踏板？　(1) 30　(2) 35　(3) 40　(4) 45。　(3)

( ) 106.依危險性機械及設備安全檢查規則規定，所稱之營建用提升機係指導軌或升降路高度在多少公尺以上？　(1) 20　(2) 30　(3) 40　(4) 50。　(1)

( ) 107. 依危險性機械及設備安全檢查規則規定，所稱之蒸汽鍋爐危險性設備 (1)
係指符合下列何條件？
(1) 最高使用壓力超過每平方公分 1 公斤，或傳熱面積超過 1 平方公尺
(2) 最高使用壓力超過每平方公分 1.5 公斤，或傳熱面積超過 1.5 平方
公尺
(3) 最高使用壓力超過每平方公分 2 公斤，或傳熱面積超過 2 平方公尺
(4) 最高使用壓力超過每平方公分 3 公斤，或傳熱面積超過 3 平方公
尺。

( ) 108. 依危險性機械及設備安全檢查規則規定，高壓氣體特定設備指其容器 (4)
以「每平方公分之公斤數」單位所表示之設計壓力數值與以「立方公
尺」單位所表示之內容積數值之積，超過多少者？
(1) 0.01　(2) 0.02　(3) 0.03　(4) 0.04。

( ) 109. 依危險性機械及設備安全檢查規則規定，高壓氣體容器係指供灌裝高 (2)
壓氣體之容器中，相對於地面可移動，其內容積在多少公升以上者？
(1) 400　(2) 500　(3) 800　(4) 1,000。

( ) 110. 依粉塵危害預防標準規定，同一特定粉塵發生源之特定粉塵作業，其 (2)
每日作業時間為 50 分鐘屬下列何者？
(1) 臨時性作業　　　　　　　　(2) 作業時間短暫
(3) 作業期間短暫　　　　　　　(4) 長時間作業。

( ) 111. 依粉塵危害預防標準規定，雇主使勞工戴用輸氣管面罩之連續作業時 (3)
間，每次不得超過多久？
(1) 30 分鐘　(2) 45 分鐘　(3) 60 分鐘　(4) 90 分鐘。

( ) 112. 依粉塵危害預防標準規定，對於粉塵作業場所應多久時間內確認實施 (1)
通風設備運轉狀況、勞工作業情形、空氣流通效果及粉塵狀況等，並
採取必要措施？　(1) 隨時　(2) 每週　(3) 每月　(4) 每年。

( ) 113. 室內粉塵作業場所依規定至少多久應清掃一次以上？ (1)
(1) 每日　(2) 每週　(3) 每月　(4) 每年。

( ) 114. 下列何者屬依粉塵危害預防標準所稱之特定粉塵發生源？ (3)
(1) 使用耐火磚之構築爐作業
(2) 在室內實施金屬熔斷作業
(3) 於室內非以手提式熔射機熔射金屬之作業
(4) 在室內實施金屬電焊作業。

( ) 115. 藉動力強制吸引並排出已發散粉塵之設備為下列何者？ (1)
(1) 局部排氣裝置　　　　　　　(2) 密閉裝置
(3) 整體換氣裝置　　　　　　　(4) 維持濕潤狀態之設備。

（　　）116.下列何種特定粉塵作業，雇主除於室內作業場所設置整體換氣外，應使勞工使用適當之呼吸防護具作爲必要之控制設施？　(4)
(1) 從事臨時性作業時
(2) 從事同一特定粉塵發生源之作業時間短暫時
(3) 從事同一特定粉塵發生源之作業期間短暫時
(4) 使用直徑小於 30 公分之研磨輪從事作業。

（　　）117.依粉塵危害預防標準規定，下列有關粉塵作業之控制設施之敘述，何者有誤？　(3)
(1) 整體換氣裝置應置於使排氣或換氣不受阻礙之處，使之有效運轉
(2) 設置之濕式衝擊式鑿岩機於實施特定粉塵作業時，應使之有效給水
(3) 局部排氣裝置依規定每 2 年定期檢查一次
(4) 維持濕潤狀態之設備於粉塵作業時，對該粉塵發生處所應保持濕潤狀態。

（　　）118.依粉塵危害預防標準規定，雇主應至少多久時間定期使用眞空除塵器或以水沖洗等不致發生粉塵飛揚之方法，清除室內作業場所之地面？　(3)
(1) 每日　(2) 每週　(3) 每月　(4) 每季。

（　　）119.依粉塵危害預防標準規定，使勞工於室內混合粉狀之礦物等、碳原料及含有此等物質之混入或散布之處所，下列何項不符合規定？　(4)
(1) 設置密閉設備　　　　　(2) 設置局部排氣裝置
(3) 維持濕潤狀態　　　　　(4) 整體換氣裝置。

（　　）120.依高架作業勞工保護措施標準規定，所稱高架作業，係指雇主使勞工從事之作業，已依規定設置平台、護欄等設備，並採取防止墜落之必要安全措施，其高度在多少公尺以上？　(1) 2　(2) 3　(3) 4　(4) 5。　(4)

（　　）121.依高架作業勞工保護措施標準規定，雇主使勞工從事高度在 4 公尺之高架作業時，每連續作業 2 小時，應給予作業勞工多少分鐘休息時間？　(1) 15　(2) 20　(3) 25　(4) 30。　(3)

（　　）122.依高架作業勞工保護措施標準規定，雇主使勞工從事高架作業時，應減少工作時間。高架作業高度在 30 公尺者每連續作業 2 小時，應給予作業勞工多少分鐘休息時間？　(1) 15　(2) 20　(3) 35　(4) 45。　(3)

（　　）123.依高架作業勞工保護措施標準規定，所稱高架作業，係指露天作業場所，自勞工站立位置，半徑多少公尺範圍內最低點之地面或水面起至勞工立足點平面間之垂直距離？　(1) 2　(2) 3　(3) 4　(4) 5。　(2)

（　　）124.依高溫作業勞工作息時間標準規定，於走動中提舉或推動一般重量物體者，係屬下列何種工作？　(2)
(1) 輕工作　(2) 中度工作　(3) 重工作　(4) 極重度工作。

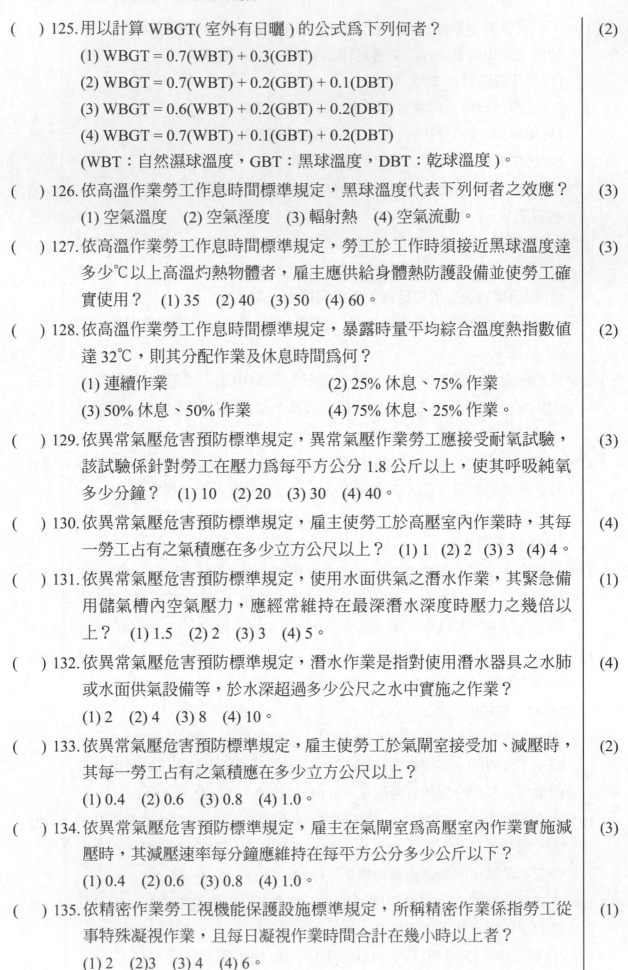

( ) 125. 用以計算 WBGT(室外有日曬) 的公式爲下列何者？   (2)

(1) WBGT = 0.7(WBT) + 0.3(GBT)

(2) WBGT = 0.7(WBT) + 0.2(GBT) + 0.1(DBT)

(3) WBGT = 0.6(WBT) + 0.2(GBT) + 0.2(DBT)

(4) WBGT = 0.7(WBT) + 0.1(GBT) + 0.2(DBT)

(WBT：自然濕球溫度，GBT：黑球溫度，DBT：乾球溫度)。

( ) 126. 依高溫作業勞工作息時間標準規定，黑球溫度代表下列何者之效應？   (3)

(1) 空氣溫度   (2) 空氣溼度   (3) 輻射熱   (4) 空氣流動。

( ) 127. 依高溫作業勞工作息時間標準規定，勞工於工作時須接近黑球溫度達   (3)
多少℃以上高溫灼熱物體者，雇主應供給身體熱防護設備並使勞工確
實使用？   (1) 35   (2) 40   (3) 50   (4) 60。

( ) 128. 依高溫作業勞工作息時間標準規定，暴露時量平均綜合溫度熱指數值   (2)
達 32℃，則其分配作業及休息時間爲何？

(1) 連續作業   (2) 25% 休息、75% 作業

(3) 50% 休息、50% 作業   (4) 75% 休息、25% 作業。

( ) 129. 依異常氣壓危害預防標準規定，異常氣壓作業勞工應接受耐氧試驗，   (3)
該試驗係針對勞工在壓力爲每平方公分 1.8 公斤以上，使其呼吸純氧
多少分鐘？   (1) 10   (2) 20   (3) 30   (4) 40。

( ) 130. 依異常氣壓危害預防標準規定，雇主使勞工於高壓室內作業時，其每   (4)
一勞工占有之氣積應在多少立方公尺以上？   (1) 1   (2) 2   (3) 3   (4) 4。

( ) 131. 依異常氣壓危害預防標準規定，使用水面供氣之潛水作業，其緊急備   (1)
用儲氣槽內空氣壓力，應經常維持在最深潛水深度時壓力之幾倍以
上？   (1) 1.5   (2) 2   (3) 3   (4) 5。

( ) 132. 依異常氣壓危害預防標準規定，潛水作業是指對使用潛水器具之水肺   (4)
或水面供氣設備等，於水深超過多少公尺之水中實施之作業？

(1) 2   (2) 4   (3) 8   (4) 10。

( ) 133. 依異常氣壓危害預防標準規定，雇主使勞工於氣閘室接受加、減壓時，   (2)
其每一勞工占有之氣積應在多少立方公尺以上？

(1) 0.4   (2) 0.6   (3) 0.8   (4) 1.0。

( ) 134. 依異常氣壓危害預防標準規定，雇主在氣閘室爲高壓室內作業實施減   (3)
壓時，其減壓速率每分鐘應維持在每平方公分多少公斤以下？

(1) 0.4   (2) 0.6   (3) 0.8   (4) 1.0。

( ) 135. 依精密作業勞工視機能保護設施標準規定，所稱精密作業係指勞工從   (1)
事特殊凝視作業，且每日凝視作業時間合計在幾小時以上者？

(1) 2   (2) 3   (3) 4   (4) 6。

(　) 136. 依精密作業勞工視機能保護設施標準規定，雇主使勞工從事精密作業時，其工作台面照明與其半徑 1 公尺以內接鄰地區照明之比率不得低於多少？　(1) 1/5　(2) 1/4　(3) 1/3　(4) 1/2。　(1)

(　) 137. 依精密作業勞工視機能保護設施標準規定，雇主使勞工從事精密作業時，應縮短工作時間，於連續作業 2 小時，給予作業勞工至少多少分鐘之休息？　(1) 10　(2) 15　(3) 20　(4) 30。　(2)

(　) 138. 依重體力勞動作業勞工保護措施標準規定，所定重體力勞動作業，指以人力搬運或揹負重量在多少公斤以上物體之作業？　(1) 20　(2) 40　(3) 60　(4) 100。　(2)

(　) 139. 依職業安全衛生設施規則規定，雇主對於工作用階梯之設置，下列敘述何者錯誤？

(1) 在原動機與鍋爐房中之工作用階梯之寬度不得小於 56 公分

(2) 斜度不得大於 75 度

(3) 梯級面深度不得小於 15 公分

(4) 應有適當之扶手。　(2)

(　) 140. 依職業安全衛生設施規則規定，雇主對於室內工作場所設置之通道，下列敘述何者錯誤？

(1) 主要人行道寬度不得小於 1 公尺

(2) 各機械間通道不得大於 80 公分

(3) 自路面起算 2 公尺高度之範圍內不得有障礙物

(4) 主要人行道及安全門、安全梯應有明顯標示。　(2)

(　) 141. 依職業安全衛生設施規則規定，雇主架設之通道下列敘述何者錯誤？

(1) 傾斜超過 15 度以上者應設置踏條

(2) 有墜落之虞之場所應置備 75 公分以上之堅固扶手

(3) 傾斜應保持在 30 度以下

(4) 如用漏空格條製成，其縫間隙不超過 40 公厘，超過時應置鐵絲網防護。　(4)

(　) 142. 依職業安全衛生設施規則規定，對於雇主設置之固定梯子 (非於沉箱內)，下列敘述何者錯誤？

(1) 應等間隔設置踏條

(2) 應有防止梯子移位之措施

(3) 梯子之頂端依規定應突出板面 50 公分

(4) 不得有妨礙工作人員通行之障礙物。　(3)

( ) 143. 依職業安全衛生設施規則規定，雇主對於研磨機之使用，下列敘述何者錯誤？ (4)
(1) 應採用經速率試驗合格且有明確記載最高使用周速度者
(2) 規定研磨機之使用不得超過規定最高使用周速度
(3) 除該研磨輪為側用外，不得使用側面
(4) 研磨輪更換時應先檢驗有無裂痕，並在防護罩下試轉一分鐘。

( ) 144. 與噪音源(點音源)之距離每增加 1 倍時，其噪音音壓級衰減多少分貝？ (1) 3 (2) 6 (3) 9 (4) 12。 (2)

( ) 145. 依職業安全衛生設施規則規定，雇主對於高壓氣體容器之搬運與儲存，下列敘述何者錯誤？ (2)
(1) 場內移動儘量使用專用手推車
(2) 容器吊運應以電磁鐵吊運鋼瓶
(3) 溫度保持在攝氏 40 度以下
(4) 盛裝容器之載運車輛應有警戒標誌。

( ) 146. 雇主使勞工進入供儲存大量物料之槽桶時，下列敘述何者錯誤？ (3)
(1) 應事先測定並確認無爆炸、中毒及缺氧等危險
(2) 應使勞工佩掛安全帶及安全索等防護具
(3) 工作人員應由槽底進入以防墜落
(4) 進口處派人監視以備發生危險時營救。

( ) 147. 依職業安全衛生設施規則規定，下列何種情況下，雇主應指定作業管理人員負責執行管理？ (3)
(1) 物料集合體之物料積垛作業地點高差在 2.5 公尺以上時
(2) 於載貨台從事單一之重量超越 100 公斤以上物料裝卸時
(3) 設置衝剪機械 5 台以上時
(4) 從事危險物製造或處置之作業。

( ) 148. 依職業安全衛生設施規則規定，下列敘述何者錯誤？ (2)
(1) 硝化甘油為爆炸性物質 (2) 二硫化碳為爆炸性物質
(3) 鋁粉為著火性物質 (4) 丁烷為可燃性氣體。

( ) 149. 依職業安全衛生設施規則規定，下列何者不得作為起重升降機具之吊掛用具？ (1)
(1) 延伸長度超過 6% 之吊鏈
(2) 直徑減少達公稱直徑 6% 之鋼索
(3) 斷面直徑減少 9% 之吊鏈
(4) 鋼索一撚間有 9% 素線截斷。

(　) 150.依職業安全衛生設施規則規定，為使勞工作業場所空氣充分流通，一個佔有 5 立方公尺空間工作的勞工，以機械通風設備換氣，每分鐘所需之新鮮空氣，應為多少立方公尺以上？ 　(4)

(1) 0.14 　(2) 0.3 　(3) 0.4 　(4) 0.6。

(　) 151.使用乙炔熔接裝置從事金屬熔接作業應注意事項，下列敘述何者有誤？ 　(3)

(1) 應先決定作業方法

(2) 發生器修繕前應完全除去乙炔

(3) 發生器有電石殘存時，亦可進行修繕

(4) 應由合格人員操作。

(　) 152.依職業安全衛生設施規則規定，勞工在高差超過幾公尺以上之場所作業時，應設置能使勞工安全上下之設備？ 　(1) 1 　(2) 1.5 　(3) 2 　(4) 3。 　(2)

(　) 153.在常溫下，將 10atm，10ppm 之 1cc 的苯蒸氣注入 1atm 含 1 公升乾淨空氣的容器中，試問苯蒸氣均勻混合後的濃度約為多少？ 　(2)

(1) 10ppb 　(2) 100ppb 　(3) 1ppm 　(4) 10ppm。

(　) 154.與噪音源 (線音源) 之距離每增加 1 倍時，其噪音音壓級衰減多少分貝？ 　(1) 3 　(2) 6 　(3) 9 　(4) 12。 　(1)

(　) 155.依職業安全衛生設施規則規定，下列有關噪音暴露標準規定之敘述何者錯誤？ 　(4)

(1) 勞工 8 小時日時量平均音壓級暴露不得超過 90 分貝

(2) 工作日任何時間不得暴露於峰值超過 140 分貝之衝擊性噪音

(3) 工作日任何時間不得暴露於超過 115 分貝之連續性噪音

(4) 測定 8 小時日時量平均音壓級時應將 75 分貝以上噪音納入計算。

(　) 156.某勞工暴露於 95 分貝噪音，請問該勞工容許暴露時間為多少小時？ 　(3)

(1) 3 　(2) 3.5 　(3) 4 　(4) 5。

(　) 157.評估勞工噪音暴露測定時，噪音計採用下列何種權衡電網？ 　(1)

(1) A 　(2) B 　(3) C 　(4) F。

(　) 158.評估勞工 8 小時日時量平均音壓級時，依職業安全衛生設施規則規定應將多少分貝以上之噪音納入計算？ 　(1) 75 　(2) 80 　(3) 85 　(4) 90。 　(2)

(　) 159.依職業安全衛生設施規則規定，雇主以人工濕潤工作場所濕球溫度超過攝氏多少度時，應立即停止濕潤？ 　(1) 20 　(2) 24 　(3) 25 　(4) 27。 　(4)

(　) 160.雇主對坑內之溫度在攝氏多少度以上時，依規定應使勞工停止作業？ 　(4)

(1) 30.6 　(2) 33.1 　(3) 35.0 　(4) 37.0。

( ) 161. 以下何者為勞工健康保護規則所規定之特別危害健康作業？ | (4)
(1) 使用溴丁烷之作業　　　　(2) 高空作業
(3) 局限空間作業　　　　　　(4) 巴拉刈製造作業。

( ) 162. 依職業安全衛生設施規則規定，為保持良好之通風及換氣，雇主對勞工經常作業之室內作業場所，其窗戶及其他開口部分等可直接與大氣相通之開口部分面積，應為地板面積之多少比例以上？ | (3)
(1) 1/50　(2) 1/30　(3) 1/20　(4) 1/2。

( ) 163. 雇主對勞工經常作業之室內作業場所之氣溫，在攝氏多少度以下換氣時，不得使勞工暴露於每秒 1 公尺以上之氣流中？ | (1)
(1) 10　(2) 15　(3) 20　(4) 30。

( ) 164. 雇主以機械通風設備換氣使空氣充分流通，除提供勞工新鮮空氣外，下列何者較屬非應一併考慮之事項？ | (3)
(1) 溫度調節　(2) 火災爆炸防止　(3) 氣壓　(4) 有害物濃度控制。

( ) 165. 依職業安全衛生設施規則規定，作業場所面積過大等致需人工照明時，下列對照明規定之敘述何者錯誤？ | (2)
(1) 室外走道應在 20 米燭光以上
(2) 廁所、更衣室應在 50 米燭光以上
(3) 一般辦公場所應在 300 米燭光以上
(4) 印刷品校對應在 1,000 米燭光以上。

( ) 166. 對於雇主供應勞工飲用水之敘述，下列何者有誤？ | (3)
(1) 盛水容器須予加蓋
(2) 飲用水之水質應符合衛生標準
(3) 得設置共用之杯具
(4) 水源非自來水者應定期檢驗合格。

( ) 167. 依職業安全衛生設施規則規定，勞工暴露於連續穩定性噪音音壓級為 100 分貝時，其工作日容許暴露時間為多少小時？ | (1)
(1) 2　(2) 4　(3) 6　(4) 8。

( ) 168. 依職業安全衛生設施規則規定，有一室內作業場所 20 公尺長、10 公尺寬、5 公尺高，機械設備占有 5 公尺長、2 公尺寬、1 公尺高共 4 座，請問該場所最多能有多少作業員？　(1) 76　(2) 80　(3) 86　(4) 96。 | (1)

( ) 169. 依職業安全衛生設施規則規定，一般辦公場所之人工照明，其照度至少為多少米燭光？　(1) 100　(2) 200　(3) 300　(4) 500。 | (3)

( ) 170. 依職業安全衛生設施規則規定，極精細儀器組合作業之人工照明，其照度至少為多少米燭光以上？　(1) 200　(2) 300　(3) 500　(4) 1,000。 | (4)

(　) 171. 某勞工每日作業時間八小時暴露於穩定性噪音，戴用劑量計測定二小時，其劑量為 44.5%，則該勞工工作日八小時日時量平均音壓級為多少分貝？　(1) 86　(2) 90　(3) 94　(4) 98。 (3)

(　) 172. 依職業安全衛生設施規則規定，禁水性物質屬於下列何者？ (4)
(1) 爆炸性物質　(2) 氧化性物質　(3) 過氧化物質　(4) 著火性物質。

(　) 173. 依職業安全衛生教育訓練規則規定，雇主對新僱之一般作業勞工實施一般安全衛生教育訓練，最低不得少於多少小時？ (1)
(1) 3　(2) 4　(3) 6　(4) 18。

(　) 174. 依職業安全衛生教育訓練規則之規定，營造業之事業單位僱用勞工人數 45 人時，應使擔任職業安全衛生業務主管者接受何種營造業職業安全衛生主管安全衛生教育訓練？　(1) 甲　(2) 乙　(3) 丙　(4) 丁。 (2)

(　) 175. 雇主無需使下列何者接受高壓氣體作業主管安全衛生教育訓練？ (1)
(1) 高壓室內作業主管
(2) 高壓氣體製造安全主管
(3) 高壓氣體製造安全作業主管
(4) 高壓氣體供應及消費作業主管。

(　) 176. 何項化學品經製造者、輸入者、供應者或雇主將相關運作資料報請中央主管機關備查即可運作？ (1)
(1) 優先管理化學品　(2) 管制性化學品　(3) 新化學品　(4) 汽油。

(　) 177. 下列何種操作人員未規定雇主需使其接受危險性設備操作人員安全衛生教育訓練？ (4)
(1) 丙級鍋爐　　　　　　　(2) 高壓氣體特定設備
(3) 高壓氣體容器　　　　　(4) 第二種壓力容器。

(　) 178. 依職業安全衛生教育訓練規則規定，下列何種作業人員或操作人員，雇主不需使其接受特殊作業安全衛生教育訓練？ (3)
(1) 小型鍋爐　(2) 潛水　(3) 施工架組配　(4) 火藥爆破。

(　) 179. 大專院校辦理特殊作業勞工安全衛生教育訓練，應於 15 日前檢附相關資料報請何單位備查？ (2)
(1) 教育部　(2) 當地主管機關　(3) 勞動部勞動力發展署　(4) 勞動部。

(　) 180. 事業單位辦理有害作業主管人員安全衛生教育訓練結束後 30 日內應檢送必要文件報請主管機關核備，所稱必要文件不包括下列何者？ (1)
(1) 教育訓練課程表
(2) 受訓學員點名紀錄
(3) 受訓學員成績冊
(4) 受訓學員結業證書核發清冊。

附錄三

( ) 181.有害作業主管,依職業安全衛生教育訓練規則規定,應接受幾小時之 (2)
安全衛生教育訓練課程? (1) 12 (2) 18 (3) 24 (4) 36。

( ) 182.依特定化學物質危害預防標準規定,從事下列何種作業時,雇主應指 (2)
定現場主管擔任特定化學物質作業主管?
(1) 正已烷 (2) 硫化氫 (3) 丙酮 (4) 汽油。

( ) 183.依特定化學物質危害預防標準規定,雇主不得使勞工從事製造或使用 (1)
何種物質?
(1) 甲類物質 (2) 乙類物質 (3) 丙類物質 (4) 丁類物質。

( ) 184.下列何者屬特定化學物質危害預防標準中所稱之乙類特定化學物質? (2)
(1) 苯 (2) 鈹及其化合物 (3) 含苯膠糊 (4) 鉻酸及其鹽類。

( ) 185.使勞工從事製造下列何種特定化學物質時,應報請勞動檢查機構許 (2)
可? (1) 甲 (2) 乙 (3) 丙 (4) 丁。

( ) 186.特定化學物質危害預防標準中所稱之特定化學管理設備,係指可能因 (2)
下列何種異常致漏洩丙類第一種物質及丁類物質之特定化學設備?
(1) 吸熱反應 (2) 放熱反應 (3) 低壓 (4) 低溫。

( ) 187.依特定化學物質危害預防標準規定,下列何者不屬於對特定管理設備 (4)
為早期掌握其異常化學反應之發生,應設置之適當計測裝置?
(1) 溫度計 (2) 流量計 (3) 壓力計 (4) 液位計。

( ) 188.依職業安全衛生管理辦法規定,局部排氣裝置依規定應多久定期實施 (3)
自動檢查1次? (1) 每季 (2) 每6個月 (3) 每年 (4) 每2年。

( ) 189.依職業安全衛生管理辦法規定,特定化學設備或附屬設備應多久定期 (3)
實施自動檢查? (1) 每6個月 (2) 每年 (3) 每2年 (4) 每3年。

( ) 190.指定之乙、丙類特定化學物質之作業環境監測,其紀錄依勞工作業環 (4)
境監測實施辦法規定,保存3年者為下列何種物質?
(1) 氯乙烯 (2) 石綿 (3) 鈹 (4) 氯。

( ) 191.依特定化學物質危害預防標準規定,使勞工處置丙類第一種或丁類特 (3)
定化學物質合計在多少公升以上時,應置備該物質等漏洩時能迅速告
知有關人員之警報用器具及除卻危害必要藥劑、器具等設施?
(1) 10 (2) 50 (3) 100 (4) 300。

( ) 192.下列何種特定化學物質之作業場所應設置緊急沖淋設備? (4)
(1) 乙類 (2) 丙類第二種 (3) 丙類第三種 (4) 丁類。

( ) 193. 特定化學設備中進行放熱反應之反應槽等，因有異常化學反應，致漏洩丙類第一種物質混合物、丁類物質或丁類物質混合物之虞者為下列何者？　　(3)

    (1) 特定化學設備　　　　　　　　(2) 密閉設備

    (3) 特定管理設備　　　　　　　　(4) 固定式製造處置設備。

( ) 194. 下列何種特定化學物質具腐蝕特性，應特別注意防蝕、防漏設施？　　(4)

    (1) 甲類物質　　(2) 乙類物質　　(3) 丙類第二種物質　　(4) 丁類物質。

( ) 195. 含硫酸、硝酸之廢液收集桶不得與下列何種廢液混合？　　(3)

    (1) 鹽酸　　(2) 磷酸　　(3) 硫化物　　(4) 水。

( ) 196. 某一作業場所在 NTP 下勞工暴露於三氯乙烯及三氯乙烷之全程工作日八小時平均濃度分別為 25ppm 及 175ppm，如三氯乙烯及三氯乙烷之八小時日時量平均容許濃度分別為 50ppm 及 350ppm，則該勞工之暴露下列敘述何者為誤？　　(3)

    (1) 無法判定是否符合法令規定

    (2) 以相加效應計算是否超過容許濃度

    (3) 以相乘效應計算是否超過容許濃度

    (4) 應再進一步測定再據以評估。

( ) 197. 評估是否會進入肺泡而且沈積於肺泡造成塵肺症之粉塵量時，應測定下列何種粉塵？　　(3)

    (1) 總粉塵　　(2) 第 3 種粉塵　　(3) 可呼吸性粉塵　　(4) 可吸入性粉塵。

( ) 198. ppm 之意義為下列何者？　　(4)

    (1) 25℃，1atm 下每公克空氣中有害物之毫克數

    (2) 4℃時每公升水中有害物之毫克數

    (3) 4℃時每公升水中有害物之毫升數

    (4) 25℃，1atm 下每立方公尺空氣中氣態有害物之立方公分數。

( ) 199. 勞工作業場所容許暴露標準中之空氣中有害物容許濃度表，下列那一註記表示該物質經證實或疑似對人類會引發腫瘤？　　(3)

    (1) 癌　　(2) 皮　　(3) 瘤　　(4) 高。

( ) 200. 二氯甲烷之 8 小時日時量平均容許濃度為 50ppm 或 174mg/m³，則其短時間時量平均容許濃度為下列何者？　　(3)

    (1) 50ppm 或 174mg/m³　　　　　　(2) 62.5ppm 或 217.5mg/m³

    (3) 75ppm 或 261mg/m³　　　　　　(4) 100ppm 或 348mg/m³。

( ) 201. 二氯甲烷之容許濃度為 50ppm，其分子量為 85，其容許濃度相當於多少 mg/m³？　　(1) 11.3　　(2) 12.3　　(3) 174　　(4) 221。　　(3)

( ) 202. TiO_2 在勞工作業環境空氣中有害物容許濃度表中備註欄未加註可呼吸性粉塵，則其容許濃度係指下列何種粉塵？ | (2)
(1) 可呼吸性粉塵　(2) 總粉塵　(3) 第一種粉塵　(4) 可吸入性粉塵。

( ) 203. 三氯乙烷之 8 小時日時量平均容許濃度為 100ppm，勞工 1 日作業之時間為 1 小時，該時段之暴露濃度為 140ppm，則該勞工之暴露屬下列何狀況？　(1) 不符規定　(2) 符合規定　(3) 不能判定　(4) 劑量為 0。 | (1)

( ) 204. 可呼吸性粉塵係指能通過人體氣管而到達氣體之交換區域者，其 50% 截取粒徑為多少微米？　(1) 4　(2) 10　(3) 25　(4) 100。 | (1)

( ) 205. 依危害性化學品標示及通識規則規定，除不穩定爆炸物外，在危害物質之分類中，將爆炸物分成多少組？　(1) 2　(2) 3　(3) 5　(4) 6。 | (4)

( ) 206. 依危害性化學品標示及通識規則規定，致癌物質分為幾級？ | (2)
(1) 1　(2) 2　(3) 3　(4) 4。

( ) 207. 依化學品全球分類及標示調和制度 (GHS) 之定義，發火性液體 (pyrophoric liquid) 指少量也能在與空氣接觸後幾分鐘之內引燃的液體？　(1) 1　(2) 5　(3) 10　(4) 12。 | (2)

( ) 208. 依危害性化學品標示及通識規則規定，安全資料表應包含多少大項？ | (4)
(1) 10　(2) 12　(3) 14　(4) 16。

( ) 209. 依職業安全衛生設施規則規定，下列何者不屬於危險物？ | (3)
(1) 易燃液體　(2) 可燃性氣體　(3) 致癌性物質　(4) 氧化性物質。

( ) 210. 下列何種物品適用危害性化學品標示及通識規則規定？ | (3)
(1) 菸草　(2) 化粧品　(3) 可從製程中分離之中間物　(4) 滅火器。

( ) 211. 依危害性化學品標示及通識規則規定，裝有危害性化學品容器之標示不包括下列何者？ | (3)
(1) 危害成分　　　　　(2) 危害警告訊息
(3) 客戶名稱、地址及電話　(4) 危害防範措施。

( ) 212. 易燃液體係指閃火點未滿攝氏多少度之物質？ | (2)
(1) 55　(2) 65　(3) 75　(4) 85。

( ) 213. 安全資料表 (SDS) 依規定應由下列何人製備？ | (3)
(1) 勞工　(2) 醫護人員　(3) 運作者　(4) 顧客。

( ) 214. 依危害性化學品標示及通識規則規定，盛有危害物質之容器，其容積在多少公升以下者，得僅標示其名稱、危害圖式及警示語？ | (2)
(1) 0.01　(2) 0.1　(3) 1　(4) 100。

( ) 215. 依危害性化學品標示及通識規則規定，雇主為維持安全資料表內容之
正確性應有何作為？
(1) 1 年更新 1 次　　　　　　　　　(2) 2 年更新 1 次
(3) 3 年更新 1 次　　　　　　　　　(4) 依實際狀況，適時更新。
　(4)

( ) 216. 盛裝危害物質容器標示之圖式背景為何種顏色？
(1) 白色　(2) 紅色　(3) 綠色　(4) 黃色。
　(1)

( ) 217. 依危害性化學品標示及通識規則規定，容器標示之圖式形狀為直立幾
度之正方形？　(1) 30　(2) 45　(3) 60　(4) 75。
　(2)

( ) 218. 依危害性化學品標示及通識規則規定，易燃氣體及易燃氣膠分為幾
級？　(1) 1　(2) 2　(3) 3　(4) 4。
　(2)

( ) 219. 依危害性化學品標示及通識規則規定，易燃液體之圖式符號應使用何
種顏色？　(1) 紅色　(2) 黑色　(3) 黃色　(4) 橘色。
　(2)

( ) 220. 下列何種人員屬職業安全衛生法所稱之工作者？
(1) 勞工　(2) 建教生　(3) 合夥人　(4) 水電工。
　(124)

( ) 221. 依職業安全衛生法規定，雇主對於具有危害性之化學品，應依那些條
件，評估風險等級，並採取分級管理措施？
(1) 閃火點　(2) 健康危害　(3) 散布狀況　(4) 使用量。
　(234)

( ) 222. 依職業安全衛生法規定，符合那些條件之工作場所，事業單位應依中
央主管機關規定之期限，定期實施製程安全評估，並製作製程安全評
估報告及採取必要之預防措施？
(1) 從事石油裂解之石化工業
(2) 建築物高度在五十公尺以上之建築工程
(3) 蒸汽鍋爐之傳熱面積在五百平方公尺以上之事業單位
(4) 從事製造、處置或使用危害性之化學品數量達中央主管機關規定量
　　以上。
　(14)

( ) 223. 依職業安全衛生法規定，雇主不得使妊娠中之女性勞工從事那些危險
性或有害性工作？
(1) 鉛及其化合物散布場所之工作
(2) 一定重量以上之重物處理工作
(3) 起重機、人字臂起重桿之運轉工作
(4) 超過二百二十伏特電力線之銜接。
　(123)

( ) 224. 依職業安全衛生法規定，雇主對於那些特殊危害之作業，應規定減少
勞工工作時間，並在工作時間中予以適當之休息？
(1) 高架作業　(2) 重體力勞動作業　(3) 精密作業　(4) 鉛作業。
　(123)

( ) 225.依職業安全衛生法規定，雇主為預防勞工於執行職務，因他人行為致　(1234)
遭受身體或精神上不法侵害，應採取之暴力預防措施，與下列何者有
關？
(1) 依工作適性適當調整人力　　　(2) 辨識及評估高風險群
(3) 建構行為規範　　　　　　　　(4) 建立事件之處理程序。

( ) 226.依職業安全衛生管理辦法規定，下列那些事業單位應參照中央主管機　(24)
關所定之職業安全衛生管理系統指引，建置適合該事業單位之職業安
全衛生管理系統？
(1) 第一類事業勞工人數在 100 人以上
(2) 第一類事業勞工人數在 200 人以上
(3) 第二類事業勞工人數在 300 人以上
(4) 有從事製造、處置或使用危害性之化學品，數量達中央主管機關規
定量以上之工作場所。

( ) 227.依職業安全衛生管理辦法規定，職業安全衛生委員會置委員 7 人以上，　(23)
除雇主為當然委員，另由雇主應視該事業單位之實際需要指定下列那
些人員組成？
(1) 股東　　　　　　　　　　　　(2) 各部門之主管
(3) 從事勞工健康服務之醫師　　　(4) 承攬人代表。

( ) 228.依職業安全衛生管理辦法規定，下列那些實施之機械之定期檢查項目　(23)
正確？
(1) 移動式起重機過捲預防裝置、警報裝置等應每年定期實施檢查 1 次
(2) 對堆高機應每年就該機械之整體定期實施檢查 1 次
(3) 升降機，應每年就該機械之整體定期實施檢查 1 次
(4) 一般車輛，應每 6 個月就車輛各項安全性能定期實施檢查 1 次。

( ) 229.依職業安全衛生管理辦法規定，下列那些是雇主依法應實施之機械、　(13)
設備之重點檢查項目？
(1) 第二種壓力容器應於初次使用前
(2) 化學設備或其附屬設備，於開始使用、改造、修理時
(3) 局部排氣裝置或除塵裝置於開始使用、拆卸、改裝或修理時
(4) 營造工程之模板支撐架。

( ) 230.下列那些屬高壓氣體勞工安全規則所稱之高壓氣體？　(234)
(1) 在常用溫度下，壓力達每平方公分 1 公斤以上之壓縮乙炔氣
(2) 在常用溫度下，表壓力達每平方公分 10 公斤以上之壓縮氣體
(3) 在常用溫度下，壓力達每平方公分 2 公斤以上之液化氣體
(4) 溫度在攝氏 35 度時，壓力超過每平方公分零公斤以上之液化氣體
中之液化氰化氫。

( ) 231. 依高壓氣體勞工安全規則規定，下列那些敘述正確？ (23)

(1) 儲存能力 0.5 公噸以上之儲槽，應隨時注意有無沈陷現象

(2) 可燃性氣體製造設備，應採取可除卻該設備產生之靜電之措施

(3) 儲存氨氣之高壓氣體設備使用之電氣設備，應具有防爆性能構造

(4) 毒性氣體之製造設備中，有氣體漏洩致積滯之虞之場所，應設可探測該漏洩氣體，且自動發出警報之氣體漏洩檢知警報設備。

( ) 232. 依營造安全衛生設施標準規定，下列那些規定是雇主使勞工從事屋頂作業時，應指派專人督導辦理事項？ (234)

(1) 於斜度大於高底比為 2/5，應設置適當之護欄

(2) 支承穩妥且寬度在 40 公分以上之適當工作臺

(3) 設置護欄有困難者，應提供背負式安全帶使勞工佩掛

(4) 於屋架上設置適當強度，且寬度在 30 公分以上之踏板。

( ) 233. 依營造安全衛生設施標準規定，下列依那些規定是雇主使勞工於高度 2 公尺以上施工架上從事作業時，應辦理事項？ (13)

(1) 工作臺寬度應在 40 公分以上並舖滿密接之踏板

(2) 工作臺應低於施工架立柱頂點 0.5 公尺以上

(3) 應供給足夠強度之工作臺

(4) 工作臺其支撐點至少 1 處。

( ) 234. 下列那些係屬危險性機械及設備安全檢查規則所稱之危險性機械？ (14)

(1) 吊升荷重在 4 公噸之固定式起重機

(2) 工廠設置之升降機

(3) 高度在 15 公尺之營建用提升機

(4) 載人用吊籠。

( ) 235. 下列那些係屬危險性機械及設備安全檢查規則所稱之危險性設備？ (234)

(1) 最高使用表壓力超過每平方公分 0.5 公斤之蒸汽鍋爐

(2) 傳熱面積超過 1 平方公尺之蒸汽鍋爐

(3) 以「每平方公分之公斤數」單位所表示之最高使用壓力數值與以「立方公尺」單位所表示之內容積數值之積，超過 0.2 之第一種壓力容器

(4) 指供灌裝高壓氣體之容器中，相對於地面可移動，其內容積在 500 公升以上者。

( ) 236. 下列何項屬粉塵危害預防標準規定，所稱之粉塵作業？ (123)

(1) 岩石或礦物之切斷作業

(2) 岩石或礦物之切斷篩選土石作業

(3) 鑄件過程中拆除砂模作業

(4) 木材裁切加工作業。

( ) 237. 依粉塵危害預防標準規定，雇主為防止特定粉塵發生源之粉塵之發散，應依規定對每一特定粉塵發生源，分別設置規定設備，下列何項屬特定粉塵發生源？ (34)
(1) 金屬融解過程中，將土石或礦物投入開放爐、熔結出漿或翻砂場所之作業
(2) 在室內實施金屬熔斷接之作業
(3) 於室內以研磨材研磨礦物之作業
(4) 室內碳原料袋裝之作業。

( ) 238. 依粉塵危害預防標準規定，下列何項屬從事特定粉塵作業之室內作業場所，應設置之設施？ (123)
(1) 密閉設備
(2) 局部排氣裝置
(3) 維持濕潤之設備
(4) 整體換氣裝置。

( ) 239. 依高架作業勞工保護措施標準規定，勞工有下列情事之一者，雇主不得使其從事高架作業？ (234)
(1) 勞工具高膽固醇
(2) 情緒不穩定，有安全顧慮者
(3) 酒醉
(4) 勞工自覺不適從事工作者。

( ) 240. 依高溫作業勞工作息時間標準規定，下列那些敘述正確？ (12)
(1) 勞工於操作中須接近黑球溫度 50 度以上高溫灼熱物體者，應供給身體熱防護設備
(2) 重工作，指鏟、推等全身運動之工作者
(3) 依該標準降低工作時間之勞工，其原有工資應依時間比例減少
(4) 戶外有日曬情形者，綜合溫度熱指數 = 0.7×(自然濕球溫度)＋0.3×(黑球溫度)。

( ) 241. 下列那些作業屬高溫作業勞工作息時間標準規定之作業？ (234)
(1) 烈陽下營造工程作業
(2) 鑄造間處理熔融鋼鐵或其他金屬之作業
(3) 灼熱鋼鐵或其他金屬塊壓軋及鍛造之作業
(4) 於蒸汽火車、輪船機房從事之作業。

( ) 242. 下列那些作業屬重體力勞動作業勞工保護措施標準規定之重體力勞動作業？ (14)
(1) 以動力手工具從事鑽岩作業
(2) 以 2 公斤之鎚從事敲擊作業
(3) 人力搬運重量在 30 公斤物體之作業
(4) 站立以金屬棒從事熔融金屬熔液之攪拌作業。

( ) 243.下列那些作業屬精密作業勞工視機能保護設施標準規定之精密作業？ (134)
　　(1) 電腦或電視影像顯示器之調整
　　(2) 於終端機螢幕上檢查晶圓良劣
　　(3) 紡織之穿針
　　(4) 以放大鏡或顯微鏡從事組織培養。

( ) 244.依異常氣壓危害預防標準規定，下列那些作業屬異常氣壓作業？ (13)
　　(1) 壓氣潛盾施工法其表壓力達 1.2 大氣壓
　　(2) 壓氣施工法表壓力達 0.8 大氣壓
　　(3) 使用潛水器具之水肺於水深 11 公尺水中實施之作業
　　(4) 以水面供氣設備等，於水深 8 公尺之水中實施之作業。

( ) 245.以下何者為職業安全衛生設施規則所稱之高壓氣體？ (124)
　　(1) 在常用溫度下，表壓力達每平方公分 10 公斤以上之壓縮氣體
　　(2) 攝氏 15 度時之壓力可達每平方公分 2 公斤以上之壓縮乙炔氣
　　(3) 溫度在攝氏 35 度時之壓力可達每平方公分 10 公斤以上之壓縮乙炔氣
　　(4) 在常用溫度下，壓力達每平方公分 2 公斤以上之液化氣體。

( ) 246.依職業安全衛生設施規則規定，有關研磨機之使用何者正確？ (12)
　　(1) 研磨機之使用不得超過規定最高使用周速度
　　(2) 研磨輪使用，除該研磨輪為側用外，不得使用側面
　　(3) 每日作業開始前試轉 30 秒以上
　　(4) 研磨輪速率試驗，應按最高使用周速度增加 30% 為之。

( ) 247.依職業安全衛生設施規則規定，雇主使用軟管以動力從事輸送硫酸，對該輸送設備，應依下列何者規定？ (123)
　　(1) 軟管及連接用具應具耐腐蝕性、耐熱性及耐寒性
　　(2) 為防止軟管內部承受異常壓力，應於輸壓設備安裝回流閥
　　(3) 以表壓力每平方公分 2 公斤以上之壓力輸送時，軟管與軟管之連結用具應使用旋緊連接或以鉤式結合等方式
　　(4) 動力遮斷裝置應安裝於人員不易碰觸之位置。

( ) 248.雇主使勞工從事潛水作業前，下列措施何者正確？ (234)
　　(1) 指定岸上人員擔任潛水作業現場主管，負責指揮及危害告知
　　(2) 確認潛水作業性資、預估時間等
　　(3) 確認潛水人員與現場主管間連繫方法
　　(4) 確認勞工填寫工作手冊中有關急救等相關事宜。

( ) 249. 依職業安全衛生設施規則規定，有關工作場所通風換氣之設置何者正 (34)
確？
(1) 勞工經常作業室內作業場所，每一勞工原則上應有 10 立方公尺之
空間
(2) 儲槽內部作業可採取自然通風策略
(3) 勞工經常作業之室內作業場所，其窗戶及其他開口部分等可直接與
大氣相通之開口部分面積，應為地板面積之 1/20 以上
(4) 雇主對於室內作業場所之氣溫在攝氏 10 度以下換氣時，不得使勞
工暴露於每秒 1 公尺以上之氣流中。

( ) 250. 依職業安全衛生設施規則規定，有關工作場所採光照明之設置何者正 (134)
確？
(1) 各工作場所之窗面面積比率不得小於室內地面面積十分之一
(2) 採光以人工照明為原則
(3) 玻璃磨光作業局部人工照明應補足在 500-1,000 米燭光以上
(4) 菸葉分級作業局部人工照明應補足在 1,000 米燭光以上。

( ) 251. 依職業安全衛生教育訓練規則規定，以下何者為高壓室內作業主管安 (123)
全衛生教育訓練課程內容？
(1) 異常氣壓危害預防標準 (2) 壓氣施工法
(3) 減壓表演練實習 (4) 潛水疾病的預防。

( ) 252. 依職業安全衛生教育訓練規則規定，以下何者為缺氧作業主管安全衛 (123)
生教育訓練課程內容？
(1) 缺氧事故處理及急救
(2) 缺氧危險場所危害預防及安全衛生防護具
(3) 缺氧危險場所之環境測定
(4) 缺氧危險場所通風換氣裝置及其維護。

( ) 253. 以下何者為特定化學物質危害預防標準所稱之特定管理物質？ (234)
(1) 青石綿 (2) 二氯聯苯胺及其鹽類
(3) 鈹及其化合物 (4) 三氯甲苯。

( ) 254. 依特定化學物質危害預防標準規定，雇主使勞工從事製造鈹等以外之 (23)
乙類特定化學物質時，應辦理下列何者事項？
(1) 製造場所之地板及牆壁應以浸透性材料構築
(2) 製造設備應為密閉設備
(3) 為預防異常反應引起原料、材料或反應物質之溢出，應在冷凝器內
充分注入冷卻水
(4) 應由作業人員於現場實際操作。

（　）255.勞工作業場所容許暴露標準不適用於以下何者之判斷？　　　　　　　　(123)
　　　　(1) 以二種不同有害物之容許濃度比作為毒性之相關指標
　　　　(2) 工作場所以外之空氣污染指標
　　　　(3) 職業疾病鑑定之唯一依據
　　　　(4) 危害性化學品分級管理。

（　）256.勞工作業場所容許暴露標準所稱容許濃度為何？　　　　　　　　　　(234)
　　　　(1) 生物暴露指標
　　　　(2) 八小時日時量平均容許濃度
　　　　(3) 短時間時量平均容許濃度
　　　　(4) 最高容許濃度。

（　）257.依危害性化學品標示及通識規則規定，雇主應辦理下列何事項？　　　(123)
　　　　(1) 危害性化學品清單之製作
　　　　(2) 危害通識計畫之擬定
　　　　(3) 危害物質容器標示
　　　　(4) 決定危害物質容器之包裝材質。

工作項目 ❷ 職業安全衛生計畫及管理

答

( ) 1. 下列何項資料對職業安全衛生管理系統的建立與推動最有助益？   (4)
(1) ISO 9001 相關條文規章   (2) ISO 14001 相關條文規章
(3) CNS 15030 相關條文規章   (4) CNS 15506 相關條文規章。

( ) 2. 虛驚事故報告屬於下列何項職業安全衛生管理活動之內容？   (2)
(1) 緊急應變   (2) 事故調查
(3) 安全衛生政策   (4) 安全衛生管理責任。

( ) 3. 職業安全衛生管理計畫 P-D-C-A 實施原則，不包括下列何者？   (4)
(1) 規劃 (plan)   (2) 執行 (do)   (3) 稽核 (check)   (4) 自動 (auto)。

( ) 4. 事業單位之職業安全衛生管理計畫需能持續改善，此觀念係管理改善   (4)
循環 PDCA 中之何項精神？   (1) P   (2) D   (3) C   (4) A。

( ) 5. 下列何者為臺灣職業安全衛生管理系統之簡稱？   (4)
(1) OHSAS 18001   (2) OSHMS   (3) TS   (4) TOSHMS。

( ) 6. 下列那項措施較不屬於勞工參與之安全衛生管理活動？   (4)
(1) 安全衛生提案制度   (2) 零災害運動
(3) 安全衛生委員會議   (4) 品質評鑑。

( ) 7. 管理工作包含下列四要素：A. 執行工作計畫；B. 矯正補救措施；C. 訂   (4)
定工作計畫；D. 查核，試問要能順利推展管理工作時，宜應按下列那
一個順序執行此四要素？
(1) ADBC   (2) ADCB   (3) BACD   (4) CADB。

( ) 8. 下列何者為風險的敘述？   (2)
(1) 每 1-10 年發生 1 次
(2) 每 5 次死 1 人
(3) 造成永久失能
(4) 在製程、活動或服務之生命週期內不太會發生。

( ) 9. 事業單位推動職業安全衛生管理工作，未作決策前徵詢勞工意見的程   (4)
序，係屬下列何者？
(1) 緊急應變   (2) 持續改善   (3) 領導統御   (4) 諮商。

( ) 10. 職業安全衛生管理為避免不符合事項或事件原因再度發生，所實施的   (2)
消除作為，可稱為下列何者？
(1) 預防措施   (2) 矯正措施   (3) 緊急應變   (4) 持續改善。

( ) 11. 職業安全衛生管理系統績效量測與監督工作包括於下列何種要求事項   (4)
中？   (1) 規劃   (2) 持續改善   (3) 實施與運作   (4) 檢核。

( ) 12. 下列有關風險管理的敘述何者有誤？ (2)

(1) 風險包含危害發生的可能性及後果的嚴重度

(2) 應確認採取控制措施後的殘餘風險

(3) 辨識各項作業之風險時應包含臨時性作業與承攬作業

(4) 不可接受風險應使用行政管理方式加以控制。

( ) 13. 以下為假設性情境：「在地下室作業，當通風換氣不足時，每 2 次就 (2)
會發生 1 次需送醫急救的一氧化碳中毒或缺氧危害」，請問「每 2 次
就會發生 1 次」係此「一氧化碳中毒或缺氧危害」之何種描述？

(1) 嚴重度　(2) 發生機率　(3) 危害源　(4) 風險。

( ) 14. 下列何者屬危害因子之辨識方法？ (1)

(1) 工作安全分析　　　　　(2) 安全資料表

(3) 職業傷害類型　　　　　(4) 勞工申訴案。

( ) 15. 下列何者屬安全、尊嚴的職場組織文化？ (4)

(1) 不斷責備勞工

(2) 公開在眾人面前長時間責罵勞工

(3) 強求勞工執行業務上明顯不必要或不可能之工作

(4) 不過度介入勞工私人事宜。

( ) 16. 下列何項較不屬於事業單位釐訂年度職業安全衛生管理計畫應考慮之 (2)
事項？

(1) 作業現場實態　　　　　(2) 外部客戶對產品品質之抱怨

(3) 生產部門意見　　　　　(4) 勞工抱怨。

( ) 17. 下列何者較不屬於檢討上年度職業安全衛生管理計畫的目的？ (2)

(1) 了解那些工作要繼續進行

(2) 延長下年度有機溶劑依法應實施作業環境監測的頻率

(3) 所完成之工作獲得什麼效果

(4) 要增加那些新工作。

( ) 18. 有關職業安全衛生管理計畫之敘述，下列何項較不正確？ (2)

(1) 事業單位應掌握安全衛生之具體問題重點

(2) 事業單位宜於新年度開始後 3 個月訂定該年度計畫重點

(3) 應經主管與員工代表會商定案後，公布實施之

(4) 應向全體員工做有效的溝通。

( ) 19. 擬訂職業安全衛生管理計畫時，在計畫中下列那一工作場所應優先開 (3)
始檢討？

(1) 總務課　(2) 倉儲課　(3) 有實際安全衛生問題之處所　(4) 運輸課。

( ) 20. 下列敘述何者錯誤？   (3)

    (1) 各級主管人員應負起安全衛生管理的責任

    (2) 各階層主管之安全衛生職掌應明定

    (3) 事業單位應依照勞工健康保護規則規定設置勞工安全衛生組織

    (4) 安全衛生管理工作應有組織性地加以推行。

( ) 21. 下列何項較不屬職業安全衛生管理計畫的基本方針？   (2)

    (1) 促使安全衛生活動現場化

    (2) 訂定高度 10 公尺之高架作業程序

    (3) 消除職業災害，促進勞工健康

    (4) 全員參加零災害運動。

( ) 22. 下列何項不是職業安全衛生管理計畫量化目標的敘述？   (4)

    (1) 保持 1,000 萬工時無災害紀錄   (2) 保持 10 年無災害紀錄

    (3) 全年達成通勤事故為零   (4) 強化勞工健康管理。

( ) 23. 有關職業安全衛生管理計畫之製作，下列敘述何者有誤？   (1)

    (1) 由經營負責人邀請有關部門主管會商討論，並報請主管機關備查
後，實施之

    (2) 要檢討上年度職業安全衛生管理計畫之內容

    (3) 要反應新的一年之生產狀況變動所帶來之影響預測

    (4) 要反應工作場所平時即經常提起的問題。

( ) 24. 下列那一個職業安全衛生管理計畫之目標較佳？   (1)

    (1) 改善設備及作業安全   (2) 推動綠建築計畫

    (3) 推動員工體重減重計畫   (4) 研發節能減碳設備。

( ) 25. 在安全管理的 4E 中，工作場所之監督及檢點屬於下列何者？   (3)

    (1) 工程 (Engineering)   (2) 教育 (Education)

    (3) 執行 (Enforcement)   (4) 熱忱 (Enthusiasm)。

( ) 26. 職業安全衛生管理辦法所稱之自動檢查，其屬性為下列何者？   (1)

    (1) 強制性   (2) 自發性   (3) 志願性   (4) 投機性。

( ) 27. 下列何者不屬於職業安全衛生管理辦法之自動檢查作法？   (4)

    (1) 作業檢點   (2) 定期檢查   (3) 重點檢查   (4) 職業災害檢查。

( ) 28. 依職業安全衛生管理辦法規定，反應器或化學設備及其附屬設備應每
幾年實施定期檢查一次？   (1) 1   (2) 2   (3) 3   (4) 4。   (2)

( ) 29. 依職業安全衛生管理辦法規定，特定化學設備或其附屬設備，應多久
實施定期檢查一次？   (3)

    (1) 每 6 個月   (2) 每 1 年   (3) 每 2 年   (4) 每 3 年。

(　) 30. 勞工的安全行為會受到下列何項的影響，使勞工知道危害，但不一定　　(1)
會去避開危害？

(1) 組織氣候　(2) 教育訓練　(3) 組織協調　(4) 人性管理。

(　) 31. 我國職業災害經統計分析，其最主要原因為下列何者？　　(1)

(1) 不安全動作　(2) 不安全設備　(3) 不安全環境　(4) 意外。

(　) 32. 依職業安全衛生管理辦法規定，僱用勞工人數在多少人以上者，雇主　　(3)
應訂定職業安全衛生管理規章？　(1) 30　(2) 50　(3) 100　(4) 300。

(　) 33. 下列何者較不宜作為事業單位安全衛生工作守則製作時之資料來源？　　(4)

(1) 安全衛生相關規範或指引

(2) 實務累積經驗

(3) 廠商設備說明書之安全注意事項

(4) 未經修改，完全使用同業建立之安全衛生工作守則。

(　) 34. 下列何者非屬安全衛生工作守則製作時應注意事項？　　(2)

(1) 列明各項作業名稱

(2) 將雇主責任轉嫁給勞工

(3) 具有修訂守則之程序

(4) 各項工作守則間應不互相矛盾。

(　) 35. 下列有關安全衛生工作守則之敘述何者錯誤？　　(1)

(1) 雇主應依勞動檢查法之規定訂定

(2) 雇主應會同勞工代表訂定

(3) 應報經勞動檢查機構備查

(4) 應公告實施。

(　) 36. 安全衛生工作守則中對於各級人員權責之規定，下列何者非一般勞工　　(3)
之權責？

(1) 有接受安全衛生教育訓練之義務

(2) 遵守標準作業程序作業

(3) 辦理職業災害統計

(4) 有接受勞工健康檢查之義務。

(　) 37. 安全衛生工作守則中對於各級人員權責之規定，下列何者非職業安全　　(3)
衛生管理人員之權責？

(1) 實施職業安全衛生教育訓練

(2) 辦理職業災害統計

(3) 實施眷屬安全衛生教育訓練

(4) 實施勞工健康管理。

( ) 38. 對於職業安全衛生管理規章與安全衛生工作守則一經公布實施，下列敘述何者有誤？ (2)
(1) 雇主應使主管與勞工共同遵守
(2) 只要不發生職業災害即不須修訂
(3) 作好追蹤查核，可達到防止職業災害的目標
(4) 作業有所變動時，即應修訂。

( ) 39. 對於職業安全衛生管理規章與安全衛生工作守則，下列敘述何者有誤？ (3)
(1) 可印發勞工每人一冊
(2) 主管人員皆應以身作則樹立典範
(3) 訂定後皆應報經勞動檢查機構備查
(4) 可依個人經驗建議修訂。

( ) 40. 依職業安全衛生管理辦法規定，下列有關職業安全衛生管理規章之敘述何者正確？ (3)
(1) 雇主應依勞動檢查法及有關規定訂定
(2) 雇主自行訂定管理規章為勞動契約之一部分
(3) 該規章之內容要求其各級主管及管理、指揮、監督人員執行規定之職業安全衛生事項
(4) 應報經檢查機構備查。

( ) 41. 安全衛生工作守則中對於各級人員職責之規定，下列何者非屬各級主管、指揮、監督有關人員負責執行事項？ (1)
(1) 職業病之認定
(2) 安全衛生管理執行事項
(3) 提供改善工作方法
(4) 定期或不定期實施巡視。

( ) 42. 下列何者較不屬作業安全衛生管理事項？ (3)
(1) 勞工應具備從事工作及預防災變所必要之教育訓練
(2) 建立標準作業程序
(3) 設備之本質安全化
(4) 嚴謹的自動檢查計畫。

( ) 43. 雇主使員工參與職業安全衛生教育訓練，此舉屬協調與溝通的那一項特色？ (1) 強制性 (2) 專業性 (3) 一致性 (4) 支持性。 (1)

( ) 44. 為促進有效的溝通，在語意方面宜避免下列何狀況？ (3)
(1) 語句簡單化 (2) 問題具體化
(3) 大事化小，小事化無 (4) 善用肢體語言。

(　) 45. 有關有效的安全衛生協調與溝通之敘述，下列何項較不恰當？　　　　　(4)

(1) 應保持雙向溝通管道

(2) 對象應包含員工、承攬人員、外界相關單位

(3) 有可確保溝通管道暢通之機制

(4) 應常使用誇大性之專業術語。

(　) 46. 下列何者不是工作安全分析之目的？　　　　　(2)

(1) 發現並杜絕工作危害

(2) 懲罰犯錯的員工

(3) 確立工作安全所需的工具與設備

(4) 做爲員工在職訓練的方法。

(　) 47. 下列何者較不必列爲接受安全觀察的對象？　　　　　(3)

(1) 無工作經驗之人

(2) 常發生事故的員工

(3) 安全衛生管理人員

(4) 長期離開工作崗位後，再恢復工作之員工。

(　) 48. 下列何種作業較無須列入安全觀察？　　　　　(1)

(1) 完全依照安全作業標準進行之作業

(2) 曾發生事故之作業

(3) 有潛在危險之作業

(4) 非經常性作業。

(　) 49. 實施工作安全分析時，領班宜擔任何種角色？　　　　　(3)

(1) 批准者　(2) 審核者　(3) 分析者　(4) 操作者。

(　) 50. 安全觀察所需最少次數與預期精確程度通常有何關係？　　　　　(2)

(1) 與其平方成正比　　　　　(2) 與其平方成反比

(3) 與其平方根成正比　　　　　(4) 不相關。

(　) 51. 工作安全分析與安全觀察的重點不包括下列何者？　　　　　(3)

(1) 是否有不清楚或被誤解的期望

(2) 是否有獎勵冒險行爲及懲罰安全行爲

(3) 是否有行爲偏差的責任

(4) 是否有以行爲爲基準的回饋機制。

(　) 52. 下列何種人員可較少接受安全觀察？　　　　　(2)

(1) 無經驗的人

(2) 工作非常熟練且守作業規則的人

(3) 累遭意外的人

(4) 以不安全出名的人。

( ) 53. 下列有關安全觀察的敘述何者錯誤？   (3)
    (1) 安全觀察人員應熟悉安全作業標準
    (2) 安全觀察人員應熟悉安全衛生工作守則
    (3) 安全觀察可以取代工作安全分析
    (4) 安全觀察人員對危險的敏感性要高。

( ) 54. 下列四個工作安全分析項目，何者應優先進行？   (2)
    (1) 將工作分成幾個步驟   (2) 決定要分析的工作
    (3) 決定安全的工作方法   (4) 發現潛在危險及可能的危害。

( ) 55. 工作安全分析表的內容一般不包括下列何者？   (3)
    (1) 作業名稱   (2) 作業地點   (3) 作業人員   (4) 防護具。

( ) 56. 設安全作業標準表須包含五要素：a.安全措施；b.工作方法；c.事故處理；   (2)
    d. 工作步驟；e. 不安全因素，製作此表時應按下列何種順序說明探討
    此五要素？   (1) daecb   (2) dbeac   (3) debca   (4) deabc。

( ) 57. 下列何者較不為應受安全觀察的作業？   (2)
    (1) 新設備之操作   (2) 新進員工之教育訓練
    (3) 承攬商於廠區內之電氣維修   (4) 機台年度維修。

( ) 58. 下列何項非屬組織協調與溝通之目的？   (4)
    (1) 建立共識   (2) 傳達觀念   (3) 分享意見   (4) 擴大思想差異性。

( ) 59. 下列何者不屬於安全衛生協調與溝通的方式？   (4)
    (1) 安全協談   (2) 安全會議   (3) 安全行為教導   (4) 安全器械之使用。

( ) 60. 下列何項不屬於安全衛生協調與溝通的特色？   (1)
    (1) 分歧性   (2) 強制性   (3) 權威性   (4) 專業性。

( ) 61. 職業安全衛生管理系統的關鍵要素包含下列何者？   (1234)
    (1) 高階主管的領導和承諾   (2) 溝通和諮商的程序
    (3) 瞭解適用的法令及其他要求   (4) 員工參與。

( ) 62. 下列何者屬於高階主管對於職業安全衛生管理系統的領導和承諾？   (234)
    (1) 擔負保護員工眷屬健康安全整體的責任
    (2) 確保職安衛管理已整合納入事業單位的經營
    (3) 提供落實職安衛管理系統所需要的資源
    (4) 引導組織內部支持職安衛管理系統的文化。

( ) 63. 職業安全衛生管理績效的主動式指標包含下列何者？   (23)
    (1) 職災千人率
    (2) 安全衛生提案改善件數
    (3) 安全衛生活動員工參與率
    (4) 失能傷害嚴重率。

(　) 64. 職業安全衛生管理績效的被動式指標包含下列何者？ 　 (34)
    (1) 虛驚事件提報率 　 (2) 變更管理執行率
    (3) 失能傷害嚴重率 　 (4) 傷病員工缺勤時數率。

(　) 65. 工廠緊急應變計畫應包含下列何者？ 　 (234)
    (1) 通訊與三軍聯防支援
    (2) 疏散時機與應變指揮系統架構
    (3) 中央監控系統
    (4) 應變裝備器材與擺放區域。

(　) 66. 風險評估之作業清查須涵蓋組織控制下所有可能出現在公司及所屬工 　 (1234)
    地/工廠的「人員」所執行的相關作業，所謂之「人員」包含下列何者？
    (1) 承攬人　(2) 供應商　(3) 外包人員　(4) 高階主管。

(　) 67. 風險評估所辨識作業條件包含下列何者？ 　 (1234)
    (1) 機械、設備、器具 　 (2) 人員資格
    (3) 能源、化學物質 　 (4) 作業暴露週期。

(　) 68. 事業單位鼓勵員工參與職業安全衛生管理系統之作法，不包含下列何 　 (123)
    者？
    (1) 障礙、阻礙、不回應員工的看法或建議
    (2) 報復行為或威脅
    (3) 懲罰員工參與的條款或慣例
    (4) 提供員工可以適時獲取有關於職安衛管理系統明確、易懂和相關的
     資訊。

(　) 69. 法定安全衛生工作守則之內容應包含下列何者？ 　 (123)
    (1) 急救及搶救
    (2) 事業之安全衛生管理及各級之權責
    (3) 機械、設備或器具之維護及檢查
    (4) 環境安全及毒物衛生標準。

(　) 70. 法定安全衛生工作守則之內容應包含下列何者？ 　 (1234)
    (1) 事故通報及報告 　 (2) 健康指導及管理措施
    (3) 防護設備之準備、維持及使用　(4) 教育及訓練。

(　) 71. 組織協調與溝通之目的可包含下列何者？ 　 (123)
    (1) 建立組織文化共識 　 (2) 增進管理績效
    (3) 擴大員工參與 　 (4) 促進部門爭競鬥角。

(　) 72. 實施工作安全分析時，分析者可由何人擔任？ 　 (1234)
    (1) 領班或基層主管 　 (2) 安全衛生管理人員
    (3) 操作人員 　 (4) 高階主管。

( ) 73. 工作安全分析包含下列何者？ (1234)
(1) 異常或緊急狀況　(2) 正常性作業　(3) 臨時性作業　(4) 歲修作業。

( ) 74. 若 a 代表不安全因素、b 代表各作業步驟條件、c 代表風險或事故處理、 (234)
d 代表作業各步驟、e 代表安全措施，當製作安全作業標準時，下列何
者正確？
(1) c 的順序比 e 先
(2) a 的順序比 b 後
(3) b 可包含人員、物料、設備與環境
(4) d 的順序比 e 先。

( ) 75. 工作安全分析的目的，包含下列何者？ (12)
(1) 發現及杜絕工作危害
(2) 作為安全觀察的參考資料
(3) 評估承攬商的薪資水平
(4) 確立工作安全分析者所需的資格條件。

工作項目 **3**　專業課程

答

( ) 1.　人體組織器官中，下列何者的總表面積最大？　(1)
　　　(1) 肺泡　(2) 皮膚　(3) 腸壁　(4) 腎臟。

( ) 2.　當工作壓力長期增大時，下列何種荷爾蒙不增反減？　(2)
　　　(1) 腎上腺促進素　(2) 胰島素　(3) 腎上腺素　(4) 生長激素。

( ) 3.　生命現象變化過程中，同化和異化作用的過程為下列何者？　(1)
　　　(1) 新陳代謝　(2) 能量代謝　(3) 物質代謝　(4) 基礎代謝。

( ) 4.　下列何者不是決定人體血壓的主要因素？　(4)
　　　(1) 心輸出量 (cardiac output)
　　　(2) 周圍血管阻抗力 (peripheral vessel resistence)
　　　(3) 心搏速率
　　　(4) 心臟大小。

( ) 5.　下列何者是人體中氣體交換最快速之處？　(4)
　　　(1) 喉　(2) 氣管　(3) 小支氣管　(4) 肺泡。

( ) 6.　一般分類中，心搏速率在下列何種情形以上屬重工作 (heavy work)？　(4)
　　　(1) 80 次 / 分　(2) 90 次 / 分　(3) 100 次 / 分　(4) 110 次 / 分。

( ) 7.　下列何種因素較不會使一個人想喝水？　(1)
　　　(1) 小量流汗　(2) 體溫升高　(3) 吃了鹹食物　(4) 連續大量腹瀉。

( ) 8.　肌肉收縮主要能源來自於下列何者？　(3)
　　　(1) AMP　(2) 乳酸　(3) 醣、脂肪　(4) 蛋白質。

( ) 9.　下列何種血管腔內之血液是充滿最多氧氣？　(2)
　　　(1) 右心房　(2) 左心室　(3) 肺動脈　(4) 微血管。

( ) 10.　負責人體視覺、語言者為那個中樞神經系統？　(1)
　　　(1) 大腦　(2) 小腦　(3) 脊髓　(4) 腦幹。

( ) 11.　體質指數 (body mass index,BMI) 是指下列何者？　(4)
　　　(1) 胸圍除以身高　　　　　　(2) 體重除以身高
　　　(3) 胸圍除以身高的平方　　　(4) 體重除以身高的平方。

( ) 12.　下列何者較不屬於職場健康促進項目？　(3)
　　　(1) 壓力紓解　(2) 戒菸計畫　(3) 指認呼喚運動　(4) 下背痛預防。

( ) 13.　下列何者不是「呼吸道傳染病」？　(1)
　　　(1) 傷寒　(2) 流行性感冒　(3) 百日咳　(4) 白喉。

( ) 14. 下列何者不屬於醫護人員對勞工之健康促進及特殊保護方面應辦理事項？ (4)
    (1) 勞工家庭計畫之服務
    (2) 勞工之一般及特別危害健康作業之體格檢查
    (3) 職前分配適性工作
    (4) 作業環境監測。

( ) 15. 職場內之傷病診治內容一般不包括下列何者？ (4)
    (1) 急救　(2) 一般傷病診治　(3) 職業傷病診治　(4) 家庭計畫服務。

( ) 16. 依職業安全衛生設施規則規定，下列何者非雇主為避免勞工因異常工作負荷促發疾病應採取之預防措施？ (2)
    (1) 辨識及評估高風險群　　　(2) 增加輪班頻率
    (3) 調整或縮短工作時間　　　(4) 實施健康檢查、管理及促進。

( ) 17. 雇主使勞工從事夜間工作，長時間工作等作業，為避免勞工因異常工作負荷促發疾病，應採取疾病預防措施，作成執行紀錄並留存多少年？　(1) 1　(2) 3　(3) 5　(4) 20。 (2)

( ) 18. 依職業安全衛生設施規則規定，雇主為預防勞工於執行職務，因他人行為致遭受身體或精神上不法侵害應採取預防措施，作成執行紀錄並留存多少年？　(1) 1　(2) 3　(3) 5　(4) 20。 (2)

( ) 19. 職場上遭受主管或同事利用職務或地位上的優勢所受的言語暴力，可歸類為下列何種危害？ (3)
    (1) 物理性　(2) 化學性　(3) 社會心理性　(4) 人體工學性。

( ) 20 依職業安全衛生法規定，雇主為預防勞工於執行職務，因他人行為致遭受身體或精神上不法侵害，應採取之暴力預防措施，與下列何者較無關？ (2)
    (1) 依工作適性適當調整人力　　(2) 定期健康檢查
    (3) 建構行為規範　　　　　　　(4) 建立事件之處理程序。

( ) 21. 依職業安全衛生設施規則規定，下列何者非雇主為預防勞工於執行職務，因他人行為致遭受身體或精神上不法侵害應採取之預防措施？ (3)
    (1) 辨識及評估危害
    (2) 適當配置作業場所
    (3) 強制調整人力
    (4) 辦理危害預防及溝通技巧訓練。

( ) 22. 職場推動健康促進，對於雇主可帶來之效益，下列何者有誤？ (4)
    (1) 降低醫療費用成本　　　　(2) 減少病假
    (3) 提高工作士氣　　　　　　(4) 改善勞工升遷管道。

( ) 23. 下列何者非愛滋病之主要傳染途徑？ (4)

(1) 性行為　(2) 輸血　(3) 母子垂直傳染　(4) 接吻。

( ) 24. 吸菸者致肺癌危險性是一般人 10 倍，石綿暴露者致肺癌之危險性是 (4)
一般人 5 倍，則吸菸的石綿工人其肺癌的危險性約一般人的幾倍？

(1) 12　(2) 15　(3) 20　(4) 50。

( ) 25. 事業單位發生職業災害，較不可能導致下列何項狀況？ (3)

(1) 勞工傷亡

(2) 生產中斷

(3) 職業災害保險費率降低

(4) 勞工士氣低落。

( ) 26. 下列何項紀錄較無法協助事業單位了解現場危害因素？ (3)

(1) 工作安全分析單

(2) 勞動檢查機構監督檢查結果通知書

(3) 教育訓練之課後測驗

(4) 安全觀察紀錄表。

( ) 27. 下列何項較不宜列為事業單位職業災害調查分析之主要項目？ (1)

(1) 職業災害追悼會

(2) 歷年職業災害率

(3) 各部門職業災害率

(4) 職業災害類型。

( ) 28. 下列敘述何項有誤？ (1)

(1) 事業單位之職業安全衛生管理計畫依法有一定的格式且不得修正

(2) 職業災害發生的基本原因多在於安全衛生管理缺失所致

(3) 職業安全衛生管理計畫的目的之一是要防止職業災害

(4) 職業安全衛生管理計畫可以是長期計畫。

( ) 29. 事業單位內員工於高架作業時有甚多人員未配掛安全帶，下列何項與 (3)
可能的原因較不相關？

(1) 缺乏對墜落之危險意識

(2) 許多處所未有掛置安全帶之裝置

(3) 未規定作業中物料之置放場所

(4) 主管未嚴格執行墜落災害防止計畫。

( ) 30. 依職業安全衛生法規定,有關事故通報及報告之敘述,下列何者正確?   (4)

    (1) 不論發生失能傷害、非失能傷害,其部門主管須主動調查分析事故原因,及於 10 日內向中央主管機關提出詳細災害報告

    (2) 發生虛驚事故或財物損失,其部門主管均應於 10 日內向中央主管機關提出報告

    (3) 不論火災大小、有無損傷,發生部門主管均應於 10 日內向中央主管機關提出火災報告

    (4) 發生死亡災害,災害之罹災人數在 3 人以上、災害之罹災人數在 1 人以上且需住院治療或其他中央主管機關指定公告之災害時,雇主應於 8 小時內通報勞動檢查機構。

( ) 31. 下列何者非屬職業安全衛生法所規範之勞工義務?   (4)

    (1) 接受體格檢查、健康檢查

    (2) 接受安全衛生教育訓練

    (3) 遵守安全衛生工作守則

    (4) 制定職業安全衛生管理政策。

( ) 32. 零災害運動基本上是以下列何者為中心強化安全衛生管理?   (2)

    (1) 設備   (2) 人   (3) 環境   (4) 物料。

( ) 33. 下列何項不屬於人性化安全衛生管理之基本觀念?   (3)

    (1) 安全是沒有假期的

    (2) 安全衛生應注意到勞工的工作壓力

    (3) 安全衛生管理不是每一人的工作

    (4) 安全衛生知識及經驗應相互分享。

( ) 34. 下列何項不屬於人性化安全衛生管理之基本觀念?   (4)

    (1) 讓安全更有價值

    (2) 安全需與生產結合

    (3) 安全衛生工作要簡單、明瞭、可行

    (4) 安全衛生教育應祇是知識的傳授。

( ) 35. 下列何者不屬於有關職業安全衛生教育訓練之教材選擇時應考量之事項?   (1)

    (1) 要有助於勞工討價還價能力的發展

    (2) 要有助於勞工技能的發展

    (3) 要有助於勞工對工作場所危害控制能力的發展

    (4) 要有助於勞工對工作場所危害認知能力的發展。

(　) 36. 下列何項工作非屬本質安全化之作法？　(2)
(1) 防愚設計
(2) 安全作業標準訂定
(3) 加裝防護設備
(4) 設置緊急處理設備。

(　) 37. 下列何項危害因子係職業傷害發生之最主要因素？　(4)
(1) 物料　(2) 設備　(3) 環境　(4) 人。

(　) 38. 下列何者為我國職安法規之機械設備驗證合格標章？　(1)
(1) (TS) TD00000　(2) (KC)　(3) (UL)　(4) (CE)。

(　) 39. 下列何者為我國職安法規之機械設備安全標示？　(4)
(1) (CE)　(2) (KC)　(3) (UL)　(4) (TS) TD00000。

(　) 40. 下列何種因子或疾病不會引起如一般感冒類似的症狀？　(3)
(1) 鋅的金屬燻煙
(2) 鐵弗龍 (Teflon) 的聚合物高溫加熱後之燻煙
(3) 使用玻璃纖維工人的過敏性皮膚炎
(4) 清洗水塔工人的退伍軍人症。

(　) 41. 事業單位擴充產能時，下列何項較不可能引起潛在職業衛生危害？　(2)
(1) 新進人員訓練不足所致之危害
(2) 工時縮短所致之猝死危害
(3) 製品堆置場所不足所致之危害
(4) 有害物增加逸散之危害。

(　) 42. 下列何者非屬針扎所致之傳染性疾病？　(2)
(1)B 型肝炎　(2) 退伍軍人病　(3) 愛滋病　(4) 梅毒。

(　) 43. 事業單位洩漏何種氣體，導致一位勞工罹災須住院治療者稱為重大職業災害？　(1) 氨氣　(2) 氬氣　(3) 氮氣　(4) 氧氣。　(1)

(　) 44. 下列何者較不為中高齡勞工於搬運作業中常見的災害？　(4)
(1) 跌倒滑倒　(2) 肌肉骨骼傷害　(3) 下背痛　(4) 過敏。

(　) 45. 依職業安全衛生法規定，雇主為預防勞工於執行職務，因他人行為致遭受身體或精神上不法侵害，應採取之暴力預防措施，與下列何者較無關？　(2)
(1) 依工作適性適當調整人力
(2) 優先辨識及評估低風險群
(3) 建構行為規範
(4) 建立事件之處理程序。

( ) 46. 危害控制應優先考慮由何處著手？   (3)

     (1) 暴露者   (2) 危害所及之路徑   (3) 危害源   (4) 作業管理。

( ) 47. 不當抬舉導致肌肉骨骼傷害，或工作臺／椅高度不適導致肌肉疲勞之   (2)

     現象，可稱之為下列何者？

     (1) 感電事件   (2) 不當動作   (3) 不安全環境   (4) 被撞事件。

( ) 48. 長期與振動過大之機械／設備／工具接觸，可能較會危及人體之何器   (1)

     官或系統？

     (1) 脊椎骨及末梢神經系統   (2) 肺部   (3) 眼睛   (4) 大腿。

( ) 49. 紅外線對眼睛較可能引起下列何傷害？   (1)

     (1) 白內障   (2) 砂眼   (3) 針眼   (4) 流行性角結膜炎。

( ) 50. 廢液中如含有氰化鉀或氰化鈉，則不能與下列那物質之廢液相混合？   (4)

     (1) 氨水   (2) 石灰水   (3) 硫化鈉   (4) 鹽酸。

( ) 51. 廢液中如含有硫化物，則不能與下列那物質之廢液相混合？   (1)

     (1) 硫酸   (2) 石灰水   (3) 氫氧化鉀   (4) 氨水。

( ) 52. 腕道症候群是屬於下列何種疾病？   (2)

     (1) 中樞神經系統   (2) 周邊神經系統

     (3) 心臟循環系統   (4) 聽力損失。

( ) 53. 下列何種銲接不易產生銲接工眼？   (2)

     (1) 氬銲   (2) 錫銲   (3) 氣體金屬電弧銲   (4) 電漿電弧銲。

( ) 54. 下列何種危害性化學品一般不會使用如右圖式？   (4)

     (1) 壓縮氣體   (2) 液化氣體

     (3) 溶解氣體   (4) 冷凍氣膠。

( ) 55. 下列何種危害性化學品一般會使用如右圖式？   (3)

     (1) 易燃液體   (2) 易燃氣膠

     (3) 氧化性液體   (4) 金屬腐蝕物。

( ) 56. 下列何種危害性化學品一般不會使用如右圖式？   (4)

     (1) 急毒性物質：吞食   (2) 急毒性物質：皮膚

     (3) 急毒性物質：吸入   (4) 致癌物質。

( ) 57. 下列何種危害性化學品一般不會使用如右圖式？   (2)

     (1) 生殖毒性物質   (2) 腐蝕／刺激皮膚物質

     (3) 急毒性物質：吸入   (4) 致癌物質。

( ) 58. 下列何種危害性化學品一般不會使用如右圖式？   (4)

     (1) 腐蝕／刺激皮膚物質   (2) 皮膚過敏物質

     (3) 急毒性物質：吸入   (4) 爆炸物。

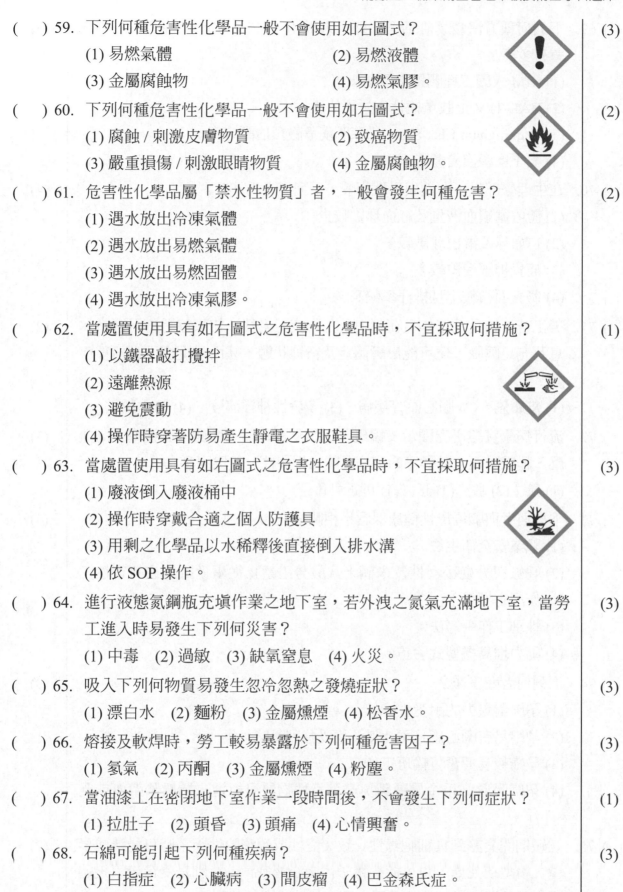

(　) 59. 下列何種危害性化學品一般不會使用如右圖式？　　(3)

(1) 易燃氣體　　　　　　　(2) 易燃液體

(3) 金屬腐蝕物　　　　　　(4) 易燃氣膠。

(　) 60. 下列何種危害性化學品一般不會使用如右圖式？　　(2)

(1) 腐蝕 / 刺激皮膚物質　　(2) 致癌物質

(3) 嚴重損傷 / 刺激眼睛物質　(4) 金屬腐蝕物。

(　) 61. 危害性化學品屬「禁水性物質」者，一般會發生何種危害？　　(2)

(1) 遇水放出冷凍氣體

(2) 遇水放出易燃氣體

(3) 遇水放出易燃固體

(4) 遇水放出冷凍氣膠。

(　) 62. 當處置使用具有如右圖式之危害性化學品時，不宜採取何措施？　　(1)

(1) 以鐵器敲打攪拌

(2) 遠離熱源

(3) 避免震動

(4) 操作時穿著防易產生靜電之衣服鞋具。

(　) 63. 當處置使用具有如右圖式之危害性化學品時，不宜採取何措施？　　(3)

(1) 廢液倒入廢液桶中

(2) 操作時穿戴合適之個人防護具

(3) 用剩之化學品以水稀釋後直接倒入排水溝

(4) 依 SOP 操作。

(　) 64. 進行液態氮鋼瓶充填作業之地下室，若外洩之氮氣充滿地下室，當勞　　(3)
工進入時易發生下列何災害？

(1) 中毒　(2) 過敏　(3) 缺氧窒息　(4) 火災。

(　) 65. 吸入下列何物質易發生忽冷忽熱之發燒症狀？　　(3)

(1) 漂白水　(2) 麵粉　(3) 金屬燻煙　(4) 松香水。

(　) 66. 熔接及軟焊時，勞工較易暴露於下列何種危害因子？　　(3)

(1) 氫氣　(2) 丙酮　(3) 金屬燻煙　(4) 粉塵。

(　) 67. 當油漆工在密閉地下室作業一段時間後，不會發生下列何症狀？　　(1)

(1) 拉肚子　(2) 頭昏　(3) 頭痛　(4) 心情興奮。

(　) 68. 石綿可能引起下列何種疾病？　　(3)

(1) 白指症　(2) 心臟病　(3) 間皮瘤　(4) 巴金森氏症。

( ) 69. 下列何種方法較易評估勞工個人未來 10 年內發生缺血性心臟病的機　　(3)
　　　　會有多高？
　　　　(1) KIM 人因工程關鍵指標法
　　　　(2) HAL-TLV 上肢重複性作業評估法
　　　　(3) Framingham Risk Score 佛萊明漢危險預估評分表
　　　　(4) 愛丁堡產後憂鬱量表。

( ) 70. 在生理學部份，女性與男性相較，下列何者為非？　　(4)
　　　　(1) 體內循環血液量及紅血球數較少
　　　　(2) 白血球及淋巴球數較多
　　　　(3) 痛覺神經受體較多
　　　　(4) 體表面積較小且排汗率較高。

( ) 71. 勞工若面臨長期工作負荷壓力及工作疲勞累積，如果沒有獲得適當休　　(2)
　　　　息及充足睡眠，便可能影響體能及精神狀態，甚而易促發下列何種疾
　　　　病？
　　　　(1) 皮膚癌　(2) 腦心血管疾病　(3) 多發性神經病變　(4) 肺水腫。

( ) 72. 流行病學實證研究顯示，輪班、夜間及長時間工作與心肌梗塞、高血　　(3)
　　　　壓、睡眠障礙、憂鬱等的罹病風險之相關性一般為何？
　　　　(1) 無　(2) 負　(3) 正　(4) 可正可負。

( ) 73. 下列何者與職場母性健康保護不相關？　　(4)
　　　　(1) 職業安全衛生法
　　　　(2) 妊娠與分娩後女性及未滿十八歲勞工禁止從事危險性或有害性工
　　　　　　作認定標準
　　　　(3) 性別工作平等法
　　　　(4) 動力堆高機型式驗證。

( ) 74. 下列何者較為非？　　(3)
　　　　(1) 孕婦對壓力的耐受性降低
　　　　(2) 孕婦易有噁心感且可能無法忍受強烈氣味
　　　　(3) 孕婦較易興奮可輪班工作
　　　　(4) 孕婦吸收之重金屬或戴奧辛等毒性物質可能進入胎盤臍帶血或乳
　　　　　　汁。

( ) 75. 妊娠期間暴露到具細胞毒性、致突變性或致畸胎性因子時可能造成早　　(2)
　　　　產、畸型或死產，也可能影響子代之心智發育，特別是受精後第幾週
　　　　間之重要器官發育期的暴露，更可能造成嚴重畸型？
　　　　(1) 1-2 週　(2) 3-8 週　(3) 12-16 週　(4) 20-25 週。

( ) 76. 有關孕婦嚴重的孕吐，下列何者為非？ (3)
(1) 可能影響胎兒的體重
(2) 可能造成早產或有較低的新生兒健康評分
(3) 不會合併產生憂鬱等心理精神症狀
(4) 劇吐時可能造成超過 5% 之體重減輕、脫水及營養失調，嚴重時可能導致死亡。

( ) 77. 有流產病史之孕婦，宜避免相關作業，下列何者為非？ (3)
(1) 避免砷或鉛的暴露
(2) 避免每班站立 7 小時以上之作業
(3) 避免提舉 2 公斤重物的職務
(4) 避免重體力勞動的職務。

( ) 78. 勞工服務對象若屬特殊高風險族群，如酗酒、藥癮、心理疾患或家暴者，則此勞工易遭受下列何種危害？ (1)
(1) 身體或心理不法侵害
(2) 中樞神經系統退化
(3) 聽力損失
(4) 白指症。

( ) 79. 若勞工工作性質需與陌生人接觸、工作中需處理不可預期的突發事件或工作場所治安狀況較差，容易遭遇下列何種危害？ (2)
(1) 組織內部不法侵害
(2) 組織外部不法侵害
(3) 多發性神經病變
(4) 潛涵病。

( ) 80. 下列何措施可避免工作單調重複或負荷過重？ (3)
(1) 連續夜班 (2) 工時過長 (3) 排班保有規律性 (4) 經常性加班。

( ) 81. 訊息溝通傳送較不會受傳送者與接收者下列何項特質的影響？ (4)
(1) 知識 (2) 價值觀 (3) 態度 (4) 體重。

( ) 82. 組織協調之訊息流通較重要的媒介為下列何者？ (1)
(1) 溝通管道
(2) 績效評估資料
(3) 自動檢查資料
(4) 員工思考模式。

( ) 83. 下列有關溝通的敘述，何項有誤？ (4)
(1) 溝通可視為一種過程
(2) 溝通需有訊息的傳送者與接收者
(3) 溝通其實包含傳遞管道
(4) 先入為主的觀念不會影響溝通的效果。

( ) 84. 下列何者不屬於事業單位內員工溝通的管道？ (3)
(1) 提案制度
(2) e-mail 系統
(3) 外部客戶抱怨專線
(4) 員工意見箱。

( ) 85. 下列何種因素較不會影響訊息的溝通？　　　　　　　　　　(2)
　　　　(1) 距離太遠　(2) 組織扁平化　(3) 工具不靈　(4) 環境干擾。

( ) 86. 有關某員工人際關係不良的敘述，下列何項較不正確？　　　　(4)
　　　　(1) 缺乏同僚的支持　　　　　　(2) 與同僚的關係交惡
　　　　(3) 對組織欠缺歸屬感　　　　　(4) 情緒一直很好。

( ) 87. 下列那一溝通方式較易達成有效的溝通？　　　　　　　　　　(2)
　　　　(1) 發洩式　(2) 同理心式　(3) 命令式　(4) 含糊式。

( ) 88. 促進大型組織上下溝通的良性發展，較不宜採取下列何種組織設計模　(3)
　　　　式？
　　　　(1) 事業部方式　　　　　　　　(2) 利潤中心方式
　　　　(3) 增加管理層級方式　　　　　(4) 組織扁平化方式。

( ) 89. 人的三種自我狀態如下：權威 (P)、成熟 (A) 和幼稚 (C)，試問下列何　(1)
　　　　種人際間的溝通方式較有效？
　　　　(1) A 對 A 雙向式
　　　　(2) P 對 C 雙向式
　　　　(3) P 對 C，然後 A 對 A 之交叉反覆式
　　　　(4) P 對 C 之單向式。

( ) 90. 下列何項較不屬於有效溝通的基本原則？　　　　　　　　　　(4)
　　　　(1) 設身處地　(2) 就事論事　(3) 組織目標　(4) 先入為主。

( ) 91. 依職業安全衛生法規定，勞工人數未滿多少人之事業，經中央主管機　(3)
　　　　關指定，並由勞動檢查機構函知者，應按月依規定填載職業災害內容
　　　　及統計，報請勞動檢查機構備查？　(1)10　(2)30　(3)50　(4)100。

( ) 92. 下列何者不屬於失能傷害？　　　　　　　　　　　　　　　　(1)
　　　　(1) 受傷未住院　(2) 死亡　(3) 永久部分失能　(4) 暫時全失能。

( ) 93. 失能傷害頻率及嚴重率之計算，均以多少經歷工時為計算之基礎？　(3)
　　　　(1) 每千　(2) 每萬　(3) 每百萬　(4) 每億。

( ) 94. 依規定填載職業災害內容及統計，其計算死亡職業傷害之損失日數　(4)
　　　　時，以多少天計？　(1) 150　(2) 1,200　(3) 1,350　(4) 6,000。

( ) 95. 依規定填載職業災害內容及統計，暫時全失能損失日數之計算，下列　(4)
　　　　何者正確？
　　　　(1) 以 6,000 天計
　　　　(2) 以 1,800 天計
　　　　(3) 依損失之機能百分率計
　　　　(4) 按受傷所經過之總損失日數計，但不包括受傷當日及恢復工作當
　　　　　　日。

( ) 96. 依規定填載職業災害內容及統計，職業傷害中損失雙目屬下列何者？　(2)
(1) 死亡　(2) 永久全失能　(3) 永久部分失能　(4) 暫時全失能。

( ) 97. 有關職業傷害雙目失明損失日數之計算，下列何者正確？　(1)
(1) 以 6,000 日計　(2) 以 1,800 日計
(3) 依機能佔全身比率計　(4) 按受傷經歷之總日數計。

( ) 98. 下列何者屬不安全的環境？　(3)
(1) 勞工不依標準作業程序作業
(2) 電器修理人員未具電氣技術人員資格
(3) 進入未確認是否有缺氧、火災爆炸之虞之槽體內作業
(4) 使用不當的工具作業。

( ) 99. 下列何者屬不安全的動作？　(2)
(1) 機械設備的防護因維修保養拆除
(2) 未遵守動火作業程序規定作業
(3) 開挖未作必要之擋土支撐
(4) 設置之機械不符人體工學要求。

( ) 100. 下列勞工發生之災害，何者不屬職業安全衛生法所稱之職業災害？　(1)
(1) 上下班時因私人行為之交通事故致死亡
(2) 工廠動力衝剪機械剪斷左手食指第一截
(3) 工廠鍋爐管路蒸汽洩漏，造成 20% 身體表面積 3 度灼傷
(4) 工廠氯氣外洩造成呼吸不適就醫。

( ) 101. 下列何者不屬職業災害直接原因中可能災害能量的來源？　(3)
(1) 壓縮氣體　(2) 高電壓　(3) 致病劑　(4) 放射性物質。

( ) 102. 下列何者不屬職業災害間接原因的不安全動作或行為？　(3)
(1) 未使用個人防護具　(2) 不正確的提舉
(3) 工作場所不整潔　(4) 作業中飲用含酒精性飲料。

( ) 103. 下列何者不屬職業災害間接原因的不安全情況或環境？　(2)
(1) 機械有缺陷　(2) 使用機具方法不當
(3) 工作場所擁擠　(4) 輻射暴露。

( ) 104. 下列何者目前尚未規定應填載職業災害內容及統計，按月報請勞動檢查機構備查？　(3)
(1) 勞工 60 人之營造業
(2) 勞工 60 人之大眾傳播業
(3) 勞工 30 人之洗染業
(4) 勞工 80 人之運輸業。

( ) 105. 下列何者非屬我國勞工保險認定之失能傷害？   (2)
    (1) 職業災害小指斷一截
    (2) 氨氣中毒但未住院
    (3) 職業災害死亡
    (4) 工作中因碎屑飛入眼中經診療後回家休養 3 天。

( ) 106. 下列敘述何者錯誤？   (2)
    (1) 失能傷害頻率＝(失能傷害人次數×百萬工時)/ 總經歷工時
    (2) 死亡年千人率＝(年間死亡勞工人數×百萬工時)/ 總經歷工時
    (3) 失能傷害平均損失日數＝失能傷害總損失日數 / 失能傷害人次數
    (4) 失能傷害平均損失日數＝失能傷害嚴重率 / 失能傷害頻率。

( ) 107. 經統計某年度化學品製造業共有勞工 9,000 人，當年度發生勞工 2 人   (2)
死亡、7 人殘廢、10 人受傷，試問其當年度化學品製造業死亡年千人
率為多少？   (1) 0.11   (2) 0.22   (3) 0.74   (4) 9。

( ) 108. 某紡織業僱用勞工 500 人，每年工作 260 天、每人每天工作 8 小時，   (3)
當年發生職業災害 2 件造成勞工 3 人殘廢、3 人失能傷害，請問其失
能傷害頻率為多少？   (1) 3.52   (2) 4.58   (3) 5.77   (4) 6.75。

( ) 109. 依職業安全衛生法規定，中央主管機關指定之事業，雇主應依規定填   (3)
載職業災害內容及統計，按月報請勞動檢查機構備查，並公布於工作
場所，其受指定陳報事業單位，應於次月幾日前經由網路填載「職業
災害統計月報」，函報事業所在地之勞動檢查機構？
    (1) 3   (2) 5   (3) 10   (4) 15。

( ) 110. 有關職業災害統計中失能傷害頻率 (FR) 係計算至小數點第幾位？   (3)
    (1) 不計小數點   (2) 第 1 位   (3) 第 2 位   (4) 第 3 位。

( ) 111. 下列何者屬職業災害間接原因的不安全動作或行為？   (1)
    (1) 未遵守安全作業標準
    (2) 未實施職業安全衛生教育訓練
    (3) 未實施自動檢查
    (4) 工作環境未清掃。

( ) 112. 有關職業災害統計中失能傷害嚴重率 (SR) 係計算至小數點第幾位？   (1)
    (1) 不計小數點   (2) 第 1 位   (3) 第 2 位   (4) 第 3 位。

( ) 113. 某事業單位 A 勞工於 5 公尺高處從事電氣相關作業時，感電墜落地面   (2)
死亡，其災害類型為下列何者？
    (1) 墜落   (2) 感電   (3) 不當動作   (4) 無法歸類。

(　) 114. 某一金屬製品製造業有勞工 1000 人，採日班制作業，每年工作 260 天，每天工作 8 小時，當年發生勞工 1 人死亡、1 人重傷雙目失明，請問其失能傷害嚴重率 (SR) 為多少？　(3)
(1) 3256　(2) 4829　(3) 5769　(4) 6547。

(　) 115. 下列何者為可提高持續性注意作業績效的原則？　(2)
(1) 使用較小的資訊管道
(2) 提供適當的休息時間
(3) 使各作業所需的注意力資源不同
(4) 使競爭的資訊源在空間上分離。

(　) 116. 下列有關「遲延寬放」之敘述何者不正確？　(1)
(1) 政策寬放 (policy allowance) 可適用於每位員工
(2) 工人更換工具或設備等應列入
(3) 填寫工作表單造成之遲延應列入
(4) 可避免之遲延不應列入。

(　) 117. 人機溝通時，常常需要使用到手部或指尖的觸覺來接收回饋的訊息，下列敘述何者為非？　(3)
(1) 測量觸覺敏銳度的常用方法是度量「兩點閾值」
(2) 兩點閾值是指能夠判別兩個觸壓點為分離狀態的最小距離
(3) 指尖的觸覺敏銳度比手掌低
(4) 觸覺敏銳度隨著溫度下降而減弱。

(　) 118. 使用手指環繞放在桌上的原子筆是屬於下列那一個動作？　(2)
(1) 伸手　(2) 握取　(3) 對準　(4) 裝配。

(　) 119. 身體局部肌肉活動之量度採下列何種方式衡量最精確？　(3)
(1) 心電圖　(2) 聽診器　(3) 肌電圖 (EMG)　(4) 閃動融合頻率 (CFF)。

(　) 120. 下列那一項警示訊號是無方向性的，且人對於此種訊號的反應時間最短？　(1) 文字　(2) 色彩　(3) 聽覺　(4) 圖形。　(3)

(　) 121. 在方法時間衡量 (MTM) 系統中，影響搬運時間的因素除了搬運距離和重量等條件外，還應考慮下列何種因素？　(4)
(1) 搬運物品之外觀　　　　　(2) 搬運物的材質
(3) 搬運的角度　　　　　　　(4) 動作之形態。

(　) 122. 某族群身高第 5 百分位數為 158 公分，該族群有百分之多少的人身高矮於 158 公分？　(1) 1　(2) 5　(3) 50　(4) 95。　(2)

(　) 123. 顏色管理常被運用於倉儲檢貨作業中，不同分類貨品會使用不同顏色，讓作業人員在挑貨時反應較快，目的是在提高符碼 (codes) 的那一項特性？　(1) 可偵測度　(2) 可分辨度　(3) 意義　(4) 標準化。　(2)

( ) 124. 某廠牌手機控制音量的裝置，是設計在手機左方的兩個小按鈕。當使用者想要音量增大時，就按手機左方有▲符號的按鈕；想要音量降低時則按手機左方有▼符號的按鈕。設計該款手機的人並沒有運用到下列何種概念？
(1) 空間相容 (spatial compatibility)
(2) 移動相容 (movement compati-bility)
(3) 模式相容 (modality compatibility)
(4) 概念相容 (conceptual compati-bility)。　(3)

( ) 125. 依勞工作業環境監測實施辦法規定，下列那些不屬於作業環境監測之行為？　(1) 規劃　(2) 採樣　(3) 分析　(4) 諮詢。　(4)

( ) 126. 依勞工作業環境監測實施辦法規定，作業環境監測計畫未涵蓋下列何者？
(1) 危害辨識及資料收集　　(2) 採樣策略之規劃及執行
(3) 經費之編列　　(4) 數據分析及評估。　(3)

( ) 127. 作業環境監測品質的最終責任應由何者來負責？
(1) 雇主　(2) 職業安全衛生人員　(3) 領班　(4) 勞動者。　(1)

( ) 128. 依勞工作業環境監測實施辦法規定，下列何者人員不得擔任作業環境監測評估小組之成員？
(1) 雇主　　(2) 工作場所負責人
(3) 職業安全衛生人員　　(4) 受委託之職業工礦衛生技師。　(1)

( ) 129. 雇主應於採樣或測定後多少日內完成監測結果報告，通報至中央主管機關指定之資訊系統？　(1) 15　(2) 30　(3) 45　(4) 60。　(3)

( ) 130. 雇主使勞工製造、處置、使用非屬有容許暴露標準之有健康危害化學品時，下列敘述何者不正確？
(1) 可參照先進國家標準或專業團體建議，自行設定暴露標準
(2) 須辦理健康危害風險評估
(3) 須針對健康危害進行分級管理
(4) 無需進行作業場所暴露評估及分級管理。　(4)

( ) 131. 雇主於實施監測幾日前，應將監測計畫依中央主管機關公告之網路登錄系統及格式，實施通報？　(1) 7　(2) 15　(3) 30　(4) 45。　(2)

( ) 132. 具有下列何種危害之化學品需進行危害評估及分級管理？
(1) 具有火災爆炸危害者　　(2) 具有健康危害者
(3) 具有環境危害者　　(4) 具有感電危害者。　(2)

(　) 133. 雇主實施作業環境監測之項目若是屬於物理性因子時，不得僱用何者　(3)
來辦理？
(1) 甲級監測人員　　　　　　　(2) 乙級監測人員
(3) 丙級監測人員　　　　　　　(4) 執業之工礦衛生技師。

(　) 134. 下列何者不屬於對作業場所實施暴露評估的方式？　(1)
(1) 勞動者健康檢查　　　　　　(2) 作業環境採樣分析
(3) 直讀式儀器監測　　　　　　(4) 定量暴露推估模式。

(　) 135. 雇主將相似暴露族群依暴露實態之第九十五百分位值，與該化學品之　(3)
容許暴露標準 (PEL) 比對後，結果發現超過容許暴露標準，試問該場
所應歸屬於第幾級管理？　(1) 1　(2) 2　(3) 3　(4) 4。

(　) 136. 對於訂有容許暴露標準之化學品經評估結果屬於第一級管理者，雇主　(4)
應至少多久實施暴露評估 1 次？
(1) 變更前或變更後 6 個月內　(2) 1 年　(3) 2 年　(4) 3 年。

(　) 137. 有關作業環境監測計畫，下列敘述何者不正確？　(1)
(1) 受委託之執業工礦衛生技師可以擔任監測機構
(2) 計劃書應使監測評估小組成員共同簽名
(3) 計劃書須作成紀錄，留存備查
(4) 紀錄保存三年。

(　) 138. 第一種粉塵中含游離二氧化矽的百分比愈大者，其作業環境空氣中容　(2)
許濃度值的變化為何？　(1) 愈大　(2) 愈小　(3) 不變　(4) 不一定。

(　) 139. 就採樣介質捕集能力而言，下列何者較不需考慮？　(4)
(1) 濕度　(2) 採樣流率　(3) 氣溫　(4) 分析儀器之靈敏度。

(　) 140. 使用活性碳管 (100/50) 兩管串聯為採集介質組合採集之有害物為下列　(2)
何者？　(1) 酚　(2) 氯乙烯　(3) 順丁二烯　(4) 煙鹼。

(　) 141. 某旋風分徑器 d_{50} 為 4.5μm，則下列敘述何者為是？　(4)
(1) 增加旋風分徑器之空氣流率，其 d_{50} 應會增大
(2) 凡粒徑大於 4.5μm 者，均會被分徑器出口濾紙匣所捕集
(3) 凡粒徑小於 4.5μm 者，均會被分徑器出口濾紙匣所捕集
(4) 粒徑為 4.5μm 之粉塵約有 50% 被分徑器所分離。

(　) 142. 實施作業環境監測時，採樣泵之最初及最後流率分別為 F1 及 F2，如　(4)
F2 = 0.7F1，則計算濃度時的流率應採用下列何者？
(1) F1　(2) (F1 + F2)/2　(3) F2　(4) 無法據以計算。

(　) 143. 金屬燻煙採樣後欲以原子吸收光譜儀分析，應以何種方法採樣？　(4)
(1) 冷凝捕集法　(2) 擴散捕集法　(3) 直接捕集法　(4) 過濾捕集法。

( ) 144. 採樣人員所製備之空白樣本為下列何者？ (1)

     (1) 現場空白　(2) 溶劑空白　(3) 介質空白　(4) 試劑空白。

( ) 145. 具浮子流量計之採樣組合系列流率校準，校準點的數目下列何者較 (4)

     佳？　(1) 單點　(2) 2 點　(3) 3 點　(4) 4 點。

( ) 146. 某活性碳管樣本採樣體積為 50L，經實驗室分析結果，某有害物之量 (2)

     為：前段 0.05000mg、後段為 0.00001mg，則該樣本有害物在空氣中的

     濃度為何？

     (1) $0.8mg/m^3$　(2) $1.0mg/m^3$　(3) $1.2mg/m^3$　(4) 為無效樣本。

( ) 147. 某有害物採樣方法之最大採樣體積為 20L，若以 200mL/min 的採樣流 (3)

     率連續進行 8 小時採樣時，樣本數最少應有多少個？

     (1) 3　(2) 4　(3) 5　(4) 6。

( ) 148. 下列何者屬於系統誤差？ (2)

     (1) 採樣時環境風速之變異　　　　(2) 泵流率校正不正確

     (3) 環境濃度分布之變異　　　　　(4) 採樣時環境溫度之變異。

( ) 149. 一組濃度數據分別為 105ppm、110ppm、115ppm，則其標準偏差為下 (3)

     列何者？　(1) 5　(2) 10　(3) 5ppm　(4) 10ppm。

( ) 150. 將個別測定值減其算術平均值所得結果之平方加總後，除以測定個數 (1)

     減 1，所得值再開平方，最終所得值稱為下列何者？

     (1) 標準差　(2) 標準誤　(3) 變異數　(4) 平均值。

( ) 151. 游離二氧化矽之含量可用下列何種儀器分析？ (4)

     (1) 原子吸收光譜儀　　　　　　　(2) 離子層析儀

     (3) 氣相層析儀　　　　　　　　　(4)X 光繞射分析儀。

( ) 152. 紅外線光譜儀 (IR) 易受下列何種氣體之干擾？ (2)

     (1) 氫氣及氮氣　(2) 水及二氧化碳　(3) 氫氣及氧氣　(4) 氮氣及氧氣。

( ) 153. 在自由音場下，聲音強度與音壓的關係為下列何者？ (1)

     (1) 聲音強度與音壓成正比　　　　(2) 聲音強度與音壓成反比

     (3) 聲音強度與音壓平方成正比　　(4) 聲音強度與音壓平方成反比。

( ) 154. 測定對象音源以外之所有噪音為下列何者？ (3)

     (1) 白噪音　(2) 粉紅噪音　(3) 背景噪音　(4) 殘餘噪音。

( ) 155. 依據噪音能量加疊原理，監測音壓級比背景音量高出多少分貝時，背 (4)

     景噪音可忽略？　(1) 3　(2) 5　(3) 8　(4) 10。

( ) 156. 量測衝擊噪音時，噪音計使用何種時間特性 (time constant) 所量到的 (2)

     音壓級數據最大？

     (1) 慢速動特性 (slow)　　　　　　(2) 衝擊特性 (impulse)

     (3) 快速動特性 (fast)　　　　　　　(4)A 特性 (A-weighting)。

(　) 157. 噪音計監測結果為 65dBA、83dBB、90dBC，則該噪音是在那一個頻率範圍？ 　(1)
(　) 157. (續) (1) 20~600　(2) 600~1,200　(3) 1,200~2,400　(4) 2,400~4,800Hz。

(　) 158. 正常人耳可聽範圍內，最低頻率與最高頻率間大約有幾個八音符頻帶？　(1) 2　(2) 4　(3) 6　(4) 10。 　(4)

(　) 159. 工作場所測得之噪音為 93 分貝，如果將音源關掉時測得的背景噪音為 90 分貝，則音源噪音為多少分貝？　(1) 3　(2) 30　(3) 90　(4) 93。 　(3)

(　) 160. 下列何者與人耳聽力損失較無關？ 　(2)
(1) 性別　(2) 體重　(3) 頻率　(4) 音壓級。

(　) 161. 強大的衝擊性噪音或爆炸聲音造成鼓膜破裂，屬於下列何種聽力損失？　(1) 永久性　(2) 間歇性　(3) 年老性　(4) 傳音性。 　(4)

(　) 162. 在單一自由度振動絕緣系統的振動絕緣區域中，振動絕緣器的阻尼比為下列何者時，振動絕緣效果最佳？ 　(1)
(1) 0.01　(2) 0.02　(3) 0.05　(4) 0.10。

(　) 163. 設計隔音牆最重要的設計參數為下列何者？ 　(1)
(1) 高度　(2) 厚度　(3) 形狀　(4) 結構強度。

(　) 164. 戶外無日曬下計算高溫作業綜合溫度熱指數時，自然濕球之權數為多少％？　(1) 10　(2) 20　(3) 70　(4) 80。 　(3)

(　) 165. 人體誘發疾病演變過程中，對於血液循環系統不穩定，會產生下列何種症狀？　(1) 熱痙攣　(2) 熱中暑　(3) 熱昏厥　(4) 熱濕疹。 　(3)

(　) 166. 人體與環境進行熱交換時，下列何者不受風速影響？ 　(3)
(1) 熱輻射　(2) 汗水蒸發熱　(3) 基礎代謝熱　(4) 熱傳導對流。

(　) 167. 下列何者非屬從事高溫作業勞工作息時間標準所稱高溫作業勞工之特殊體格檢查項目？ 　(4)
(1) 作業經歷之調查　　　　　　(2) 血色素檢查
(3) 心電圖檢查　　　　　　　　(4) 頭部斷層掃描。

(　) 168. 空氣中因物體振動而產生者為下列何種波？ 　(3)
(1) 空氣密波　(2) 空氣疏波　(3) 空氣疏密波　(4) 空氣橫波。

(　) 169. 下列何者為響度級 (loudness level) 之單位？ 　(2)
(1) Pa　(2) Phon　(3) Sone　(4) dB。

(　) 170. 通常在音源四周最大邊的幾倍距離以上才會形成遠音場？ 　(4)
(1) 1　(2) 2　(3) 3　(4) 4。

( ) 171. 基準音壓 (reference sound pressure) 為正常年輕人人耳所能聽到的最微 (1)
小聲音，其值為下列何者？
(1) 0.00002pascal (2) 2pascal (3) 10 瓦特 (4) 10 瓦特 / 平方公尺。

( ) 172. 若音壓減半，則音壓級將減少多少分貝？ (1) 3 (2) 4 (3) 5 (4) 6。 (4)

( ) 173. 噪音計在何者風速 (m/s) 下使用時須加裝防風罩？ (4)
(1) 1 (2) 2 (3) 5 (4) 10。

( ) 174. 勞工左右兩耳聽力不同，建議應以那一耳先實施聽力監測？ (4)
(1) 左耳 (2) 右耳 (3) 聽力較差之耳朵 (4) 聽力較佳之耳朵。

( ) 175. 當左右耳都正確地戴用耳塞，在說話時對自己說話聲音的感覺為何？ (2)
(1) 較小 (2) 較大 (3) 大小不一定 (4) 不變。

( ) 176. 消音器對下列何種聲音有效？ (3)
(1) 經固體傳送聲音 (2) 真空中傳送聲音
(3) 空氣傳送聲音 (4) 結構體中噪音。

( ) 177. 有關老化所致的聽力影響，下列敘述何者正確？ (3)
(1) 低頻音較顯著 (2) 中低頻音較顯著
(3) 高頻音較顯著 (4) 與頻率無關。

( ) 178. 某勞工每日工作 8 小時並暴露於衝擊性噪音，使用噪音計量測得勞工 (2)
時量平均音壓級為 90 分貝 (暴露時間 6 小時) 及 95 分貝 (暴露時間 2
小時)，測得峰值為 115 分貝。對於該勞工噪音暴露之描述，下列何
者正確？
(1) 工作日時量音壓級為 87 分貝
(2) 工作日暴露劑量為 125%
(3) 該勞工噪音暴露時間符合法令規定
(4) 雇主勿需使該勞工使用防音防護具。

( ) 179. 遮音材料使用下列何種接著或塗布，可以改善符合效應 (coincidence (3)
effect)？ (1) 泡綿 (2) 纖維布 (3) 阻尼材料 (4) 厚紙板。

( ) 180. 空氣彈簧所組成之系統，自然共振頻率於多少 Hz 以下，能顯示其最 (1)
佳之減振效果？ (1) 3 (2) 8 (3) 15 (4) 20。

( ) 181. 1/1 八音度頻帶，各頻帶音壓級均相同者為下列何種噪音？ (4)
(1) 白噪音 (2) 黑噪音 (3) 綠噪音 (4) 粉紅噪音。

( ) 182. 遮音材料會產生符合效應 (coincidence effect) 主要是由於下列何種作 (4)
用？ (1) 相加作用 (2) 相減作用 (3) 相乘作用 (4) 共鳴作用。

( ) 183. 依 ISO7243 建議，休息時之代謝率為多少 kcal/hr 以下？ (4)
(1) 20 (2) 40 (3) 50 (4) 100。

( )　184. 當高溫作業環境之休息室與作業位置之 WBGT 差異大時，應分別作量測，而該時段之 WBGT 應以何者為代表？　(4)
(1) 作業位置　(2) 休息室　(3) 取最大值　(4) 兩者之時量平均。

( )　185. 黑球溫度計之測量範圍為下列何者？　(2)
(1) −5℃~50℃　(2) −5℃~100℃　(3) 0℃~80℃　(4) 0℃~150℃。

( )　186. 當空氣溫度大於體表溫度時，如果要進行熱危害工程改善，下列何者不是控制傳導對流熱交換率 (C) 之有效對策？　(3)
(1) 降低流經皮膚之風速　(2) 降低空氣溫度
(3) 減少衣著量　(4) 局部冷卻。

( )　187. 下列何者屬於濕熱作業場所？　(2)
(1) 鉛作業場所　(2) 染整作業場所
(3) 精密作業場所　(4) 電子組裝作業場所。

( )　188. 對於熱衰竭危害，下列敘述何者不正確？　(2)
(1) 與血液供輸量有關　(2) 好發於補充適量鹽分者
(3) 好發於未補充適量水分者　(4) 好發於未適應者。

( )　189. 下列何者可由通風濕度表中得知？　(4)
(1) 風速　(2) 黑球溫度　(3) 大氣壓力　(4) 相對濕度。

( )　190. 估算身體產生熱量多寡時，下列何者不予考量？　(4)
(1) 基礎代謝　(2) 工作姿勢　(3) 工作方法　(4) 綜合溫度熱指數。

( )　191. 高溫作業勞工特殊體格檢查項目與特殊健康檢查項目之關係為下列何者？　(1)
(1) 完全相同
(2) 完全不同
(3) 特殊健康檢查增加胸部 X 光攝影檢查
(4) 特殊健康檢查增加神經及皮膚之物理檢查。

( )　192. 若某露天日曬高溫作業場所，自然濕球溫度為 25.0℃，黑球溫度為 39.0℃，綜合溫度熱指數為 28.1℃，則乾球溫度應為多少℃？　(3)
(1) 26.0　(2) 27.0　(3) 28.0　(4) 29.0。

( )　193. 下列何者屬人體受冷時，正常體溫調節動作？　(4)
(1) 心跳加快　(2) 血流加快　(3) 喘氣　(4) 血管收縮。

( )　194. 下列何者可作為空調設計，衡量空調舒適程度之指標？　(3)
(1) 熱應力指數 (Heat Stress Index, HSI)
(2) 綜合溫度熱指數 (Wet Bulb Globe Temperature Index, WBGT)
(3) 有效溫度 (Effective Temperature, ET)
(4) 等熱收支溫度 (Equi-Caloric Metric Temperature, ECT)。

( ) 195. 設乾球溫度為 30.0℃，濕球溫度為 27.0℃及風速為 1.0m/s，上述條件與下述的那個條件下之皮膚熱感覺相同？　(1)

(1) 乾、濕球溫度均為 27.0℃，風速為 0.0m/s

(2) 乾、濕球溫度均為 27.0℃，風速為 1.0m/s

(3) 乾、濕球溫度均為 30.0℃，風速為 1.0m/s

(4) 乾球溫度為 30.0℃、濕球溫度為 28.0℃，風速為 0.0m/s。

( ) 196. 正常穿著的勞工，其人體與環境間之傳導對流熱交換率與風速的幾次方成正比？　(1) 0.1　(2) 0.3　(3) 0.6　(4) 0.9。　(3)

( ) 197. 災害發生時，有人昏迷，急救員的責任中下列何者錯誤？　(4)

(1) 評估整個現場情況

(2) 檢查傷情

(3) 急救處理並送醫

(4) 等待救護車來之前不做任何處理。

( ) 198. 傷患意識喪失的程度，以下列何者最嚴重？　(3)

(1) 倦睡　(2) 木僵　(3) 昏迷　(4) 無聽覺反應。

( ) 199. 下列何者為哈姆立克急救法？　(4)

(1) 對昏迷患者暢通呼吸道

(2) 對哽噎成人患者之背部拍擊

(3) 對中暑患者急救

(4) 利用瞬間壓力使呼吸道內異物噴出。

( ) 200. 當溺水患者被救起時已無呼吸，頸動脈跳動可摸到但微弱，此時應施行何種急救較為正確？　(1)

(1) 做人工呼吸　　　　　(2) 做胸外心臟按摩術

(3) 實施心肺復甦法急救　(4) 立刻以車輛送醫。

( ) 201. 發生於左大腿前、內側面深度灼傷之描述及處理，下列何者錯誤？　(2)

(1) 傷到皮下組織

(2) 自行以冷水沖泡處理即可

(3) 灼傷面積占 4.5% 體表面積

(4) 皮膚會變色。

( ) 202. 休克患者發現有面部潮紅時，急救時對患者應採何種姿勢為宜？　(2)

(1) 使頭偏向一側　　　　(2) 抬高頭部

(3) 採用頭低位　　　　　(4) 兩腳墊高約 30 度。

( ) 203. 體外心臟按摩時，雙手應放在胸骨何處？　(3)

(1) 上半部　(2) 中間　(3) 下半部　(4) 側方。

( ) 204. 下列何者為二級 (中層) 灼傷？　　　　　　　　　　　　　　　(2)

    (1) 為表皮、真皮之傷害　　　　(2) 通常會起水泡

    (3) 皮下組織已經裸露出來　　　　(4) 皮下組織已經燒黑。

( ) 205. 實施體外心臟按摩術，以下敘述何者錯誤？　　　　　　　　　　(3)

    (1) 手掌根置於劍突上方二指幅處

    (2) 二手手指交叉相扣

    (3) 按壓深度 1.5~2 公分

    (4) 按壓時手肘要打直。

( ) 206. 小面積燒傷發生在以下何部位時影響較不嚴重？　　　　　　　　(3)

    (1) 臉　(2) 關節　(3) 背部　(4) 手、腳。

( ) 207. 急救的主要目的為何？　　　　　　　　　　　　　　　　　　　(2)

    (1) 預防疾病　(2) 維持生命　(3) 避免感染　(4) 促使早日康復。

( ) 208. 對成年人實施口對口人工呼吸法，每分鐘約需重複做幾次？　　　(2)

    (1) 6　(2) 12　(3) 24　(4) 72。

( ) 209. 施行心肺復甦術，一人施救時，心臟壓迫和肺臟充氣次數之比為何？　(1)

    (1) 15：2　(2) 10：7　(3) 5：1　(4) 2：1。

( ) 210. 施行心肺復甦術，應先檢查何處之脈搏？　　　　　　　　　　　(4)

    (1) 撓動脈　(2) 肱動脈　(3) 肺動脈　(4) 頸動脈。

( ) 211. 成人施行心肺復甦術時，胸外壓心必須使胸骨下陷至少約幾公分？　(3)

    (1) 1　(2) 3　(3) 5　(4) 10。

( ) 212. 體外出血時，一般都優先採用下列何種止血方法？　　　　　　　(1)

    (1) 直接壓迫法　(2) 間接壓迫法　(3) 止血點止血法　(4) 止血帶法。

( ) 213. 眼內進入化學物或異物，最好能立即用下列何者沖洗眼睛？　　　(1)

    (1) 乾淨的清水　(2) 硼酸水　(3) 眼藥水　(4) 藥物或油膏。

( ) 214. 固定用的護木，其長度必須超過骨折部位的何處？　　　　　　　(3)

    (1) 上方關節　　　　　　　　　　(2) 下方關節

    (3) 上、下兩端關節　　　　　　　(4) 近心端的第二關節。

( ) 215. 依勞工健康保護規則規定，事業單位同一場所之勞工，早班有 115 人、中班有 20 人、晚班有 5 人輪班作業，至少應設置幾位合格之急救人員？　(1) 3　(2) 4　(3) 5　(4) 6。　　　(2)

( ) 216. 呼吸防護具密合度測試時機，不包含下列那一項？　　　　　　　(2)

    (1) 佩戴者裝置假牙或失去牙齒

    (2) 佩戴者的體重變化達百分之三十以上時

    (3) 重新選用呼吸防護具後

    (4) 每一年至少進行一次。

( ) 217. 呼吸防護具中，那一項構造能夠捕集氣狀污染物？   (4)
    (1) 不織布濾材   (2) 面體   (3) 排氣閥   (4) 濾毒罐。

( ) 218. 呼吸防護具通常使用時機不包含下列那一項？   (4)
    (1) 為工業危害防護最後一道防線   (2) 緊急搶救事件
    (3) 無其他工程控制方法可資使用   (4) 經常性維護。

( ) 219. 呼吸防護具中，那一項構造能夠捕集粒狀污染物？   (2)
    (1) 面體   (2) 不織布濾材   (3) 排氣閥   (4) 濾罐。

( ) 220. 使用防護係數 PF=50 之防毒面具，防護對象為甲苯 (TLV = 100ppm)   (4)
則可適用之工作環境濃度上限為多少 ppm？
    (1) 250   (2) 500   (3) 2,500   (4) 5,000。

( ) 221. 下列何者為負壓式呼吸防護具？   (1)
    (1) 簡易型拋棄式   (2) 供氣式呼吸防護具
    (3) 動力過濾式防護具   (4) 自攜式呼吸器。

( ) 222. 呼吸防護具通常使用時機不含下列那項？   (4)
    (1) 短期維護
    (2) 緊急處置
    (3) 無其他工程控制方法可資使用
    (4) 為工業危害防護第一道防線。

( ) 223. 下列何者非為影響防護手套選用之主要因素？   (1)
    (1) 美觀   (2) 尺寸   (3) 暴露形式   (4) 耐久性。

( ) 224. 下列何者不是工作時佩戴手套的目的？   (3)
    (1) 避免病人的血液或體液接觸皮膚
    (2) 降低針扎發生的機率
    (3) 防止皮膚老化
    (4) 避免皮膚直接接觸藥品。

( ) 225. 有關防護衣物，下列敘述何者錯誤？   (3)
    (1) 未有一種材質可以防護所有的化學物質及混合化學物質，且現行
之材質中亦未有有效的防護層可防護長時間的化學暴露
    (2) 防護衣塗佈層又稱為阻隔層 (barrier)，為防護衣之主要部分，防止
有害物之功能端賴阻隔層，其材質、厚度及層數與防護功能息息
相關
    (3) 美國環保署把危害 B 級定義為：當氧氣濃度低於 18% 或存有之物
質會對人體呼吸系統造成立即性傷害
    (4) 醫用手套多為乳膠手套，使用時應選擇無粉與低蛋白質的乳膠手
套以減低過敏的危險性。

( ) 226. 通風式護目鏡不具下列何種功能？　(4)

(1) 避免起霧　　　　　　　　　(2) 大顆粒粉塵不易進入

(3) 防止化學品飛濺　　　　　　(4) 氣密性佳。

( ) 227. 防護眼鏡側護片主要作用為下列何者？　(3)

(1) 美觀　　　　　　　　　　　(2) 遮光

(3) 預防異物從側面飛來　　　　(4) 增加支撐力。

( ) 228. 眼部臉部防護具使用玻璃材質鏡片之優點為何？　(1)

(1) 可防護化學物質　(2) 較重　(3) 比較舒適　(4) 易磨損。

( ) 229. 呼吸防護具主要選擇標準，除了考慮通過認證、舒適度之外，以下何者最為適當？　(1) 價錢　(2) 密合度　(3) 容易取得　(4) 可重複使用。　(2)

( ) 230. 缺氧環境下，不建議使用以下那種防護具？　(2)

(1) 正壓式全面罩　　　　　　　(2) 拋棄式半面口罩

(3) 自攜式呼吸防護具　　　　　(4) 供氣式呼吸防護具。

( ) 231. 對於防護係數之敘述，下列何者有誤？　(1)

(1) 正壓式呼吸防護具之防護係數一般較負壓式來的低

(2) 當防護係數越大時，其所能提供的防護等級就越高

(3) 全面體呼吸防護具的防護係數會高於半面體

(4) 防護係數的定義為佩戴呼吸防護具時，防護具內、外污染物的平均濃度之比值。

( ) 232. 對於可拋棄式呼吸防護具之敘述下列何者為非？　(1)

(1) 價格低廉、重量輕，設計較為複雜

(2) 此種呼吸防護具並無所謂的面體，直接以濾材當作面體

(3) 濾材直接接觸佩戴者臉部，但較容易產生洩漏

(4) 與他種呼吸防護具相比，此種面體的防護效果最低。

( ) 233. 眼部臉部防護具可防止的危害不包括下列何者？　(1)

(1) 針扎　(2) 熱　(3) 化學品　(4) 輻射。

( ) 234. 呼吸防護具之面體中，包含四分之一面罩、半面罩、全面罩，前項敘述中半面罩面體之包覆範圍係指下列何者？　(1)

(1) 穿戴者臉型範圍從鼻根到下顎處

(2) 穿戴者臉型範圍從鼻根到下嘴唇處

(3) 穿戴者臉型範圍從額頭到下顎處

(4) 穿戴者臉型範圍從眼睛下緣到鼻根。

( ) 235. 呼吸防護具之美國 NIOSH 標準，100 等級之最低過濾效率係指下列何者？　(1) ≧ 95%　(2) ≧ 99.97%　(3) ≧ 99.9995%　(4)100%。　(2)

( ) 236. 呼吸防護具之美國 NIOSH 標準，N 系列代表可用來防護   (3)
     (1) 非油性及油性懸浮微粒   (2) 含油性懸浮微粒
     (3) 非油性懸浮粒   (4) 有機溶劑。

( ) 237. 有關工業通風功能與目的之下列敘述何者不正確？   (4)
     (1) 提供工作場所勞工足夠的新鮮空氣
     (2) 稀釋或抽取作業環境空氣中所含的有害物，並藉空氣的流動將其
         排出，降低作業環境空氣中有害物或危險物的濃度
     (3) 藉由通風以控制及減少勞工暴露
     (4) 工業通風之排風機功能選用只需考慮馬力大小。

( ) 238. 預防危害物進入人體的種種措施中，下列那一項不是針對發生源所進   (4)
     行的措施？
     (1) 危害源包圍   (2) 局部排氣   (3) 危害物替換   (4) 整體換氣。

( ) 239. 室內作業環境空氣中二氧化碳最大容許濃度為 5,000 ppm，而室外空   (2)
     氣中二氧化碳濃度平均為 350 ppm，有 100 名員工進行輕工作作業，
     其每人二氧化碳呼出量為 0.028 m^3CO_2 / hr，若以室外空氣進行稀釋通
     風，試問其每分鐘所需之必要換氣量 Q_1？同理，若用不含二氧化碳
     之空氣進行稀釋通風，請問其每分鐘所需之必要換氣量 Q_2？請問下
     列選項何者為正確？
     (1) Q_1 約為 6 m^3/min
     (2) Q_1 約為 9 m^3/min
     (3) Q_1 約為 20 m^3/min
     (4) Q_2 約為 600 m^3/min。

( ) 240. 有害物作業場所控制危害之最優先考慮方法為下列何者？   (4)
     (1) 自然換氣   (2) 局部排氣裝置   (3) 整體換氣裝置   (4) 密閉設備。

( ) 241. 製備甲苯 C_7H_8 標準氣體 100 ppm(25℃，1 atm) 於一密閉實驗室 (100 ×   (3)
     10 × 3 m^3)，請問需要多少公克的甲苯液體？
     (1) 0.376   (2) 376   (3) 1,129   (4) 1,129,000。

( ) 242. 某公司有作業員工 300 人，廠房長 30 公尺，寬 15 公尺，高 5 公尺，   (1)
     每日需使用第一種有機溶劑三氯甲烷，依有機溶劑中毒預防規則規
     定，其容許消費量為每小時多少公克？
     (1) 10   (2) 60   (3) 120   (4) 150。

( ) 243. 某公司廠房長 20 公尺，寬 10 公尺，高 6 公尺，每日每小時平均使用   (3)
     第三種有機溶劑石油醚 30 公克，依有機溶劑中毒預防規則規定，其
     每小時需提供多少立方公尺之換氣量？ (1) 0.3   (2) 9   (3) 18   (4) 72。

( ) 244. 一乾燥爐內有丙酮在蒸發，每小時蒸發量為 1kg，經過理論計算則需要每分鐘 0.9 立方公尺之新鮮空氣稀釋丙酮蒸氣才安全 (其爆炸範圍 2.6-12.8%)；若乾燥爐內操作物改為苯 (其爆炸範圍 1.4-7.1%)，每小時蒸發量也為 1kg，依職業安全衛生設施規則規定，需要每分鐘多少立方公尺之新鮮空氣稀釋苯蒸氣才安全？　　(4)

(1) 0.4　(2) 0.9　(3) 1.0　(4) 1.2。

( ) 245. 某作業場所有 30 人，每人平均 CO_2 排放量為 0.03m³/hr，若 CO_2 之容許濃度為 5,000ppm，而新鮮空氣中之 CO_2 之濃度為 435ppm，則作業場所每分鐘共需提供多少立方公尺之新鮮空氣才符合勞工作業場所容許暴露標準？　(1) 2.13　(2) 2.86　(3) 4.29　(4) 4.93。　　(3)

( ) 246. 利用廠內熱空氣上升，並由屋頂排出，同時新鮮冷空氣會由門窗等開口補充進入廠房中，如此可達到排除熱有害空氣及補充新鮮空氣之換氣目的請問此為何種換氣法？　　(3)

(1) 分子擴散法　　　　　　(2) 慣性力排除法

(3) 溫度差換氣法　　　　　(4) 機械換氣法。

( ) 247. 下列對於安全係數 K 之敘述何者正確？　　(1)

(1) 實際換氣量 Q'(m³/s)=K× 理論換氣量 Q(m³/s)

(2) 在供、排氣位置及混合效率良好時，可設定 K 為 5~10

(3) 考量工作場所可燃性氣體濃度維持在其爆炸下限的 30% 以下，和 K 無關

(4) 如果位置及混合效率不良時，K 值需設定為 1~2，以確保整體換氣效果。

( ) 248. 整體換氣設置原則不包括下列那一項？　　(4)

(1) 整體換氣通常用於低危害性物質，且用量少之環境

(2) 局部較具毒性或高污染性作業場所時，最好與其他作業環境隔離，或併用局部排氣裝置

(3) 有害物發生源遠離勞工呼吸區，且有害物濃度及排放量需較低，使勞工不致暴露在有害物之八小時日時量平均容許濃度值之上

(4) 作業環境空氣中有害物濃度較高，必須使用整體換氣以符合經濟效益。

( ) 249. 理想之整體換氣裝置設計方式不包括下列那一項？　　(4)

(1) 在最短的時間內稀釋污染物濃度

(2) 污染物以最短的時間或最短的路徑排出

(3) 污染物排出路徑不經過人員活動區域

(4) 已排出的污染物應設計使其重回進氣口。

( ) 250. 整體換氣裝置通常不用在粉塵或燻煙之作業場所，其原因不包括下列 (2)
那一項？
(1) 粉塵或燻煙產生速度及量大，不易稀釋排除
(2) 粉塵或燻煙危害小，且容許濃度高
(3) 粉塵或燻煙產生率及產生量皆難以估計
(4) 整體換氣裝置較適合於使用在污染物毒性小之氣體或蒸氣產生場
所。

( ) 251. 下列那些項目對於管道內壓力之敘述有誤？ (2)
(1) 動壓：由於空氣移動所造成，僅受氣流方向影響且一定為正值
(2) 靜壓：方向是四面八方均勻分佈，若是正壓則管道會有凹陷的趨勢，
若是負壓則會有管道膨脹的趨勢
(3) 靜壓和動壓之總和為定值 (大氣密度過小而忽略)，是根據伯努利
定律所推導而得
(4) 全壓有可能為正值，也有可能為負值。

( ) 252. 氣罩開口設置凸緣 (Flange)，最多可增加多少 % 之抽氣效率？ (1)
(1) 25　(2) 50　(3) 60　(4) 75。

( ) 253. 在一管徑 20cm 的通風管道內，量測到風速為 30cm/s，在 20℃時，標 (1)
準大氣情況下，經計算 Re 約為 3,960，請問下列有關雷諾數 (Reynold
number,Re) 或流場之敘述何者為正確？
(1) 為過渡區流場　　　　　　(2) 為紊流流場
(3) 為層流流場　　　　　　　(4) 流場與雷諾數無關。

( ) 254. 包圍型氣罩捕捉風速係指下列何者？ (3)
(1) 氣罩開口面之平均風速
(2) 氣罩開口面之最大風速
(3) 氣罩開口面之最低風速
(4) 氣罩與導管連接處之平均風速。

( ) 255. 關於氣罩之敘述，下列那一項不正確？ (2)
(1) 包圍污染物發生源設置之圍壁，使其產生吸氣氣流引導污染物流
入其內部之局部排氣裝置之入口部份
(2) 外裝型氣罩可以裝設凸緣 (Flange) 以增加抽氣風速，但狹縫型氣罩
無法加裝凸緣
(3) 某些氣罩設計具有長而狹窄的狹縫
(4) 即使是平面的管道開口也可稱為氣罩。

( ) 256. 關於導管之敘述，下列那一項不正確？ (4)
    (1) 包括污染空氣自氣罩、空氣清淨裝置至排氣機之運輸管路 (吸氣管路)
    (2) 可包括自排氣機至排氣口之搬運管路 (排氣導管)
    (3) 設置導管時應同時考慮排氣量及污染物流經導管時所產生之壓力損失
    (4) 截面積較小時雖其壓損較低，但流速會因而減低，易導致大粒徑之粉塵沈降於導管內。

( ) 257. 關於排氣機之敘述，下列那一項不正確？ (3)
    (1) 是局部排氣裝置之動力來源
    (2) 其功能在使導管內外產生不同壓力以帶動氣流
    (3) 軸心式排氣機之排氣量小、靜壓高、形體較大，可置於導管內，適於高靜壓局部排氣裝置
    (4) 排氣機出口處緊鄰彎管 (elbow)，容易因出口處的紊流而降低排氣性能。

( ) 258. 局部排氣裝置之設計與使用時機，下列那一項敘述不正確？ (1)
    (1) 從有害物發生源附近即可移除有害物，其所需要的排氣量及排氣機動力會比整體換氣大
    (2) 在使用局部排氣裝置前，應優先考慮能減少有害物發散量的方法
    (3) 作業環境監測或員工抱怨顯示空氣中存在有害物，其濃度會危害健康、有爆炸之虞
    (4) 法規有規定需設置，例如四烷基鉛中毒預防規則。

( ) 259. 有關局部排氣裝置之設計與使用時機，下列那一項敘述不正確？ (2)
    (1) 有害物發生源很小、有害物容易四處逸散
    (2) 有害物發生源遠離勞工呼吸區 (breathing zone)
    (3) 有害物發生量不穩定，會隨時間改變
    (4) 預期可見改善之成效，包括產能及員工士氣之提昇、廠房整潔等。

( ) 260. 雇主對局部排氣裝置或除塵裝置，於開始使用、拆卸、改裝或修理時，依職業安全衛生管理辦法規定實施重點檢查，以下那一項敘述不正確？ (4)
    (1) 檢查導管或排氣機粉塵之積聚狀況
    (2) 檢查導管接合部分之狀況
    (3) 檢查吸氣及排氣之能力
    (4) 改用危害較低之原料、改善或隔離製程等工程改善方法。

( ) 261. 關於包圍式氣罩之敘述，下列那一項不正確？ (1)
　　(1) 將汙染源密閉防止氣流干擾污染源擴散，觀察口及檢修點越大越
　　　　好
　　(2) 氣罩內應保持一定均勻之負壓，以避免污染物外洩
　　(3) 氣罩吸氣氣流不宜鄰近物料集中地點或飛濺區內
　　(4) 對於毒性大或放射物質應將排氣機設於室外。

( ) 262. 關於外裝式氣罩之敘述，下列那一項不正確？ (3)
　　(1) 氣罩口加裝凸緣以提高控制效果
　　(2) 頂蓬式氣罩可在罩口四周加裝擋板，以減少橫向氣流干擾
　　(3) 頂蓬式氣罩擴張角度應大於 60°，以確保吸氣速度均勻
　　(4) 在使用上及操作上，較包圍式氣罩更易於被員工接受。

( ) 263. 請問下列何項氣罩較不適合使用在生產設備本身散發熱氣流，如爐頂 (2)
　　熱煙，或高溫表面對流散熱之情況？
　　(1) 高吊式氣罩　　　　　(2) 向下吸引式氣罩
　　(3) 接收式氣罩　　　　　(4) 低吊式氣罩。

( ) 264. 有一酸洗槽上有懸吊式氣罩，酸洗槽作業面周長 18 公尺，其與氣罩 (3)
　　間垂直高度差為 3 公尺，若氣罩寬 3.75 公尺，長 6 公尺，捕捉風速平
　　均為 7.5m/s，其理論排氣量為 X。若其為加強捕集效果，在氣罩下多
　　加三片塑膠版，圍住三面，僅餘一長面操作，則理論排氣量為 Y。請
　　問下列那一項正確
　　(1) X < Y　(2) X = Y　(3) Y = 135m³/s　(4) X = 844m³/s。

( ) 265. 下列何者不為直讀式儀器使用時機？ (4)
　　(1) 緊急搶救　　　　　　(2) 儲槽內部工作前輔助
　　(3) 最高可能濃度之測定　(4) 八小時時量平均濃度評估。

( ) 266. 對於有害物工程控制，下列敘述何者為非？ (2)
　　(1) 將製造區隔離，以減少暴露人數
　　(2) 使用濕潤法 (濕式作業) 以減少有機溶劑逸散
　　(3) 改變製程以減少操作人員與危害因素之接觸
　　(4) 使用區域排氣 (通風)，以排出危害氣懸物質。

( ) 267. 對於『飛沫傳染』之敘述，下列答案何者為非？ (2)
　　(1) 飛沫是指接觸到上呼吸道具傳染性的分泌物
　　(2) 結核桿菌、葡萄球菌及鏈球菌由飛沫傳染為唯一途徑
　　(3) 當宿主吸入這些飛沫，其粘膜接觸到這些粒子時，才會引起感染
　　(4) 呼吸道飛沫傳染必須兩人在三呎內，在飛沫還未降落之前接觸才
　　　　會被傳染。

( ) 268. 暴露於生物體所產生之細菌內毒素、細菌外毒素、真菌毒素，可能產生發燒、發冷、肺功能受損等症狀，此種現象稱為？　(3)

　　　　(1) 感染　(2) 過敏　(3) 中毒　(4) 中暑。

( ) 269. 對於病原體『空氣傳染』之敘述，下列答案何者為非？　(3)

　　　　(1) 空氣傳染為以飛沫核進行傳染

　　　　(2) 是指直徑小於五微米，它們能在空氣中懸浮相當長的一段時間

　　　　(3) 第一線防疫人員需佩戴外科手術口罩以杜絕傳染

　　　　(4) 不須經由直接或間接接觸即可經空氣由一個人傳給另一個人。

( ) 270. 負壓隔離病房的設置特性，不包含以下那一項？　(4)

　　　　(1) 醫院收容傳染病患者時，設計以控制病患身體產生的生物氣膠污染

　　　　(2) 設計使病房內之氣壓恆低於病房外之氣壓

　　　　(3) 設計迫使病房外之空氣透過各種結構縫隙(門縫、平衡風門開口等)單向流入病房內部空間，造成病房內空氣之單向隔絕

　　　　(4) 醫護人員在病房內照護病患時，應站在氣流流入之下風處，避免受到空氣傳播感染。

( ) 271. 化學品分級管理 (chemical control banding,CCB) 在劃分危害群組時將符合 GHS 健康危害分類為急毒性物質，任何暴露途徑第 1、2 級之物質多歸屬於下列何群組？　(1)D　(2)C　(3)S　(4)B。　(1)

( ) 272. 下列對於生物危害管理之敘述，那一項有誤？　(1)

　　　　(1) 標準微生物操作程序禁止飲食、抽煙、處理隱形眼鏡、化妝，但在實驗室內可以喝水

　　　　(2) 生物危害管理二級防範措施，包含保護實驗室外環境 (含社區環境)，工作人員需免疫接種與定期檢驗，但無關動物管制

　　　　(3) 生物安全等級第三級：臨床診斷教學研究生產等單位使用本土或外來物質時，可造成嚴重或致命疾病者，如漢他病毒

　　　　(4) 生物安全操作櫃 III 級：為人員、外界環境與操作物的最高保護，適用生物安全第三、四級。

( ) 273. 下列對於微生物特性之敘述，那一項有誤？　(2)

　　　　(1) 節肢動物之疾病傳播方式為叮咬或吸入排泄物，常以哺乳類動物為宿主 (如鼠)

　　　　(2) 病毒 (Virus) 為絕對寄生，大小約為 0.5-1 μm × 2-5 μm，無完整細胞結構，僅有核酸、蛋白質外殼

　　　　(3) 真菌 (Fungi) 似植物體、缺乏葉綠素，多以本身酵素分解有機物，單細胞或多細胞結構

　　　　(4) 細菌外毒素 (exotoxins) 為在寄主體內生長代謝過程中即可產生，造成寄主神經性、胃腸性、免疫性或血液方面的疾病。

( ) 274. 高等動物如鼠、兔、貓、狗、猴等，其對人造成風險的途徑與方式，不包含下列何項？   (4)
    (1) 動物咬傷
    (2) 透過其身上之皮屑造成傳染
    (3) 寄生於寵物身上的節肢動物傳染
    (4) 接觸乳膠蛋白造成過敏。

( ) 275. 下列對於生物危害之人員管理敘述，那一項有誤？   (3)
    (1) 加強個人衛生 (例如洗手)
    (2) 注意個人健康管理 (例如施打疫苗)
    (3) 操作生物安全第三、四級者，應遵守標準微生物操作守則，其餘生物安全等級則排除
    (4) 使用個人防護設備 (最後一道預防管道)。

( ) 276. 下列對於標準脫除手套步驟及注意事項之敘述，那一項有誤？   (3)
    (1) 第一步驟為以戴手套的右手抓住近手腕處左手手套的外面，將手套翻轉脫下
    (2) 用脫下手套的左手插入右手套內，以外翻的方式脫下右手手套
    (3) 整個過程中應儘可能碰觸手套外側為原則，即手套對皮膚的方式進行
    (4) 脫除的手套須置於生物廢棄物處理桶 (袋) 中。

( ) 277. 下列對於消毒或滅菌之相關敘述，那一項有誤？   (2)
    (1) 75% 酒精可使病原體蛋白質凝固，達到殺菌效果；95% 酒精會使菌體外層產生一層保護莢膜，而影響消毒效果
    (2) 75% 酒精對內孢子、無外套膜病毒 (如：腸病毒) 之消毒效果極佳
    (3) 氯液消毒法之消毒原理主要為使菌體產生氧化作用
    (4) 紫外線的穿透度極低，無法消毒到物品的背面或內側。

( ) 278. 下列對於生物安全櫃 (Biological Safety Cabinet,BSC) 之相關敘述，那一項有誤？   (1)
    (1) 利用乾淨之正壓層流空氣來隔絕其內部空氣外洩
    (2) Class III 之 BSC 適用於操作生物安全等級第四級
    (3) 不在操作台面上使用明火為原則，因為會影響層流氣流
    (4) 開 UV 燈時要拉下玻璃窗，此玻璃窗可屏蔽 UV，避免 UV 暴露。

( ) 279. 生物醫療廢棄物 (Biomedical waste) 不包括下列那一項？　(3)
　　(1) 基因毒性廢棄物
　　(2) 廢尖銳器具
　　(3) 研究機構生物安全等級第一級實驗室製造過程中產生的廢棄物
　　(4) 生物科技工廠及製藥工廠，於研究、藥品或生物材料製造過程中產生的廢棄物。

( ) 280. 下列何者為化學窒息性物質？　(2)
　　(1) 正丁醇　(2) 一氧化碳　(3)1,1,1,- 三氯乙烷　(4) 二氧化碳。

( ) 281. 硫化氫屬於何種氣體？　(1)
　　(1) 化學性窒息氣體　　　　(2) 單純窒息氣體
　　(3) 麻醉氣體　　　　　　　(4) 氧化性氣體。

( ) 282. 在毒性測試結果中，可以得到 LOAELs(lowest-observed adverse-effect levels) 數值，其代表意義為何？　(3)
　　(1) 不致引起不良反應之最高劑量
　　(2) 不致引起不良反應之最低劑量
　　(3) 引起不良反應之最低劑量
　　(4) 引起不良反應之最高劑量。

( ) 283. 毒性化學物質對生物體所產生的危害效應不包括下列何者？　(4)
　　(1) 急性　(2) 慢性　(3) 致癌性　(4) 病原性。

( ) 284. 有些化學物質本身毒性很低，但經由體內酵素反應代謝後，其毒性反而增加，此現象為下列何者？　(4)
　　(1) 氧化反應　(2) 代謝解毒　(3) 鐘擺效應　(4) 代謝活化。

( ) 285. 毒化物劑量增加而其造成生物體危害亦隨之增加，此現象為下列何者？　(1)　(1) 劑量效應關係　(2) 激效作用　(3) 比爾定律　(4) 增強效應。

( ) 286. 下列何者非為毒性化學物質進入人體的途徑？　(4)
　　(1) 皮膚　(2) 呼吸道　(3) 腸胃道　(4) 巨噬效應。

( ) 287. 職業暴露造成血鉛過高，較不會造成下列何種危害？　(3)
　　(1) 貧血　(2) 肌肉無力如腕垂症　(3) 低血壓　(4) 神經行為異常。

( ) 288. 在毒性試驗中，毒性化學物質能造成百分之 50 試驗動物死亡的劑量，此現象為下列何者？　(1)
　　(1) Lethal dose50(LD_{50})　　　　(2) Toxic dose 50(TD_{50})
　　(3) Stimulating dose 50(SD_{50})　　(4) Effective dose 50(ED_{50})。

( ) 289. 下列何者屬於化學性致癌物質？　(2)
　　(1) 肝炎病毒　(2) 砷　(3) UV　(4) X-ray。

( ) 290. 依國家標準 CNS15030，針對引起致癌、生殖細胞、致突變和生殖毒 (2)
性化學品 (carcinogenic, mutagenic, or toxic for reproduction,CMR) 等第
一級的化學品較可能具有何種危害？
(1) 神經毒性物質第一級
(2) 生殖毒性物質第一級
(3) 水環境之危害物質第一級
(4) 腐蝕刺激皮膚物質第一級。

( ) 291. 下列何種農藥中毒會抑制乙醯膽鹼酵素 (cholineesterase) 之分解，進而 (3)
產生持續神經刺激的症狀？
(1) 有機氯殺蟲劑
(2) 除蟲菊精殺蟲劑
(3) 有機磷殺蟲劑
(4) 巴拉刈。

( ) 292. 下列何項非為化學性危害嚴重程度的主要影響因子？ (1)
(1) 暴露者的年齡
(2) 接觸方式
(3) 毒性物質的濃度
(4) 毒性物質本身的毒性。

( ) 293. 毒性物質在生物體內產生毒性作用最明顯，而引起最大傷害的器官為 (4)
下列何項？
(1) 重要器官　(2) 感覺器官　(3) 暴露器官　(4) 標的器官。

( ) 294. 有關氫氧化四甲基銨之下列敘述何者錯誤？ (2)
(1) 具強鹼性且會腐蝕皮膚
(2) 不會致死
(3) 具神經毒性
(4) 具有四級銨結構。

( ) 295. 以下何者非由物理性力量，如機械方法所產生而懸浮於空氣中的固體 (1)
微粒？　(1) 燻煙　(2) 石綿　(3) 鉛塵　(4) 礦砂。

( ) 296. 有關空氣中粉塵容許濃度之敘述，下列何者錯誤？ (2)
(1) 含結晶型游離二氧化矽 10% 以上之礦物性粉塵，SiO_2 含量愈多，
容許濃度愈低
(2) 未滿 10% 結晶型游離二氧化矽之礦物性粉塵，其 SiO_2 含量愈多，
容許濃度值愈低
(3) 總粉塵係未使用分粒 (徑) 裝置所測得之粒徑者
(4) 石綿粉塵係指纖維長度在五微米以上且長寬比在三以上之粉塵。

( ) 297. 對於『粉塵』的相關敘述中，下列答案何者為正確？ (2)
　　(1) 所謂可吸入性粉塵係指能穿越咽、喉而進入人體胸腔—即可達氣管與支氣管及氣體交換區域之粒狀污染物
　　(2) 可呼吸性粉塵係指能通過人體氣管而到達氣體交換區域者
　　(3) 石綿粉塵係指纖維長度在 3 微米以上且長寬比在 5 以上之粉塵
　　(4) 可呼吸性粉塵其特性為在氣動直徑為 10μm 大小的粒狀污染物，約有 50% 的粉塵量可達氣體交換區域。

( ) 298. 對於『短時間暴露容許濃度 (short-term exposure limit,STEL)』的定義與精神中，下列答案何者為非？ (3)
　　(1) 15 分鐘內連續暴露之最高暴露值
　　(2) 在符合 STEL 下，工作人員仍不會有不能忍受之刺激
　　(3) 在符合 STEL 下，工作人員仍不會有急性或可逆性的細胞組織病變
　　(4) 在符合 STEL 下，工作人員仍不會有嚴重頭暈以至於降低工作效率或增高發生意外事故的可能性。

( ) 299. 下列何者不屬於勞工作業場所容許暴露標準所稱容許濃度？ (4)
　　(1) 最高容許濃度
　　(2) 短時間時量平均容許濃度
　　(3) 八小時日時量平均容許濃度
　　(4) 半數致死濃度 (LC50)。

( ) 300. 對於工業衛生之定義，其中有關發生於作業環境中的因素，可能危害工作人員或附近居民的健康、舒適、和福利，而此環境因素不包含以下那一項？ (1)
　　(1) 社會學因素　(2) 物理性因素　(3) 化學性因素　(4) 人因性因素。

( ) 301. 對於『恕限值 (threshold limit value,TLV)』的定義與精神中，下列答案何者為非？ (2)
　　(1) 空氣中的物質濃度，在此情況下認為大多數人員每天重複暴露，不致有不良效應
　　(2) 在此濃度每天呼吸暴露超過八小時不致有健康危害
　　(3) 因每人體質感受性差異很大，因此，有時即使低於 TLV 之濃度亦可能導致某些人之不舒服、生病或使原有情況加劇
　　(4) 在低於恕限值的濃度之下，一個工作人員可連續暴露亦不會受到危害。

( ) 302. 工業衛生為以下列環境因素為目標的科學與藝術，不包含以下那一項措施？　(1) 辨識　(2) 評估　(3) 模仿　(4) 控制。 (3)

( ) 303. 下列那一項敘述有誤？ (2)

(1) 化學品防護裝備之資訊，可在安全資料表內找到

(2) 將濃硫酸與水混合時，應將水加入酸中

(3) 從事化學品之實驗，不可戴隱形眼鏡

(4) 安全資料表有十六項規定內容。

( ) 304. 下列那項不是化學品管理之良好措施？ (4)

(1) 有效清查化學品之存量、位置及使用人是否接受安全訓練

(2) 提供安全資料表

(3) 容器標示

(4) 對新進員工依法實施 2 小時危害通識訓練。

( ) 305. 濾材對粒狀物之收集機制，不包含以下何項機制？ (4)

(1) 擴散 (diffusion)　　　　　　　(2) 攔截 (interception)

(3) 慣性衝擊 (inertial impaction)　(4) 順磁性 (paramagnetic)。

( ) 306. 油性物質產生之微粒，懸浮於空氣中形成油性氣膠 (Oil Aerosol)，不 (2)
包含以下那一項？

(1) 油煙　　　　　　　　　　　　(2) 噴霧作業之水性農藥微粒

(3) 機械用油形成之氣膠　　　　　(4) 煉焦爐之空氣逸散物。

( ) 307. 健康風險評估第一步驟為下列那一項？ (2)

(1) 暴露評估　(2) 危害辨識　(3) 劑量效應評估　(4) 風險控制。

( ) 308. 會引起多發性神經病變的有機溶劑為下列何者？ (1)

(1) 正己烷　(2) 苯　(3) 環己烷　(4) 氯乙烷。

( ) 309. 有害污染物進入人體的途徑，不包含以下那一項？ (4)

(1) 呼吸 (inhalation)　　　　　　(2) 皮膚吸收 (skin absorption)

(3) 食入、攝取 (ingestion)　　　　(4) 轉移 (transfer)。

( ) 310. 在照明對作業的影響探討中，事實上幫助視覺的是下列何者？ (2)

(1) 光度　(2) 亮度　(3) 照度　(4) 光束穿透率。

( ) 311. 作業環境照明的設計要點，不包含以下那一項？ (4)

(1) 適當的照度　　　　　　　　　(2) 減少眩光

(3) 均勻的輝度分布　　　　　　　(4) 應使用至光源的斷線壽命。

( ) 312. 光通量 (或稱光束) 定義為某一光源所發出的總光量，其單位為下列 (1)
何者？

(1) 流明 (lumen)，簡稱 Lm　　　(2) 勒克斯 (lux)，簡稱 Lx

(3) 演色評價數單位：Ra　　　　(4) 燭光 (candela)，簡稱 cd。

(　) 313. 下列那一項敘述有誤？　(1)

(1) 房間全般的照度分布，應以地板上 120 公分左右桌面高度之水平面為準

(2) 維護係數 (Maintenance Factor) 為時間衰減及積塵減光之比率

(3) 光體老化為光源在使用中逐漸降低光束

(4) 減光補償率之倒數為維護係數。

(　) 314. 關於照明率 (Utilization Factor) 之敘述，下列那一項有誤？　(3)

(1) 到達工作面的流明數與燈具所發出的流明數之比值

(2) 與燈具形式、透光率、配光等因素有關

(3) 不包含室指數及各表面反射率之變異

(4) 可稱為利用係數。

(　) 315. 下列對於採光與照明之敘述，那一項有誤？　(2)

(1) 若兩光源的光度相同，則其發光面積大者輝度小

(2) 求照度之均勻，在燈具下方之最大照度與兩燈具間之最低照度的比以 10：1 最為理想

(3) 眩光是視野內任何具有引起不適、討厭、疲倦或干擾視覺的輝度

(4) 常用於工廠的精密作業或光學實驗光源，且具有透過濃霧的能力，而用於街道、高速公路者為鈉氣燈。

(　) 316. 下列對於作業環境照明設計之敘述，那一項有誤？　(3)

(1) 儘可能減少眩光、均勻的輝度分布

(2) 適度的陰影、適當的光色

(3) 輝度與發光面積成正比，與光源之光度成反比

(4) 具有適當且符合作業場所需求之照度。

(　) 317. 下列對於採光與照明之敘述，那一項有誤？　(1)

(1) 明視力時人眼最敏感波長為 500nm(藍綠光)；暗視力時最敏感波長為 550nm(綠光)

(2) 視線附近有高輝度光源，使眼睛暈眩看不到東西稱失能眩光

(3) 受光面上單位面積所接受的光通量稱為照度

(4) 若兩光源的光度相同，則其發光面積大者輝度小。

(　) 318. 下列有關雇主對於勞工工作場所之採光照明敘述，那一項有誤？　(4)

(1) 燈盞裝置應採用玻璃燈罩及日光燈為原則

(2) 對於高度 2 公尺以上之勞工作業場所，照明設備應保持其適當照明，遇有損壞，應即修復

(3) 僱用勞工從事精密作業時，其作業檯面局部照度不得低於 1,000 米燭光

(4) 各工作場所之窗面面積比率不得小於室內地面面積的 1/20。

( ) 319. 下列有關色溫之敘述，那一項有誤？　　　　　　　　　　　　　　　(3)

(1) 以物體的溫度表示光色

(2) 愈高的色溫帶愈多藍色

(3) 單位為勒克司 (Lux)，1Lux = 1Lm/m^2

(4) 愈低的色溫帶愈多紅色。

( ) 320. 對於『輻射』之相關敘述，下列答案何者為正確？　　　　　　　　　(1)

(1) 屏蔽游離輻射物質的密度愈大，屏蔽效果愈好

(2) 等效劑量為人體組織的吸收劑量和射質因數的乘積，含有輻射對組織器官傷害的意義單位『貝克，Bq』

(3) 阿伐粒子就是氦核，含 1 個質子和 2 個中子

(4) 一放射性核種於每單位時間內發生自發性蛻變的次數，稱為活度單位『西弗』。

( ) 321. 非游離輻射不包含下列那一項？　　　　　　　　　　　　　　　　　(4)

(1) 微波　(2) 紅外線　(3) 極低頻電磁場　(4)X 射線。

( ) 322. 對於『非游離輻射』之下列敘述何者為非？　　　　　　　　　　　　(3)

(1) 非游離輻射包括紫外線、紅外線、可見光

(2) 非游離輻射不會造成受暴露物質的組成原子產生游離效應

(3) 非游離輻射會穿透細胞，並以隨機的方式在原子中累積能量，會造成生理上某些改變

(4) 非游離輻射包括非常低頻電磁場。

( ) 323. 光子 / 電子的能量大於多少 eV，可將中性原子游離成離子對此種輻射稱為游離輻射，對生物體有直接的危害　　　　　　　　　　　　　　(2)

(1) 21　(2) 34　(3) 75　(4) 100。

( ) 324. 對於『輻射』之下列敘述何者正確？　　　　　　　　　　　　　　　(1)

(1) 非游離輻射包括紫外線、紅外線、可見光、非常低頻及極低頻電磁場

(2) 紫外線由波長範圍大小，區分為三種紫外線，其中 UVB(中紫外線波長範圍為 315nm~400nm，可穿透空氣和石英，但無法穿透玻璃

(3) 據估計，當臭氧減少 10% 時，將使波長小於 300nm 的紫外線到達地球的量增加一倍，但對於 UVB 波段的紫外線，並沒有顯著影響

(4) 國際輻射保護協會 (IRPA) 認為日光燈照明是黑色素皮膚癌 (melanoma skin cancer) 的成因。

(　) 325. 對於『紫外線』之下列敘述何者有誤？　　　　　　　　　　　　(4)

(1) 紫外線測量單位：光度 (irradiance)，依國際標準單位 (SIunits) 為瓦特 / 平方公尺 (W/m²) 或微瓦特 / 平方公分 (mW/cm²)

(2) 大多數的物質並不反射 UV，人為的 UV 反射面包含不光亮的鋁、淺色的水泥人行道等

(3) 在 UVB 產生日曬灼傷的有效性研究上發現，波長 300nm 的紫外線在上午 9 時和下午 3 時的太陽光度，相對於正午而言減低 10 倍

(4) 使用 UVC 燈泡進行人工日照曬黑，可能使全身性紅斑性狼瘡惡化及造成皮膚炎。

(　) 326. 對於『非游離輻射』之下列敘述何者有誤？　　　　　　　　　　(3)

(1) 等級 IIIA 的雷射會造成急性或慢性視覺危害，其危害程度依光度而定通常指可見光雷射功率小於 5mW

(2) 當紅外線造成皮膚溫度升高至 45℃時，會到達皮膚疼痛閾值

(3) 在可見光和紅外光範圍的雷射 (波長 400-1,400nm 進入眼睛後會聚焦在視網膜上，但尚不會導致視網膜熱燒傷

(4) 紅外線對眼睛的穿透和波長有關係，在 800~1,200nm 波長的紅外線大約有 50% 穿透到眼睛的深層組織。

(　) 327. 對於『非游離輻射』之下列敘述何者有誤？　　　　　　　　　　(2)

(1) 最大容許暴露值 (maximum permissible limit, MPE)，為對於雷射暴露者的眼睛和或皮膚不會造成任何危害或生物效應和變化的最大容許雷射光度

(2) 等級 I 為高功率雷射 (連續波：500mW，脈衝式：10J/cm²)，具有潛在性火災危害

(3) 電場很容易被金屬的外殼、鋼筋混凝土的建築物隔絕

(4) 三相輸電的電力線較單相電力線產生的磁場會小得多。

(　) 328 磁場暴露的相關因素，不包含以下那一項？　　　　　　　　　.(1)

(1) 減光補償率　(2) 暴露時間　(3) 磁場強度　(4) 頻率。

(　) 329. 對於『電磁場』之相關敘述，下列何者有誤？　　　　　　　　　(4)

(1) 暴露於電磁場之結果為在人體產生弱電流，但遠低於腦、神經及心臟所產生

(2) 靜止的電荷產生電場，移動的電荷產生磁場

(3) 電磁場源於電的流動，最常見的電磁場來源是電線

(4) 電力場 (Electric Field) 主要由電流產生，單位為 Gauss(G)。

(   ) 330. 對於『輻射防護』之相關敘述，下列何者有誤？   (2)

(1) 接受曝露的時間要儘可能縮短，所以事先要瞭解狀況並做好準備，熟練操作程序

(2) 要遠離射源，輻射的強度與距離的平方成正比關係，距離加倍，輻射強度增強四倍

(3) 利用鉛板、鋼板或水泥牆可擋住輻射或減低輻射強度，保護人員的安全

(4) 避免食入、減少吸入、加強除污的工作、避免在污染地區逗留。

(   ) 331. 對於『光子屏蔽』之相關敘述，下列何者有誤？   (4)

(1) 鉛的密度比水大，故光子能夠穿透鉛的數目遠比水少，因此鉛的屏蔽效果比水好

(2) 鉛、鐵、混凝土等是良好的屏蔽材料

(3) 屏蔽物質的原子序愈大，屏蔽效果愈好

(4) 紅外線為光子的一種，其穿透力很強，找不到能完全將其阻擋的材料。

(   ) 332. 下列選項何者非常見天然輻射源？   (2)

(1) 太空的宇宙射線為天然存在的輻射

(2) 地殼土壤及建築材料中含天然放射性核種銫 137、銥 192

(3) 食物中所含的鉀 40

(4) 空氣中的氡 222 和它的子核種。

(   ) 333. 對於『輻射』之下列敘述何者正確？   (1)

(1) 輻射是一種能量，以波動或高速粒子的形態傳送

(2) 非游離輻射為指能量高能使物質產生游離作用的輻射

(3) 游離輻射是指能量低無法產生游離的輻射，例如太陽光、燈光、紅外線、微波、無線電波、雷達波等

(4) 一般所謂輻射或放射線，都指非游離輻射而言。

(   ) 334. 對於『X 射線』之下列敘述何者錯誤？   (4)

(1) 高能軌道電子跳回低能軌道時會產生特性 X 射線

(2) 當高速電子撞擊重原子核時 (例如鎢元素) 就會產生連續 X 射線

(3) 可應用在金屬元素的定性、定量分析工作

(4) 含有質子的數目相同，但具有不同的中子數目，皆為該元素產生 X 光之方法。

( ) 335. 依危險性工作場所審查及檢查辦法規定，甲、乙、丙類工作場所在製 (134)
程安全評估報告中，初步危害分析可採用之評估方法為下列那幾種？
(1) 危害及可操作性分析 　　　(2) 相對危害順序排列
(3) 故障樹分析 　　　　　　　(4) 檢核表。

( ) 336. 依勞動檢查法規定，丁類危險性工作場所申請審查，事前應依實際需 (124)
要組成評估小組實施評估，組成人員包括下列何者？
(1) 專任工程人員 　　　　　　(2) 工作場所負責人
(3) 醫護人員 　　　　　　　　(4) 工作場所作業主管。

( ) 337. 危險性工作場所應建立稽核管理制度，稽核計畫包括下列何者？ (124)
(1) 正常操作程序 　　　　　　(2) 緊急操作程序
(3) 公司組織架構 　　　　　　(4) 承攬管理制度。

( ) 338. 下列何者為勞工健康保護規則特殊健康檢查之作業？ (134)
(1) 從事鎳及其化合物之製造、處置或使用作業
(2) 磷化物之製造、處置或使用作業
(3) 異常氣壓作業
(4) 高溫作業。

( ) 339. 依勞工健康保護規則規定，雇主對在職勞工應定期實施一般健康檢 (124)
查，下列敘述何者正確？
(1) 年滿 65 歲以上者每年檢查一次
(2) 未滿 40 歲者每 5 年檢查一次
(3) 年滿 30 歲未滿 40 歲者每 7 年檢查一次
(4)40 歲以上未滿 65 歲者，每 3 年檢查一次。

( ) 340. 依勞工健康保護規則規定，下列何者為雇主應使醫護人員臨廠服務辦 (134)
理之事項？
(1) 勞工之健康促進
(2) 勞工之家庭生育計畫
(3) 協助雇主選配勞工從事適當之工作
(4) 職業疾病紀錄之保存。

( ) 341. 下列何者為有機溶劑中毒預防規則所列管之第二種有機溶劑？ (124)
(1) 丙酮　(2) 異丙醇　(3) 三氯乙烯　(4) 氯苯。

( ) 342. 下列何者為有機溶劑中毒預防規則所稱之有機溶劑作業場所？ (123)
(1) 使用二甲苯從事印刷之作業
(2) 使用有機溶劑從事書寫、描繪之作業
(3) 使用異丙醇從事擦拭之作業
(4) 使用酒精從事清洗之作業。

( ) 343. 下列何種氣體不可使用有機氣體用防毒面罩之吸收罐？ (234)
(1) 四氯化碳 (2) 一氧化碳 (3) 一氧化氮 (4) 氟化氫。

( ) 344. 下列何者屬於鉛中毒預防規則所稱之鉛作業？ (123)
(1) 於通風不充分之場所從事鉛合金軟焊作業
(2) 機械印刷作業中鉛字排版作業
(3) 含鉛、鉛塵設備內部之作業
(4) 亞鉛鐵皮器皿之製造作業。

( ) 345. 有關鉛作業休息室之敘述，下列何者符合鉛中毒預防規則之規定？ (124)
(1) 出入口設置充分濕潤墊蓆
(2) 入口處設置清潔衣服用毛刷
(3) 設置於鉛作業場所內
(4) 進入休息室前附著於工作衣上之鉛塵應適當清除。

( ) 346. 依鉛中毒預防規則規定，下列何種鉛作業未要求設置淋浴及更衣設備，以供勞工使用？ (134)
(1) 軟焊作業 (2) 含鉛裝置內部作業
(3) 熔融鑄造作業 (4) 鉛蓄電池加工組配作業。

( ) 347. 下列何種場所可能有缺氧危險？ (123)
(1) 使用乾冰從事冷凍、冷藏之冷凍庫、冷凍貨櫃內部
(2) 紙漿廢液儲槽內部
(3) 穀物、麵粉儲存槽內部
(4) 具有空調的教室。

( ) 348. 下列敘述何者屬職業安全衛生設施規則所稱局限空間認定之條件？ (123)
(1) 非供勞工在其內部從事經常性作業
(2) 勞工進出方法受限制
(3) 無法以自然通風來維持充分、清淨空氣之空間
(4) 狹小之內部空間。

( ) 349. 下列何種呼吸防護具，可在缺氧危險場所使用？ (23)
(1) 防毒面罩 (2) 輸氣管面罩 (3) 空氣呼吸器 (4) 氧氣呼吸器。

( ) 350. 氧利用率相關的敘述，下列何者正確？ (134)
(1) 氧攝取量大者適合耐力競賽
(2) 長跑選手不會因耐力訓練而進步
(3) 氧債大者適合於短跑
(4) 訓練對最大氧債無一定的效果。

( ) 351. 下列何者屬於職場健康促進項目？　　　　　　　　　　　　　　　　(124)
(1) 壓力紓解　(2) 戒菸計畫　(3) 指認呼喚運動　(4) 下背痛預防。

( ) 352. 下列何種功能屬肝臟的功能？　　　　　　　　　　　　　　　　　　(234)
(1) 產生胰島素　　　　　　　　　(2) 將溶劑解毒
(3) 製造白蛋白　　　　　　　　　(4) 貯存維生素 A、D 及 K。

( ) 353. 下列敘述何者正確？　　　　　　　　　　　　　　　　　　　　　　(123)
(1) 電傳工作者可指藉由電腦資訊科技或透過電子通信設備接受雇主指揮，於事業單位外之場所提供勞務之勞工
(2) 勞工與雇主協調出適合雙方之任意第三方工作場所，可稱之為該雇主事業單位外之場所
(3) 在事業場所外從事工作之勞工，應於約定正常工作時間內履行勞務
(4) 勞基法所稱之休息時間，駕駛得受雇主之指揮、監督，並不得自由利用。

( ) 354. 我國職業災害統計分類包含下列何者？　　　　　　　　　　　　　　(124)
(1) 永久部分失能　　　　　　　　(2) 永久全失能
(3) 暫時部分失能　　　　　　　　(4) 暫時全失能。

( ) 355. 初步危害分析的方法包含下列何者？　　　　　　　　　　　　　　　(234)
(1) 暴露評估貝氏統計
(2) 危害及可操作性分析 (HazOp)
(3) 檢核表
(4) 故障樹分析 (FTA)。

( ) 356. 下列何者為職業安全衛生的危害因子？　　　　　　　　　　　　　　(1234)
(1) 社會心理壓力危害　　　　　　(2) 人因工程危害
(3) 化學性危害　　　　　　　　　(4) 生物性危害。

( ) 357. 攪拌大型醬料醃製槽時，易發生下列何危害？　　　　　　　　　　　(34)
(1) 捲夾　(2) 切割　(3) 缺氧　(4) 墜落。

( ) 358. 長期與振動過大之機械 / 設備 / 工具接觸，可能較會危及人體那些器官或系統？　(1) 脊椎骨　(2) 肺部　(3) 眼睛　(4) 末梢神經系統。　(14)

( ) 359. 入槽作業前應採取之措施，常包含下列何者？　　　　　　　　　　　(134)
(1) 採取適當之機械通風
(2) 測定溼度
(3) 測定危害物之濃度並瞭解爆炸上下限
(4) 測定氧氣濃度。

( ) 360. 工廠緊急應變器材包含下列何者？ (124)

    (1) 化學防護衣　　　　　　　　(2) 自給式空氣呼吸器

    (3) VX 神經毒劑　　　　　　　　(4) 消防滅火器材。

( ) 361. 下列有關工作場所危害性化學品標示及通識之敘述何者正確？ (123)

    (1) 安全資料表簡稱 SDS

    (2) 標示之圖式為白底紅框，圖案為黑色

    (3) 當一個物質有 5 種危害分類時，就有相對應的 5 種危害警告訊息，但危害圖式可能少於 5 種

    (4) 獲商業機密核准的物質，可以不揭露其危害特性、防範措施與急救注意事項。

( ) 362. 危害性化學品管理通常包含下列何者？ (234)

    (1) 危險性機械設備

    (2) 危害標示及教育訓練

    (3) 危害清單及通識計畫

    (4) 安全資料表。

( ) 363. 下列那些可能為照顧服務員常見的職業傷害？ (12)

    (1) 肌肉骨骼疾病　　　　　　　　(2) 身體或精神不法侵害

    (3) 生物病原體危害　　　　　　　(4) 機械沖壓危害。

( ) 364. 下列有關工作場所安全衛生之那些敘述正確？ (124)

    (1) 對於勞工從事其身體或衣著有被污染之虞之特殊作業時，應置備該勞工洗眼、洗澡、漱口、更衣、洗濯等設備

    (2) 事業單位應備置足夠急救藥品及器材

    (3) 事業單位應備置足夠的零食自動販賣機

    (4) 勞工應定期接受健康檢查。

( ) 365. 有流產病史之孕婦，宜避免相關作業，下列那些敘述正確？ (124)

    (1) 避免砷或鉛的暴露

    (2) 避免每班站立 7 小時以上之作業

    (3) 避免提舉 2 公斤重物的職務

    (4) 避免重體力勞動的職務。

( ) 366. 職業安全衛生管理系統相關資訊的溝通對象，包括下列何者？ (1234)

    (1) 公司內清潔人員

    (2) 到工作場所的承攬人和訪客

    (3) 事業單位內部不同的階層和功能單位

    (4) 事業單位大門警衛。

(　) 367. 下列何者屬安全、尊嚴的職場組織文化？　　　　　　　　　　(12)

　　　　　(1) 不強求勞工執行業務上明顯不必要或不可能之工作

　　　　　(2) 不在眾人面前長時間責罵勞工

　　　　　(3) 過度介入勞工私人事宜

　　　　　(4) 不斷在眾人面前嘲笑同事。

(　) 368. 下列敘述何者正確？　　　　　　　　　　　　　　　　　　　(123)

　　　　　(1) 失能傷害頻率＝ (失能傷害人次數 × 百萬工時) / 總經歷工時

　　　　　(2) 失能嚴重率＝ (總損失日數 × 百萬工時) / 總經歷工時

　　　　　(3) 死亡年千人率＝年間死亡勞工人數 × 1,000 / 平均勞工人數

　　　　　(4) 失能傷害平均損失日數＝失能傷害頻率 / 失能傷害嚴重率。

(　) 369. 下列那些項目屬職業災害調查範圍？　　　　　　　　　　　　(13)

　　　　　(1) 發生災害時間　　　　　　　(2) 公司財務狀況

　　　　　(3) 勞工從事何種作業　　　　　(4) 公司客戶名單。

(　) 370. 下列那些屬正確職業災害類型分類？　　　　　　　　　　　　(134)

　　　　　(1) 從施工架高處掉落歸類於墜落

　　　　　(2) 因感電而跌倒時，歸類於跌倒

　　　　　(3) 研磨機砂輪破裂撞擊頭部致死，歸類於物體飛落

　　　　　(4) 因豎立物倒下被壓死亡，歸類於倒塌、崩塌。

(　) 371. 下列敘述何者正確？　　　　　　　　　　　　　　　　　　　(234)

　　　　　(1) 工作環境未清掃屬不安全動作

　　　　　(2) 工作場所擁擠屬不安全狀況

　　　　　(3) 進入未確認是否有缺氧、火災爆炸之虞之槽體內作業屬不安全狀況

　　　　　(4) 未遵守動火作業程序規定作業屬不安全動作。

(　) 372. 因為工作設計不良所造成的重複性傷害，下列敘述何者正確？　(23)

　　　　　(1) 會造成消化系統的不適

　　　　　(2) 主要影響因素為姿勢、施力、作業頻率、休息時間

　　　　　(3) 常由輕微傷害慢慢累積而形成

　　　　　(4) 高溫及低溫環境沒有任何影響力。

(　) 373. 視覺顯示器相對於聽覺顯示器較具優勢的場合為何？　　　　(14)

　　　　　(1) 訊息內容比較抽象或與空間、位置、方向有關

　　　　　(2) 具有許多干擾來源的情況下分辨某種特定訊號

　　　　　(3) 收訊者有缺氧可能或身處加速度狀況

　　　　　(4) 不需要口頭的反應時。

( ) 374. 具有那些危害的作業場所應實施作業環境監測？　　　　　　　　　　　(12)
　　　　(1) 物理性危害　(2) 化學性危害　(3) 生物性危害　(4) 人因工程危害。

( ) 375. 所謂相似暴露族群 (Similar Exposure Group, SEG) 係下列何者大致相同　(34)
　　　　而具有類似暴露狀況之一群勞工？
　　　　(1) 工作時間　(2) 工作薪資　(3) 暴露危害種類　(4) 暴露濃度。

( ) 376. 雇主對作業環境監測結果之紀錄應如何處理？　　　　　　　　　　　　(34)
　　　　(1) 電子檔加密儲存於電腦中
　　　　(2) 紙本儲存於可上鎖之櫥櫃中
　　　　(3) 公告、公開揭示
　　　　(4) 通報中央主管機關。

( ) 377. 以活性碳管作為採樣介質之採樣過程中，下列何者可能是造成採樣泵　(234)
　　　　停頓的原因？
　　　　(1) 採集過量　　　　　　　　　(2) 活性碳管阻塞
　　　　(3) 採樣泵出氣端阻塞　　　　　(4) 連接管受壓迫。

( ) 378. 有關硫化氫之採樣分析敘述，下列何者正確？　　　　　　　　　　　(24)
　　　　(1) 使用高流量採樣泵採樣
　　　　(2) 以分光光譜儀分析
　　　　(3) 採集介質為醋酸吸收液
　　　　(4) 使用內盛吸收液之衝擊瓶採樣。

( ) 379. 有關石綿的敘述下列何者正確？　　　　　　　　　　　　　　　　　(134)
　　　　(1) 石綿有不同的顏色
　　　　(2) 石綿為不含結晶水的矽酸鹽類
　　　　(3) 石綿可以經由 X 光繞射而確認
　　　　(4) 經長時間暴露，石綿可能造成石綿肺症。

( ) 380. 有關活塞式音響校正器之特性，下列敘述何者正確？　　　　　　　　(124)
　　　　(1) 易受大氣壓力變化影響
　　　　(2) 僅能產生單一頻率音源
　　　　(3) 可產生多種頻率音源
　　　　(4) 利用往復壓縮空氣產生音源。

( ) 381. 對於中暑危害，下列敘述何者正確？　　　　　　　　　　　　　　　(134)
　　　　(1) 身體失去調節能力　　　　　(2) 死亡率低
　　　　(3) 身體須立即降溫　　　　　　(4) 體溫會超過正常體溫。

( ) 382. 人體實施熱適應措施，下列敘述何者正確？　　　　　　　　　　　　(34)
　　　　(1) 會降低出汗率　　　　　　　(2) 實施熱適應後不會衰退
　　　　(3) 可減輕心跳上升速率　　　　(4) 汗水含鹽量會降低。

(　) 383. 下列何者為噪音作業場所進行噪音監測時應考慮之因素？　　(234)

　　　　(1) 測定點照度強弱　　　　　　(2) 量測儀器放置位置

　　　　(3) 測定條件 (如天氣、風速等)　(4) 量測時間。

(　) 384. 對於吸音材料之吸音率 (a)，下列敘述何者正確？　　(13)

　　　　(1) a 介於 0~1　　　　　　　　(2) a = 0 表示全吸收

　　　　(3) a = 0 表示全反射　　　　　(4) a 值與音源入射角無關。

(　) 385. 下列何者為活塞式音響校正器之特性？　　(34)

　　　　(1) 可產生多種頻率音源　　　　(2) 不易受大氣壓力變化影響

　　　　(3) 利用往復壓縮空氣產生音源　(4) 僅能產生一種音源。

(　) 386. 有關自然濕球溫度之敘述，下列何者正確？　　(12)

　　　　(1) 要以蒸餾水潤濕

　　　　(2) 要使紗布保持清潔

　　　　(3) 可以阿斯曼之濕球溫度代替

　　　　(4) 要使溫度計球部周圍之風速保持在 2.5m/sec。

(　) 387. 下列何者為熱防護衣應考慮具備之特性？　　(124)

　　　　(1) 材料之反射輻射熱能力　　　(2) 材料絕熱之性能

　　　　(3) 環境之外觀　　　　　　　　(4) 內部散熱之能力。

(　) 388. 熱危害改善工程對策中，下列何者是控制輻射熱 (R) 之有效對策？　　(123)

　　　　(1) 設置熱屏障　(2) 設置隔熱牆　(3) 設置反射簾幕　(4) 增加風速。

(　) 389. 下列何者是閉氣潛水中較可能面臨到的問題？　　(234)

　　　　(1) 體內氣泡形成　　　　　　　(2) 低血氧

　　　　(3) 二氧化碳滯積　　　　　　　(4) 腔室及肺部受擠壓。

(　) 390. 下列何者可能增加潛涵症的發生率？　　(124)

　　　　(1) 睡眠不足　(2) 潛水前多喝酒　(3) 潛水前多喝水　(4) 肥胖。

(　) 391. 對於中暑之急救步驟，下列敘述何者正確？　　(134)

　　　　(1) 立即將患者移到陰涼處

　　　　(2) 使患者仰臥

　　　　(3) 除去衣物覆以床單或大浴巾

　　　　(4) 以水沖濕儘快降低體溫至 38℃ 以下。

(　) 392. 進行油漆塗裝時，因有機溶劑揮發，可以佩戴以下那幾種呼吸防護具？　　(14)

　　　　(1) 全面罩 + 活性碳濾罐

　　　　(2) 拋棄式半面口罩 N95

　　　　(3) 動力濾淨式呼吸防護具 + P100 濾材

　　　　(4) 自攜式呼吸防護具。

( ) 393. 對於動力濾淨式呼吸防護具之敘述，下列那些正確？ (14)

　　(1) 無呼吸阻力問題，佩戴者的舒適度較佳

　　(2) 可結合頭盔或氣罩等型式的負壓型寬鬆面體，增加佩戴者作業安全性與作業相容性

　　(3) 不會有密合不良而可能造成污染物洩漏問題

　　(4) 使用全面體與寬鬆面體時，有較大量的空氣流經頭部，在高溫作業下具冷卻效果。

( ) 394. 整體換氣裝置通常不用在粉塵或燻煙之作業場所，其原因包括下列那幾項？ (34)

　　(1) 粉塵或燻煙產生率及產生量容易估計

　　(2) 粉塵或燻煙危害小，且容許濃度高

　　(3) 粉塵或燻煙產生速度及量大，不易稀釋排除

　　(4) 整體換氣裝置較適合於使用在污染物毒性小之氣體或蒸氣產生場所。

( ) 395. 關於空氣清淨裝置之敘述，下列那些正確？ (12)

　　(1) 在污染物質排出於室外前，以物理或化學方法自氣流中予以清除之裝置

　　(2) 裝置應考慮運行成本，污染物收集效率，以及可正常維護和清潔

　　(3) 除塵裝置有充填塔(吸收塔)、洗滌塔、焚燒爐等

　　(4) 氣狀有害物處理裝置有重力沈降室、慣性集塵機、離心分離機、濕式集塵機、靜電集塵機及袋式集塵機等。

( ) 396. 生物性危害物是指所有會造成健康影響的生物(或其產生不具活性的產物)，這些危害物質包括下列那幾項？ (1234)

　　(1) 節肢動物　(2) 鼠類　(3) 真菌　(4) 過敏原。

( ) 397. 下列那些物質吸入後會造成肺部損傷？ (1234)

　　(1) 石綿　(2) 甲醛　(3) 臭氧　(4) 氯氣。

( ) 398. 下列敘述那些為正確？ (234)

　　(1) 空氣中氧氣含量，若低於6%，工作人員即會感到頭暈、心跳加速、頭痛

　　(2) 呼吸帶(Breathing zone)：亦稱呼吸區，一般以口、鼻為中心點，10英吋為半徑之範圍內

　　(3) 所謂評估，是指測量各種環境因素大小，根據國內、外建議之暴露劑量建議標準，判斷是否有危害之情況存在

　　(4) 生物檢體由於成分相當複雜，容易產生所謂基質效應(matrix effect)而使偵測結果誤差較高。

(　　) 399. 下列有關採光與照明之敘述，那些選項正確？　　　　　　　　　　(123)

(1) 被照面所反射的亮度與照射在被照面上的照度之比為反射比

(2) 亮度單位為 cd/m^2

(3) 發光面、反射面、透過面皆可定義為某面上某點光束發散度

(4) 輝度單位為 cd/m^2 或 Ra。

(　　) 400. 下列那些為放射性同位素？　　　　　　　　　　　　　　　　　(134)

(1) 氚 (^3H)　(2) 碳 12(^{12}C)　(3) 鈷 60(^{60}Co)　(4) 鉀 40(^{40}K)。

工作項目 4　節能減碳

答

(　) 1. 依能源局「指定能源用戶應遵行之節約能源規定」，下列何場所未在　(3)
其管制之範圍？　(1) 旅館　(2) 餐廳　(3) 住家　(4) 美容美髮店。

(　) 2. 依能源局「指定能源用戶應遵行之節約能源規定」，在正常使用條件　(1)
下，公眾出入之場所其室內冷氣溫度平均值不得低於攝氏幾度？

(1) 26　(2) 25　(3) 24　(4) 22。

(　) 3. 下列何者為節能標章？　(2)

(1) 　　　(2) 　　　(3) CO₂ Carbon Footprint Taiwan EPA　　　(4) 　。

(　) 4. 各產業中耗能佔比最大的產業為　(4)

(1) 服務業　(2) 公用事業　(3) 農林漁牧業　(4) 能源密集產業。

(　) 5. 下列何者非省能的做法？　(1)

(1) 電冰箱溫度長時間調在強冷或急冷

(2) 影印機當 15 分鐘無人使用時，自動進入省電模式

(3) 電視機勿背著窗戶或面對窗戶，並避免太陽直射

(4) 汽車不行駛短程，較短程旅運應儘量搭乘公車、騎單車或步行。

(　) 6. 經濟部能源局的能源效率標示分為幾個等級？　(3)

(1) 1　(2) 3　(3) 5　(4) 7。

(　) 7. 溫室氣體排放量：指自排放源排出之各種溫室氣體量乘以各該物質溫　(2)
暖化潛勢所得之合計量，以

(1) 氧化亞氮 (N_2O)　　　　　　(2) 二氧化碳 (CO_2)

(3) 甲烷 (CH_4)　　　　　　　　(4) 六氟化硫 (SF_6) 當量表示。

(　) 8. 國家溫室氣體長期減量目標為中華民國一百三十九年溫室氣體排放量　(4)
降為中華民國九十四年溫室氣體排放量百分之

(1) 20　(2) 30　(3) 40　(4) 50　以下。

(　) 9. 溫室氣體減量及管理法所稱主管機關，在中央為行政院　(2)

(1) 經濟部能源局　　　　　　　(2) 環境保護署

(3) 國家發展委員會　　　　　　(4) 衛生福利部。

(　) 10. 溫室氣體減量及管理法中所稱：一單位之排放額度相當於允許排放　(3)

(1) 一公斤　(2) 一立方米　(3) 一公噸　(4) 一公擔之二氧化碳當量。

(　) 11.　下列何者不是全球暖化帶來的影響？　　　　　　　　　　　　(3)

　　　　　(1) 洪水　(2) 熱浪　(3) 地震　(4) 旱災。

(　) 12.　下列何種方法無法減少二氧化碳？　　　　　　　　　　　　　(1)

　　　　　(1) 想吃多少儘量點，剩下可當廚餘回收

　　　　　(2) 選購當地、當季食材，減少運輸碳足跡

　　　　　(3) 多吃蔬菜，少吃肉

　　　　　(4) 自備杯筷，減少免洗用具垃圾量。

(　) 13.　下列何者不會減少溫室氣體的排放？　　　　　　　　　　　　(3)

　　　　　(1) 少使用煤、石油等化石燃料

　　　　　(2) 大量植樹造林，禁止亂砍亂伐

　　　　　(3) 增高燃煤氣體排放的煙囪

　　　　　(4) 開發太陽能、水能等新能源。

(　) 14.　關於綠色採購的敘述，下列何者錯誤？　　　　　　　　　　　(4)

　　　　　(1) 採購回收材料製造之物品

　　　　　(2) 採購的產品對環境及人類健康有最小的傷害性

　　　　　(3) 選購產品對環境傷害較少、污染程度較低者

　　　　　(4) 以精美包裝為主要首選。

(　) 15.　一旦大氣中的二氧化碳含量增加，會引起哪一種後果？　　　　(1)

　　　　　(1) 溫室效應惡化　(2) 臭氧層破洞　(3) 冰期來臨　(4) 海平面下降。

(　) 16.　關於建築中常用的金屬玻璃帷幕牆，下列何者敘述正確？　　　(3)

　　　　　(1) 玻璃帷幕牆的使用能節省室內空調使用

　　　　　(2) 玻璃帷幕牆適用於臺灣，讓夏天的室內產生溫暖的感覺

　　　　　(3) 在溫度高的國家，建築使用金屬玻璃帷幕會造成日照輻射熱，產生
　　　　　　　室內「溫室效應」

　　　　　(4) 臺灣的氣候溼熱，特別適合在大樓以金屬玻璃帷幕作為建材。

(　) 17.　下列何者不是能源之類型？　　　　　　　　　　　　　　　　(4)

　　　　　(1) 電力　(2) 壓縮空氣　(3) 蒸汽　(4) 熱傳。

(　) 18.　我國已制定能源管理系統標準為　　　　　　　　　　　　　　(1)

　　　　　(1) CNS 50001　(2) CNS 12681　(3) CNS 14001　(4) CNS 22000。

(　) 19.　台灣電力公司所謂的離峰用電時段為何？　　　　　　　　　　(1)

　　　　　(1) 22：30~07：30　　　　　　　　(2) 22：00~07：00

　　　　　(3) 23：00~08：00　　　　　　　　(4) 23：30~08：30。

(　) 20　經濟部能源局規定，下列何種燈泡在額定消耗功率超過 25W 時不得使　(1)
　　　　　用？　(1) 白熾燈泡　(2) LED 燈泡　(3) 省電燈泡　(4) 螢光燈管。

( ) 21. 下列哪一項的能源效率標示級數較省電？　(1) 1　(2) 2　(3) 3　(4) 4。 | (1)

( ) 22. 下列何者不是目前台灣主要的發電方式？ | (4)

(1) 燃煤　(2) 燃氣　(3) 核能　(4) 地熱。

( ) 23. 有關延長線及電線的使用，下列敘述何者錯誤？ | (2)

(1) 拔下延長線插頭時，應手握插頭取下

(2) 使用中之延長線如有異味產生，屬正常現象不須理會

(3) 應避開火源，以免外覆塑膠熔解，致使用時造成短路

(4) 使用老舊之延長線，容易造成短路、漏電或觸電等危險情形，應立即更換。

( ) 24. 有關觸電的處理方式，下列敘述何者錯誤？ | (1)

(1) 應立刻將觸電者拉離現場　　(2) 把電源開關關閉

(3) 通知救護人員　　　　　　　(4) 使用絕緣的裝備來移除電源。

( ) 25. 目前電費單中，係以「度」為收費依據，請問下列何者為其單位？ | (2)

(1) kW　(2) kWh　(3) kJ　(4) kJh。

( ) 26. 依據台灣電力公司三段式時間電價 (尖峰、半尖峰及離峰時段) 的規定，請問哪個時段電價最便宜？ | (4)

(1) 尖峰時段

(2) 夏月半尖峰時段

(3) 非夏月半尖峰時段

(4) 離峰時段。

( ) 27. 當電力設備遭遇電源不足或輸配電設備受限制時，導致用戶暫停或減少用電的情形，常以下列何者名稱出現？ | (2)

(1) 停電　(2) 限電　(3) 斷電　(4) 配電。

( ) 28. 照明控制可以達到節能與省電費的好處，下列何種方法最適合一般住宅社區兼顧節能、經濟性與實際照明需求？ | (2)

(1) 加裝 DALI 全自動控制系統

(2) 走廊與地下停車場選用紅外線感應控制電燈

(3) 全面調低照度需求

(4) 晚上關閉所有公共區域的照明。

( ) 29. 上班性質的商辦大樓為了降低尖峰時段用電，下列何者是錯的？ | (2)

(1) 使用儲冰式空調系統減少白天空調電能需求

(2) 白天有陽光照明，所以白天可以將照明設備全關掉

(3) 汰換老舊電梯馬達並使用變頻控制

(4) 電梯設定隔層停止控制，減少頻繁啟動。

(　) 30. 為了節能與降低電費的需求，家電產品的正確選用應該如何？ (2)
  (1) 選用高功率的產品效率較高
  (2) 優先選用取得節能標章的產品
  (3) 設備沒有壞，還是堪用，繼續用，不會增加支出
  (4) 選用能效分級數字較高的產品，效率較高，5 級的比 1 級的電器產品更省電。

(　) 31. 有效而正確的節能從選購產品開始，就一般而言，下列的因素中，何者是選購電氣設備的最優先考量項目？ (3)
  (1) 用電量消耗電功率是多少瓦攸關電費支出，用電量小的優先
  (2) 採購價格比較，便宜優先
  (3) 安全第一，一定要通過安規檢驗合格
  (4) 名人或演藝明星推薦，應該口碑較好。

(　) 32. 高效率燈具如果要降低眩光的不舒服，下列何者與降低刺眼眩光影響無關？ (3)
  (1) 光源下方加裝擴散板或擴散膜
  (2) 燈具的遮光板
  (3) 光源的色溫
  (4) 採用間接照明。

(　) 33. 一般而言，螢光燈的發光效率與長度有關嗎？ (1)
  (1) 有關，越長的螢光燈管，發光效率越高
  (2) 無關，發光效率只與燈管直徑有關
  (3) 有關，越長的螢光燈管，發光效率越低
  (4) 無關，發光效率只與色溫有關。

(　) 34. 用電熱爐煮火鍋，採用中溫 50% 加熱，比用高溫 100% 加熱，將同一鍋水煮開，下列何者是對的？ (4)
  (1) 中溫 50% 加熱比較省電
  (2) 高溫 100% 加熱比較省電
  (3) 中溫 50% 加熱，電流反而比較大
  (4) 兩種方式用電量是一樣的。

(　) 35. 電力公司為降低尖峰負載時段超載停電風險，將尖峰時段電價費率 (每度電單價) 提高，離峰時段的費率降低，引導用戶轉移部分負載至離峰時段，這種電能管理策略稱為 (2)
  (1) 需量競價   (2) 時間電價
  (3) 可停電力   (4) 表燈用戶彈性電價。

附
錄
三

( ) 36. 集合式住宅的地下停車場需要維持通風良好的空氣品質，又要兼顧節
能效益，下列的排風扇控制方式何者是不恰當的？
(1) 淘汰老舊排風扇，改裝取得節能標章、適當容量高效率風扇
(2) 兩天一次運轉通風扇就好了
(3) 結合一氧化碳偵測器，自動啟動／停止控制
(4) 設定每天早晚二次定期啟動排風扇。 (2)

( ) 37. 大樓電梯為了節能及生活便利需求，可設定部分控制功能，下列何者
是錯誤或不正確的做法？
(1) 加感應開關，無人時自動關燈與通風扇
(2) 縮短每次開門／關門的時間
(3) 電梯設定隔樓層停靠，減少頻繁啟動
(4) 電梯馬達加裝變頻控制。 (2)

( ) 38. 為了節能及兼顧冰箱的保溫效果，下列何者是錯誤或不正確的做法？
(1) 冰箱內上下層間不要塞滿，以利冷藏對流
(2) 食物存放位置紀錄清楚，一次拿齊食物，減少開門次數
(3) 冰箱門的密封壓條如果鬆弛，無法緊密關門，應盡速更新修復
(4) 冰箱內食物擺滿塞滿，效益最高。 (4)

( ) 39. 就加熱及節能觀點來評比，電鍋剩飯持續保溫至隔天再食用，與先放
冰箱冷藏，隔天用微波爐加熱，下列何者是對的？
(1) 持續保溫較省電
(2) 微波爐再加熱比較省電又方便
(3) 兩者一樣
(4) 優先選電鍋保溫方式，因為馬上就可以吃。 (2)

( ) 40. 不斷電系統 UPS 與緊急發電機的裝置都是應付臨時性供電意外狀況，
停電時，下列的陳述何者是對的？
(1) 緊急發電機會先啟動，不斷電系統 UPS 是後備的
(2) 不斷電系統 UPS 先啟動，緊急發電機是後備的
(3) 兩者同時啟動
(4) 不斷電系統 UPS 可以撐比較久。 (2)

( ) 41. 下列何者為非再生能源？
(1) 地熱能 (2) 核能 (3) 太陽能 (4) 水力能。 (2)

( ) 42. 使用暖氣機時，下列何種為節能之作法？
(1) 設定室內溫度在 20℃ (2) 設定室內溫度在 24℃
(3) 開一點窗維持通風 (4) 開啟風扇增加對流。 (1)

( )43. 一般桶裝瓦斯 (液化石油氣) 主要成分為 　　　　　　　　　　　　　(1)
(1) 丙烷　(2) 甲烷　(3) 辛烷　(4) 乙炔及丁烷。

( )44. 在正常操作，且提供相同使用條件之情形下，下列何種暖氣設備之能 　　(1)
源效率最高？
(1) 冷暖氣機　(2) 電熱風扇　(3) 電熱輻射機　(4) 電暖爐。

( )45. 下列何者熱水器所需能源費用最少？ 　　　　　　　　　　　　　　　(4)
(1) 電熱水器　　　　　　　　　(2) 天然瓦斯熱水器
(3) 柴油鍋爐熱水器　　　　　　(4) 熱泵熱水器。

( )46. 某公司希望能進行節能減碳，為地球盡點心力，以下何種作為並不恰 　(4)
當？
(1) 將採購規定列入以下文字：「汰換設備時首先考慮具有節能標章、
　　或能源效率 1 級之產品」
(2) 盤查所有能源使用設備
(3) 實行能源管理
(4) 為考慮經營成本，汰換設備時採買最便宜的機種。

( )47. 冷氣外洩會造成能源之消耗，下列何者最耗能？ 　　　　　　　　　(2)
(1) 全開式有氣簾　　　　　　　(2) 全開式無氣簾
(3) 自動門有氣簾　　　　　　　(4) 自動門無氣簾。

( )48. 下列何者不是潔淨能源？ 　　　　　　　　　　　　　　　　　　　(4)
(1) 風能　(2) 地熱　(3) 太陽能　(4) 頁岩氣。

( )49. 有關再生能源的使用限制，下列何者敘述有誤？ 　　　　　　　　　(2)
(1) 風力、太陽能屬間歇性能源，供應不穩定
(2) 不易受天氣影響
(3) 需較大的土地面積
(4) 設置成本較高。

( )50. 全球暖化潛勢 (Global Warming Potential, GWP) 是衡量溫室氣體對全球 　(4)
暖化的影響，下列何者表現較差？
(1) 200　(2) 300　(3) 400　(4) 500。

( )51. 有關台灣能源發展所面臨的挑戰，下列何者為非？ 　　　　　　　　(3)
(1) 進口能源依存度高，能源安全易受國際影響
(2) 化石能源所占比例高，溫室氣體減量壓力大
(3) 自產能源充足，不需仰賴進口
(4) 能源密集度較先進國家仍有改善空間。

( ) 52. 若發生瓦斯外洩之情形，下列處理方法何者錯誤？ (3)
    (1) 應先關閉瓦斯爐或熱水器等開關
    (2) 緩慢地打開門窗，讓瓦斯自然飄散
    (3) 開啟電風扇，加強空氣流動
    (4) 在漏氣止住前，應保持警戒，嚴禁煙火。

( ) 53. 全球暖化潛勢 (Global Warming Potential, GWP) 是衡量溫室氣體對全球暖化的影響，其中是以何者為比較基準？ (1)
    (1) CO_2 (2) CH_4 (3) SF_6 (4) N_2O。

( ) 54. 有關建築之外殼節能設計，下列敘述何者錯誤？ (4)
    (1) 開窗區域設置遮陽設備
    (2) 大開窗面避免設置於東西日曬方位
    (3) 做好屋頂隔熱設施
    (4) 宜採用全面玻璃造型設計，以利自然採光。

( ) 55. 下列何者燈泡發光效率最高？ (1)
    (1) LED 燈泡 (2) 省電燈泡 (3) 白熾燈泡 (4) 鹵素燈泡。

( ) 56. 有關吹風機使用注意事項，下列敘述何者有誤？ (4)
    (1) 請勿在潮濕的地方使用，以免觸電危險
    (2) 應保持吹風機進、出風口之空氣流通，以免造成過熱
    (3) 應避免長時間使用，使用時應保持適當的距離
    (4) 可用來作為烘乾棉被及床單等用途。

( ) 57. 下列何者是造成聖嬰現象發生的主要原因？ (2)
    (1) 臭氧層破洞 (2) 溫室效應 (3) 霧霾 (4) 颱風。

( ) 58. 為了避免漏電而危害生命安全，下列何者不是正確的做法？ (4)
    (1) 做好設備金屬外殼的接地
    (2) 有濕氣的用電場合，線路加裝漏電斷路器
    (3) 加強定期的漏電檢查及維護
    (4) 使用保險絲來防止漏電的危險性。

( ) 59. 用電設備的線路保護用電力熔絲 (保險絲) 經常燒斷，造成停電的不便，下列何者不是正確的作法？ (1)
    (1) 換大一級或大兩級規格的保險絲或斷路器就不會燒斷了
    (2) 減少線路連接的電氣設備，降低用電量
    (3) 重新設計線路，改較粗的導線或用兩迴路並聯
    (4) 提高用電設備的功率因數。

(　) 60. 政府為推廣節能設備而補助民眾汰換老舊設備，下列何者的節電效益　(2)
最佳？
(1) 將桌上檯燈光源由螢光燈換為 LED 燈
(2) 優先淘汰 10 年以上的老舊冷氣機為能源效率標示分級中之一級冷
氣機
(3) 汰換電風扇，改裝設能源效率標示分級為一級的冷氣機
(4) 因為經費有限，選擇便宜的產品比較重要。

(　) 61. 下列何者與冷氣機的節能無關？　(4)
(1) 定期清潔過濾網
(2) 設定定時運轉
(3) 調高設定溫度
(4) 不運轉時，拔掉電源插頭。

(　) 62. 電源插座堆積灰塵可能引起電氣意外火災，維護保養時的正確做法是　(3)
(1) 可以先用刷子刷去積塵
(2) 直接用吹風機吹開灰塵就可以了
(3) 應先關閉電源總開關箱內控制該插座的分路開關
(4) 可以用金屬接點清潔劑噴在插座中去除銹蝕。

(　) 63. 漏電影響節電成效，並且影響用電安全，簡易的查修方法為　(1)
(1) 電氣材料行買支驗電起子，碰觸電氣設備的外殼，就可查出漏電與
否
(2) 用手碰觸就可以知道有無漏電
(3) 用三用電表檢查
(4) 看電費單有無紀錄。

(　) 64. 使用了 10 幾年的通風換氣扇老舊又骯髒，噪音又大，維修時採取下列　(2)
哪一種對策最為正確及節能？
(1) 定期拆下來清洗油垢
(2) 不必再猶豫，10 年以上的電扇效率偏低，直接換為高效率通風扇
(3) 直接噴沙拉脫清潔劑就可以了，省錢又方便
(4) 高效率通風扇較貴，換同機型的廠內備用品就好了。

(　) 65. 電氣設備維修時，在關掉電源後，最好停留 1 至 5 分鐘才開始檢修，　(3)
其主要的理由是
(1) 先平靜心情，做好準備才動手
(2) 讓機器設備降溫下來再查修
(3) 讓裡面的電容器有時間放電完畢，才安全
(4) 法規沒有規定，這完全沒有必要。

( ) 66. 電氣設備裝設於有潮濕水氣的環境時，最應該優先檢查及確認的措施 (1)
是
(1) 有無在線路上裝設漏電斷路器
(2) 電氣設備上有無安全保險絲
(3) 有無過載及過熱保護設備
(4) 有無可能傾倒及生鏽。

( ) 67. 為保持中央空調主機效率，每 (1) 半 (2) 1 (3) 1.5 (4) 2 年應請 (1)
維護廠商或保養人員檢視中央空調主機。

( ) 68. 家庭用電最大宗來自於 (1)
(1) 空調及照明 (2) 電腦 (3) 電視 (4) 吹風機。

( ) 69. 為減少日照所增加空調負載，下列何種處理方式是錯誤的？ (2)
(1) 窗戶裝設窗簾或貼隔熱紙
(2) 將窗戶或門開啟，讓屋內外空氣自然對流
(3) 屋頂加裝隔熱材、高反射率塗料或噴水
(4) 於屋頂進行薄層綠化。

( ) 70. 電冰箱放置處，四周應預留離牆多少公分之散熱空間，且過熱的食物， (2)
應等冷卻後才放入冰箱，以達省電效果？
(1) 5 (2) 10 (3) 15 (4) 20。

( ) 71. 下列何項不是照明節能改善需優先考量之因素？ .(2)
(1) 照明方式是否適當
(2) 燈具之外型是否美觀
(3) 照明之品質是否適當
(4) 照度是否適當。

( ) 72. 醫院、飯店或宿舍之熱水系統耗能大，要設置熱水系統時，應優先選 (2)
用何種熱水系統較節能？
(1) 電能熱水系統 (2) 熱泵熱水系統
(3) 瓦斯熱水系統 (4) 重油熱水系統。

( ) 73. 如右圖，你知道這是什麼標章嗎？ (4)
(1) 省水標章
(2) 環保標章
(3) 奈米標章
(4) 能源效率標示。

( ) 74. 台灣電力公司電價表所指的夏月用電月份 (電價比其他月份高) 是為 (3)
(1) 4/1~7/31 (2) 5/1~8/31 (3) 6/1~9/30 (4) 7/1~10/31。

( ) 75. 屋頂隔熱可有效降低空調用電,下列何項措施較不適當? | (1)
     (1) 屋頂儲水隔熱
     (2) 屋頂綠化
     (3) 於適當位置設置太陽能板發電同時加以隔熱
     (4) 鋪設隔熱磚。

( ) 76. 電腦機房使用時間長、耗電量大,下列何項措施對電腦機房之用電管 | (1)
     理較不適當?
     (1) 機房設定較低之溫度
     (2) 設置冷熱通道
     (3) 使用較高效率之空調設備
     (4) 使用新型高效能電腦設備。

( ) 77. 下列有關省水標章的敘述何者正確? | (3)
     (1) 省水標章是環保署為推動使用節水器材,特別研定以作為消費者辨
         識省水產品的一種標誌
     (2) 獲得省水標章的產品並無嚴格測試,所以對消費者並無一定的保障
     (3) 省水標章能激勵廠商重視省水產品的研發與製造,進而達到推廣節
         水良性循環之目的
     (4) 省水標章除有用水設備外,亦可使用於冷氣或冰箱上。

( ) 78. 透過淋浴習慣的改變就可以節約用水,以下的何種方式正確? | (2)
     (1) 淋浴時抹肥皂,無需將蓮蓬頭暫時關上
     (2) 等待熱水前流出的冷水可以用水桶接起來再利用
     (3) 淋浴流下的水不可以刷洗浴室地板
     (4) 淋浴沖澡流下的水,可以儲蓄洗菜使用。

( ) 79. 家人洗澡時,一個接一個連續洗,也是一種有效的省水方式嗎? | (1)
     (1) 是,因為可以節省等熱水流出所流失的冷水
     (2) 否,這跟省水沒什麼關係,不用這麼麻煩
     (3) 否,因為等熱水時流出的水量不多
     (4) 有可能省水也可能不省水,無法定論。

( ) 80. 下列何種方式有助於節省洗衣機的用水量? | (2)
     (1) 洗衣機洗滌的衣物盡量裝滿,一次洗完
     (2) 購買洗衣機時選購有省水標章的洗衣機,可有效節約用水
     (3) 無需將衣物適當分類
     (4) 洗濯衣物時盡量選擇高水位才洗的乾淨。

附錄三

( ) 81. 如果水龍頭流量過大，下列何種處理方式是錯誤的？ (3)
    (1) 加裝節水墊片或起波器
    (2) 加裝可自動關閉水龍頭的自動感應器
    (3) 直接換裝沒有省水標章的水龍頭
    (4) 直接調整水龍頭到適當水量。

( ) 82. 洗菜水、洗碗水、洗衣水、洗澡水等等的清洗水，不可直接利用來做什麼用途？ (1) 洗地板 (2) 沖馬桶 (3) 澆花 (4) 飲用水。 (4)

( ) 83. 如果馬桶有不正常的漏水問題，下列何者處理方式是錯誤的？ (1)
    (1) 因為馬桶還能正常使用，所以不用著急，等到不能用時再報修即可
    (2) 立刻檢查馬桶水箱零件有無鬆脫，並確認有無漏水
    (3) 滴幾滴食用色素到水箱裡，檢查有無有色水流進馬桶，代表可能有漏水
    (4) 通知水電行或檢修人員來檢修，徹底根絕漏水問題。

( ) 84. 「度」是水費的計量單位，你知道一度水的容量大約有多少？ (3)
    (1) 2,000 公升
    (2) 3,000 個 600cc 的寶特瓶
    (3) 1 立方公尺的水量
    (4) 3 立方公尺的水量。

( ) 85. 臺灣在一年中什麼時期會比較缺水 (即枯水期)？ (3)
    (1) 6 月至 9 月
    (2) 9 月至 12 月
    (3) 11 月至次年 4 月
    (4) 臺灣全年不缺水。

( ) 86. 下列何種現象不是直接造成台灣缺水的原因？ (4)
    (1) 降雨季節分佈不平均，有時候連續好幾個月不下雨，有時又會下起豪大雨
    (2) 地形山高坡陡，所以雨一下很快就會流入大海
    (3) 因為民生與工商業用水需求量都愈來愈大，所以缺水季節很容易無水可用
    (4) 台灣地區夏天過熱，致蒸發量過大。

( ) 87. 冷凍食品該如何讓它退冰，才是既「節能」又「省水」？ (3)
    (1) 直接用水沖食物強迫退冰
    (2) 使用微波爐解凍快速又方便
    (3) 烹煮前盡早拿出來放置退冰
    (4) 用熱水浸泡，每 5 分鐘更換一次。

( ) 88. 洗碗、洗菜用何種方式可以達到清洗又省水的效果？ (2)

(1) 對著水龍頭直接沖洗，且要盡量將水龍頭開大才能確保洗的乾淨

(2) 將適量的水放在盆槽內洗濯，以減少用水

(3) 把碗盤、菜等浸在水盆裡，再開水龍頭拼命沖水

(4) 用熱水及冷水大量交叉沖洗達到最佳清洗效果。

( ) 89. 解決台灣水荒 (缺水) 問題的無效對策是 (4)

(1) 興建水庫、蓄洪 (豐) 濟枯

(2) 全面節約用水

(3) 水資源重複利用，海水淡化…等

(4) 積極推動全民運動。

( ) 90. 如右圖，你知道這是什麼標章嗎？ (3)

(1) 奈米標章

(2) 環保標章

(3) 省水標章

(4) 節能標章。

( ) 91. 澆花的時間何時較為適當，水分不易蒸發又對植物最好？ (3)

(1) 正中午　(2) 下午時段　(3) 清晨或傍晚　(4) 半夜十二點。

( ) 92. 下列何種方式沒有辦法降低洗衣機之使用水量，所以不建議採用？ (3)

(1) 使用低水位清洗

(2) 選擇快洗行程

(3) 兩、三件衣服也丟洗衣機洗

(4) 選擇有自動調節水量的洗衣機，洗衣清洗前先脫水 1 次。

( ) 93. 下列何種省水馬桶的使用觀念與方式是錯誤的？ (3)

(1) 選用衛浴設備時最好能採用省水標章馬桶

(2) 如果家裡的馬桶是傳統舊式，可以加裝二段式沖水配件

(3) 省水馬桶因為水量較小，會有沖不乾淨的問題，所以應該多沖幾次

(4) 因為馬桶是家裡用水的大宗，所以應該盡量採用省水馬桶來節約用水。

( ) 94. 下列何種洗車方式無法節約用水？ (3)

(1) 使用有開關的水管可以隨時控制出水

(2) 用水桶及海綿抹布擦洗

(3) 用水管加上噴槍強力沖洗

(4) 利用機械自動洗車，洗車水處理循環使用。

( ) 95. 下列何種現象無法看出家裡有漏水的問題？ | (1)
(1) 水龍頭打開使用時，水表的指針持續在轉動
(2) 牆面、地面或天花板忽然出現潮濕的現象
(3) 馬桶裡的水常在晃動，或是沒辦法止水
(4) 水費有大幅度增加。

( ) 96. 蓮篷頭出水量過大時，下列何者無法達到省水？ | (2)
(1) 換裝有省水標章的低流量 (5~10L/min) 蓮蓬頭
(2) 淋浴時水量開大，無需改變使用方法
(3) 洗澡時間盡量縮短，塗抹肥皂時要把蓮蓬頭關起來
(4) 調整熱水器水量到適中位置。

( ) 97. 自來水淨水步驟，何者為非？ | (4)
(1) 混凝　(2) 沉澱　(3) 過濾　(4) 煮沸。

( ) 98. 為了取得良好的水資源，通常在河川的哪一段興建水庫？ | (1)
(1) 上游　(2) 中游　(3) 下游　(4) 下游出口。

( ) 99. 台灣是屬缺水地區，每人每年實際分配到可利用水量是世界平均值的 | (1)
多少？　(1) 六分之一　(2) 二分之一　(3) 四分之一　(4) 五分之一。

( ) 100. 台灣年降雨量是世界平均值的 2.6 倍，卻仍屬缺水地區，原因何者為 | (3)
非？
(1) 台灣由於山坡陡峻，以及颱風豪雨雨勢急促，大部分的降雨量皆迅
速流入海洋
(2) 降雨量在地域、季節分佈極不平均
(3) 水庫蓋得太少
(4) 台灣自來水水價過於便宜。

工作項目 ❺　環境保護

答

( ) 1.　世界環境日是在每一年的：　　　　　　　　　　　　　　　　　(1)
(1) 6 月 5 日　(2) 4 月 10 日　(3) 3 月 8 日　(4) 11 月 12 日。

( ) 2.　2015 年巴黎協議之目的為何？　　　　　　　　　　　　　　　　(3)
(1) 避免臭氧層破壞　　　　　(2) 減少持久性污染物排放
(3) 遏阻全球暖化趨勢　　　　(4) 生物多樣性保育。

( ) 3.　下列何者為環境保護的正確作為？　　　　　　　　　　　　　　(3)
(1) 多吃肉少蔬食　　　　　　(2) 自己開車不共乘
(3) 鐵馬步行　　　　　　　　(4) 不隨手關燈。

( ) 4.　下列何種行為對生態環境會造成較大的衝擊？　　　　　　　　　(2)
(1) 植種原生樹木　　　　　　(2) 引進外來物種
(3) 設立國家公園　　　　　　(4) 設立保護區。

( ) 5.　下列哪一種飲食習慣能減碳抗暖化？　　　　　　　　　　　　　(2)
(1) 多吃速食
(2) 多吃天然蔬果
(3) 多吃牛肉
(4) 多選擇吃到飽的餐館。

( ) 6.　小明於隨地亂丟垃圾之現場遇依廢棄物清理法執行稽查人員要求提示　(3)
身分證明，如小明無故拒絕提供，將受何處分？
(1) 勸導改善　(2) 移送警察局
(3) 處新臺幣 6 百元以上 3 千元以下罰鍰
(4) 接受環境講習。

( ) 7.　小狗在道路或其他公共場所便溺時，應由何人負責清除？　　　　(1)
(1) 主人　(2) 清潔隊　(3) 警察　(4) 土地所有權人。

( ) 8.　四公尺以內之公共巷、弄路面及水溝之廢棄物，應由何人負責清除？　(3)
(1) 里辦公處
(2) 清潔隊
(3) 相對戶或相鄰戶分別各半清除
(4) 環保志工。

( ) 9.　外食自備餐具是落實綠色消費的哪一項表現？　　　　　　　　　(1)
(1) 重複使用　(2) 回收再生　(3) 環保選購　(4) 降低成本。

( ) 10.　再生能源一般是指可永續利用之能源，主要包括哪些:A.化石燃料B.風　(2)
力 C. 太陽能 D. 水力？　(1) ACD　(2) BCD　(3) ABD　(4) ABCD。

( ) 11. 何謂水足跡，下列何者是正確的？ (3)
    (1) 水利用的途徑
    (2) 每人用水量紀錄
    (3) 消費者所購買的商品，在生產過程中消耗的用水量
    (4) 水循環的過程。

( ) 12. 依環境基本法第 3 條規定，基於國家長期利益，經濟、科技及社會發 (4)
    展均應兼顧環境保護。但如果經濟、科技及社會發展對環境有嚴重不
    良影響或有危害時，應以何者優先？
    (1) 經濟　(2) 科技　(3) 社會　(4) 環境。

( ) 13. 某工廠產生之廢棄物欲再利用，應依何種方式辦理？ (3)
    (1) 依當地環境保護局規定辦理
    (2) 依環境保護署規定辦理
    (3) 依經濟部規定辦理
    (4) 直接給其他有需要之工廠。

( ) 14. 逛夜市時常有攤位在販賣滅蟑藥，下列何者正確？ (2)
    (1) 滅蟑藥是藥，中央主管機關為衛生福利部
    (2) 滅蟑藥是環境衛生用藥，中央主管機關是環境保護署
    (3) 只要批貨，人人皆可販賣滅蟑藥，不須領得許可執照
    (4) 滅蟑藥之包裝上不用標示有效期限。

( ) 15. 森林面積的減少甚至消失可能導致哪些影響：A. 水資源減少 B. 減緩 (1)
    全球暖化 C. 加劇全球暖化 D. 降低生物多樣性？
    (1) ACD　(2) BCD　(3) ABD　(4) ABCD。

( ) 16. 塑膠為海洋生態的殺手，所以環保署推動「無塑海洋」政策，下列何 (3)
    項不是減少塑膠危害海洋生態的重要措施？
    (1) 擴大禁止免費供應塑膠袋
    (2) 禁止製造、進口及販售含塑膠柔珠的清潔用品
    (3) 定期進行海水水質監測
    (4) 淨灘、淨海。

( ) 17. 違反環境保護法律或自治條例之行政法上義務，經處分機關處停工、 (2)
    停業處分或處新臺幣五千元以上罰鍰者，應接受下列何種講習？
    (1) 道路交通安全講習　　　　(2) 環境講習
    (3) 衛生講習　　　　　　　　(4) 消防講習。

( ) 18. 綠色設計的概念為： (2)
    (1) 生產成本低廉的產品　　　(2) 表示健康的、安全的商品
    (3) 售價低廉易購買的商品　　(4) 包裝紙一定要用綠色系統者。

(　) 19. 下列何者為環保標章？　　　　　　　　　　　　　　　　(1)

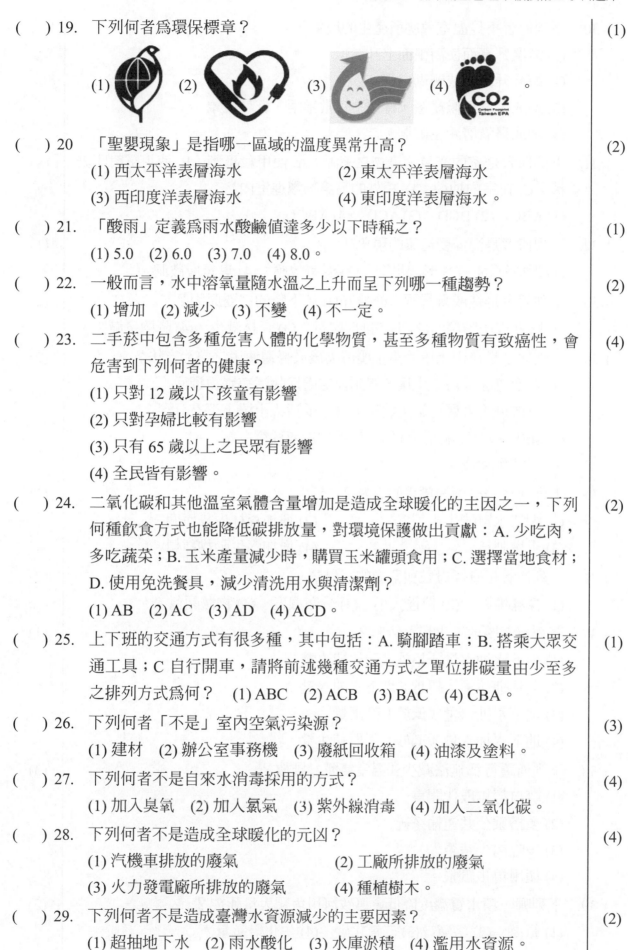

(1)　　　　(2)　　　　(3)　　　　(4)　　　。

(　) 20. 「聖嬰現象」是指哪一區域的溫度異常升高？　　　　　　　(2)
(1) 西太平洋表層海水　　　　　(2) 東太平洋表層海水
(3) 西印度洋表層海水　　　　　(4) 東印度洋表層海水。

(　) 21. 「酸雨」定義為雨水酸鹼值達多少以下時稱之？　　　　　　(1)
(1) 5.0　(2) 6.0　(3) 7.0　(4) 8.0。

(　) 22. 一般而言，水中溶氧量隨水溫之上升而呈下列哪一種趨勢？　(2)
(1) 增加　(2) 減少　(3) 不變　(4) 不一定。

(　) 23. 二手菸中包含多種危害人體的化學物質，甚至多種物質有致癌性，會 (4)
危害到下列何者的健康？
(1) 只對 12 歲以下孩童有影響
(2) 只對孕婦比較有影響
(3) 只有 65 歲以上之民眾有影響
(4) 全民皆有影響。

(　) 24. 二氧化碳和其他溫室氣體含量增加是造成全球暖化的主因之一，下列 (2)
何種飲食方式也能降低碳排放量，對環境保護做出貢獻：A. 少吃肉，
多吃蔬菜；B. 玉米產量減少時，購買玉米罐頭食用；C. 選擇當地食材；
D. 使用免洗餐具，減少清洗用水與清潔劑？
(1) AB　(2) AC　(3) AD　(4) ACD。

(　) 25. 上下班的交通方式有很多種，其中包括：A. 騎腳踏車；B. 搭乘大眾交 (1)
通工具；C 自行開車，請將前述幾種交通方式之單位排碳量由少至多
之排列方式為何？　(1) ABC　(2) ACB　(3) BAC　(4) CBA。

(　) 26. 下列何者「不是」室內空氣污染源？　　　　　　　　　　(3)
(1) 建材　(2) 辦公室事務機　(3) 廢紙回收箱　(4) 油漆及塗料。

(　) 27. 下列何者不是自來水消毒採用的方式？　　　　　　　　　(4)
(1) 加入臭氧　(2) 加入氯氣　(3) 紫外線消毒　(4) 加入二氧化碳。

(　) 28. 下列何者不是造成全球暖化的元凶？　　　　　　　　　　(4)
(1) 汽機車排放的廢氣　　　　(2) 工廠所排放的廢氣
(3) 火力發電廠所排放的廢氣　(4) 種植樹木。

(　) 29. 下列何者不是造成臺灣水資源減少的主要因素？　　　　　(2)
(1) 超抽地下水　(2) 雨水酸化　(3) 水庫淤積　(4) 濫用水資源。

( ) 30. 下列何者不是溫室效應所產生的現象？　(4)

(1) 氣溫升高而使海平面上升

(2) 海溫升高造成珊瑚白化

(3) 造成全球氣候變遷，導致不正常暴雨、乾旱現象

(4) 造成臭氧層產生破洞。

( ) 31. 下列何者是室內空氣污染物之來源：A. 使用殺蟲劑；B. 使用雷射印表　(4)
機；C. 在室內抽煙；D. 戶外的污染物飄進室內？

(1) ABC　(2) BCD　(3) ACD　(4) ABCD。

( ) 32. 下列何者是海洋受污染的現象？　(1)

(1) 形成紅潮　(2) 形成黑潮　(3) 溫室效應　(4) 臭氧層破洞。

( ) 33. 下列何者是造成臺灣雨水酸鹼 (pH) 值下降的主要原因？　(2)

(1) 國外火山噴發　(2) 工業排放廢氣　(3) 森林減少　(4) 降雨量減少。

( ) 34. 下列何者是農田土壤受重金屬污染後最普遍使用之整治方法？　(2)

(1) 全面挖除被污染土壤，搬到他處處理除污完畢再運回

(2) 以機械將表層污染土壤與下層未受污染土壤上下充分混合

(3) 藉由萃取劑淋溶、洗出等作用帶走或稀釋

(4) 以植生萃取。

( ) 35. 下列何者是酸雨對環境的影響？　(1)

(1) 湖泊水質酸化　　　　　　　(2) 增加森林生長速度

(3) 土壤肥沃　　　　　　　　　(4) 增加水生動物種類。

( ) 36. 下列何者是懸浮微粒與落塵的差異？　(2)

(1) 採樣地區　(2) 粒徑大小　(3) 分布濃度　(4) 物體顏色。

( ) 37. 下列何者屬地下水超抽情形？　(1)

(1) 地下水抽水量「超越」天然補注量

(2) 天然補注量「超越」地下水抽水量

(3) 地下水抽水量「低於」降雨量

(4) 地下水抽水量「低於」天然補注量。

( ) 38. 下列何種行為無法減少「溫室氣體」排放？　(3)

(1) 騎自行車取代開車

(2) 多搭乘公共運輸系統

(3) 多吃肉少蔬菜

(4) 使用再生紙張。

( ) 39. 下列哪一項水質濃度降低會導致河川魚類大量死亡？　(2)

(1) 氨氮　(2) 溶氧　(3) 二氧化碳　(4) 生化需氧量。

( ) 40. 下列哪一項生活小習慣的改變可減少細懸浮微粒 ($PM_{2.5}$) 排放,共同為改善空氣品質盡一份心力   (1)

(1) 少吃燒烤食物   (2) 使用吸塵器

(3) 養成運動習慣   (4) 每天喝 500cc 的水。

( ) 41. 下列哪種措施不能用來降低空氣污染?   (4)

(1) 汽機車強制定期排氣檢測   (2) 汰換老舊柴油車

(3) 禁止露天燃燒稻草   (4) 汽機車加裝消音器。

( ) 42. 大氣層中臭氧層有何作用?   (3)

(1) 保持溫度   (2) 對流最旺盛的區域   (3) 吸收紫外線   (4) 造成光害。

( ) 43. 小李具有乙級廢水專責人員證照,某工廠希望以高價租用證照的方式合作,請問下列何者正確?   (1)

(1) 這是違法行為   (2) 互蒙其利

(3) 價錢合理即可   (4) 經環保局同意即可。

( ) 44. 可藉由下列何者改善河川水質且兼具提供動植物良好棲地環境?   (2)

(1) 運動公園   (2) 人工溼地   (3) 滯洪池   (4) 水庫。

( ) 45. 台北市周先生早晨在河濱公園散步時,發現有大面積的河面被染成紅色,岸邊還有許多死魚,此時周先生應該打電話給哪個單位通報處理?   (1)

(1) 環保局   (2) 警察局   (3) 衛生局   (4) 交通局。

( ) 46. 台灣地區地形陡峭雨旱季分明,水資源開發不易常有缺水現象,目前推動生活污水經處理再生利用,可填補部分水資源,主要可供哪些用途:A. 工業用水、B. 景觀澆灌、C. 人體飲用、D. 消防用水?   (3)

(1) ACD   (2) BCD   (3) ABD   (4) ABCD。

( ) 47. 台灣自來水之水源主要取自: (2)

(1) 海洋的水   (2) 河川及水庫的水   (3) 綠洲的水   (4) 灌溉渠道的水。

( ) 48. 民眾焚香燒紙錢常會產生哪些空氣污染物增加罹癌的機率:A. 苯、B. 細懸浮微粒 ($PM_{2.5}$)、C. 臭氧 (O_3)、D. 甲烷 (CH_4)?   (1)

(1) AB   (2) AC   (3) BC   (4) CD。

( ) 49. 生活中經常使用的物品,下列何者含有破壞臭氧層的化學物質?   (1)

(1) 噴霧劑   (2) 免洗筷   (3) 保麗龍   (4) 寶特瓶。

( ) 50. 目前市面清潔劑均會強調「無磷」,是因為含磷的清潔劑使用後,若廢水排至河川或湖泊等水域會造成甚麼影響?   (2)

(1) 綠牡蠣   (2) 優養化   (3) 秘雕魚   (4) 烏腳病。

( ) 51. 冰箱在廢棄回收時應特別注意哪一項物質,以避免逸散至大氣中造成臭氧層的破壞?   (1) 冷媒   (2) 甲醛   (3) 汞   (4) 苯。   (1)

( ) 52. 在五金行買來的強力膠中，主要有下列哪一種會對人體產生危害的化學物質？ (1) 甲苯 (2) 乙苯 (3) 甲醛 (4) 乙醛。 | (1)

( ) 53. 在同一操作條件下，煤、天然氣、油、核能的二氧化碳排放比例之大小，由大而小為：

(1) 油＞煤＞天然氣＞核能　　　(2) 煤＞油＞天然氣＞核能

(3) 煤＞天然氣＞油＞核能　　　(4) 油＞煤＞核能＞天然氣。 | (2)

( ) 54. 如何降低飲用水中消毒副產物三鹵甲烷？

(1) 先將水煮沸，打開壺蓋再煮三分鐘以上

(2) 先將水過濾，加氯消毒

(3) 先將水煮沸，加氯消毒

(4) 先將水過濾，打開壺蓋使其自然蒸發。 | (1)

( ) 55. 自行煮水、包裝飲用水及包裝飲料，依生命週期評估的排碳量大小順序為：

(1) 包裝飲用水＞自行煮水＞包裝飲料

(2) 包裝飲料＞自行煮水＞包裝飲用水

(3) 自行煮水＞包裝飲料＞包裝飲用水

(4) 包裝飲料＞包裝飲用水＞自行煮水。 | (4)

( ) 56. 何項不是噪音的危害所造成的現象？ (1) 精神很集中 (2) 煩躁、失眠 (3) 緊張、焦慮 (4) 工作效率低落。 | (1)

( ) 57. 我國移動污染源空氣污染防制費的徵收機制為何？

(1) 依車輛里程數計費　　　(2) 隨油品銷售徵收

(3) 依牌照徵收　　　(4) 依照排氣量徵收。 | (2)

( ) 58. 室內裝潢時，若不謹慎選擇建材，將會逸散出氣狀污染物。其中會刺激皮膚、眼、鼻和呼吸道，也是致癌物質，可能為下列哪一種污染物？

(1) 臭氧 (2) 甲醛 (3) 氟氯碳化合物 (4) 二氧化碳。 | (2)

( ) 59. 哪一種氣體造成臭氧層被嚴重的破壞？

(1) 氟氯碳化物 (2) 二氧化硫 (3) 氮氧化合物 (4) 二氧化碳。 | (1)

( ) 60. 高速公路旁常見有農田違法焚燒稻草，除易產生濃煙影響行車安全外，也會產生下列何種空氣污染物對人體健康造成不良的作用

(1) 懸浮微粒 (2) 二氧化碳 (CO_2) (3) 臭氧 (O_3) (4) 沼氣。 | (1)

( ) 61. 都市中常產生的「熱島效應」會造成何種影響？

(1) 增加降雨　　　(2) 空氣污染物不易擴散

(3) 空氣污染物易擴散　　　(4) 溫度降低。 | (2)

( ) 62. 寶特瓶、廢塑膠等廢棄於環境除不易腐化外，若隨一般垃圾進入焚化　(3)
廠處理，可能產生下列哪一種空氣污染物對人體有致癌疑慮？
(1) 臭氧　(2) 一氧化碳　(3) 戴奧辛　(4) 沼氣。

( ) 63. 「垃圾強制分類」的主要目的為：A.減少垃圾清運量 B.回收有用資　(2)
源 C.回收廚餘予以再利用 D.變賣賺錢？
(1) ABCD　(2) ABC　(3) ACD　(4) BCD。

( ) 64. 一般人生活產生之廢棄物，何者屬有害廢棄物？　(4)
(1) 廚餘　(2) 鐵鋁罐　(3) 廢玻璃　(4) 廢日光燈管。

( ) 65. 一般辦公室影印機的碳粉匣，應如何回收？　(2)
(1) 拿到便利商店回收　　(2) 交由販賣商回收
(3) 交由清潔隊回收　　(4) 交給拾荒者回收。

( ) 66. 下列何者不是蚊蟲會傳染的疾病　(4)
(1) 日本腦炎　(2) 瘧疾　(3) 登革熱　(4) 痢疾。

( ) 67. 下列何者非屬資源回收分類項目中「廢紙類」的回收物？　(4)
(1) 報紙　(2) 雜誌　(3) 紙袋　(4) 用過的衛生紙。

( ) 68. 下列何者對飲用瓶裝水之形容是正確的：A.飲用後之寶特瓶容器為地　(1)
球增加了一個廢棄物；B.運送瓶裝水時卡車會排放空氣污染物；C.瓶
裝水一定比經煮沸之自來水安全衛生？
(1) AB　(2) BC　(3) AC　(4) ABC。

( ) 69. 下列哪一項是我們在家中常見的環境衛生用藥？　(2)
(1) 體香劑　(2) 殺蟲劑　(3) 洗滌劑　(4) 乾燥劑。

( ) 70. 下列哪一種是公告應回收廢棄物中的容器類：A.廢鋁箔包 B.廢紙容　(1)
器 C.寶特瓶？　(1) ABC　(2) AC　(3) BC　(4) C。

( ) 71. 下列哪些廢紙類不可以進行資源回收？　(1)
(1) 紙尿褲　(2) 包裝紙　(3) 雜誌　(4) 報紙。

( ) 72. 小明拿到「垃圾強制分類」的宣導海報，標語寫著「分 3 類，好　(4)
OK」，標語中的分 3 類是指家戶日常生活中產生的垃圾可以區分哪三
類？
(1) 資源、廚餘、事業廢棄物
(2) 資源、一般廢棄物、事業廢棄物
(3) 一般廢棄物、事業廢棄物、放射性廢棄物
(4) 資源、廚餘、一般垃圾。

( ) 73. 日光燈管、水銀溫度計等，因含有哪一種重金屬，可能對清潔隊員造　(3)
成傷害，應與一般垃圾分開處理？　(1) 鉛　(2) 鎘　(3) 汞　(4) 鐵。

( ) 74. 家裡有過期的藥品，請問這些藥品要如何處理？ (2)
 (1) 倒入馬桶沖掉   (2) 交由藥局回收
 (3) 繼續服用   (4) 送給相同疾病的朋友。

( ) 75. 台灣西部海岸曾發生的綠牡蠣事件是下列何種物質污染水體有關？ (2)
 (1) 汞 (2) 銅 (3) 磷 (4) 鎘。

( ) 76. 在生物鏈越上端的物種其體內累積持久性有機污染物 (POPs) 濃度將越 (4)
高，危害性也將越大，這是說明 POPs 具有下列何種特性？
 (1) 持久性 (2) 半揮發性 (3) 高毒性 (4) 生物累積性。

( ) 77. 有關小黑蚊敘述下列何者為非？ (3)
 (1) 活動時間又以中午十二點到下午三點為活動高峰期
 (2) 小黑蚊的幼蟲以腐植質、青苔和藻類為食
 (3) 無論雄蚊或雌蚊皆會吸食哺乳類動物血液
 (4) 多存在竹林、灌木叢、雜草叢、果園等邊緣地帶等處。

( ) 78. 利用垃圾焚化廠處理垃圾的最主要優點為何？ (1)
 (1) 減少處理後的垃圾體積   (2) 去除垃圾中所有毒物
 (3) 減少空氣污染   (4) 減少處理垃圾的程序。

( ) 79. 利用豬隻的排泄物當燃料發電，是屬於哪一種能源？ (3)
 (1) 地熱能 (2) 太陽能 (3) 生質能 (4) 核能。

( ) 80. 每個人日常生活皆會產生垃圾，下列何種處理垃圾的觀念與方式是不 (2)
正確的？
 (1) 垃圾分類，使資源回收再利用
 (2) 所有垃圾皆掩埋處理，垃圾將會自然分解
 (3) 廚餘回收堆肥後製成肥料
 (4) 可燃性垃圾經焚化燃燒可有效減少垃圾體積。

( ) 81. 防治蟲害最好的方法是 (2)
 (1) 使用殺蟲劑 (2) 清除孳生源 (3) 網子捕捉 (4) 拍打。

( ) 82. 依廢棄物清理法之規定，隨地吐檳榔汁、檳榔渣者，應接受幾小時之 (2)
戒檳班講習？ (1) 2 小時 (2) 4 小時 (3) 8 小時 (4) 1 小時。

( ) 83. 室內裝修業者承攬裝修工程，工程中所產生的廢棄物應該如何處理？ (1)
 (1) 委託合法清除機構清運
 (2) 倒在偏遠山坡地
 (3) 河岸邊掩埋
 (4) 交給清潔隊垃圾車。

( ) 84. 若使用後的廢電池未經回收，直接廢棄所含重金屬物質曝露於環境中可能產生哪些影響：A. 地下水污染、B. 對人體產生中毒等不良作用、C. 對生物產生重金屬累積及濃縮作用、D. 造成優養化？(1) ABC　(2) ABCD　(3) ACD　(4) BCD。　　(1)

( ) 85. 哪一種家庭廢棄物可用來作為製造肥皂的主要原料？(1) 食醋　(2) 果皮　(3) 回鍋油　(4) 熟廚餘。　　(3)

( ) 86. 家戶大型垃圾應由誰負責處理(1) 行政院環境保護署　(2) 當地政府清潔隊　(3) 行政院　(4) 內政部。　　(2)

( ) 87. 根據環保署資料顯示，世紀之毒「戴奧辛」主要透過何者方式進入人體？　(1) 透過觸摸　(2) 透過呼吸　(3) 透過飲食　(4) 透過雨水。　　(3)

( ) 88. 陳先生到機車行換機油時，發現機車行老闆將廢機油直接倒入路旁的排水溝，請問這樣的行為是違反了
(1) 道路交通管理處罰條例　　　(2) 廢棄物清理法
(3) 職業安全衛生法　　　　　　(4) 水污染防治法。　　(2)

( ) 89. 亂丟香菸蒂，此行為已違反什麼規定？(1) 廢棄物清理法　(2) 民法　(3) 刑法　(4) 毒性化學物質管理法。　　(1)

( ) 90. 實施「垃圾費隨袋徵收」政策的好處為何：A. 減少家戶垃圾費用支出 B. 全民主動參與資源回收 C. 有效垃圾減量？(1) AB　(2) AC　(3) BC　(4) ABC。　　(4)

( ) 91. 臺灣地狹人稠，垃圾處理一直是不易解決的問題，下列何種是較佳的因應對策？
(1) 垃圾分類資源回收　　　　　(2) 蓋焚化廠
(3) 運至國外處理　　　　　　　(4) 向海爭地掩埋。　　(1)

( ) 92. 臺灣嘉南沿海一帶發生的烏腳病可能為哪一種重金屬引起？(1) 汞　(2) 砷　(3) 鉛　(4) 鎘。　　(2)

( ) 93. 遛狗不清理狗的排泄物係違反哪一法規？
(1) 水污染防治法　　　　　　　(2) 廢棄物清理法
(3) 毒性化學物質管理法　　　　(4) 空氣污染防制法。　　(2)

( ) 94. 酸雨對土壤可能造成的影響，下列何者正確？
(1) 土壤更肥沃　　　　　　　　(2) 土壤液化
(3) 土壤中的重金屬釋出　　　　(4) 土壤礦化。　　(3)

( ) 95. 購買下列哪一種商品對環境比較友善？
(1) 用過即丟的商品　　　　　　(2) 一次性的產品
(3) 材質可以回收的商品　　　　(4) 過度包裝的商品。　　(3)

(　) 96. 醫療院所用過的棉球、紗布、針筒、針頭等感染性事業廢棄物屬於　　　　　　　(4)

(1) 一般事業廢棄物　　　　　　　(2) 資源回收物

(3) 一般廢棄物　　　　　　　　　(4) 有害事業廢棄物。

(　) 97. 下列何項法規的立法目的為預防及減輕開發行為對環境造成不良影　　　　　　　(2)
響，藉以達成環境保護之目的？

(1) 公害糾紛處理法　　　　　　　(2) 環境影響評估法

(3) 環境基本法　　　　　　　　　(4) 環境教育法。

(　) 98. 下列何種開發行為若對環境有不良影響之虞者，應實施環境影響評估：　　　　　(4)
A. 開發科學園區；B. 新建捷運工程；C. 採礦？

(1) AB　　(2) BC　　(3) AC　　(4) ABC。

(　) 99. 主管機關審查環境影響說明書或評估書，如認為已足以判斷未對環境　　　　　　(1)
有重大影響之虞，作成之審查結論可能為下列何者？

(1) 通過環境影響評估審查

(2) 應繼續進行第二階段環境影響評估

(3) 認定不應開發

(4) 補充修正資料再審。

(　) 100. 依環境影響評估法規定，對環境有重大影響之虞的開發行為應繼續進　　　　　　(4)
行第二階段環境影響評估，下列何者不是上述對環境有重大影響之虞
或應進行第二階段環境影響評估的決定方式？

(1) 明訂開發行為及規模　　　　　(2) 環評委員會審查認定

(3) 自願進行　　　　　　　　　　(4) 有民眾或團體抗爭。

工作項目 ⑥　工作倫理與職業道德

答

(　) 1. 請問下列何者「不是」個人資料保護法所定義的個人資料？ (3)
(1) 身分證號碼　(2) 最高學歷　(3) 綽號　(4) 護照號碼。

(　) 2. 公司或個人於執行業務時對客戶個人資料之蒐集處理或利用原則，下 (3)
列何者「正確」？
(1) 可自由運用不受任何限制
(2) 轉給其他人使用與自己無關
(3) 應尊重當事人之權益，依誠實及信用方法為之，不得逾越特定目的
之必要範圍
(4) 屬於「特種資料」才受限制。

(　) 3. 下列何者「違反」個人資料保護法？ (4)
(1) 公司基於人事管理之特定目的，張貼榮譽榜揭示績優員工姓名
(2) 縣市政府提供村里長轄區內符合資格之老人名冊供發放敬老金
(3) 網路購物公司為辦理退貨，將客戶之住家地址提供予宅配公司
(4) 學校將應屆畢業生之住家地址提供補習班招生使用。

(　) 4. 下列何者應適用個人資料保護法之規定？ (2)
(1) 自然人為單純個人活動目的，而將其個人照片或電話，於臉書分享
予其他友人等利用行為
(2) 與公司往來客戶資料庫之個人資料
(3) 將家人或朋友的電話號碼抄寫整理成電話本或輸入至手機通訊錄
(4) 自然人基於保障其自身或居家權益之個人或家庭活動目的，而公布
大樓或宿舍監視錄影器中涉及個人資料畫面之行為。

(　) 5. 公務機關或公司行號對於含有個資之廢棄書面文件資料，應如何處理 (4)
(1) 直接丟棄垃圾桶
(2) 送給鄰居小孩當回收紙利用
(3) 集中後賣予資源回收商
(4) 統一集中保管銷毀。

(　) 6. 下列何者「並未」涉及蒐集、處理及利用個人資料？ (2)
(1) 內政部警政署函請中央健康保險局提供失蹤人口之就醫時間及地點
等個人資料
(2) 學校要求學生於制服繡上姓名、學號
(3) 金融機構運用所建置的客戶開戶資料行銷金融商品
(4) 公司行號運用員工差勤系統之個人差勤資料，作為年終考核或抽查
員工差勤之用。

(　) 7. 下列何者非個人資料保護法所稱之「蒐集」？　　　　　　　　　　　(2)
   (1) 人資單位請新進員工填寫員工資料卡
   (2) 會計單位為了發給員工薪資而向人資單位索取員工的帳戶資料
   (3) 在路上隨機請路人填寫問卷，並留下個人資料
   (4) 在網路上搜尋知名學者的學、經歷。

(　) 8. 請問下列何者非為個人資料保護法第 3 條所規範之當事人權利？　　(2)
   (1) 查詢或請求閱覽　　　　　　　(2) 請求刪除他人之資料
   (3) 請求補充或更正　　　　　　　(4) 請求停止蒐集、處理或利用。

(　) 9. 下列何者非安全使用電腦內的個人資料檔案的做法？　　　　　　　(4)
   (1) 利用帳號與密碼登入機制來管理可以存取個資者的人
   (2) 規範不同人員可讀取的個人資料檔案範圍
   (3) 個人資料檔案使用完畢後立即退出應用程式，不得留置於電腦中
   (4) 為確保重要的個人資料可即時取得，將登入密碼標示在螢幕下方。

(　) 10. 非公務機關對個人資料之蒐集，下列敘述何者錯誤？　　　　　　　(2)
   (1) 符合特定目的且經當事人同意即可蒐集
   (2) 符合特定目的且取自一般可得來源，無論當事人是否禁止皆可蒐集
   (3) 符合特定目的且與公共利益有關
   (4) 符合特定目的且與當事人具有契約或類似契約之關係。

(　) 11. 公司為國際傳輸個人資料，而有何種下列情形之一，中央目的事業主　(2)
   管機關得限制之？
   (1) 公司負責人有違反個人資料保護法前科
   (2) 接受之他國公司對於個人資料之保護未有完善之法規，致有損當事
   　　人權益之虞
   (3) 公司員工未受任何個人資料保護之教育訓練　(4) 公司未建立任何
   　　個人資料保護管理制度。

(　) 12. 受僱人於職務上所完成之著作，如果沒有特別以契約約定，其著作人　(2)
   為下列何者？
   (1) 僱用人
   (2) 受僱人
   (3) 僱用公司或機關法人代表
   (4) 由僱用人指定之自然人或法人。

(　) 13. 任職於某公司的程式設計工程師，因職務所編寫之電腦程式，如果沒　(1)
   有特別以契約約定，則該電腦程式重製之權利歸屬下列何者？
   (1) 公司　　　　　　　　　　　　(2) 編寫程式之工程師
   (3) 公司全體股東共有　　　　　　(4) 公司與編寫程式之工程師共有。

( ) 14. 請問以下那一種智慧財產權，不需向主管或專責機關提出申請即可享   (1)
有？ (1) 著作權 (2) 專利權 (3) 商標權 (4) 電路布局權。

( ) 15. 某公司員工因執行業務，擅自以重製之方法侵害他人之著作財產權，   (3)
若被害人提起告訴，下列對於處罰對象的敘述，何者正確？
(1) 僅處罰侵犯他人著作財產權之員工
(2) 僅處罰雇用該名員工的公司
(3) 該名員工及其雇主皆須受罰
(4) 員工只要在從事侵犯他人著作財產權之行為前請示雇主並獲同意，
便可以不受處罰。

( ) 16. 某廠商之商標在我國已經獲准註冊，請問若希望將商品行銷販賣到國   (1)
外，請問是否需在當地申請註冊才能受到保護？
(1) 是，因為商標權註冊採取屬地保護原則
(2) 否，因為我國申請註冊之商標權在國外也會受到承認
(3) 不一定，需視我國是否與商品希望行銷販賣的國家訂有相互商標承
認之協定
(4) 不一定，需視商品希望行銷販賣的國家是否為 WTO 會員國。

( ) 17. 下列何者可以做為著作權之標的？   (3)
(1) 依法令舉行之各類考試試題
(2) 法律與命令
(3) 藝術作品
(4) 公務員於職務上草擬之新聞稿。

( ) 18. 下列使用重製行為，何者已超出「合理使用」範圍？   (4)
(1) 將著作權人之作品及資訊，下載供自己使用
(2) 直接轉貼高普考考古題在 FACEBOOK
(3) 以分享網址的方式轉貼資訊分享於 BBS
(4) 將講師的授課內容錄音供分贈友人。

( ) 19. 有關專利權的敘述，何者正確？   (1)
(1) 專利有規定保護年限，當某商品、技術的專利保護年限屆滿，任何
人皆可運用該項專利
(2) 我發明了某項商品，卻被他人率先申請專利權，我仍可主張擁有這
項商品的專利權
(3) 專利權可涵蓋、保護抽象的概念性商品
(4) 專利權為世界所共有，在本國申請專利之商品進軍國外，不需向他
國申請專利權。

(　) 20 專利權又可區分為發明、新型與新式樣三種專利權，其中，發明專利
權是否有保護期限？期限為何？
(1) 有，5 年
(2) 有，20 年
(3) 有，50 年
(4) 無期限，只要申請後就永久歸申請人所有。

(2)

(　) 21. 下列有關智慧財產權行為之敘述，何者有誤？
(1) 製造、販售仿冒品不屬於公訴罪之範疇，但已侵害商標權之行為
(2) 以 101 大樓、美麗華百貨公司做為拍攝電影的背景，屬於合理使用
的範圍
(3) 原作者自行創作某音樂作品後，即可宣稱擁有該作品之著作權
(4) 商標權是為促進文化發展為目的，所保護的財產權之一。

(1)

(　) 22. 下列有關著作權行為之敘述，何者正確？
(1) 觀看演唱會時，以手機拍攝並上傳網路自行觀賞，未侵害到著作權
(2) 使用翻譯軟體將外文小說翻譯成中文，可保有該中文小說之著作權
(3) 網路上的免費軟體，原則上未受著作權法保護
(4) 僅複製他人著作中的幾頁，供自己閱讀，算是合理使用的範圍，不
算侵權。

(4)

(　) 23. 出資聘請他人從事研究或開發之營業秘密，在未以契約約定的前提下，
下列敘述何者正確？
(1) 歸受聘人所有，出資人不得於業務上使用
(2) 歸出資人所有，受聘人不得於業務上使用
(3) 歸受聘人所有，但出資人得於業務上使用
(4) 歸出資人所有，但受聘人得使用。

.(3)

(　) 24. 受雇者因承辦業務而知悉營業秘密，在離職後對於該營業秘密的處理
方式，下列敘述何者正確？
(1) 聘雇關係解除後便不再負有保障營業秘密之責
(2) 僅能自用而不得販售獲取利益
(3) 自離職日起 3 年後便不再負有保障營業秘密之責
(4) 離職後仍不得洩漏該營業秘密。

(4)

(　) 25. 按照現行法律規定，侵害他人營業秘密，其法律責任為：
(1) 僅需負刑事責任
(2) 僅需負民事損害賠償責任
(3) 刑事責任與民事損害賠償責任皆須負擔
(4) 刑事責任與民事損害賠償責任皆不須負擔。

(3)

(　) 26. 下列對於外國人之營業秘密，在我國是否受保護的敘述，何者正確？　(4)

　　 (1) 營業秘密的保護僅止於本國人而不包含外國人

　　 (2) 我國保護營業秘密不區分本國人與外國人

　　 (3) 外國人所有之營業秘密須先向主管或專責機關登記才可以在我國受到保護

　　 (4) 外國人所屬之國家若與我國簽訂相互保護營業秘密之條約或協定才受到保護。

(　) 27. 企業內部之營業秘密，可以概分為「商業性營業秘密」及「技術性營業秘密」二大類型，請問下列何者屬於「商業性營業秘密」？　(2)

　　 (1) 專利技術　(2) 成本分析　(3) 產品配方　(4) 先進製程。

(　) 28. 營業秘密可分為「技術機密」與「商業機密」，下列何者屬於「商業機密」？　(1) 生產製程　(2) 設計圖　(3) 客戶名單　(4) 產品配方。　(3)

(　) 29. 營業秘密受侵害時，依據營業秘密法、公平交易法與民法規定之民事救濟方式，不包括下列何者？　(3)

　　 (1) 侵害排除請求權　　　　(2) 侵害防止請求權

　　 (3) 命令歇業　　　　　　　(4) 損害賠償請求權。

(　) 30. 甲公司將其新開發受營業秘密法保護之技術，授權乙公司使用，下列何者不得為之？　(4)

　　 (1) 要求被授權人乙公司在一定期間負有保密義務

　　 (2) 約定授權使用限於一定之地域、時間

　　 (3) 約定授權使用限於特定之內容、一定之使用方法

　　 (4) 乙公司因此可以未經甲公司同意，再授權丙公司。

(　) 31. 甲公司受雇人 A 於職務上研究或開發之營業秘密，契約未約定時，歸何人所有？　(1)

　　 (1) 歸甲公司所有　　　　　(2) 歸受雇人 A 所有

　　 (3) 歸受聘人所有　　　　　(4) 歸出資人所有。

(　) 32. 甲公司嚴格保密之最新配方產品大賣，下列何者侵害甲公司之營業秘密？　(3)

　　 (1) 鑑定人 A 因司法審理而知悉配方

　　 (2) 甲公司授權乙公司使用其配方

　　 (3) 甲公司之 B 員工擅自將配方盜賣給乙公司

　　 (4) 甲公司與乙公司協議共有配方。

(　) 33. 侵害他人之營業秘密而遭受民事求償，主觀上不須具備？　(4)

　　 (1) 故意　(2) 過失　(3) 重大過失　(4) 意圖營利。

附錄三

( ) 34. 公司員工執行業務時，下列敘述何者「錯誤」？　　　　　　　　　　　　(4)

    (1) 執行業務應客觀公正

    (2) 不得以任何直接或間接等方式向客戶索取個人利益

    (3) 應避免與客戶有業務外的金錢往來

    (4) 在公司利益不受損情況下，可藉機收受利益或接受款待。

( ) 35. 公司經理因個人財務一時周轉困難而挪用公司資金，事後感到良心不　　　(2)

    安又自行補回所挪用之金錢，是否構成犯罪？

    (1) 已返還即不構成任何犯罪　　　　(2) 構成刑法之業務侵占罪

    (3) 構成詐欺罪　　　　　　　　　　(4) 構成竊盜罪。

( ) 36. 甲意圖得到回扣，私下將應保密之公司報價告知敵對公司之業務員乙，　(3)

    並進而使敵對公司順利簽下案件，導致公司利益受有損害，下列何者

    正確？

    (1) 甲構成洩露業務上知悉工商秘密罪，不構成背信罪

    (2) 甲不構成洩露業務上知悉工商秘密罪，但構成背信罪

    (3) 甲構成洩露業務上知悉工商秘密罪及背信罪

    (4) 甲不構成任何犯罪。

( ) 37. 關於侵占罪之概念，下列何者錯誤？　　　　　　　　　　　　　　　　(3)

    (1) 員工將公司財物由持有變成據為己有之時即已構成

    (2) 員工私自將公司答謝客戶之禮盒留下供己使用，即會構成

    (3) 事後返還侵占物可免除責任

    (4) 員工不能將向客戶收取之貨款先行用於支付自己親屬之醫藥費。

( ) 38. 因業務上往來之廠商係自己親友時，應如何處理？　　　　　　　　　　(1)

    (1) 依公司制度秉公處理不徇私

    (2) 可不經公司同意給予較優惠之價格

    (3) 可安心收受該親友業務上之回扣

    (4) 告知公司應保密之營運內情予該親友。

( ) 39. 下列何者非善良管理人之應有作為？　　　　　　　　　　　　　　　　(1)

    (1) 未依公司規定與廠商私下接洽　　(2) 保守營業上應秘密事項

    (3) 秉公處理職務　　　　　　　　　(4) 拒收廠商回扣。

( ) 40. 如果工作中擔任採購的任務，自己的親朋好友都會介紹自己產品，以　　(1)

    提供你購買時，我應該

    (1) 適時地婉拒，說明利益需要迴避的考量，請他們見諒

    (2) 既然是親朋好友，應該互相幫忙

    (3) 建議親朋好友將產品折扣，折扣部分歸於自己，就會採購

    (4) 暗中地幫忙親朋好友，不要被發現即可。

(　　) 41. 如果你是業務員，公司主管希望你要擴大業績，向某 A 公司推銷，你　(2)
　　　　的親友剛好是某 A 公司的採購人員，你應該：
　　　　(1) 給親友壓力，請他幫忙採購，最後共同平分紅利
　　　　(2) 向主管報備，應該不要參與自己公司與某 A 公司的採購過程
　　　　(3) 躲起來，不要接此案件
　　　　(4) 表面上表示不參與，但是暗中幫忙。

(　　) 42. 如果和自己的工作的有業務相關的廠商，廠商的老闆招待你免費參加　(2)
　　　　他們公司的員工旅遊，請問你應該怎麼做比較恰當？
　　　　(1) 前往參加，應該沒有關係
　　　　(2) 不前往參加，委婉告訴廠商要利益迴避
　　　　(3) 前往參加，並且帶親友一同前往
　　　　(4) 不前往參加，將機會讓給同部門的同事。

(　　) 43. 小美是公司的業務經理，有一天巧遇國中同班的死黨小林，發現他是　(3)
　　　　公司的下游廠商。小林有天提出，請小美給該公司招標的底標，並附
　　　　幾十萬元的前謝金，請問小美該怎麼辦？
　　　　(1) 退回錢，並告訴小林都是老朋友，一定全力幫忙
　　　　(2) 全力幫忙，將錢拿出來給單位同事分紅
　　　　(3) 應該堅決拒絕，並避免每次見面都談相關業務
　　　　(4) 只給他一個接近底標的金額，又不一定得標，所以沒關係。

(　　) 44. 公司發給每人一台平板電腦，從買來到現在，業務上都很少使用，為　(3)
　　　　了讓它有效的利用，所以將它拿回家給親人使用，這樣的行為是
　　　　(1) 可以的，因為，不用白不用
　　　　(2) 可以的，因為，反正放在那裡不用它，是浪費資源
　　　　(3) 不可以的，因為，這是公司的財產，不能私用
　　　　(4) 不可以的，因為使用年限未到，如果年限到便可以拿回家。

(　　) 45. 公司員工甲意圖為自己或他人之不法利益，或對公司不滿而無故洩漏　(3)
　　　　公司的營業秘密給乙公司，造成公司的財產或利益受損，是犯了刑法
　　　　上之何種罪刑？　(1) 竊盜罪　(2) 侵占罪　(3) 背信罪　(4) 詐欺罪。

(　　) 46. 公司在申請案件本身合乎規定之情形下，僅為縮短辦理時程而對公家　(2)
　　　　機關贈送高價禮品，是否合法？
　　　　(1) 屬人情世故不構成違法
　　　　(2) 構成不違背職務行賄罪
　　　　(3) 構成違背職務行賄罪
　　　　(4) 送禮均不構成違法送錢才違法。

( ) 47. 受政府機關委託代辦單位之負責人甲君,以新臺幣伍仟元代價,出具 | (2)
不實報告,下列敘述何者爲非?
(1) 甲之行爲已經觸犯貪污治罪條例
(2) 甲無公務員身分,出具不實報告之行爲應論處僞變造文書罪責
(3) 甲受託行使公權力爲刑法上之公務員
(4) 甲出具不實檢驗報告,是違背職務之行爲。

( ) 48. 甲廠商,居間替 A 機關首長收取承包廠商乙交付之回扣賄款,下列敘 | (1)
述何者正確?
(1) 甲之行爲爲貪污治罪條例所稱之共犯
(2) 甲單純幫忙轉收,並沒有抽傭行爲,無罪
(3) 甲之行爲可能構成收受贓物罪
(4) 視本案中是否有公務員違背職務而論。

( ) 49. 與公務機關有業務往來構成職務利害關係者,下列敘述何者正確? | (1)
(1) 將餽贈之財物請公務員父母代轉,該公務員亦已違反規定
(2) 與公務機關承辦人飲宴應酬爲增進基本關係的必要方法
(3) 高級茶葉低價售予有利害關係之承辦公務員,有價購行爲就不算違
反法規
(4) 機關公務員藉子女婚宴廣邀業務往來廠商之行爲,並無不妥。

( ) 50. 下列何者不會構成政府採購法之刑責? | (3)
(1) 專案管理廠商洩漏關於採購應秘密之資訊
(2) 借用他人名義或證件投標者
(3) 過失使開標發生不正確結果者
(4) 合意使廠商不爲投標或不爲價格之競爭者。

( ) 51. 廠商某甲承攬政府機關採購案期間,經常招待承辦相關公務員喝花酒 | (2)
或送高級名錶,下列敘述何者爲對?
(1) 只要採購程序沒有問題,某甲與相關公務員就沒有犯罪
(2) 某甲與相關公務員均觸犯貪污治罪條例
(3) 公務員若沒有收錢,就沒有罪
(4) 因爲不是送錢,所以都沒有犯罪。

( ) 52. 某甲家中頂樓加蓋房屋,被政府機關查報爲違章建築,爲避免立即遭 | (1)
拆除,透過朋友乙交付金錢予承辦公務員丙,下列敘述何者爲對?
(1) 某甲與朋友乙、公務員丙均觸犯貪污治罪條例
(2) 乙僅從中轉手金錢,沒有犯罪
(3) 公務員丙同意收受,若沒拿到錢,則沒有罪
(4) 只有某甲構成犯罪。

（　）53. 行 (受) 賄罪成立要素之一為具有對價關係，而作為公務員職務之對 | (4)
價有「賄賂」或「不正利益」，下列何者不屬於「賄賂」或「不正利
益」？
(1) 招待吃大餐　(2) 介紹工作　(3) 免除債務　(4) 開工邀請觀禮。

（　）54. 廠商或其負責人與機關首長有下列何者之情形者，不影響參與該機關 | (1)
之採購？
(1) 同學　(2) 配偶　(3) 三親等以內血親或姻親　(4) 同財共居親屬。

（　）55. 甲君為獲取乙級技術士技能檢定證照，行賄打點監評人員要求放水之 | (1)
行為，可能構成何罪？
(1) 違背職務行賄罪　(2) 不違背職務行賄罪　(3) 背信罪　(4) 詐欺罪。

（　）56. 執行職務中，若懷疑有貪污瀆職或其他違反公共利益之不法情事，請 | (3)
問下列作法何者適當？
(1) 只要自己沒有責任就不管它
(2) 向朋友或同事訴苦
(3) 向權責機關檢舉
(4) 為避免對自己有不良影響最好睜一隻眼閉一隻眼。

（　）57. 請問下列有關受理檢舉機關對於檢舉人保護之說明，何者並不正確？ | (4)
(1) 政府訂有「獎勵保護檢舉貪污瀆職辦法」，明訂對檢舉人之保護
(2) 受理檢舉之機關對於檢舉人之姓名、年齡、住所或居所有保密義務
(3) 對於檢舉人之檢舉書，筆錄或其他資料，除有絕對必要者外，應另
行保存，不附於偵查案卷內
(4) 如有洩密情事，雖不涉刑事責任，但檢舉人得以向受理檢舉機關提
出民事損害賠償。

（　）58. 某公司員工執行職務時，應具備下列哪一項觀念？ | (3)
(1) 基於對職務倫理的尊重，雇主的指示即使不當，也要盡力做好
(2) 當雇主的利益與公共利益相衝突時，即使違反法令也要以雇主利益
優先
(3) 若懷疑有違反公共利益之不法情事，應向權責機關檢舉
(4) 舉報不法可能導致工作不保，應三思而後行。

（　）59. 某工廠員工向主管機關或司法機關揭露公司違反水污染防治法之行 | (4)
為，請問以下所述，哪一項是該公司可以採取的因應作為？
(1) 要求員工自願離職
(2) 透過減薪或降調迫使員工離職
(3) 按照勞基法資遣該位員工
(4) 不可做出不利員工之處分。

（　）60. 執行職務中若發現雇主或客戶之利益與公共利益矛盾或衝突，並違反法令時，下列觀念何者適當？　　　　　　　　　　　　　　　　（2）

(1) 只要不損及人命便無關緊要

(2) 應向權責機關檢舉

(3) 通知親朋好友避免權益受損

(4) 如果大家都這樣做就應該沒有關係。

（　）61. 在執行業務的過程中，對於雇主或客戶之不當指示或要求，下列處理　　（4）

方式何者適當？

(1) 即使有損公共利益，但只要損害程度不高，仍可同意

(2) 勉予同意

(3) 基於升遷或業績考量只能照辦

(4) 予以拒絕或勸導。

（　）62. 檢舉人向有偵查權機關或政風機構檢舉貪污瀆職，必須於何時為之始　　（2）

可能給與獎金？

(1) 犯罪未起訴前　　　　　　　　　　(2) 犯罪未發覺前

(3) 犯罪未遂前　　　　　　　　　　　(4) 預備犯罪前。

（　）63. 為建立良好之公司治理制度，公司內部宜納入何種檢舉人 (深喉嚨)　　（2）

制度？

(1) 告訴乃論制度

(2) 吹哨者 (whistleblower) 管道及保護制度

(3) 不告不理制度

(4) 非告訴乃論制度。

（　）64. 公司訂定誠信經營守則時，不包括下列何者？　　　　　　　　　　　（4）

(1) 禁止不誠信行為

(2) 禁止行賄及收賄

(3) 禁止提供不法政治獻金

(4) 禁止適當慈善捐助或贊助。

（　）65. 檢舉人應以何種方式檢舉貪污瀆職始能核給獎金？　　　　　　　　　（3）

(1) 匿名　　　　　　　　　　　　　　(2) 委託他人檢舉

(3) 以真實姓名檢舉　　　　　　　　　(4) 以他人名義檢舉。

（　）66. 受理檢舉機關，洩漏貪污瀆職案件檢舉人之資料，可能觸犯何罪？　　（2）

(1) 背信罪　　　　　　　　　　　　　(2) 洩漏國防以外秘密罪

(3) 圖利罪　　　　　　　　　　　　　(4) 湮滅刑事證據罪。

( ) 67. 下列何者符合專業人員的職業道德？　　　　　　　　　　　　(4)

(1) 未經雇主同意，於上班時間從事私人事務

(2) 利用雇主的機具設備私自接單生產

(3) 未經顧客同意，任意散佈或利用顧客資料

(4) 盡力維護雇主及客戶的權益。

( ) 68. 身為公司員工必須維護公司利益，下列何者是正確的工作態度或行　(4)

為？

(1) 將公司逾期的產品更改標籤

(2) 施工時不顧品質，以省時、省料為首要考量

(3) 服務時首先考慮公司的利益，然後再考量顧客權益

(4) 工作時謹守本分，以積極態度解決問題。

( ) 69. 身為專業人員，在服務客戶時穿著的服裝要　　　　　　　　　　(1)

(1) 合乎公司要求及安全衛生規定　　(2) 隨個人方便，高興就好

(3) 注重個性，追逐潮流　　　　　　(4) 講求品味，引人注目。

( ) 70. 從事專業性工作，在與客戶約定時間應　　　　　　　　　　　　(2)

(1) 保持彈性，任意調整

(2) 儘可能準時，依約定時間完成工作

(3) 能拖就拖，能改就改

(4) 自己方便就好，不必理會客戶的要求。

( ) 71. 從事專業性工作，在服務顧客時應有的態度是　　　　　　　　　(1)

(1) 選擇最安全、經濟及有效的方法完成工作

(2) 選擇工時較長、獲利較多的方法服務客戶

(3) 為了降低成本，可以降低安全標準

(4) 力求專業表現，不必顧及雇主和顧客的立場。

( ) 72. 當發現公司的產品可能會對顧客身體產生危害時，正確的作法或行動　(1)

應是

(1) 立即向主管或有關單位報告

(2) 若無其事，置之不理

(3) 儘量隱瞞事實，協助掩飾問題

(4) 透過管道告知媒體或競爭對手。

( ) 73. 早餐應該在何時完成，下列何者正確？　　　　　　　　　　　　(3)

(1) 上班打卡之後，盡量在 20 分鐘內完成

(2) 慢慢吃有益健康，應該要一面工作一面吃，節省時間

(3) 應該於上班前完成，上班後不應該用餐，以免影響工作

(4) 等工作告一段落，而非休息時間的時候，到休息室完成用餐。

(　) 74. 如果睡過頭，上班遲到，應該如何做比較好？　(4)
(1) 用通訊中的簡訊告知就可以了
(2) 遲到反正是扣獎金，遲到就算了，不用告知，休息一天
(3) 和比較要好的同事說，請他代為轉達
(4) 應該親自打電話給主管，說明請假理由，並指定工作代理人。

(　) 75. 如果發現有同事，利用公司的財產做私人的事，我們應該要　(2)
(1) 未經查證或勸阻立即向主管報告
(2) 應該立即勸阻，告知他這是不對的行為
(3) 不關我的事，我只要管好自己便可以
(4) 應該告訴其他同事，讓大家來共同糾正與斥責他。

(　) 76. 當工作累的時候，未到休息的時間，是否可以看一下網路新聞或個人信件　(2)
(1) 可以，不影響工作即可
(2) 不可以，因為，是正常工作時間不是休息的時間
(3) 可以，隨時都可以，不需要被限制
(4) 不可以，因為是公務電腦，用私人的電腦或設備即可。

(　) 77. 公司上班的打卡時間為 8:00，雖然有 10 分鐘的緩衝時間，但是，敬業的員工應該　(3)
(1) 只要上班時間開始的 10 分鐘內到便可，無須 8:00 到
(2) 只要在 8:10 分就可以了，不要太早到
(3) 應該提早或準時 8:00 到公司
(4) 只要有來上班就好，遲到就算了，無所謂。

(　) 78. 小禎離開異鄉就業，來到小明的公司上班，小明是當地的人，他應該　(2)
(1) 不關他的事，自己管好就好
(2) 多關心小禎的生活適應情況，如有困難加以協助
(3) 小禎非當地人，應該不容易相處，不要有太多接觸
(4) 小禎是同單位的人，是個競爭對手，應該多加防範。

(　) 79. 為了防止足部受到傷害，工作時應依規定穿著安全鞋對足部加以防護，下列何者不屬於安全鞋功能？　(4)
(1) 防止滑倒
(2) 防止浸透及觸電
(3) 避免腳趾踢傷、壓傷及擊傷
(4) 防止香港腳。

( ) 80. 下列有關工廠通道的清潔與維護之敘述，何者錯誤？　(1)
　　　(1) 為了存貨及提貨方便，可將成品放置於通道或樓梯間
　　　(2) 地面應隨時保持乾燥清潔
　　　(3) 通道應保持暢通及清潔
　　　(4) 防止油類潑灑地面，遇汙染應立即清洗乾燥。

( ) 81. 凡工作的性質可能遭受到飛越物品襲擊或碰撞到頭部時，工作人員應　(4)
　　　該配戴　(1) 安全眼鏡　(2) 護目鏡　(3) 防護面罩　(4) 安全帽。

( ) 82. 當發現工作同仁之施工方法及作業環境有潛在危險時，正確作法是　(3)
　　　(1) 睜一隻眼，閉一隻眼，當作與自己無關
　　　(2) 因尚未造成傷害，故可以不必加以理會
　　　(3) 立即主動加以提醒及勸阻
　　　(4) 礙於同事情誼，不便加以糾正。

( ) 83. 對於維護工作環境的整潔與安全，較為正確的作法是　(1)
　　　(1) 選擇適當的機具及正確方法減少公害的發生
　　　(2) 選擇低成本快速方法完成工作
　　　(3) 將工作環境的整潔及安全儘交付安全管理人員負責
　　　(4) 以達成工作任務優先，公共安全可以暫不考量。

( ) 84. 每日工作結束之後，應該將所有的工具歸位，並將環境清潔乾淨，是　(2)
　　　為什麼？
　　　(1) 避免被公司罰錢
　　　(2) 讓下一位使用者，能夠更方便找的工具，也有舒適環境工作
　　　(3) 可以提前早點休息，將時間用來打掃，消耗時間
　　　(4) 公司有比賽，可以拿到獎金。

( ) 85. 如果工作環境中的閒置容器中有死水，很容易會孳生蚊子，如果被蚊　(1)
　　　子叮咬，會傳染什麼疾病？
　　　(1) 登革熱　(2) 瘧疾　(3) 日本腦炎　(4) 黃熱病。

( ) 86. 完成工作之後所產生的有害之廢水或溶液，我們應該　(3)
　　　(1) 應該直接倒到水溝中即可
　　　(2) 應該先以專業技術處理一下，再倒入水溝中
　　　(3) 應該先集中起來，再由有專業處理的業者回收處理
　　　(4) 應該不用理它，大自然便會自行分解循環。

( ) 87. 公司與工廠需要定期舉辦工安講習與專業教育訓練，其目的是要做什 | (3)
麼？
(1) 應付政府機關的稽查
(2) 消耗經費
(3) 保護員工安全，讓員工能夠防範未然
(4) 讓大家有相聚時間，彼此相互認識。

( ) 88. 對於工作使用的機具，應該如何保養才最適當 | (3)
(1) 不需要每天保養，只要定時保養即可
(2) 不用保養，反正壞了，換掉就好
(3) 隨時注意清潔，每天最後結束時，都將機具做好保養
(4) 保養只要交給保養公司就好，他們很專業。

( ) 89. 小櫻在公司是負責總務的業務，她想要在公司推行環保活動，下列何 | (3)
者不正確？
(1) 垃圾分類
(2) 紙張回收再利用
(3) 廁所不放衛生紙
(4) 冷氣設定在 26 度以上。

( ) 90. 職場倫理契約是在約定雇主與員工、員工與員工之間的規範事項，此 | (1)
種契約基本原則為
(1) 公平對等　(2) 不溯既往　(3) 利益迴避　(4) 利潤共享。

( ) 91. 員工應善盡道德義務，但也享有相對的權利，以下有關員工的倫理權 | (4)
利，何者不包括？
(1) 工作保障權利　　　　　　(2) 抱怨申訴權利
(3) 程序正義權利　　　　　　(4) 進修教育補助權利。

( ) 92. 有關於社會新鮮人的工作態度，下列敘述何者不符合職場倫理？ | (4)
(1) 多作多學，不要太計較
(2) 遇到問題要向主管或前輩請教
(3) 準時上班，不遲到早退，對同仁及顧客有禮貌
(4) 只要我喜歡，沒有什麼不可以。

( ) 93. 下列哪一種工作態度並不足取？ | (4)
(1) 在公司規定上班時間之前，就完成上工的一切準備動作
(2) 工作時注重細節，以追求最高的工作品質為目標
(3) 在工作時喜歡團隊合作，與其他同仁充分人際互動
(4) 在公司內使用 E-mail 時，任意發送與工作無關的訊息給同仁。

( ) 94. 員工想要融入一個組織當中，下列哪一個作法較為可行？ (1)
(1) 經常參與公司的聚會與團體活動
(2) 經常加班工作到深夜
(3) 經常送禮物給同事
(4) 經常拜訪公司的客戶。

( ) 95. 下列有關技術士證照及證書的使用原則之敘述，何者錯誤？ (1)
(1) 為了賺取外快，可以將個人技術證照借予他人
(2) 專業證書取得不易，不應租予他人營業使用
(3) 取得技術士證照或專業證書後，仍需繼續積極吸收專業知識
(4) 個人專業技術士證照或證書，只能用於符合特定專業領域及執業用
途。

( ) 96. 您個人的敬業精神通常在以下哪個場域發揮與實踐？ (3)
(1) 家庭　(2) 百貨公司　(3) 職場　(4) 電影院。

( ) 97. 引導時，引導人應走在被引導人的 (2)
(1) 正前方　(2) 左或右前方　(3) 正後方　(4) 左或右後方。

( ) 98. 乘坐轎車時，如果由主人親自駕駛，按照乘車禮儀，首位應為 (2)
(1) 後排右側　(2) 前座右側　(3) 後排左側　(4) 後排中間。

( ) 99. 在公司內部行使商務禮儀的過程，主要以參與者在公司中的 (4)
(1) 年齡　(2) 性別　(3) 社會地位　(4) 職位　　來訂定順序。

( ) 100. 工作愉快的交談很容易與顧客建立友誼，不宜交談的話題是 (3)
(1) 流行資訊　(2) 旅遊趣事　(3) 他人隱私　(4) 體育新聞。

附錄三

職業衛生管理甲級技術士技能檢定精析

作者 / 洪銀忠

發行人 / 陳本源

執行編輯 / 康容慈

出版者 / 全華圖書股份有限公司

郵政帳號 / 0100836-1 號

印刷者 / 宏懋打字印刷股份有限公司

圖書編號 / 06407

初版初刷 / 2019 年 8 月

定價 / 新台幣 590 元

ISBN / 978-986-503-216-6 (平裝)

全華圖書 / www.chwa.com.tw

全華網路書店 Open Tech / www.opentech.com.tw

若您對書籍內容、排版印刷有任何問題，歡迎來信指導 book@chwa.com.tw

臺北總公司(北區營業處)
地址：23671 新北市土城區忠義路 21 號
電話：(02) 2262-5666
傳真：(02) 2262-0052、2262-8333

中區營業處
地址：40256 臺中市南區樹義一巷 26 號
電話：(04) 2261-8485
傳真：(04) 2261-6984

南區營業處
地址：80769 高雄市三民區應安街 12 號
電話：(07) 381-1377
傳真：(07) 862-5562

讀者回函卡

（請由此線剪下）

填寫日期：　／　／

姓名：　　　　　生日：西元　　　年　　月　　日　性別：□男 □女
電話：（ 　 ）　　　傳真：（ 　 ）　　　手機：
e-mail：（必填）
註：數字零，請用 Φ 表示，數字1與英文L請另註明並書寫端正，謝謝。

通訊處：□□□□□

學歷：□博士 □碩士 □大學 □專科 □高中・職
職業：□工程師 □教師 □學生 □軍・公 □其他
學校/公司：　　　　　　　　科系/部門：

・需求書類：
□A.電子 □B.電機 □C.計算機工程 □D.資訊 □E.機械 □F.汽車 □I.工管 □J.土木
□K.化工 □L.設計 □M.商管 □N.日文 □O.美容 □P.休閒 □Q.餐飲 □B.其他

・本次購買圖書為：　　　　　　　　書號：

・您對本書的評價：
封面設計：□非常滿意 □滿意 □尚可 □需改善，請說明
內容表達：□非常滿意 □滿意 □尚可 □需改善，請說明
版面編排：□非常滿意 □滿意 □尚可 □需改善，請說明
印刷品質：□非常滿意 □滿意 □尚可 □需改善，請說明
書籍定價：□非常滿意 □滿意 □尚可 □需改善，請說明
整體評價：請說明

・您在何處購買本書？
□書局 □網路書店 □書展 □團購 □其他

・您購買本書的原因？（可複選）
□個人需要 □公司採購 □親友推薦 □老師指定之課本 □其他

・您希望全華以何種方式提供出版訊息及特惠活動？
□電子報 □DM □廣告 （媒體名稱　　　　）

・您是否上過全華網路書店？（www.opentech.com.tw）
□是 □否 您的建議

・您希望全華出版那方面書籍？

・您希望全華加強那些服務？

～感謝您提供寶貴意見，全華將秉持服務的熱忱，出版更多好書，以饗讀者。

全華網路書店 http://www.opentech.com.tw　客服信箱 service@chwa.com.tw

2011.03 修訂

親愛的讀者：

感謝您對全華圖書的支持與愛護，雖然我們很慎重的處理每一本書，但恐仍有疏漏之處，若您發現本書有任何錯誤，請填寫於勘誤表內寄回，我們將於再版時修正，您的批評與指教是我們進步的原動力，謝謝！

全華圖書 敬上

勘誤表

書號	書名	作者
頁數	行數	錯誤或不當之詞句	建議修改之詞句

我有話要說： （其它之批評與建議，如封面、編排、內容、印刷品質等・・・）